国家自主创新示范区面向 2035 发展战略研究报告

吕先志 李有平 刘会武 刘琦岩 庞鹏沙 等◎编著

科学技术文献出版社
SCIENTIFIC AND TECHNICAL DOCUMENTATION PRESS

·北京·

图书在版编目（CIP）数据

国家自主创新示范区面向2035发展战略研究报告/吕先志等编著.—北京：科学技术文献出版社，2023.10
ISBN 978-7-5235-0908-1

Ⅰ.①国… Ⅱ.①吕… Ⅲ.①高技术开发区—研究报告—中国—2035 Ⅳ.①F127.9

中国国家版本馆 CIP 数据核字（2023）第 209981 号

国家自主创新示范区面向2035发展战略研究报告

策划编辑：丁坤善　陈梅琼　　责任编辑：张瑶瑶　　责任校对：王瑞瑞　　责任出版：张志平

出 版 者	科学技术文献出版社
地　　　址	北京市复兴路15号　邮编　100038
编 务 部	（010）58882938，58882087（传真）
发 行 部	（010）58882868，58882870（传真）
邮 购 部	（010）58882873
官方网址	www.stdp.com.cn
发 行 者	科学技术文献出版社发行　全国各地新华书店经销
印 刷 者	北京虎彩文化传播有限公司
版　　　次	2023年10月第1版　2023年10月第1次印刷
开　　　本	889×1194　1/16
字　　　数	398千
印　　　张	16.25
书　　　号	ISBN 978-7-5235-0908-1
审 图 号	GS京（2023）2217号
定　　　价	78.00元

版权所有　违法必究

购买本社图书，凡字迹不清、缺页、倒页、脱页者，本社发行部负责调换

《国家自主创新示范区面向 2035 发展战略研究报告》

编辑委员会

主　　　任：吕先志　李有平
副　主　任：刘会武　刘琦岩　庞鹏沙

编写组组长：刘会武
编写组副组长：刘琦岩　庞鹏沙　王　琪

编写组成员：（按姓氏拼音排序）

曹　方　陈　力　陈宝新　崔　丹
谷潇磊　郭　曼　何　燕　胡一鸣
黄燕飞　黎晓奇　李　享　李婧婧
李淑怡　李耀武　李一骢　刘　娅
娄万里　彭嘉伟　强彬彬　邱继翔
阮琳娜　尚雁洁　孙　欣　田　苗
王　灿　王崇锦　王赫然　王晶晶
王胤杰　王宇彤　隗筱琦　魏　颖
徐示波　杨　斌　于　磊　袁婷婷
张冲亚　张艳秋　郑　佳　周　力

前　言

国家自主创新示范区（简称"国家自创区"）是指经中华人民共和国国务院批准，在推进自主创新和高技术产业发展方面先行先试、探索经验、做出示范的区域。自2009年国务院批复中关村国家自创区作为第一家试点以来，目前已经批复23家国家自创区，涉及全国60个城市，布局上包括了66家国家高新区。

截至2020年底，21家国家自创区（不含2022年新批复的哈大齐国家自创区和长春国家自创区）火炬入统企业达到12.79万家，创造GDP 9.7万亿元、工业增加值4.8万亿元、进出口总额6.8万亿元、实际利用外资0.3万亿元，分别占全国同期的8.5%、10.6%、17.3%和26.3%[1]，成为我国持续推进自主创新、开展先行先试的前沿阵地和支撑经济社会高质量发展的重要引擎。

相比国家高新区，国家自创区的概念相对更宽泛，这种宽泛反映在具体指导文件、区域边界、负责单位、功能机制等方面，导致国家自创区的建设虽然积累了丰富经验，但也呈现出一些问题。党的十八大以来，我国面临更复杂的国际竞争局势，对全面深化科技体制机制改革、实现科技自立自强、加快建设创新型国家和科技强国的需求更为迫切。党的十九大提出创新是引领发展的第一动力；习近平总书记提出要"面向世界科技前沿、面向经济主战场、面向国家重大需求、面向人民生命健康"，加快建设科技强国，实现高水平科技自立自强；党的二十大重申创新是第一动力。新的时代背景为国家自创区的发展带来了新使命、新要求。为贯彻落实习近平总书记重要指示精神，科学谋划国家自创区引领创新驱动实现高质量发展，2021年12月9日，由科技部、国家发展改革委、教育部、工业和信息化部、财政部、自然资源部、住房城乡建设部、国家税务总局、国家知识产权局、中国科学院、中国银保监会、中国证监会等国家自创区部际协调小组成员单位参会，时任科技部党组成员、副部长邵新宇主持召开《国家自主创新示范区2021—2035年发展规划》启动编制工作会。为做好编制工作，科技部成果转化与区域创新司统筹协同，科技部火炬中心组织中国科学院科技战略咨询研究院、中国科学技术信息研究所组成专题研究组，共同开展研究工作。

研究组经过深入研究和广泛调研，对国家自创区的建设历程进行了回顾和总结评估，认真分析了科技创新对国家自创区发展的诉求，客观判断了到2035年中国进入全球创新型国家前列对国家自创区发展的要求，提出了国家自创区面向2035年的总体定位、指导思想、发展路径和发展目标，并对国家自创区的体制机制与政策创新、对国家区域重大发展战略的支撑、面向2035年的重点任务进行了研究和建议。

---

[1] 全国数据来源于《中华人民共和国2020年国民经济和社会发展统计公报》。2020年，全国国内生产总值1 143 670亿元，第二产业增加值450 904亿元，货物进出口总额391 009亿元，实际使用外商直接投资金额11 494亿元。

这是首次由科技部组织的对国家自创区中长期发展规划进行的战略研究，对于明确新时期国家自创区发展使命、理顺国家自创区发展机制、强化国家自创区发展统筹、优化国家自创区规划布局具有重要意义。建设国家自创区对于进一步完善科技创新的体制机制、加快发展战略性新兴产业、推进创新驱动发展、加快转变经济发展方式等方面将发挥重要的引领、辐射、带动作用。

面向2035年，针对新使命、新定位，国家自创区应当更重视对创新发展环境和创新生态的营造，对价值共享、价值共创的内生机制的完善，对有效发挥创新要素价值的治理体系、高标准的市场体系的建设等方面，以数字经济和未来产业领域的世界一流科技企业培育、自主可控的关键产业核心技术突破为目标，发挥新型举国体制优势，强化国家战略科技力量，加强基础科学研究，进一步深化体制机制和政策创新改革及先行先试，营造高质量发展的创新创业生态环境，成为中国在世界强国之林实现高水平科技自立自强的战略支撑。

目　录

第一章　国家自创区建设历程和发展成效 1

一、国家自创区建设历程回顾和总结 2
（一）政策导向变化 2
（二）规划及分布特点 6
（三）国家自创区经济发展成效 13

二、国家自创区发展成效总体评估 14
（一）单一国家自创区发展定位清晰，特色鲜明 14
（二）国家自创区依托建设主体位势普遍得到提升 14
（三）国家自创区政策先行先试改革力度由强减弱 15
（四）国家自创区与其他试点改革仍缺乏有效衔接 15
（五）国家自创区创新引领能力亟待与时俱进 16
（六）国家自创区组织管理体制亟须进一步优化 16

三、国家自创区科技创新发展成效及经验 17
（一）现状及成效 17
（二）经验总结 23

四、国家自创区高科技产业发展成效及经验 30
（一）现状及成效 30
（二）经验总结 33

五、国家自创区创新创业引领示范成效及经验 37
（一）现状及成效 37
（二）经验总结 41

六、国家自创区绿色发展引领示范成效及经验 45
（一）现状及成效 45
（二）经验总结 46

七、国家自创区区域协同引领示范成效及经验 48
（一）支持国家重大区域发展战略 48
（二）地区协同与辐射带动 51
（三）跨区合作和开放共享 53

八、国家自创区国际合作引领示范成效及经验 55
 （一）现状及成效 55
 （二）经验总结 58

九、国家自创区体制机制改革成效及经验 61
 （一）顶层设计与组织管理 61
 （二）体制改革与环境优化 62
 （三）法治建设与立法保障 64

第二章 国家自创区面向 2035 发展总体战略和路径研究 67

一、国家自创区发展面临的需求、机遇与挑战 68
 （一）"四个面向"与国家自创区的发展 68
 （二）国家自创区发展的成绩与经验 69
 （三）国家自创区发展面临三大机遇 70
 （四）国家自创区发展面临三大挑战 71

二、国家自创区历史演变与新的功能定位 73
 （一）2009 年、2021 年与 2035 年历史演变 73
 （二）世界领先科技园区发展案例与启示 75
 （三）新时代国家自创区发展概念与内涵新认知 76

三、新时代建设国家自创区总要求 78
 （一）指导思想 78
 （二）发展定位 78
 （三）四大战略 79
 （四）五大路径 79
 （五）发展目标 80

四、推动高水平科技自立自强上新台阶 80
 （一）以最大化创新效能聚集高能级创新载体 80
 （二）瞄准全球创新水平带动创新微生态建设 82
 （三）深化产学研合作机制，赋能科技创新企业 83
 （四）加强与自贸区、创新型城市等协同发展 84
 （五）支撑国家区域重大战略和"一带一路"倡议 85

五、深化产业链与创新链融合互动发展 86
 （一）围绕重点产业部署创新链，旨在增强市场竞争力 86
 （二）围绕创新链布局产业链，加强未来产业健康发展 88
 （三）以培养现代化企业家为抓手持续优化人才结构 89
 （四）争取引导万亿元社会资金支持企业科技创新行为 90
 （五）把全国创新创业引向硬科技和高能级 92

六、加快数字经济和绿色经济高质量发展 ... 93
(一)加快国家自创区产业数字化转型 ... 93
(二)优化数据供给—流通—应用循环机制 ... 94
(三)积极布局国家自创区数字基础设施建设 ... 94
(四)有序开展数字化发展综合改革试点 ... 95
(五)率先探索国家自创区绿色发展的新模式 ... 95

七、探索政策先行先试新机制 ... 96
(一)跟踪和推广中关村新一轮先行先试改革 ... 96
(二)上下协同探索全国新一轮先行先试改革政策 ... 97
(三)建立政策试点—评估—总结—再试点的良性机制 ... 99
(四)深化改革,助力建设现代化科技创新治理体系 ... 100

八、加强多元协同与优化保障机制 ... 102
(一)充分发挥国家自创区建设部际协调小组作用 ... 102
(二)建立统一指导、分类管理和特色发展的治理模式 ... 102
(三)优化国家自创区的多元资金投入渠道与支持模式 ... 103
(四)落实创新驱动发展战略建立国家自创区评估制度 ... 103

第三章 国家自创区体制机制与政策创新研究 ... 105

一、国家自创区体制机制与政策创新现状 ... 106
(一)国家自创区体制机制现状 ... 106
(二)国家自创区政策措施实施现状 ... 112

二、国家自创区体制机制与政策创新存在问题 ... 136
(一)国家自创区体制机制存在问题 ... 136
(二)国家自创区政策创新存在问题 ... 137

三、国家自创区体制机制创新经验研究 ... 140
(一)案例描述与分析 ... 140
(二)案例经验总结 ... 145

四、国家自创区体制机制改革和政策先行先试建议 ... 147
(一)国家自创区体制机制改革建议 ... 147
(二)国家自创区政策先行先试建议 ... 148

第四章 国家自创区对国家区域重大发展战略的支撑研究 ... 153

一、国家自创区对国家区域重大发展战略的支撑现状 ... 154
(一)国家自创区对京津冀协同发展战略的支撑现状 ... 154
(二)国家自创区对长三角区域一体化发展战略的支撑现状 ... 158
(三)国家自创区对长江经济带发展战略的支撑现状 ... 166
(四)国家自创区对粤港澳大湾区发展战略的支撑现状 ... 174

（五）国家自创区对黄河流域生态保护和高质量发展战略的支撑现状......179
　　（六）国家自创区对其他区域发展战略的支撑现状......188
二、国家自创区对国家区域重大发展战略支撑存在的问题......192
　　（一）国家自创区对京津冀协同发展战略支撑存在的问题......192
　　（二）国家自创区对长三角区域一体化发展战略支撑存在的问题......194
　　（三）国家自创区对长江经济带发展战略支撑存在的问题......197
　　（四）国家自创区对粤港澳大湾区发展战略支撑存在的问题......201
　　（五）国家自创区对黄河流域生态保护和高质量发展战略支撑存在的问题......203
　　（六）国家自创区对其他区域发展战略支撑存在的问题......206
三、立足国家区域重大发展战略的国家自创区发展对策建议......209
　　（一）支撑和服务京津冀协同发展战略的国家自创区发展对策建议......209
　　（二）支撑和服务长三角一体化发展战略的国家自创区发展对策建议......211
　　（三）支撑和服务长江经济带发展战略的国家自创区发展对策建议......215
　　（四）支撑和服务粤港澳大湾区发展战略的国家自创区发展对策建议......219
　　（五）支撑和服务黄河流域生态保护和高质量发展战略的国家自创区发展对策建议......222
　　（六）支撑和服务其他区域发展战略的国家自创区发展对策建议......226

第五章　国家自创区面向2035的重点任务研究......231

一、国家自创区重点任务梳理与经验总结......232
　　（一）国家自创区实践历程与历史任务梳理......232
　　（二）对国家自创区建设任务的总结分析......236
二、国家自创区面向2035开展的重点任务研究......237
　　（一）发挥新型举国体制优势，强化国家战略科技力量......237
　　（二）加强基础科学研究，全面提升产业技术研发能力......239
　　（三）坚持绿色低碳发展，推进区域产业结构转型升级......243
　　（四）建立先行先试支撑体系，完善科技创新体制机制......244
　　（五）激发跨区域协同创新，构建更高水平开放创新格局......246
　　（六）重视一流科技企业和人才培育，营造良好创新生态......249

第一章 国家自创区建设历程和发展成效

一、国家自创区建设历程回顾和总结

（一）政策导向变化

国家自创区是在全球金融危机和提振我国宏观经济的大背景下产生的，是以自主创新为核心内涵，以体制机制改革和政策先行先试为主要特征的特殊功能区。随着我国从"自主创新"走向"科技自立自强"，自我国首家国家自创区——中关村国家自创区挂牌成立以来，国家自创区的政策导向从酝酿到起步，再到后来的规模拓展，大致经历了3个不同的发展阶段。在不同的政策导向下，国家自创区的数量和规模也不断发展壮大，截至2022年5月，我国已建立23家国家自创区，涉及66家国家高新区。

1. 酝酿期（2009年3月前）

从国务院批复各个国家自创区建设的文件来看，国家自创区依托实力较强的国家高新区建设，主要是通过体制机制创新和政策先行先试，集聚创新要素，发展新经济，着力打造国家高新区的升级版，目标是建设成为创新驱动发展引领区、科技体制改革先行区、大众创新创业生态区和新产业新业态聚集区，培育我国经济发展新动能，促进经济向中高端水平迈进[1]。作为国家高新区的升级版，国家自创区的批复成立并非空穴来风。事实上，在2009年国务院批复首家国家自创区挂牌成立之前，我国就已经有通过建设国家高新区增强自主创新探索的构想和实践。

国家高新区建设历史最早要追溯到1985年。1985年3月13日，中共中央发出《关于科学技术体制改革的决定》，强调应当按照经济建设必须依靠科学技术、科学技术工作必须面向经济建设的战略方针，从我国的实际出发，对科学技术体制进行坚决的有步骤的改革。并提出在全国选择若干智力资源密集的地区，采取特殊政策，逐步形成具有不同特色的新兴产业开发区。1988年5月，我国第一个国家高新技术产业开发区——中关村科技园区经国务院批准成立。1991年4月23日，邓小平为国家科委召开的"863"计划工作会议和高新技术产业开发区工作会议题词："发展高科技，实现产业化"，赋予了国家高新区建设的初心使命，国家高新区进入以工业园区建设为重点的"一次创业"阶段。2005年8月，科技部部长徐冠华在国家高新技术产业开发区工作会议上提出，随着建设创新型国家战略目标的提出，国家高新区将进入"二次创业"的全面提升期，国家高新区必须着力推进并持续深化"五个转变"[2]。2006年1月，中共中央、国务院召开全国科学技术大会，做出了《关于实施科技规划纲要增强自主创新能力的决定》，确定了"自主创新、重点跨越、支撑发展、引领未来"的指导方针，提出了建设创新型国家的总体目标，标志着我国特色自主创新道路正式开启，国家高新区进入以增强自主创新能力为重点的"二次创业"阶段[3]。2006年，国务院总理温家宝指出国家

---

[1] 根据2016年4月1日科技部副部长阴和俊在国务院新闻办举行的国家自主创新示范区和上海科技创新中心等政策例行吹风会发言整理。

[2] 即由主要依靠土地、资金等要素驱动向主要依靠技术创新驱动转变；由依靠优惠政策、招商引资向优化创新创业环境、培育内生发展动力转变；推动产业发展由大而全、小而全向集中优势发展特色产业、主导产业转变；由注重硬环境建设向注重优化配置科技资源和提供优质服务的软环境转变；由面向国内市场为主向引进来与走出去相结合、大力开拓国际市场转变。

[3] 根据2006年1月9日温家宝总理在全国科学技术大会上的讲话整理。

高新区"四位一体"的功能定位①，提出以增强自主创新能力为核心的"二次创业"发展战略目标要求。在这一阶段，不少国家高新区开始聚集科技要素，加强科技成果转化和技术创新，内生增长动力不断增强，已经具备"科技工业园"的特征。2007年，发源于美国的金融危机带来全球经济衰退，此时恰逢我国经济处于下行期，我国宏观经济政策调整为"保持经济平稳较快发展"。2008年，54家国家高新区营业总收入突破6.6万亿元，较2007年增长20.0%，在国际金融危机中发挥了经济稳定器的作用，但是仍面临科技创新体制不灵活、科技成果转化效率不高、政策支持方式单一、土地空间发展有限等更深层次问题，亟须在更高层次提升改革和探索空间，以加快我国自主创新的进程。

2009年，国务院做出了"支持中关村科技园区建设国家自主创新示范区的决定"，国家自创区正式迈入我国历史舞台。可以说，国家自创区是我国改革开放以来，第一次体系化应对金融危机的重大举措。这种特殊的历史背景和政策需求，使得国家自创区从挂牌成立之初，就与国家高新区有着千丝万缕的联系。站在历史回顾的角度，两者具有很多共性特点。例如，都把实现高水平自主创新作为重要目标，都要追求推进自主创新、政策试点和机制体制改革等方面的先行先试，都要解决科技创新和产业升级的协同问题，都要营造适合科技企业和创新人才培育的生态环境，有些国家自创区甚至直接由国家高新区代管，"两块牌子、一套人马"。但两者又有区别，这种区别充分地体现在两者功能目标上。作为国家高新区的升级版，国家自创区对体制机制创新和政策先行先试的功能要求显然更高，国家部委给予探索的空间和支持力度显然更大，这一点从国务院、科技部层面对国家自创区先行先试政策支持、落实和推广的力度上可见一斑。

2. 起步期（2009年3月—2012年11月）

这一时期，在科技部推动和国家高新区地方强烈要求下，国家率先批复了2家国家自创区，即中关村国家自创区（2009年3月批复）和武汉东湖国家自创区（2009年12月批复），形成一南一北对望格局，开启了以自主创新为主题的体制机制改革和先行先试探索。

在国务院下发的国家自创区的批复函中，明确了国家自创区建设重点和国家各部委政策支持的主要模式。以中关村国家自创区为例，在国务院下发的批复文件中提到：国家自创区的建设重点在于培养创新人才，研发和转化科技成果，做大做强具有全球影响力的创新型企业，培育一批知名品牌，提升创新辐射带动能力；同意各部委开展政策支持，重点包括开展股权激励试点、深化科技金融改革创新试点、课题经费改革、支持新型产业组织参与国家重大科技项目、税收政策支持、规划编制、地方政府采购支持等；建立部际小组沟通协同机制。

伴随着改革和政策的实施，两家国家自创区在自主创新方面取得显著成效，其路径探索为后来我国国家自创区的规模化建设提供了依据和样板。作为全国首个国家自主创新示范区，中关村国家自创区在成立之初就确立了"部际协调小组+领导小组+领导小组办公室"的组织管理架构，这使得国家自创区大大地降低了体制机制交流阻碍，改革需求和动力自下而上得到释放，有效推进了改革的深度和进程。而相应的政策支持，也为国家自创区的改革保驾护航，使得这些改革最终能落到实处。为了确保组织管理的独立性和持续性，中关村国家自创区研究出台《中关村国家自主创新示范区条例》，通过立法完善国家自创区管理体制，明确法律地位和管理权限，这种管理模式为此后成立的

---

① 即国家高新区成为促进技术进步和增强自主创新能力的重要载体，成为带动区域经济结构调整和经济增长方式转变的强大引擎，成为高新技术企业"走出去"参与国际竞争的服务平台，成为抢占世界高新技术产业制高点的前沿阵地。

其他示范区所参考。在政策探索上，依托丰富顶尖的高校院所资源，中关村国家自创区重点在科技成果处置和收益权改革、科技成果转化、企业税收优惠、创新资金支持方式等方面发力，约有30余项先行先试创新政策得到国务院肯定并向全国推广应用，这其中包括著名的"1+6""新四条""京校十条""京科九条"等一系列政策，成为我国国家自创区自主创新政策探索走在最前沿的区域。武汉东湖国家自创区则在推动产学研合作、培育特色高技术产业方面发力，在推进科技成果处置权、收益权等方面进行了大胆尝试，在国内较早出台"黄金十条"，并在科技金融改革创新试点方面走在前列。两家国家自创区对于自主创新体制机制改革及先行先试的探索，在培育大批高新技术企业，催生大量高水平科技成果的同时，大大地激发了科技创新活力，为经济增长新动力的产生和壮大带来了引领示范，在客观上为我国后续深化科技体制机制改革提供了宝贵的经验参考。

国家自创区前期对于自主创新的改革探索和取得的成效显然得到党中央、国务院高度肯定和重视，2012年9月，中共中央、国务院印发了《关于深化科技体制改革加快国家创新体系建设的意见》，指出要逐步推广中关村等国家自创区试点经验和相关政策，完善国家自创区区域创新发展机制，充分发挥其在区域创新中的辐射带动作用。

3. 拓展期（2012年11月至今）

党的十八大以来，从"深入实施创新驱动战略"到"以科技创新为核心的全面创新"，从"建设世界科技强国"到明确提出"实现科技自立自强"，我国关于自主创新的内涵认识不断深化，对创新发展的目标也不断明确和升级，成为国家自创区开展创新发展先行先试探索的重要指导思想。

从这一时期的政策导向来看。2012年11月，党的十八大明确提出，"科技创新是提高社会生产力和综合国力的战略支撑，必须摆在国家发展全局的核心位置"。强调要坚持走中国特色自主创新道路，实施创新驱动发展战略。2015年5月，国务院批转国家发展改革委《关于2015年深化经济体制改革重点工作的意见》，指出要以体制创新促进科技创新，要在一些省份系统推进全面创新改革试验，增设国家自主创新示范区。这一时期，我国的区域经济发展战略也实现了从平衡发展到非均衡发展再到协调发展的重大战略调整，我国相继提出了"一带一路"倡议，以及京津冀协同发展、长江经济带等一系列区域协调发展战略。2016年5月，中共中央、国务院印发了《国家创新驱动发展战略纲要》，对实施创新驱动发展战略进行了全面系统布局，并提到要优化国家自创区布局，推进国家高新区转型升级，开展区域全面创新改革试验，打造区域创新示范引领高地。2016年8月，国务院印发的《"十三五"国家科技创新规划》指出，要拓展创新发展新空间，紧密结合国家重大战略，按照"东转西进"的原则优化布局，依托国家高新区再建设一批国家自创区。支持国家自创区先行先试，全面深化科技体制改革和政策创新，结合功能提升和改革示范的需求建设创新特区。加强政策总结评估，加快成熟试点政策向全国推广。

党的十九大以来，习近平总书记多次指出，"当今世界正经历百年未有之大变局"，我国已转向高质量发展阶段，新一轮科技革命和产业变革深入发展，科技竞争愈加激烈，国际力量对比深刻调整，国际环境日趋复杂。2020年7月，国务院下发了《关于促进国家高新技术产业开发区高质量发展的若干意见》，鼓励有条件的地方整合国家高新区资源，打造国家自创区，在国家高新区复制推广自由贸易试验区、国家自创区等相关改革试点政策，加强创新政策先行先试。2020年9月11日，习近平总书记在科学家座谈会上提出"坚持面向世界科技前沿、面向经济主战场、面向国家重大需求、面向人民生命健康"的"四个面向"要求，为我国"十四五"时期及更长一个时期推动创新驱动发展、加快科技创新步伐指明了方向。"四个面向"成为国家自创区中长期发展的国家使命要求。2020年10月，党的十九届五中全会审议通过了《中共中央关于制定国民经济和社会发展第十四个五年规划和二〇三五年远景目标的建议》，提出要坚持创新在我国现代化建设全局中的核心地位，把科技自立自强作为国家发展的战略支撑，并提出要深入实施区域重大战略，"强化国家自主创新示范区、高新技术产业开发区、经济技术开发区等创新功能。"2021年9月24日，习近平总书记在中关村论坛发表重要视频致辞，指出中国支持中关村开展新一轮先行先试改革，加快建设世界领先的科技园区；同年11月24日，习近平总书记主持召开中央全面深化改革委员会第二十二次会议，审议通过《关于支持中关村国家自主创新示范区开展高水平科技自立自强先行先试改革的若干措施》，支持中关村国家自创区开展高水平科技自立自强先行先试改革，要瞄准实现高水平科技自立自强最突出的短板、最紧迫的任务，在做强创新主体、集聚创新要素、优化创新机制上求突破、谋创新，加快打造世界领先科技园区和创新高地。改革要拿出更多实质性举措，起到试点突破和压力测试作用，积极探索破解难题的现实路径，注意积累防控和化解风险的经验。2022年3月18日，中关村新一轮的先试工作正式启动。如果说之前国家自创区的体制机制改革和先行先试主要围绕自主创新的单个领域、单个政策实现突破，这次到来的改革显然更具有系统性，是试图从体制机制方面出台一揽子政策去构建支持自主创新的新体系，标志着以中关村为代表的国家自创区建设进入了一个新的历史发展阶段。

在推进科技体制改革和科技创新、加快建设创新型国家和科技强国、增设国家自创区及"东转西进"的政策背景下，直到2022年5月，国务院合计已批复了上海张江、深圳、珠三角等23家国家自创区，形成一定的规模效应。这一期间，区域经济较为发达及国家高新区基础较好的省份积极参与国家自创区建设，一来全面贯彻落实先行先试政策，二来也开展了极具地方特色的创新探索，一时间百花齐放。从各国家自创区实践来看，最初的国家自创区政策示范主要集中在股权激励及科技金融改革创新方面，中关村、上海张江、武汉东湖国家自创区都是全国深化科技金融改革创新的试点基地，都提出了几乎相同的政策趋向和主要探索方向。随后的国家自创区探索领域逐渐走向多元，科技资源配置、创新主体激励、科技金融支撑体系及科技创新平台架构等现实诉求逐步进入视野，并且深刻嵌入国家自创区产业结构转型升级的过程中。例如，上海张江国家自创区在海外人才身份认证、药品上市许可持有人制度试点的政策探索等方面，深圳国家自创区在高新技术产业、创新平台及民营科技企业培育、关键核心技术攻关新型举国体制深圳路径等方面表现突出；珠三角国家自创区在科技成果转移转化、外资参与创新等方面开展探索等。而后期获批建设的国家自创区则进一步强化和突出了智力投入与质量在科技创新中的重要基础性作用，不仅突出人才培养和引进，还扩展到人才团队的培养和以人才智力为基础的产学研（甚至产学研用结合）等方面。为了更好地推进国家自创区建设，一些国家自创区推动了国家自创区条例、发展规划、产业规划、空间规划等文件的制定出台和实施，国家自创区的组织管理逐渐规范，自主创新的发展目标和路径探索逐步展开，科技创新和改革成效开始显现。这种改革探索到现在依旧是国家自创区的主要建设思路。

然而不可忽略的是，国家自创区作为制度创新高地在推进的过程中，也显露出了一些问题。例如，在体制机制上仍不完善，除中关村、武汉东湖、深圳等部分国家自创区外，多数国家自创区在组织管理上采取"挂牌"形式，在政策研究、机构设置、人员配备等方面并未完全跟上实际发展需要，这就在客观上造成了国家自创区更多强调现有政策的推广应用，较少体现地方特色；此外，由于越来越多的国家自创区与城市群的建设结合在一起，跨区域的创新协同面临诸多体制机制障碍，一定程度上制约了创新效率的提升。

尽管如此，我国国家自创区建设工作仍然稳步推进，形成了系统布局、多点辐射、全面带动、引领发展的良好态势，已经成为支撑引领区域发展的创新高地、培育壮大新产业新动能的重要引擎、汇聚高端创新资源和要素的重要载体、开展国际科技竞争与创新合作的前沿阵地。

（二）规划及分布特点

1. 国家自创区相关规划特点

我国在宏观战略层面尚未出台国家自创区专项规划，但在相关的政策文件中对其规划的目标和思路有所涉及。一是国务院对单个国家自创区建设的批复文件中，均有提到要全面实施创新驱动发展战略，积极开展创新政策先行先试，激发创新主体活力，培育良好创新创业环境，推进大众创业万众创新，全面提升区域创新体系整体效能。同意在享受国家自创区相关政策的同时，结合自身特点，开展科技体制改革和机制创新。在建设目标上，各国家自创区多聚焦在创新驱动发展、新兴产业聚集、开放创新引领、创新创业生态建设等方面。但不同的示范区，因其资源禀赋和建设基础不同，发展定位上略有差异。例如，中关村国家自创区是建设成为"具有全球影响力的科技创新中心"，武汉东湖国家自创区重点关注"资源节约型和环境友好型社会"，长株潭国家自创区则强调"军民融合创新示范区、中西部地区发展新的增长极"等（表1-1）。二是国务院下发的自主创新相关的规划文件中，有提到将国家自创区作为区域创新的重要力量进行系统布局和建设推动，特别是在《中共中央关于制定国民经济和社会发展第十四个五年规划和二〇三五年远景目标的建议》（2020）、《关于促进国家高新技术产业开发区高质量发展的若干意见》（2020）、《"十三五"国家科技创新规划》（2016）等相关文件中，明确提到要扩大示范区规模、优化空间布局、提升示范引领作用等规划要求。

表1-1 不同国家自创区的发展定位

序号	国家自创区（按批复时间）	批复发展定位
1	中关村国家自创区（2009.3）	成为具有全球影响力的科技创新中心
2	武汉东湖国家自创区（2009.12）	成为推动资源节约型和环境友好型社会建设、依靠创新驱动发展的典范
3	上海张江国家自创区（2014.1）	成为培育战略性新兴产业的核心载体和实现创新驱动、科学发展的示范区域
4	深圳国家自创区（2014.5）	建设成为创新驱动发展示范区、科技体制改革先行区、战略性新兴产业聚集区、开放创新引领区和创新创业生态区
5	苏南国家自创区（2014.10）	建设成为创新驱动发展引领区、深化科技体制改革试验区、区域创新一体化先行区和具有国际竞争力的创新型经济发展高地

续表

序号	国家自创区 （按批复时间）	批复发展定位
6	天津 国家自创区 （2014.12）	建设成为创新主体集聚区、产业发展先导区、转型升级引领区、开放创新示范区
7	长株潭 国家自创区 （2014.12）	打造成为创新驱动发展引领区、科技体制改革先行区、军民融合创新示范区、中西部地区发展新的增长极
8	成都 国家自创区 （2015.6）	建设成为创新驱动发展引领区、高端产业集聚区、开放创新示范区和西部地区发展新的增长极
9	西安 国家自创区 （2015.8）	打造"一带一路"创新之都，建设成为创新驱动发展引领区、大众创新创业生态区、军民融合创新示范区、对外开放合作先行区
10	杭州 国家自创区 （2015.8）	建设具有全球影响力的"互联网+"创新创业中心，打造创新驱动转型升级示范区、互联网创新创业示范区、科技体制改革先行区、全球电子商务引领区、信息经济国际竞争先导区
11	珠三角 国家自创区 （2015.9）	建设成为我国开放创新先行区、转型升级引领区、协同创新示范区、创新创业生态区，打造成为国际一流的创新创业中心
12	山东半岛 国家自创区 （2016.4）	打造具有全球影响力的海洋科技创新中心，努力把山东半岛国家高新区建设成为转型升级引领区、创新创业生态区、体制机制创新试验区、开放创新先导区
13	沈大 国家自创区 （2016.4）	打造东北亚科技创新创业中心，努力把沈大国家高新区建设成为东北老工业基地高端装备研发制造集聚区、转型升级引领区、创新创业生态区、开放创新先导区
14	郑洛新 国家自创区 （2016.4）	打造具有国际竞争力的中原创新创业中心，努力把郑洛新国家高新区建设成为开放创新先导区、技术转移集聚区、转型升级引领区、创新创业生态区
15	福厦泉 国家自创区 （2016.6）	打造连接海峡两岸、具有较强产业竞争力和国际影响力的科技创新中心，努力把福厦泉国家高新区建设成为科技体制改革和创新政策先行区、海上丝绸之路技术转移核心区、海峡两岸协同创新和产业转型升级示范区
16	合芜蚌 国家自创区 （2016.6）	打造具有重要影响力的产业创新中心，努力把合芜蚌国家高新区建设成为科技体制改革和创新政策先行区、科技成果转化示范区、产业创新升级引领区、大众创新创业生态区
17	重庆 国家自创区 （2016.7）	打造具有重要影响力的西部创新中心，努力把重庆高新技术产业开发区建设成为创新驱动引领区、军民融合示范区、科技体制改革试验区、内陆开放先导区
18	宁波温州 国家自创区 （2018.2）	打造民营经济创新创业新高地，努力把宁波温州高新区建设成为科技体制改革试验区、创新创业生态优化示范区、对外开放合作先导区、城市群协同创新样板区、产业创新升级引领区

续表

序号	国家自创区（按批复时间）	批复发展定位
19	兰白国家自创区（2018.2）	建设成为科技体制改革试验区、产业品质跃升支撑区、人才资源集聚区、东西合作发展先行区、生态文明建设引领区
20	乌昌石国家自创区（2018.11）	打造丝绸之路经济带创新创业新高地，努力把乌鲁木齐、昌吉、石河子高新区建设成为科技体制改革和创新政策试验区、创新创业生态优化示范区、科技成果转化示范区、新兴产业集聚示范区、转型升级引领区、科技创新国际合作先导区
21	鄱阳湖国家自创区（2019.8）	建设成为产业技术创新示范区、绿色发展引领区、开放协调发展先行区、创新政策和体制机制改革试验区，打造长江经济带经济与生态联动发展的创新高地
22	长春国家自创区（2022.4）	建设成为吉林全面振兴全方位振兴创新引擎区、体制机制改革先行区、东北亚开放创新枢纽区、创新创业生态样板区、"数字吉林"建设引领区
23	哈大齐国家自创区（2022.5）	建设成为体制机制改革创新试验区、老工业基地和创新型城市转型示范区、创新创业生态标杆区、对俄及东北亚协同开放先导区

注：以上根据国务院同意支持各国家自创区建设的批复函进行整理。

各国家自创区所在省（自治区、直辖市）[以下简称"省（区、市）"]、计划单列市及新疆生产建设兵团政府除发布关于加快国家自创区建设发展的实施意见外，也开展了规划文件的研究制定工作，但各地规划在总体进度、规划种类、规划层级等方面仍存在较大差异。一是从规划的进度来看，据不完全统计，除哈大齐、长春2家2022年新批准的国家自创区外，基本所有的国家自创区均有制定发展规划和实施方案。其中，成都、西安、山东半岛3家国家自创区仍在讨论和修订中，有18家国家自创区的发展规划或实施方案由所在省（区、市）政府进行了公布。二是从已经出台的各类国家自创区规划来看，各国家自创区规划主要涉及总体规划，部分国家自创区还就产业、科技创新、区域协同、土地空间等特定领域出台专项规划。基本所有国家自创区均有出台发展规划或规划纲要，并配套出台了相应的实施方案或行动方案。其中，有3家国家自创区已经出台了"十四五"规划或中长期规划，包括中关村、天津、沈大等国家自创区；除此之外，有4家国家自创区出台了产业规划，包括中关村、武汉东湖、深圳、苏南等国家自创区，中关村国家自创区针对数字经济出台了专项行动计划；有2家出台了科技创新规划，包括武汉东湖、沈大等国家自创区；有3家出台了与所在区域发展战略相关的专项规划，如中关村国家自创区针对京津冀协同创新共同体建设、苏南国家自创区针对一体化发展、珠三角国家自创区针对自贸区联动发展；有5家出台了专项土地空间规划，如武汉东湖、深圳、苏南、天津、珠三角等国家自创区。三是从规划的层级来看，省政府主要出台国家自创区的发展规划和方案，国家自创区所属城市的市政府也有出台配套规划，特别是覆盖不同城市群的国家自创区，如珠三角、沈大、合芜蚌、宁波温州等国家自创区。通过规划加强顶层设计，各国家自创区进一步确定了战略定位、发展目标、重点工作，为引导国家自创区开展各时期的创新探索营造了良好的政策环境（表1-2）。

表1-2 各国家自创区公布的发展规划情况

序号	国家自创区	发展规划
1	中关村国家自创区	《关于同意调整中关村国家自主创新示范区空间规模和布局的批复》 《中关村国家自主创新示范区统筹发展规划（2020年—2035年）》 《中关村国家自主创新示范区京津冀协同创新共同体建设行动计划（2016—2018年）》 《"十四五"时期中关村国家自主创新示范区发展建设规划》 《中关村示范区分园三年提升发展行动方案》 《中关村国家自主创新示范区数字经济引领发展行动计划（2020—2022年）》
2	武汉东湖国家自创区	《东湖国家自主创新示范区总体规划（2011—2020年）》 《东湖国家自主创新示范区产业发展规划（2011—2020年）》 《东湖国家自主创新示范区土地利用总体规划（2016—2020年）》 《省人民政府办公厅关于印发光谷科技创新大走廊发展战略规划（2021—2035年）的通知》（鄂政办发〔2021〕10号）
3	上海张江国家自创区	《上海张江国家自主创新示范区发展规划纲要（2013—2020年）》
4	深圳国家自创区	《深圳国家自主创新示范区发展规划纲要（2015—2020年）》 《深圳国家自主创新示范区空间布局规划（2015—2020年）》 《深圳国家自主创新示范区产业规划（2020—2025年）》 《深圳国家自主创新示范区建设实施方案》
5	苏南国家自创区	《省政府关于印发苏南国家自主创新示范区一体化发展实施方案（2020—2022年）的通知》（苏政发〔2020〕38号） 《苏南国家自主创新示范区发展规划纲要（2021—2025年）》 《苏南国家自主创新示范区空间调整方案》 《关于在苏南国家自主创新示范区开展创新型产业集群培育试点的实施方案（2021—2023年）》
6	天津国家自创区	《天津国家自主创新示范区发展规划纲要（2015—2020年）》 《天津国家自主创新示范区"十四五"发展规划》 《天津国家自主创新示范区"一区二十一园"规划方案》
7	长株潭国家自创区	《长株潭国家自主创新示范区发展规划纲要（2015—2025年）》 《湖南省人民政府办公厅关于印发〈长株潭国家自主创新示范区建设三年行动计划（2020—2022年）〉的通知》（湘政办发〔2020〕54号）
8	成都国家自创区	—
9	西安国家自创区	—
10	杭州国家自创区	《杭州国家自主创新示范区发展规划纲要（2015—2020年）》 《杭州国家自主创新示范区发展规划纲要（2020—2025年）》

续表

序号	国家自创区	发展规划
11	珠三角国家自创区	《珠三角国家自主创新示范区发展规划纲要（2016—2025年）》 《珠三角国家自主创新示范区建设实施方案（2016—2020年）》 《珠三角国家自主创新示范区空间发展规划（2016—2025年）》 《珠三角国家自主创新示范区与中国（广东）自由贸易试验区联动发展的实施方案（2016—2020年）》 《广州国家自主创新示范区建设实施方案（2016—2020年）》 《珠海国家自主创新示范区发展规划纲要（2016—2025年）》 《珠海国家自主创新示范区建设实施方案（2016—2020年）》 佛山、中山、东莞、惠州、江门、肇庆等市也围绕国家自创区建设，制定了相应的政策文件
12	山东半岛国家自创区	—
13	沈大国家自创区	《辽宁省沈大国家自主创新示范区"三年行动计划"（2017—2019年）实施方案》 《沈大国家自主创新示范区"十四五"科技创新规划（2021—2025）》 《沈大国家自主创新示范区科技创新中长期规划（2021—2035）》 《沈阳市建设国家自主创新示范区实施方案》 《沈阳市加快国家自主创新示范区建设若干政策措施》 《沈阳自创区建设三年行动计划（2017—2019年）》 《沈阳自创区建设三年行动计划（2020—2023年）》 《关于加快推进大连国家自主创新示范区建设的实施意见》 《关于全面实施创新驱动发展战略加快建设东北亚科技创新创业创投中心的意见》 《关于进一步推广和落实中关村科技政策的实施意见》 《大连国家自主创新示范区建设行动计划（2020—2025年）》
14	郑洛新国家自创区	《郑洛新国家自主创新示范区建设实施方案》 《郑洛新国家自主创新示范区洛阳片区发展规划纲要（2018—2025年）》 《郑洛新国家自主创新示范区新乡片区发展规划纲要（2017—2025）》
15	福厦泉国家自创区	《中共福建省委福建省人民政府关于印发〈福厦泉国家自主创新示范区建设实施方案〉的通知》（闽委发〔2016〕19号）
16	合芜蚌国家自创区	《合芜蚌国家自主创新示范区蚌埠片区发展规划（2021—2025年）》 《芜湖市推进国家自主创新示范区建设工作方案》
17	重庆国家自创区	《重庆两江新区国家自主创新示范区建设实施方案》
18	宁波温州国家自创区	《宁波国家自主创新示范区发展规划纲要（2019—2025年）》 《关于落实加快宁波温州国家自主创新示范区高质量发展战略合作框架协议的三年实施方案》
19	兰白国家自创区	《兰州白银国家自主创新示范区规划纲要（2018—2022）》

续表

序号	国家自创区	发展规划
20	乌昌石国家自创区	《乌昌石国家自主创新示范区发展规划纲要（2021—2025年）》
21	鄱阳湖国家自创区	《鄱阳湖国家自主创新示范区建设发展规划（2020—2025年）》 《鄱阳湖国家自主创新示范区建设实施方案（2020—2025年）》 《鄱阳湖国家自主创新示范区建设工作评价方案》 《推进鄱阳湖国家自主创新示范区建设五年行动计划（2021—2025年）》

注：以上根据各国家自创区汇报总结材料，并结合网络公开信息整理。

2. 国家自创区分布特点

截至2022年5月，国务院已先后发文批复同意建设了23家国家自创区，覆盖了21个省（区、市），涉及全国60个城市、66家国家高新区。其中，广东省和浙江省各拥有2家国家自创区（图1-1）。

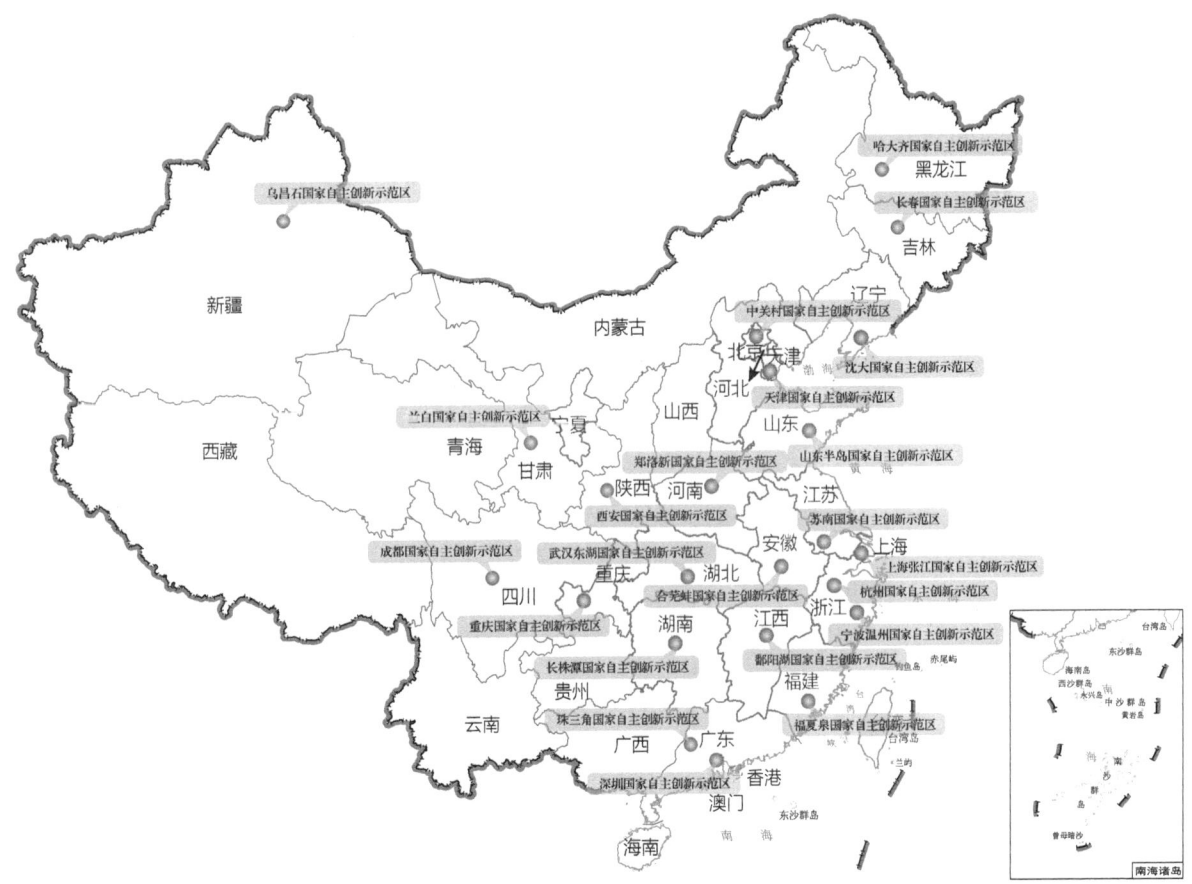

图1-1　2022年我国国家自创区省（区、市）分布

从国家自创区所属的区域来看，基本呈现从沿海到内陆、从东部到其他区域扩展的趋势。截至2022年，东部地区国家自创区分布最为集中，数量达到10家，其次是中部地区，为5家；西部地区从2015年起批复数量快速增长，国家自创区数量目前和中部地区持平；东北地区自2016年以来共批复3家（图1-2）。

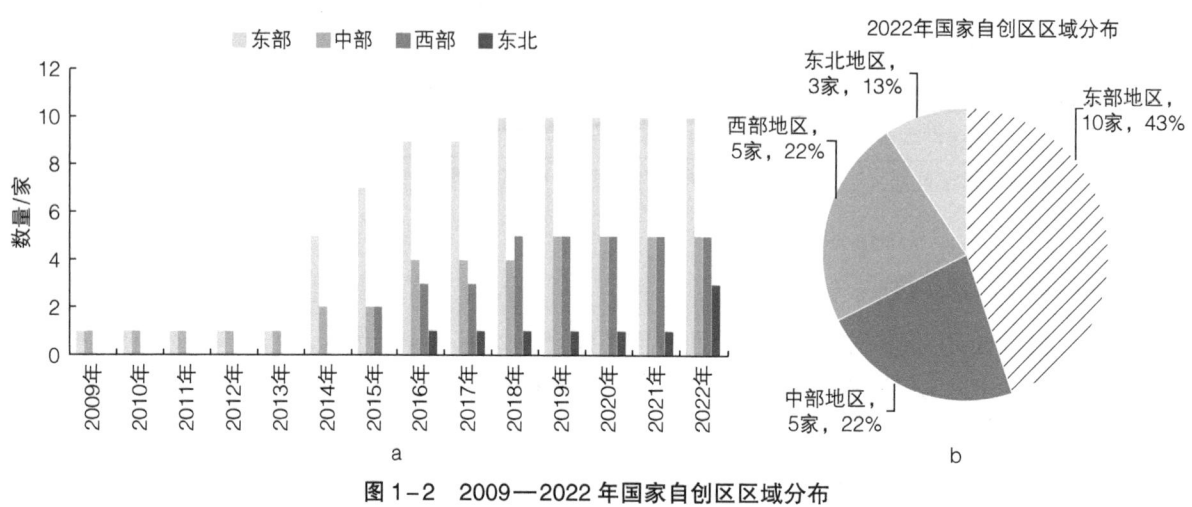

图1-2 2009—2022年国家自创区区域分布

从国家自创区城市分布特点来看，呈现从单个城市主体建设，向以城市群为基本建设单元发展的趋势。截至2022年，共有10家国家自创区以单个城市为基本建设主体，有13家国家自创区以城市群为基本建设主体。其中，国家自创区城市覆盖较多的分别是珠三角、鄱阳湖、山东半岛、苏南国家自创区，覆盖的城市均在5个以上（表1-3）。

表1-3 国家自创区建设主体分布特点

分布特点	国家自创区
单个城市	中关村
	武汉东湖
	上海张江
	深圳
	天津
	成都
	西安
	杭州
	重庆
	长春

续表

分布特点	国家自创区
城市群	苏南（覆盖城市5个）
	珠三角（覆盖城市8个）
	长株潭（覆盖城市3个）
	宁波温州（覆盖城市2个）
	山东半岛（覆盖城市6个）
	沈大（覆盖城市2个）
	郑洛新（覆盖城市3个）
	福厦泉（覆盖城市3个）
	合芜蚌（覆盖城市3个）
	兰白（覆盖城市2个）
	乌昌石（覆盖城市3个）
	鄱阳湖（覆盖城市7个）
	哈大齐（覆盖城市3个）

从国家自创区空间范围来看，管辖范围已突破1万平方千米。根据国务院对国家自创区的批复文件，各国家自创区主要依托高新技术产业开发区建设，区域范围为"国务院有关部门公布的开发区审核公告确定的四至范围"。但在多年的实际发展过程中，各国家自创区区域实际管辖范围均有一定程度突破。截至2020年，国家自创区实际管理面积合计达到1万平方千米以上[①]。

（三）国家自创区经济发展成效

基于科技部火炬中心62家国家高新区统计数据[②]，以下从经济规模、企业创新主体、创新资源、创新成果、高技术产业等方面，对21家国家自创区在国民经济（特别是在创新发展）中的指标表现进行汇总分析。

经济规模主要指标表现。截至2020年，21家国家自创区入统企业12.79万家，共实现GDP 9.7万亿元、工业增加值4.8万亿元、进出口总额6.8万亿元、实际利用外资0.3万亿元，分别占全国同期的8.5%、10.6%、17.3%和26.3%[③]。

企业创新主体主要指标表现。截至2020年，21家国家自创区拥有高新技术企业8.1万家，占全国的29.7%；科技型中小企业达5.7万家，占全国的25.7%；上市企业总数达1425家，占全国的34.0%。新晋瞪羚企业1921家，境外世界五百强投资企业1895家。

创新资源主要指标表现。截至2020年，21家国家自创区聚集国家重点实验室332家，占全国的63.6%；国家企业技术中心649家，占全国的39.7%；国家工程研究中心151家，占全国的39.7%；国家级科技企业孵化器545个，占全国的46.5%；国家备案众创空间891个，占全国的37.3%；国家

---

① 基于科技部火炬中心国家高新区2020年统计数据。
② 2022年新批复的2家国家自创区尚缺乏相关统计数据，此处仅对21家国家自创区数据进行分析。
③ 全国数据来源于《中华人民共和国2020年国民经济和社会发展统计公报》。2020年，全国国内生产总值1 143 670亿元，第二产业增加值450 904亿元，货物进出口总额391 009亿元，实际使用外商直接投资金额11 494亿元。

大学科技园78个。期末从业人员1762.1万人，占全国就业人员的2.3%，从业人员中具有研究生以上学历人员149.6万人，留学归国人员19.6万人，外籍常驻人员6.2万人，引进外籍专家1.3万人。

创新成果主要指标表现。截至2020年，21家国家自创区入统企业拥有R&D人员全时当量169.9万人年，占全国同期的32.5%；R&D经费内部支出7819.4亿元，相当于全国R&D经费支出的32.1%；实现当年授权专利52.1万件，占全国的14.3%；申请PCT专利3.5万件，占全国的48.0%；年末拥有有效专利251.3万件，占全国的20.6%。产生了长寿命超导量子比特芯片、全球首款96核区块链专用加速芯片、细胞焦亡抗肿瘤免疫功能重大发现等一批具有世界影响力的重大技术创新成果。

高技术产业主要指标表现。截至2020年，高技术产品出口总额达到2.39万亿元，占全国同期的44.5%[①]；技术服务出口总额达到0.27万亿元。国家自创区高技术产业营业收入占总营业收入的比重达到40.5%。

二、国家自创区发展成效总体评估

（一）单一国家自创区发展定位清晰，特色鲜明

从发展定位上看，国家自创区按照国务院下发批复函的战略定位开展相关建设工作，发展定位多是围绕科技创新示范、体制机制改革、高科技产业培育、开放创新引领、军民融合示范、协同创新示范等方面展开。同时结合当地特点，提出资源节约型和环境友好型社会建设、"一带一路"创新之都、西部创新中心等特色定位（表1-1）。

需要注意的是，国家自创区作为国家重要的改革试验区，自成立以来，尚未在国家层面出台明确的中长期规划，国家自创区使命意识偏弱，发展的系统性、目标性、综合性有待提升，各国家自创区间点状成长，发展缺乏合力。此外，国家自创区在功能上发展定位与依托的国家高新区发展主体定位存在较大程度上的重合，部分国家高新区在建设过程中对两者区分不明，导致后续工作重点一致，无法发挥国家自创区先行先试和改革探索的特色优势。例如，鄱阳湖国家自创区就提到"部分高新区主动作为意识还不强，还没有扛起国家自主创新示范区的责任使命，先行先试的这个胆识魄力还不够，主体责任还没有全面的压实"。加强战略统筹，加快制定统一的国家自创区中长期发展规划意义重大。

（二）国家自创区依托建设主体位势普遍得到提升

总的来看，这种提升主要体现在国家高新区的管理层级提升，与国家部委、省市的沟通渠道更为紧密，体制机制改革空间进一步深化扩大，区域协同发展更加紧密，并在一定程度上解决了发展面临的土地空间限制等问题。

国家自创区依托国家高新区主体建设，多数国家自创区由所在省科技厅直接管理或指导，除了对国家高新区有资源统筹、相应的政策倾斜和项目扶持外，这种模式特别为有跨区域协同需求的高

---

① 根据《中国统计年鉴2021》，高技术产品出口总额达到5.37万亿元。

新区提供了极大的便利；部分国家自创区管理机构与高新区合署办公，并通过建立"省—市—区"的管理体制，构建与省、市进行日常沟通的渠道；在指导和建设经验交流上，各国家自创区主要通过参加科技部组织的"国家自主创新示范区工作联席会"，开展示范区政策落实，研究共性问题和政策需求交流（2011—2014年）。通过参与国家自创区建设，多数国家高新区出于示范引领辐射带动的考虑，拓展了实际管辖范围，解决了原有发展受土地空间限制的问题。在解决国家高新区发展面临的实际问题上，国家自创区均起到了较大的正向作用。

通过调研发现，由于多数国家自创区是多个国家高新区主体共同参与建设，国家自创区与国家高新区一体化发展仍然面临较多问题。目前，以福厦泉、苏南、郑洛新等为代表的国家自创区根据自身发展经验，提出要重点加强区域规划设计，推进政策协调和规划衔接，通过建立专项发展资金、评价体系、工作推进体系等方式，调动各国家高新区主动融入国家自创区建设的积极性，引导各国家高新区聚焦发展。这也是未来国家自创区实现跨区域协同发展的重点突破方向。

（三）国家自创区政策先行先试改革力度由强减弱

国家自创区在政策先行先试及体制机制改革引领方面已经做出了积极有益的探索，但探索的力度近年来有所弱化。主要表现在：国家自创区建设的起步期，政策创新的改革力度较大，主要集中在科技经济融合的关键问题，重点从股权激励试点、深化科技金融改革创新试点、课题经费改革、税收政策支持等方面开展政策突破。但除了中关村、武汉东湖、上海张江等国家自创区在早期推出过"1+6""新四条""京校十条""京科九条""黄金十条"等重点政策外，并未再产生全国影响力较大的政策，后期无论是在政策覆盖范围还是在政策的着力点方面，都缺乏明显的进展。新建国家自创区的工作重点更多是如何落实先行先试政策，在国家自创区相关政策研究领域布局的人力、物力及资金支持明显不足，国家自创区能够顺应当前发展形势和新经济发展模式的创新体制机制的探索缺乏，各地主动性、持续性、个性化的政策创新也有待加强。此外，国家自创区的体制机制改革领域主要集中在国有资产、行政人事、财务管理、营商环境、税务体制等方面，部分国家自创区还推进了国家自创区立法。总体而言，国家自创区在体制机制改革引领、探索新型举国体制等方面还有待深化。

（四）国家自创区与其他试点改革仍缺乏有效衔接

国家自创区与我国其他领域开展的试点改革在政策上仍缺乏相应的衔接和融合。在2009年首家国家自创区设立后，我国又在2013年开展自由贸易试验区试点、在2020年开展中国特色社会主义先行示范区综合改革试点、在2021年提出深入推进全面创新改革试验等，试点探索工作如火如荼，改革试点的经验不断在全国复制推广。作为国家自创区，理应在发展过程中与其他试点形成融合互动关系，以最大发挥现有体制机制和政策先行先试优势。

但事实上，这种相互衔接和促进目前只在极个别的国家自创区中形成，在全国层面，国家自创区与其他试点的衔接仍缺乏相应的顶层设计。例如，天津、上海张江等国家自创区，也同时被纳入自贸区试点范围，已经开始探索如何将国家自创区的创新优势与其他试点的体制机制或政策优势融合；深圳国家自创区同时为综合改革试点，正在积极探索与粤港澳创新资源协同配置的相关机制；

重庆、杭州等国家自创区作为全面创新改革试验区，在科技金融创新、科技管理体制创新、知识产权保护、人才培养和激励等方面已经开始进行改革探索等。

此外，当前各个国家自创区的先行先试探索相对独立，无法通过合适的组织管理方式实现向其他国家自创区或在全国范围内的经验推广，以中关村为代表的先进国家自创区的改革经验并没有得到及时和最大程度的发挥，影响力不足。

（五）国家自创区创新引领能力亟待与时俱进

国家自创区发展至今，对国家创新发展的引领支撑已经取得显著成效，但与时俱进能力还有待提升。

首先，从创新表现来看，国家自创区在关键核心技术研发、企业创新主体培育、国家级重点创新载体建设、创新成果产业化等方面都有突出成效。

其次，从创新对区域辐射带动成效来看，国家自创区有力地促进了当地经济发展的差异平衡，所有国家自创区，不管是单一城市主体还是城市群主体，都在试图通过一区多园、飞地经济、跨区战略合作等方式，拓展创新发展的合作层次和深度，成为区域创新发展的增长极。国家自创区在东西部的分布更加均衡，也基本覆盖了全国绝大多数省份（除了山西、广西、云南、青海、西藏、海南等部分省份外），在客观上体现了全国促进地区发展差异平衡的战略部署。

最后，从对国家的创新支持来看，所有国家自创区在规划制定时，均考虑到国家自创区建设与所属国家重大区域战略的结合，如与京津冀、"一带一路"等的规划结合。在行动上，主要通过培育科技创新型企业、战略性新兴产业集群，以及积极参加国家重大基础设施建设等举措，实现对国家创新战略的支撑。

但在新时期"四个面向"及"科技自立自强"的发展环境下，国家自创区对于创新的引领还远远不够，开展创新探索的前瞻性、引领性还有待提升。总体来看，国家自创区过去的建设历程主要是问题导向，相较之下目标导向和使命导向下的探索偏弱。例如，在数字经济、未来产业等新的产业趋势下，只有部分国家自创区在规划层面有所涉及，对产业的前瞻布局准备不足；对领先园区等国家最新政策还未及时跟进；围绕新时代新的国家导向、新的任务引领推动等，在规划引领、组织建设、资源优化等方面还有待加强。在新一轮国家创新资源的优化布局中，国家自创区的主动对接和资源倾斜结合不够，国家自创区的建设与其他国家级承载创新功能的区域或平台，如国家创新型城市、国家科技创新中心等的结合较少。

（六）国家自创区组织管理体制亟须进一步优化

在国家自创区的组织管理上，国家自创区及相关管理部门还存在较大的改进空间。目前来看，国家自创区领导小组的作用并没有充分发挥出来。国家自创区政策探索的先行先试缺乏激励、监督和主管单位指导，先进的经验探索也缺乏好的交流和推广机制作为支撑。作为一个创新标杆，部分国家自创区的建设并没有得到所在区域的足够重视和政策支撑，国家自创区的建设仍停留在"挂牌"阶段，先行先试和改革探索功能极大弱化。国家自创区的部分试点政策缺乏相关配套，政策供给的协同性、精准性不够，部门之间统筹衔接还不够顺畅。此外，国家自创区所在省和国家部委的对接、跨省的对接、与社会资源的对接有效性仍待加强，在国家自创区全面推行的国家层面专项政策、专项部署相对还比较少,对国家自创区体制机制改革的指导力度还不够大,缺少相应的发展规划引领和绩效考核助推。这些均在较大程度上制约了国家自创区的成长步伐。

三、国家自创区科技创新发展成效及经验

(一)现状及成效

截至2020年,21家国家自创区[①]R&D人员全时当量达到169.9万人年,R&D经费内部支出达到7819.4亿元,政府财政科技支出达到1100.7亿元,分别达到我国32.5%、32.1%、10.9%的比重,成为我国科技创新资源最为富集的区域;聚集了3536家高校院所,81 700家高新技术企业,企业逐渐成为科技创新的主体;聚集高端科技平台1574家,自主创新的硬件设施大大改善;创新产学研合作模式,科技成果转化的通道更加顺畅;科技创新成果引世瞩目,知识产权拥有量高达315.9万件。

1. 科技人才

国家自创区高学历从业人员快速增长。本科及以上学历从业人员从2012年的94.3万人增至2020年的780.6万人[②],实现年均复合增长30.2%。2021年国家自创区从业人员中有研究生(博士、硕士)149.6万人、本科生631.0万人。21家国家自创区中本科及以上学历从业人员排名前三的是中关村、上海张江、苏南国家自创区,分别为180.3万人、93.8万人、84.6万人,占国家自创区整体的23.1%、12.0%、10.8%(图1-3)。

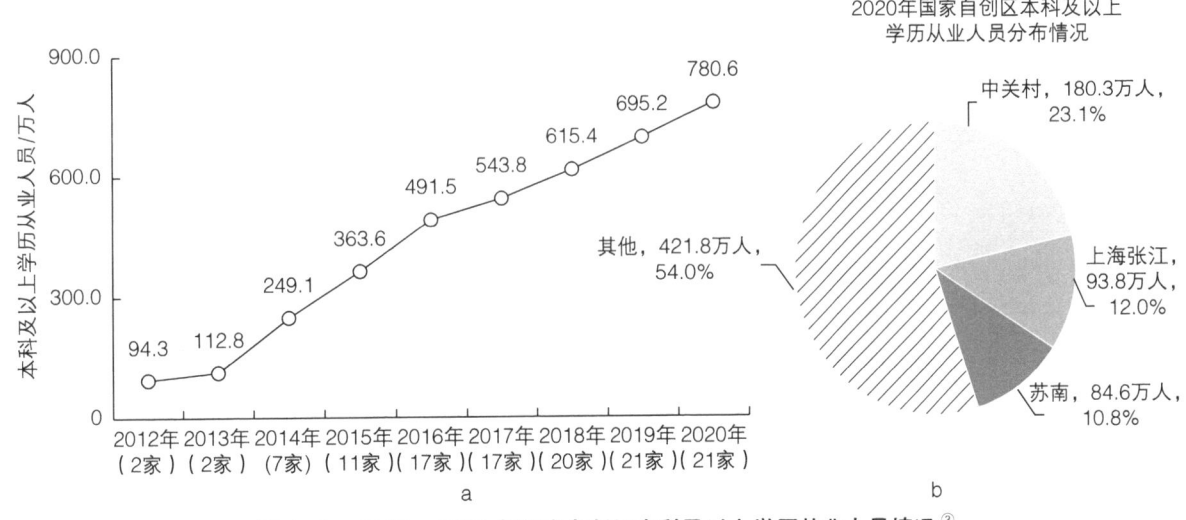

图1-3　2012—2020年国家自创区本科及以上学历从业人员情况[③]

---

① 2012年国家自创区有中关村、武汉东湖2家,2020年国家自创区为21家。
② 本报告中涉及的国家自创区数据均采用其下辖国家高新区的数据。
③ 部分年份未能获取到统计数据,本报告仅分析可获取数据的年份。

国家自创区R&D人员全时当量整体呈增长态势，从2014年的53.1万人年增长至2020年的169.9万人年，实现了年均复合增长21.4%，占我国全部R&D人员全时当量（523.5万人年）[①]的32.5%。21家国家自创区中R&D人员全时当量排名前三的是苏南、中关村、珠三角国家自创区，分别为28.1万人年、19.7万人年、18.7万人年，占国家自创区整体的16.6%、11.6%、11.0%（图1-4）。

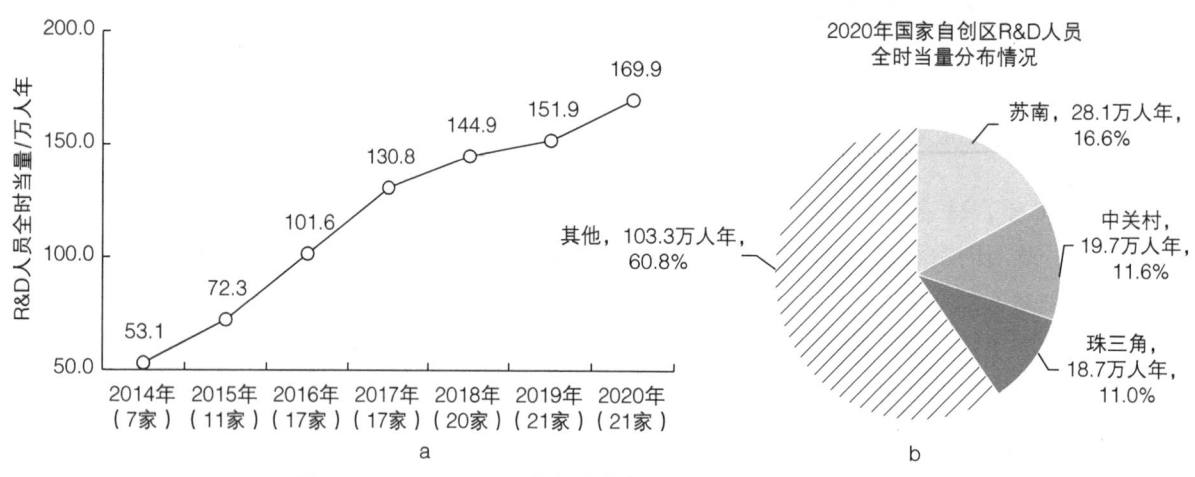

图1-4　2014—2020年国家自创区R&D人员全时当量情况

2. 企业研发投入

国家自创区鼓励以企业为主体的研发创新行为。R&D投入占增加值比例从2013年的9.7%增长至2020年的12.0%，增长了2.3个百分点。其中，2020年R&D经费内部支出为7819.4亿元，占到全国R&D经费支出[②]（18 673.8亿元）的41.9%。21家国家自创区中R&D经费内部支出排名前三的是中关村、深圳和苏南国家自创区，分别达1140.9亿元、1065.3亿元、942.0亿元，占国家自创区整体的14.6%、13.6%、12.0%（图1-5）。

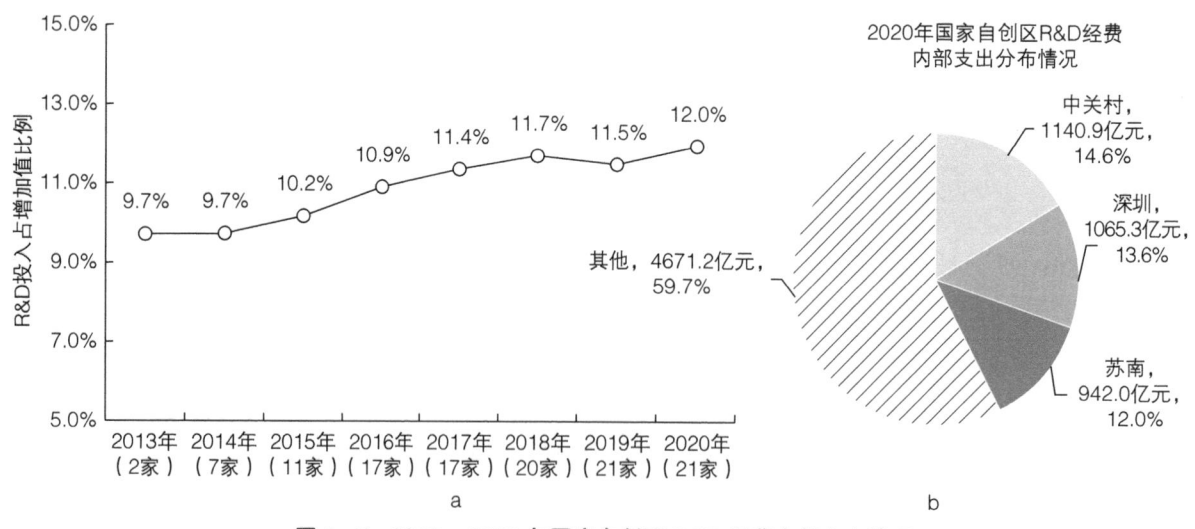

图1-5　2013—2020年国家自创区R&D经费内部支出情况

---

① 数据来源于《中国统计年鉴》。
② 数据来自国家统计局《2020年全国科技经费投入统计公报》。

3. 政府科技经费

在科技部、财政部等国家各部委的支持下,国家自创区获取的科技经费支持力度不断提升。国家自创区下辖国家高新区管委会财政科技支出从 2014 年的 259.8 亿元增长至 2020 年的 1100.7 亿元,实现了年均复合增长 27.2%,占我国财政科技支出（10 095.0 亿元）[①] 的 10.9%。2020 年,21 家国家自创区中财政科技支出排名前三的是上海张江、珠三角、苏南国家自创区,财政科技支出均超过 100 亿元,分别为 157.5 亿元、122.0 亿元、119.6 亿元,占国家自创区整体的 14.3%、11.1%、10.9%（图 1-6）。

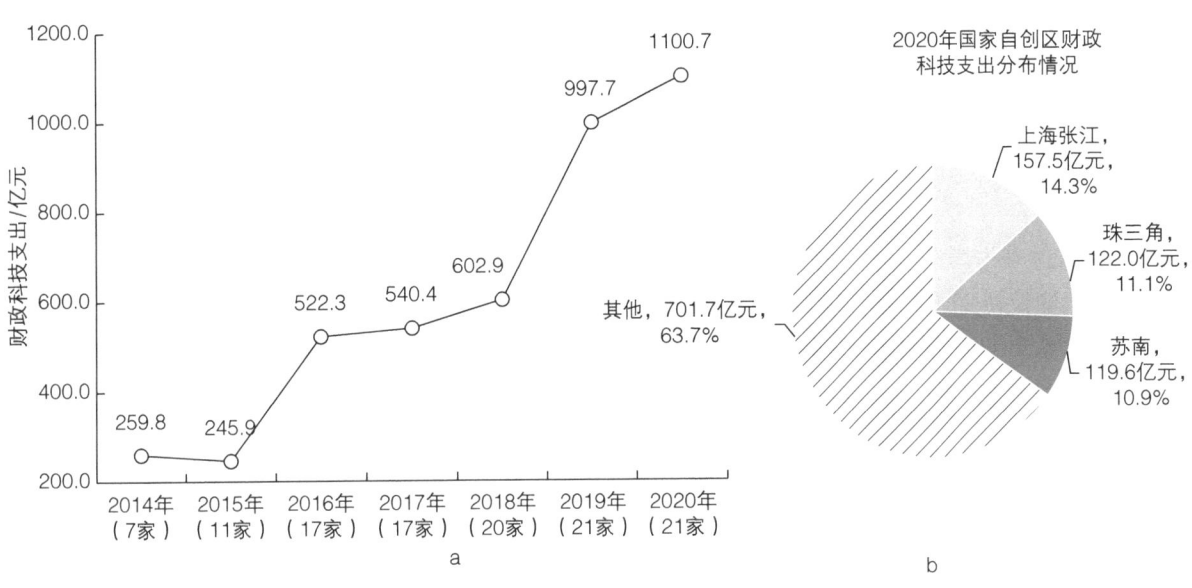

图 1-6　2014—2020 年国家自创区财政科技支出情况

4. 科技创新主体

国家自创区参与科技创新的主体从高校院所扩大到高新技术企业,规模不断壮大。

大学机构、科研院所作为科技创新的重要主体,在国家自创区内不断聚集。高校院所数量从 2014 年的 1028 家持续增长至 2020 年的 3536 家,实现了年均复合增长 22.9%。2020 年,国家自创区拥有各类大学 680 家、研究院所 2856 家。21 家国家自创区中,高校院所数量排名前三的是苏南、长株潭、山东半岛国家自创区,分别为 555 家、439 家、415 家,占国家自创区整体的 15.7%、12.4%、11.7%（图 1-7）。

---

① 数据来自国家统计局《2020 年全国科技经费投入统计公报》。

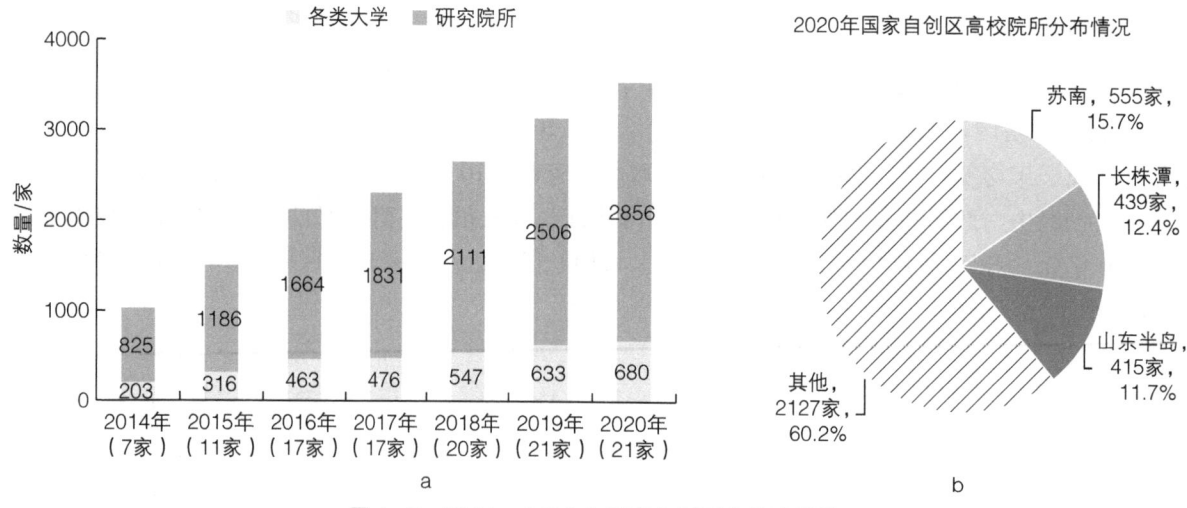

图 1-7　2014—2020 年国家自创区高校院所情况

企业逐渐成为高新技术产业化的主体。入统高新技术企业（简称"高企"）数量从 2012 年的 5749 家持续增长到 2020 年的 81 700 家，占全国入统高企数量（27.0 万家）[①]的 30.3%，入统高企数量实现年均复合增长 39.3%。21 家国家自创区中入统高企数量排名前三的是中关村、苏南、上海张江国家自创区，分别达 16 993 家、10 874 家、9232 家，占国家自创区整体的 20.8%、13.3%、11.3%（图 1-8）。

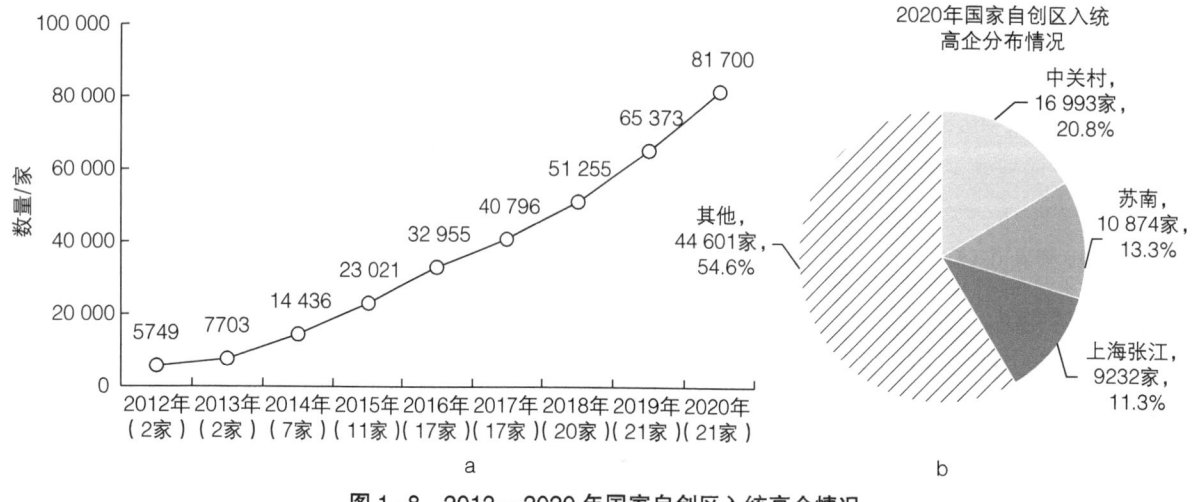

图 1-8　2012—2020 年国家自创区入统高企情况

5. 高层次科研平台

高层次科研平台是推进科技创新能力建设的重要抓手。国家自创区重点加快高层次科研平台建设，国家重点实验室、国家工程研究中心（国家工程实验室）、国家企业技术中心、国家地方联合工程研究中心（工程实验室）从 2014 年的 186 家、133 家、138 家、0 家增长至 2020 年的 332 家、242 家、

---

① 数据来源于科技部火炬中心。

649家、351家（图1-9）。2020年国家自创区拥有国家重点实验室、国家工程研究中心（国家工程实验室）、国家企业技术中心数量分别占全国的63.6%、69.1%、39.7%。

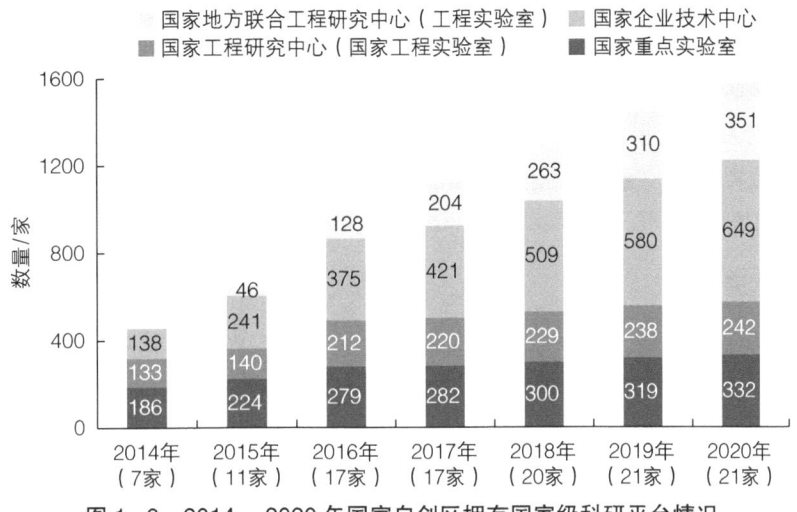

图1-9　2014—2020年国家自创区拥有国家级科研平台情况

为了更好地解决产学研结合不紧密及科技经济"两张皮"的问题，国家自创区积极推动新型研发机构建设。省级及以上新型产业技术研发机构数量从2016年的323家增长至2020年的748家，年均复合增长率达到23.4%。2020年，21家国家自创区中省级及以上新型产业技术研发机构数量排名前三的是苏南、珠三角、山东半岛国家自创区，分别为124家、120家、77家，占国家自创区整体的16.6%、16.0%、10.3%（图1-10）。

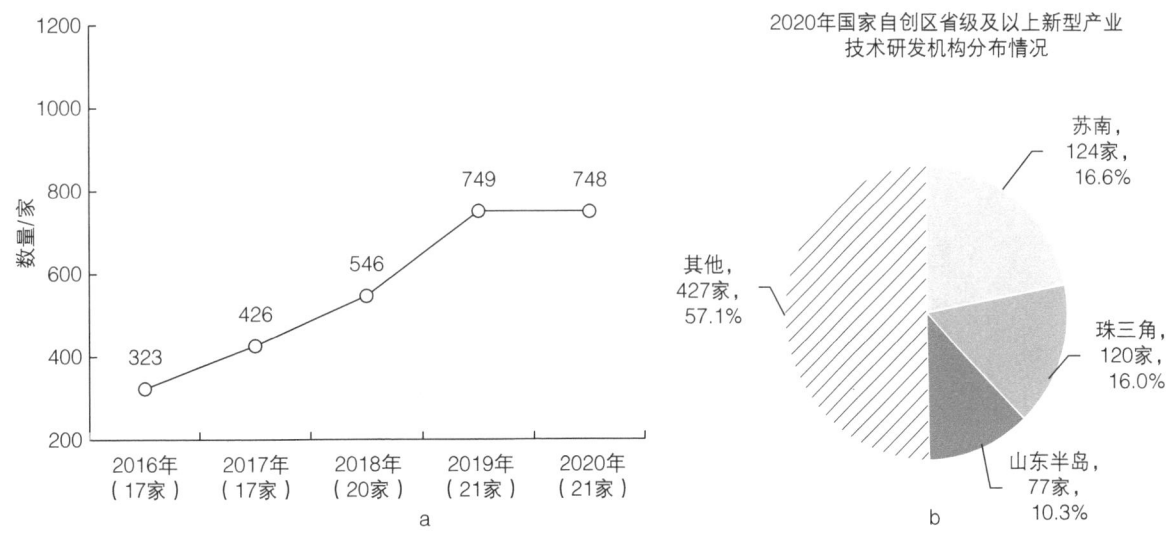

图1-10　2016—2020年国家自创区省级及以上新型产业技术研发机构情况

6. 产学研合作

产学研合作是当前推动技术创新和技术进步的重要模式。国家自创区积极搭建产学研合作平台，推动以企业为主体的产学研合作模式，不断推进产学研深度融合。例如，中关村国家自创区实施中关村产学研用合作工程，坚持以企业为主导，探索共建了研发机构和委托研发、技术许可、技术转让、技术入股等多种产学研用合作模式；武汉东湖国家自创区与高校院所、龙头企业合作，围绕市场需求开展科技研究和攻关，组建了多家产业技术研究院；成都国家自创区创新产学研协同创新模式，探索高端人才由"教授"向"董事"角色转型，推动诺贝尔奖得主科恩伯格教授直接出资建设创新型生物大分子药物研究所。

7. 关键核心技术突破

关键核心技术是强国之基、国之重器。国家自创区围绕主导产业和战略性新兴产业，持续攻关重要领域"卡脖子"技术，取得了显著成效。例如，苏南国家自创区自2014年获批以来累计获得国家科学技术奖的通用项目超250项；杭州国家自创区29项科技成果获2020年度国家科学技术奖；2021年，中关村国家自创区印发国内首个支持颠覆性技术创新的政策——《中关村国家自主创新示范区关于支持颠覆性技术创新的指导意见》，面向全球挖掘和培育重大前沿颠覆性创新项目，涌现出清华类脑计算、国际原创抗癌治疗药物等一批具有世界影响力的重大创新成果；武汉东湖国家自创区以先进存储、光通信、5G等领域为重点，相继突破了128层闪存芯片、10万瓦光纤激光器、400 G硅光芯片等一批"卡脖子"关键核心技术。

8. 科技成果

国家自创区科技成果不断涌现。国家自创区知识产权拥有量（包括发明专利、软件著作权、注册商标3类）从2012年的10.3万件持续增长至2020年的315.9万件，实现年均复合增长53.5%。2020年，国家自创区拥有发明专利数、拥有软件著作权数、拥有注册商标数分别为89.7万件、131.8万件、94.4万件，其中拥有软件著作权数占比高达41.7%（图1-11）。

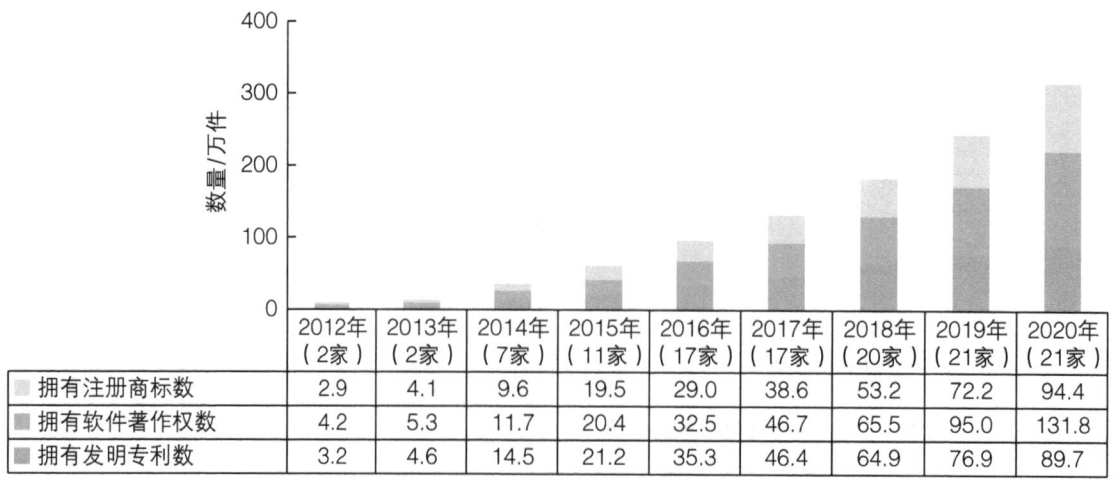

图1-11 2012—2020年国家自创区拥有知识产权情况

（二）经验总结

科技兴则民族兴，科技强则国家强。国家自创区始终把自主创新和先行先试作为推进国家自创区建设的最大动能，以提升原始创新能力和科技成果转化为主要目标，加快关键技术突破，致力于打造全国自主创新的示范区。回顾其发展历程、发展现状及取得的成效，国家自创区的发展经验可以总结为以下6个方面。

1. 面向全球打造高精尖人才高地

国家自创区深化人才体制机制改革，聚焦人才发现、激励、使用、服务等环节，加快科技人才集聚，全面打造高水平人才高地。

创新"高精尖缺"人才引进方式。为了突破产业链创新链关键环节和"卡脖子"技术领域，国家自创区加强高端人才引进和使用方式探索，除加强人才引进的资金补贴外，还通过制定高层次急需紧缺人才目录，实施"靶向"引才，通过用人单位自主举荐、知名专家举荐，以及"一事一议""揭榜挂帅"等新型模式推动高端科技人才引进。以深圳、长株潭、山东半岛、合肥等为代表的国家自创区主要采取补贴激励等重磅政策针对高精尖或紧缺型人才进行专门引入。中关村国家自创区则开创了科研机构和科技项目管理新模式，在全国首创并实施"朱雀人才——科技项目经理人"计划，依托国家级创新基地、新型研发机构等创新平台，以"大科学装置+大科学任务"等形式，引进培养一批具有科学家思维、工程师技能，拥有创新资源调配能力的高端项目管理人才。合芜蚌国家自创区在全国率先探索"人才团队+科技成果+政府参股+股权激励"的模式，赋予领军人才充分自主权，支持园区、企业面向国内外引进领军人才、高端人才。

人才评价和分类成为提升人才创新积极性的有效举措。国家自创区推动人才评价标准从学术成果导向向创新效用发挥转变，以人才研发能力等指标为考量，形成人才评价和分类标准。福厦泉国家自创区出台深化人才体制机制改革、推行科技特派员制度、改革科技人员职称评价等政策，推动建立正向激励科研人员创新动能机制。山东半岛国家自创区济南片区创新打造全国首个人力资本产业公共服务平台，推广"人才有价"评估体系，实现了"知识产权可作价、成果转化能估价、人才团队有身价"，同时由政府财政出资担保，为科技人才创新创业提供最高70%的贷款风险补偿。

人才服务模式不断优化。国家自创区全面提升高端人才服务环境，创新人才服务模式。福厦泉国家自创区福州片区建立健全人才住房保障体系，出台了支持房地产项目配建人才公寓、支持各类园区自建人才公寓等创新举措，突破了以往由政府包揽统建人才公寓模式。西安国家自创区"加码"对人才的奖励与服务，通过实施"助力人才安居""全面保障子女就学""做好医疗健康保障""创新人才礼遇举措"等6个方面的支持政策，全面保障人才在西安高新区安居乐业、无忧生活。面向国际人才，中关村、上海张江、武汉东湖等多家国家自创区强化国际高端人才服务，通过建设国际人才社区，开设来华工作许可服务试点，简化工作许可、工作居留许可等流程，为国际人才提供便利的人才发展环境（表1-4）。

表 1-4 国家自创区科技人才队伍建设举措及做法

维度	重点举措	做法
人才引进和培养	"朱雀人才——科技项目经理人"计划，完善人才新政细则，资金支持，"靶向"引才、用人单位自主举荐、知名专家举荐，人才需求目录，院士带培机制	➢ 中关村：在全国首创并实施"朱雀人才——科技项目经理人"计划，依托国家级创新基地、新型研发机构等创新平台，以"大科学装置+大科学任务"等形式，引进培养一批具有科学家思维、工程师技能，拥有创新资源调配能力的高端项目管理人才。 ➢ 杭州：持续深化人才发展体制机制改革，不断完善人才新政细则，创新出台"全球聚才十条""开放育才十条"等人才引育政策，组织实施高层次人才引进、创新创业人才及团队引进培育计划，加快建设一批高端人才落户平台，探索试行外国人才来杭工作便利措施。 ➢ 长株潭：实施湖湘高层次人才聚集工程，对特别优秀、贡献巨大的创新创业人才（团队）提供最高1亿元综合支持；建立靶向引才、专家荐才机制，围绕湖南省重点产业，建立"卡脖子"技术人才需求目录，培养和引进"高精尖缺"科技创新人才；完善院士带培机制，鼓励和支持院士与省科技领军人才、湖湘青年英才等建立院士带培关系，培养壮大院士后备人才队伍
人才评价和激励	代表性成果评价，项目经费"包干制"改革试点，人才分类标准	➢ 山东半岛：济南片区创新打造全国首个人力资本产业公共服务平台，推广"人才有价"评估体系，实现了"知识产权可作价、成果转化能估价、人才团队有身价"。 ➢ 长株潭：坚决破除唯论文、唯职称、唯学历、唯奖项"四唯"倾向，出台国家"三评"改革后首个省级层面人才评价管理办法，实行代表性成果评价，更加注重评价研究成果质量、原创价值和对经济社会发展实际贡献。强化人才政策激励，推进省自然科学基金、科技人才计划项目经费"包干制"改革试点，在充分信任的基础上赋予更大的科研经费使用自主权；完善与人才创造的效益紧密联系的分配激励机制，落实"两个70%"成果转化激励、股权分红激励等政策，充分调动各类人才创新创造的积极性。 ➢ 成都：创新全国领先人才政策，推动人才评价标准从学术成果导向向创新效用发挥转变，以人才研发能力、对高新区贡献度、所在企业能级等指标为考量，形成高新区A、B、C、D 4类人才分类标准；推动人才引进导向从数量规模向创新动能形成转变，出台"四派人才"企业、产业教授等六大方面人才政策
人才服务	人才服务中心，生活配套	➢ 武汉东湖：开工建设光谷国际人才社区，推动组建光谷人才集团，建设国家人力资源服务产业园，发放"光谷数字人才卡"，"闭环式"服务办好人才"关键事"。 ➢ 西安：制定"硬科技创新人才"十条，"加码"对人才的奖励与服务，通过实施"释放创新创业动能""助力人才安居""全面保障子女就学""做好医疗健康保障""创新人才礼遇举措"等6个方面的支持政策，全面保障人才在西安高新区安居乐业、无忧生活。 ➢ 福厦泉：福州片区建立健全人才住房保障体系，出台了支持房地产项目配建人才公寓、支持各类园区自建人才公寓等创新举措，突破了以往由政府包揽统建人才公寓模式

2. 强化科技经费支持推动企业创新

国家自创区加大对企业科技经费的支持力度，资金支持方式更加多元化。整体来看，国家自创区加强对企业自主技术创新的引导，通过税收优惠（研发费用加计扣除、职工教育经费税前扣除、技术转让所得税减免、创业投资企业税收抵扣等）、设立基金、贷款贴息、科技创新券、科技创新债、发放无抵押贷款等多种方式鼓励企业加大研发投入，支持科技创新。上海张江国家自创区深入实施研发费用加计扣除、职工教育经费税前扣除、技术转让所得税减免、创业投资企业税收抵扣等创新政策，有效降低了企业研发成本。例如，研发费用加计扣除政策每年为上海企业特别是科技中小微企业减免税额超过300亿元。福厦泉国家自创区在全国率先出台对科技小巨人领军企业和龙头企业享受加计扣除政策实际减免的所得税额给予同量资金奖励措施。珠三角国家自创区运用电子围网、公共保税仓库等方式，对符合税收政策规定的企业自用研发设备和进口研发耗材实施进口税收优惠政策；依托科技资源集聚区设立科技支行，中国银行广东省分行、澳门分行基于两地企业信用互认，联合发布了"粤澳共享贷"，为澳门青年创业发放无抵押贷款（表1-5）。

表1-5　国家自创区政府科技经费支持举措及做法

维度	重点举措	做法
支持方式	税收政策，研发补助，基金债券	➢ 上海张江：深入实施研发费用加计扣除、职工教育经费税前扣除、技术转让所得税减免、创业投资企业税收抵扣等创新政策，有效降低了企业研发成本。例如，研发费用加计扣除政策每年为上海企业特别是创新中小微企业减免税额超过300亿元。 ➢ 深圳：实施高新技术企业培育计划和企业研究开发资助计划，对符合培育资助条件的企业根据上年度研发费用的实际支出予以资助。 ➢ 福厦泉：在全国率先出台对科技小巨人领军企业和省龙头企业享受加计扣除政策实际减免的所得税额给予同量财政资金奖励措施，以及对全省规上企业研发费用实施分段补助措施；出台促进科技金融结合、鼓励金融机构支持科技型企业发展等政策，发放"科技贷"54.7亿元、科技保险311亿元。 ➢ 苏南：出台推动苏南国家自创区研发投入高质量增长实施方案，探索开展国家自创区企业基础研究投入奖补，推动企业资本、社会资本投入科技创新，加快构建多元化、多层次、多渠道的科技投入体系。 ➢ 珠三角：发行科技创新债3期，募集资金28亿元；依托科技资源集聚区设立科技支行；中国银行广东省分行、澳门分行基于两地企业信用互认，联合发布了"粤澳共享贷"，为澳门青年创业发放无抵押贷款。 ➢ 宁波温州：扎实落实研发后补助等政策，综合运用项目支持、基金引导、股权激励、风险补偿、支持上市等形式，引导全社会加大研发投入

3. 加快布局和建设高水平科研平台

国家自创区出台相关支持政策，成立以国家实验室为引领的国家级研发机构，系统布局各类创新基地，高水平创新基地布局不断推进。

加快创新基地全面布局和集群化发展。国家自创区加快建设高水平实验室体系，积极推进国家实验室及创新基地落地布局，研发平台逐步从点式向链式、网络式发展，创新网络正加快形成。上海张江国家自创区按照"一室一策""核心+网络"等创建模式，推进上海脑科学与类脑研究中心、上海量子科学研究中心、张江复旦国际创新中心、上海自主智能无人系统科学中心、上海科技大学等一批高水平研究机构和研究型大学建设，加快构建跨学科、跨领域的协同创新网络。武汉东湖国家自创区按照"科学+科学家+创新生态"的整体布局，着力推进以武汉东湖科学城为核心区域的光谷科创大走廊建设。

推动研发创新平台高水平高质量建设。国家自创区创新平台目前正向打造功能完备、相互衔接的高水平科技创新基地迈进。宁波温州国家自创区实施重点实验室提升工程，完善实验室体系，修订重点实验室管理办法，推动现有市级、省级重点实验室整合提升，实施高能级创新平台"量质"提升三年行动，以产业链布局创新链为要求，持续统筹招引国内外知名高校院所、行业龙头企业来温共建高能级创新平台，努力打造"研究院经济"的新高地。

建设新型研发机构。国家自创区主动开展机构模式创新，探索发展研发与转化功能型平台。天津国家自创区构建"四不像"管理模式，以浙大滨海产业技术研究院为试点，制定改革方案并组织实施"四不像"和"四位一体"模式改革，推动科研机构企业化转型，释放科研人员创新活力，促进技术成果转移转化。中关村国家自创区依据《北京市支持建设世界一流新型研发机构实施办法（试行）》，建立完善"五新"机制，高标准建设新型研发机构，建成北生所、量子院、脑科学中心等8家新型研发机构（表1-6）。

表1-6 国家自创区重大科研平台集群举措及做法

维度	重点举措	做法
全面布局	系统布局，梯度培育	➢ 上海张江：以"国家实验室为引领，形成功能完备、相互衔接的高水平科技创新基地"为总体思路，系统布局各类创新基地。建设上海脑科学与类脑研究中心等一批高水平研究机构和研究型大学，加快构建跨学科、跨领域的协同创新网络。 ➢ 成都：加速培育新型创新组织。鼓励企业申报建设各类研发平台，组织企业申报国家级、省部级、市级工程技术研究中心、重点实验室等研发平台，出台专项政策，对企业申报或引进研发平台给予补贴。充分发挥现有科技创新平台基础，重点实施国家创新中心工程，全面布局国家技术创新中心、制造业创新中心和产业创新中心，初步建成国家、省、市、区四级平台梯度培育体系。积极探索校地合作共建创新平台，联合四川大学探索论证硬X射线自由电子激光（XFEL）装置等"3+1"项目合作，联合北京大学前沿交叉学科研究院探索共建前沿生物技术研究院，联合北航苏东林院士团队探索建设电磁环境重点实验室。 ➢ 杭州：拥有工业控制技术等全国重点实验室14家，布局建设之江实验室、湖畔实验室等重点实验室。引进了中国科学院基础医学与肿瘤研究所、国科大杭州高等研究院等新型研发机构

续表

维度	重点举措	做法
高标准建设	功能优化	➢ 珠三角：积极对接国家战略力量布局，布局建设了一批重大创新平台和载体。着力构建高水平实验室体系，积极打造国家技术创新体系战略节点，积极布局和推进综合类、领域类国家技术创新中心建设，加快布局和建设高水平研发机构。 ➢ 合芜蚌：国家实验室率先挂牌，综合性国家科学中心获批建设，在建、已建及预研大科学装置达11个。合肥面向全球集聚创新要素，建设中德智能制造国际创新园、中德智慧产业园、中俄超导质子联合研究中心等，与知名高校院所深入合作，共建并运行中科大先进技术研究院、清华大学合肥公共安全研究院等一批重大创新平台，合芜蚌科技创新公共服务中心和合肥创新产业园融"研发、转化、交易、服务"于一体，形成了具有安徽特色的立体化、网络化、一体化区域创新平台。芜湖重点建设西安电子科技大学芜湖研究院、下一代智能工业机器人共性技术研发平台等8个重大公共研发平台。蚌埠瞄准驻蚌科研院所创新资源优势，持续发力创新载体平台提升，先后获批硅基新材料、军民融合2个国家新型工业化产业示范基地。瞄准5G通信测试、基板盖板玻璃等产业领域布局省级以上研发平台，形成了制造业创新中心、企业技术中心、工程（技术）研究中心、实验室等多层次、立体化的平台支撑体系
改革	创新机构模式	➢ 天津：不断深化新型研发机构改革，构建"四不像"管理模式，以浙大滨海产业技术研究院为试点，制定改革方案并组织实施"四不像"和"四位一体"模式改革，推动科研机构企业化转型，释放科研人员创新活力，促进技术成果转移转化

4. 全面探索产学研深度融合新模式

国家自创区建设产学研协同创新平台，开展联合创新，创新产学研协同创新模式，已成为新时期推动关键技术成果产业化的重要途径。

产学研合作进入新的模式创新和探索阶段。越来越多的国家自创区意识到产学研协同创新的重要性，推进产学研深度融合，建设协同创新组织。许多国家自创区积极构建"政产学研金服用"合作新通道，建立新型研发机构等新型创新组织，加速科技与经济的紧密结合，进一步推动科技成果的转化和产业化。武汉东湖国家自创区健全科技资源有效整合机制，积极探索多种形式的产学研合作新模式，推动组建武汉产业创新发展研究院、武汉量子技术研究院等新型研发机构，与高校院所、龙头企业合作，依托其特色优势，联合组建武汉光电工研究院、武汉新能源研究院等11家产业技术研究院，促进技术研发和产业发展无缝对接。成都国家自创区实施"岷山行动"计划，在全国率先探索推进"揭榜挂帅"制度，聚焦主导产业及未来产业"卡脖子"问题，5年投入300亿元建设50个新型研发机构（表1-7）。

表1-7 国家自创区产学研协同创新举措及做法

维度	重点举措	做法
协同创新	新型组织，研发与产业对接	➤ 成都：新型创新组织加速培育。积极与国内外知名高校院所合作，建设各类新型创新组织，出台专项政策，对专业化产学研协同创新组织，视运行情况给予奖励。 ➤ 武汉东湖：积极探索多种形式的产学研合作新模式，推动组建武汉产业创新发展研究院、武汉量子技术研究院等新型研发机构，与高校院所、龙头企业合作，依托其特色优势，联合组建武汉光电工研院、武汉新能源研究院等11家产业技术研究院。这些新的产学研合作载体，围绕市场需求开展科技研究和攻关、科技成果的转化和产业化，加速了科技与经济的紧密结合，构建了"政产学研金服用"合作新通道

5. 强化关键核心技术布局和攻关

国家自创区主动对接国家战略科技力量，积极布局前沿关键技术，加快科研基础设施建设，开展联合创新，组织关键核心技术协同攻关，加快攻克"卡脖子"难题，支撑高水平科技自立自强。

联合攻关成为关键技术突破的新路径。围绕重点领域，国家自创区开展前沿颠覆性技术和关键共性技术攻关、成果共享、市场应用推广等产学研用深度融合的联合创新，与一批世界顶尖大学合作研发引领性前沿技术，鼓励产业链上下游企业联合攻关。产学研联合创新成为21家国家自创区开展关键技术攻关的首选方式，上下游企业联合攻关也成为领先园区领先企业的又一选择。宁波温州国家自创区在新材料、机械制造等领域试点建立5家企业创新联合体，部署实施专项课题，推动产学研用深度融合，助力增强产业链供应链自主可控能力。

创新关键核心技术研发模式。中关村国家自创区瞄准"卡脖子"问题，推出中关村高精尖产业"强链工程"，采用"揭榜挂帅"、小范围邀标等新机制，进行关键核心技术攻关。苏南国家自创区在江苏省率先实施"揭榜挂帅"组织机制，探索形成了"任务定榜、挂帅揭榜""前沿引榜、团队揭榜""企业出榜、全球揭榜""需求张榜、在线揭榜"4种模式，通过市场机制，自主遴选项目实施主体，开展科技研发。

在此过程中，宁波温州国家自创区先行先试，宁波片区创新性地建立起已实现国产替代技术（绿色）、有望实现进口替代技术（黄色）、国内尚无能力替代"卡脖子"技术（红色）的关键核心技术攻关"三色图"管理模型，定期迭代更新、分类分级开展靶向攻关（表1-8）。

表1-8 国家自创区关键科学技术突破举措及做法

维度	重点举措	做法
关键技术攻关	战略布局，开展联合创新，布局高水平创新基地，优化重大科技任务组织机制	➢ 中关村：出台《中关村国家自主创新示范区高精尖产业协同创新平台建设管理办法（试行）》，开展前沿颠覆性技术和关键共性技术攻关、成果共享、市场应用推广等产学研用深度融合的联合创新；印发国内首个支持颠覆性技术创新的政策——《中关村国家自主创新示范区关于支持颠覆性技术创新的指导意见》，面向全球挖掘和培育重大前沿颠覆性创新项目。 ➢ 宁波温州：宁波片区围绕10条标志性产业链发展和前沿技术布局需求，创新研发组织模式，加快关键核心技术协同攻关。创新性地建立起已实现国产替代技术（绿色）、有望实现进口替代技术（黄色）、国内尚无能力替代"卡脖子"技术（红色）的关键核心技术攻关"三色图"管理模型，定期迭代更新、分类分级开展靶向攻关。 ➢ 成都：聚焦集成电路、人工智能和交叉学科，高质量承办全国颠覆性技术创新大赛成都领域赛。 ➢ 深圳：聚焦产业发展"卡脖子"领域，精准实施技术攻关重点项目，在量子通信、核心芯片、5G、人工智能、新材料等领域，布局一批"先手棋"项目；印发实施《大科学计划推进工作方案》，以全球视野谋划科技合作，发挥战略科技力量和港澳创新资源优势，对深圳合成生物学创新研究院"合成生物学"、深圳农业基因组研究所"全基因组设计育种"等大科学计划进行重点培育，构建梯次接续的"1+3+N"互为补充、相互支撑、有效联动的大科学推进计划

6. 全面提升全球创新竞争力

国家自创区通过优化科研管理，增强知识产权服务能力，全面提升在全球的创新地位和核心竞争力。

科研管理改革成为激发科技创新的强劲引擎。国家自创区推进科研项目和经费管理改革，围绕高校科技成果处置、收益分配、项目储备方面提出试点政策举措。宁波温州、山东半岛、珠三角、长株潭、沈大、成都、西安等国家自创区明确提出探索"揭榜挂帅"机制，征集强链工程技术需求榜单。中关村、西安、沈大等国家自创区开启科研机构和科技项目管理新模式，实施科技经理人计划。苏南、珠三角、成都、重庆、兰白、乌昌石等国家自创区开展科研成果所有权或使用权改革，建立和完善科技成果评价机制。

知识产权成为新型产业竞争的核心要素和重要工具。国家自创区不断完善知识产权运用和保护体系，强化知识产权创造质量，成立知识产权保护中心，开展知识产权投融资，探索知识产权质押融资新模式，增强知识产权管理与服务能力。几乎所有的国家自创区都重视知识产权问题，随着科技创新的不断深入、前沿关键技术的突破，知识产权已经上升到前所未有的高度。山东半岛国家自创区各片区强化对知识产权的保护，支持企业开展专利导航，促进产业集聚。济南高新区依托齐鲁知识产权交易中心积极推进"山东省知识产权公共服务平台"共建、运营，与省知识产权事业发展中心共同设立平台运营管理办公室，提升管理服务水平。淄博高新区完善知识产权保护体系，实施专利导航工程，推动知识产权证券化。支持成立知识产权服务联盟，围绕知识产权大数据、知识产权托管、知识产权护航产业发展等建设公共服务平台（表1-9）。

表1-9 国家自创区科技创新成果产出举措及做法

维度	重点举措	做法
需求	揭榜挂帅	➢ 苏南：率先实施"揭榜挂帅"组织机制，发挥国家自创区先行先试作用，探索形成了"任务定榜、挂帅揭榜""前沿引榜、团队揭榜""企业出榜、全球揭榜""需求张榜、在线揭榜"等经验做法
管理	科研管理改革	➢ 中关村：支持开展科技成果处置和收益权改革、创新创业税收、股权激励等6项新政策试点；围绕高校科技成果处置、收益分配、项目储备等10个方面提出试点政策举措；推进科研项目和经费管理改革，率先实施自然科学基金全面包干制，修订实施《北京市科技计划项目（课题）经费管理办法》；开展深化科技成果使用、处置和收益管理改革试点；实施"朱雀人才——科技项目经理人"计划，为全国范围内首创，开创了科研机构和科技项目管理新模式
产出	强化知识产权创造质量，知识产权质押融资，知识产权保护体系建设	➢ 珠三角：强化知识产权创造质量，组织实施战略性产业集群知识产权高质量发展计划。持续加强国家知识产权强市、强县（区）建设，截至2021年底，国家自创区9个城市全部进入国家知识产权试点示范序列，共有国家知识产权强县试点示范县（区）24个、国家传统知识产权保护试点县（区）1个。推进战略性产业集群知识产权协同运营中心建设，推动国家自创区知识产权质押融资风险补偿机制全覆盖。加强知识产权保护体系建设，建立国家级知识产权维权援助机构和维权援助工作站，初步形成全面覆盖省、市、县三级的知识产权维权援助工作网络。 ➢ 苏南：加强知识产权运用和保护机制，实施高价值专利培育计划，开展知识产权质押融资。成立南京、苏州知识产权法庭，获批建设常州、南京、苏州、无锡4个国家级知识产权保护中心，健全知识产权案件跨区域审理机制，构建知识产权立体保护网络

四、国家自创区高科技产业发展成效及经验

（一）现状及成效

截至2020年，21家国家自创区创新型企业培育成效显著，拥有科技型中小企业57 305家、主体上市企业1425家、营业收入超5亿元且研发投入强度超5%的企业（简称"双五"企业）724家；高技术产业营业收入占比达到40.5%，形成了以高技术产业为主导的产业结构，产业集聚效应逐步显现，产业集群化趋势明显，数字经济等新经济蓬勃发展；产业服务平台快速发展，国家产业技术创新战略联盟数达到119个。

1. 企业培育

2015年，国务院印发《关于大力推进大众创业万众创新若干政策措施的意见》，提到要形成小企业"铺天盖地"、大企业"顶天立地"的发展格局，以驱动双创活力。而后，中央及各地方政府相继出台了一系列支持中小企业和创新型领军企业发展的政策，专精特新"小巨人"企业、瞪羚企业、

独角兽企业、制造业单项冠军企业等不断涌现。2021年,工业和信息化部等六部门出台意见,加快构建制造业优质企业梯度培育格局。国家自创区围绕企业全生命成长周期,构建递进式、全覆盖的企业梯度培育体系,加强中小企业、高成长企业培育,打造头部企业,促进产业上下游和大中小企业融通发展。

2. 产业结构

高技术制造业和高技术服务业共同构成的高技术产业已经成为国家自创区产业的重要构成部分。国家自创区高技术产业营业收入占比从2014年的36.2%波动增长至2020年的40.5%,增长了4.3个百分点(图1-12)。2020年,21家国家自创区中,高技术产业营业收入占比排名前三的是深圳、成都和福厦泉国家自创区,3家国家自创区高技术产业营业收入占比均超过60%,分别为81.6%、65.3%、63.8%。

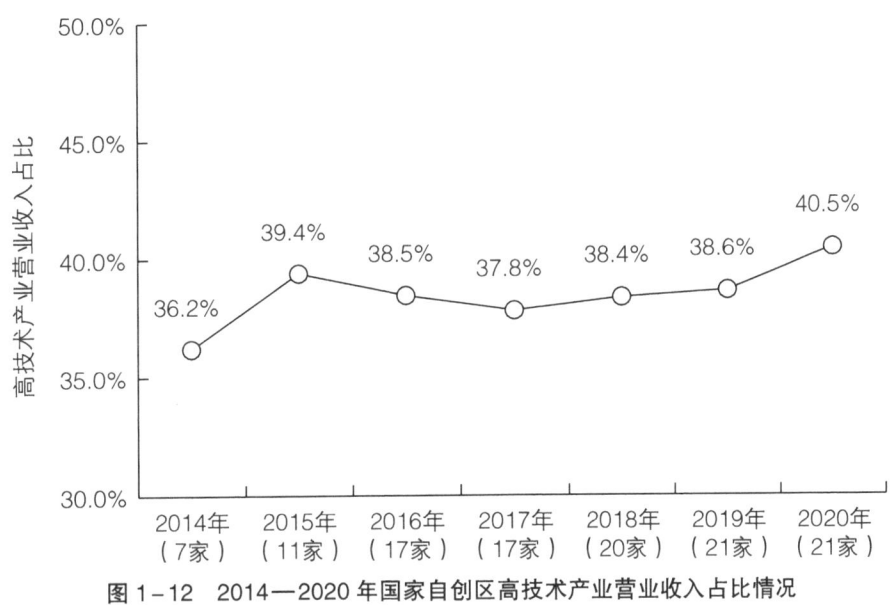

图1-12 2014—2020年国家自创区高技术产业营业收入占比情况

高技术制造业营业收入规模占优,高技术服务业营业收入增长更快。具体来看,高技术制造业营业收入从2014年的21 435.0亿元增长至2020年的71 721.1亿元,实现年均复合增长22.3%;高技术服务业营业收入从2014年的14 034.7亿元持续增长至2020年的60 279.2亿元,实现年均复合增长27.5%(图1-13)。

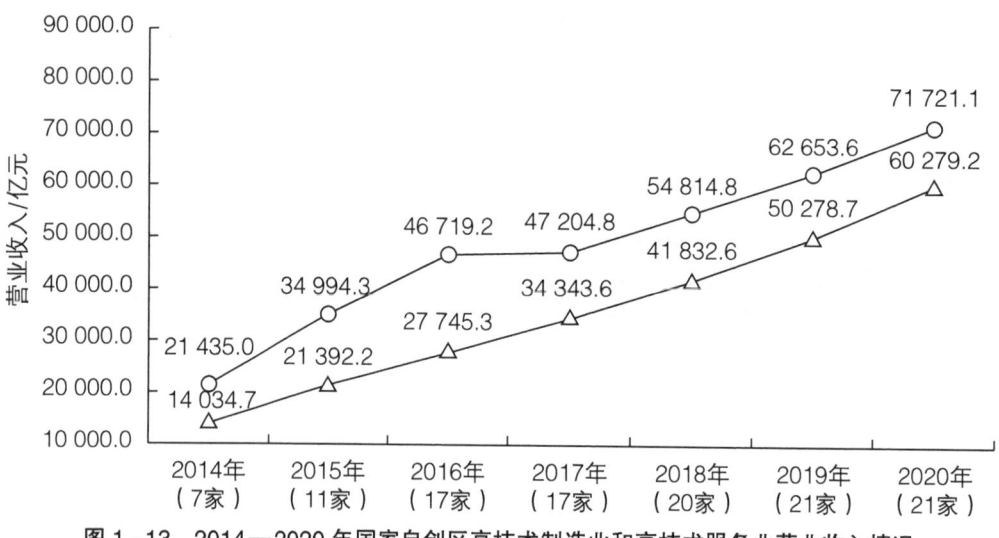

图 1-13 2014—2020 年国家自创区高技术制造业和高技术服务业营业收入情况

3. 产业集群

国家自创区立足区域资源禀赋和本地基础条件，因地制宜，聚焦特色主导产业，优先布局相关重大产业项目，同时带动关联产业协同发展，培育打造占领全球产业发展制高点的世界级创新型产业集群。中关村国家自创区实施战略性新兴产业集群创新引领工程，出台了中关村大数据、集成电路、智能机器人、虚拟现实等新兴产业政策，形成了新一代信息技术、生物健康等6个千亿元级以上产业集群。郑洛新国家自创区组织实施以产业链整体谋划实施的国家自创区产业集群专项，初步培育形成了轨道交通装备、新能源汽车、智能传感、生物医药、网络安全、智能制造、超硬材料等一批优势特色创新型产业集群。

4. 数字经济

2016年，我国政府首次把发展数字经济写入政府工作报告，党的十九大报告又提出了建设"数字中国"的宏伟目标，而后我国数字经济蓬勃发展，成为经济增长的重要引擎。党的二十大提出，要加快发展数字经济，促进数字经济和实体经济深度融合，打造具有国际竞争力的数字产业集群。国家自创区大力发展数字经济，培育数字经济发展新业态，助力传统产业转型升级，取得显著成效。例如，杭州国家自创区聚焦人工智能、大数据、云计算、智能计算、脑机融合、物联网等领域，做强数字经济产业，"十三五"期间，数字经济核心产业增加值年均增长15%以上，2021年，数字经济核心产业增加值达到4905亿元，占GDP比重达到27.1%。

5. 产业服务平台建设

产业服务平台在推动产业快速发展和企业服务方面具有无可比拟的优势和重要作用。中央及地方相关平台扶持政策相继出台，国家自创区各类产业服务平台也得以快速发展。

产业技术创新战略联盟[①]是典型的产业服务平台之一,是新时期深化产学研用融合的重要抓手和机制。2014—2020[②]年,国家自创区内国家产业技术创新战略联盟数量由66个增长至119个,实现年均复合增长10.32%。2020年,21家国家自创区中国家产业技术创新战略联盟数量排名前三的是苏南、山东半岛、合芜蚌国家自创区,分别为22个、14个、12个,占国家自创区整体的18.5%、11.8%、10.1%。

(二)经验总结

国家自创区强化高端产业引领功能,做好强链、补链,抢占价值链、创新链高端核心地位,加快产业融合发展,打造新业态、新经济,加快构建现代产业体系,着力培育具有全球影响力的创新产业集群。

1. 构建覆盖企业全生命周期的梯度培育体系

科技型企业培育覆盖全生命周期。国家自创区大力培育和扶持科技创新型企业,制定关于科技企业梯度培育的若干政策,扶持高新技术企业顶天立地的同时,支持科技型中小企业铺天盖地,持续壮大科技型企业群体规模。成都国家自创区打造"PI-IP-IPO"全生命周期企业梯度培育体系,实施种子期雏鹰企业、瞪羚企业、独角兽(潜在)企业、平台生态型龙头企业梯度培育工程,分层分类给予企业扶持。苏南国家自创区实施创新型企业培育行动和高新技术企业培育"小升高"计划,加快建立覆盖企业初创、成长、发展等不同阶段的政策支持体系。郑洛新国家自创区制定科技型企业成长路线图,实施分类施策、靶向支持、梯次培育,科技型中小企业总数达到9000余家,占全省比例达到63%。

在此过程中,以杭州、西安、成都等为代表的国家自创区在全国率先开展企业创新积分制试点,考虑不同成长阶段企业创新特质不同、发展诉求不同、发展水平不同等多个不同,根据企业创新积分评价结果,将评价对象企业划分为不同发展阶段,做好企业不同成长期分类分层政策扶持;武汉东湖国家自创区开展上市企业培育方面的先行先试,实施企业上市"金种子"培育计划,建立上市"金种子"企业库,并举办多场上市"金种子"培训,搭建企业上市"绿色通道",武汉东湖国家自创区上市公司达到53家,上市企业数量占武汉市的58%、湖北省的40%(表1-10)。

---

① 产业技术创新战略联盟是指由企业、大学、科研机构或其他组织机构,以企业的发展需求和各方的共同利益为基础,以提升产业技术创新能力为目标,以具有法律约束力的契约为保障,形成的联合开发、优势互补、利益共享、风险共担的技术创新合作组织。国家级指由国家科技部选择开展试点工作的联盟数量。
② 2021年国家产业技术创新战略联盟数没有数据统计。

表1-10 国家自创区企业培育举措及做法

维度	重点举措	做法
企业培育	企业梯度培育体系，企业创新积分制，上市企业培育计划	➢ 成都：打造"PI-IP-IPO"全生命周期企业梯度培育体系，实施种子期雏鹰企业、瞪羚企业、独角兽（潜在）企业、平台生态型龙头企业梯度培育工程，分层分类给予企业扶持。实施高企倍增工程、"大企高化"专项行动，搭建"科技型初创企业—科技型中小企业—高新技术企业—创新型领军企业"梯度培育库，从规上企业中筛选出100余家大企业进行重点培育，英特尔已成功认定高企。实施上市公司双倍增工程，建立五级上市梯度培育体系和服务清单制，2021年新增上市企业11家。 ➢ 郑洛新：制定国家自创区科技型企业成长路线图，实施分类施策、靶向支持、梯次培育，创新引领型企业规模不断壮大。截至2022年1月，郑洛新国家自创区内科技型中小企业总数达到9000余家，占全省比例达到63%。其中郑州片区通过实施新物种培育计划，培育准独角兽企业1家，种子独角兽企业6家、瞪羚企业28家、潜在瞪羚企业74家。 ➢ 西安：实施企业创新积分管理，持续推进近1600家企业入库参与线上测评。加强科技型企业引育和中小企业"专精特新"发展，2021年认定高成长硬科技企业195家，其中小巨人企业148家、瞪羚企业69家、独角兽系列企业38家。 ➢ 武汉东湖：实施企业上市"金种子"培育计划，建立上市"金种子"企业库，并举办多场上市"金种子"培训，搭建企业上市"绿色通道"，武汉东湖国家自创区上市公司达到53家，上市企业数量占武汉市的58%、湖北省的40%

2. 构建具有全球影响力的现代产业体系

国家自创区立足本地资源禀赋和基础条件，做大做强主导产业，加快打造具有全球影响力的产业集群，培育壮大新兴产业，促进产业特色化、高端化、差异化发展，产业能级全面提升。

将国家战略与地方需求相结合，打造世界级创新型产业集群。2010年7月，科技部根据《国家中长期科学和技术发展规划纲要（2006—2020年）》的部署，启动实施了"创新型产业集群建设工程"，并于2013年发布首批创新型产业集群试点单位名单，开启了创新型产业集群试点工作。2019年，国家发展改革委印发通知，在新一代信息技术、高端装备、新材料、生物医药、节能环保等领域，明确了第一批66个国家战略性新兴产业集群名单，并会同有关部门积极支持国家级战略性新兴产业集群建设。国家自创区面向国家战略，立足发展基础，发挥地方比较优势，纷纷加快培育建设创新型产业集群。在此过程中，中关村国家自创区率先实施战略性新兴产业集群创新引领工程，出台了中关村大数据、集成电路、智能机器人、虚拟现实等新兴产业政策，促进重点前沿产业发展，形成了新一代信息技术、生物健康等6个千亿级以上产业集群；杭州国家自创区依托良好产业基础，大力建设"信息港""新药港"，建立医药产业集群，推动生物医药产业转型升级，生物医药产业集群成功入选国家发展改革委公布的第一批66个国家战略性新兴产业集群名单。

打造新经济应用场景，拓展新兴产业发展空间。国家自创区抢抓新一轮科技革命与产业变革历史机遇，结合产业基础，前瞻布局新兴产业和未来产业，实施跨界融合场景示范项目，通过提供新技术新产品应用环境、真实的市场需求和实验数据，加速新技术的产业化和商业化。长株潭国家自创区长沙片区在 12 个省级大数据产业园开展工业大数据应用示范，打造 5G 示范应用场景、"5G+工业互联网"典型应用场景，开展产业链和产业集群创新发展示范；集聚本土鲲鹏生态企业，开拓基于鲲鹏的行业应用场景，率先在政务、警务、教育、交通等领域先行先试，创建独有的"湖湘特色"鲲鹏产业生态。福厦泉国家自创区厦门片区实施科技成果应用场景示范工程，支持智能医疗、智慧防疫等各类场景应用项目 27 项，全国首个"5G 全场景应用智慧港口"在厦门远海码头投入使用。重庆国家自创区礼嘉悦来智慧园加快打造智慧化场景，目前打造了"智慧生活的一天"、工业互联网体验中心、悦·设创艺展示中心等应用场景，已形成 50 余个体验场景、130 余个体验项目。

以数字化推动传统产业转型升级，大力发展数字经济。国家自创区大力发展数字经济，以数字化推动传统产业转型升级，推动数字经济和实体经济融合发展。杭州国家自创区大力推进数字技术赋能产业发展，在全国率先走出一条从"机器换人""工厂物联网""企业上云"到"未来工厂"的智能制造之路，两化融合指数达 108.97，形成了一批农业数字化应用示范模式。深圳国家自创区在全国首创制造业数字化转型产业生态供给资源池，引进培育 510 家优秀工业互联网平台及数字化转型服务商，累计推动超 2 万家规上工业企业数字化转型。在此过程中，中关村国家自创区在规范数字经济方面先行先试，实施中关村数字经济引领发展行动计划，发布中关村国家自创区数字经济引领发展路线图，发起中关村数字经济发展公约，为全国数字经济高质量发展提供示范引领（表 1-11）。

表 1-11 国家自创区产业培育举措及做法

维度	重点举措	做法
产业集群	出台培育方案	➤ 中关村：实施战略性新兴产业集群创新引领工程，出台了中关村大数据、集成电路、智能机器人、虚拟现实等新兴产业政策，促进重点前沿产业发展，形成了新一代信息技术、生物健康等 6 个千亿级以上产业集群。 ➤ 苏南：出台《关于在苏南国家自主创新示范区开展创新型产业集群培育试点的实施方案（2021—2023 年）》，指导苏南五市、园区围绕集成电路、生物医药、人工智能等领域制定本地区产业发展规划，形成了省地联动的产业规划体系。 ➤ 杭州：依托良好产业基础，大力建设"信息港""新药港"，建立医药产业集群，推动生物医药产业转型升级，生物医药产业集群成功入选国家发展改革委公布的第一批 66 个国家战略性新兴产业集群名单。 ➤ 郑洛新：率先在全省组织实施以产业链整体谋划实施的国家自创区产业集群专项，从而推动全省科研项目从注重点的突破向产业化链条布局的转变。 ➤ 珠三角：重点围绕生物医药与健康、精密仪器设备、区块链与量子信息等产业，发展十大战略性主导产业集群，推动重点项目和重大平台落地建设，优化提升产业集群发展环境，目前珠三角国家自创区国家级创新型产业集群［包括试点、试点（培育）］累计达到 12 个，拥有省级创新型产业集群 9 个，占广东省的比重均达到 80% 以上

续表

维度	重点举措	做法
新兴产业培育	支持首台(套)、首购产品示范应用,打造应用场景	➢ 中关村:按照不超过项目合同金额30%的比例,单个项目给予最高不超过200万元的标准,资金支持首台(套)、首购产品示范应用;首台(套)重大技术装备保险费补贴首购产品保险费补贴;参与药品上市许可持有人制度试点/医疗器械注册人制度试点企业保费补贴。 ➢ 长株潭:长沙片区在12个省级大数据产业园开展工业大数据应用示范,打造5G示范应用场景、"5G+工业互联网"典型应用场景,开展产业链和产业集群创新发展示范;集聚本土鲲鹏生态企业,开拓基于鲲鹏的行业应用场景,率先在政务、警务、教育、交通等领域先行先试,创建独有的"湖湘特色"鲲鹏产业生态。 ➢ 福厦泉:厦门片区实施科技成果应用场景示范工程,支持智能医疗、智慧防疫等各类场景应用项目27项,全国首个"5G全场景应用智慧港口"在厦门远海码头投入使用。 ➢ 重庆:礼嘉悦来智慧园加快打造智慧化场景,目前打造了"智慧生活的一天"、工业互联网体验中心、悦·设创艺展示中心等应用场景,已形成50余个体验场景、130余个体验项目
数字经济	吸引互联网企业,产业数字化,两化融合	➢ 武汉东湖:在全国率先设立"互联网+"办公室,强化互联网+企业"贴身"服务,2022年2月已集聚近3000家互联网企业,培育了斗鱼网络、安瀚光电、药帮忙等6家独角兽企业,小米科技、今日头条等80多家知名互联网企业"第二总部"落户光谷。 ➢ 杭州:"十三五"期间,启动实施机器换人、工厂物联网、企业上云、工业互联网、未来工厂等专项行动,稳步推进高端装备制造业质量、效率和动力"三大变革",成功创建工业和信息化部工业互联网平台试点示范项目,新增省制造业与互联网融合发展试点示范企业,规上企业数字化改造覆盖率超过95%,两化融合指数达108.97,形成了一批农业数字化应用示范模式。 ➢ 上海张江:成立上海数据交易所,以上海张江科学城和临港新片区为重要载体,建设数据要素产业集聚区,加快推动重点产业数字化转型。 ➢ 深圳:在全国首创制造业数字化转型产业生态供给资源池,引进培育510家优秀工业互联网平台及数字化转型服务商,累计推动超2万家规上工业企业数字化转型

3. 探索产业协同发展新路径

组建产业联盟、搭建产业协同创新平台。国家自创区积极探索产业协同发展路径,通过组建产业联盟、搭建产业协同创新平台等方式,探索产业发展新模式,推动产业协同发展。中关村国家自创区出台《中关村国家自主创新示范区高精尖产业协同创新平台建设管理办法(试行)》,支持企业和高水平研究机构建设对产业创新发展有重大带动作用的协同创新平台;围绕天津滨海新区生态健康产业发展,推动北京现代有机产业技术创新战略联盟联合天津科技大学、天津滨海－中关村科技园管理办公室建设"京津生态健康产业协同创新中心",共同在生态健康产业开展技术攻关、技术转移、产业示范等工作。

探索产业发展新模式、推动产业协同发展。成都国家自创区积极与国内外知名高校院所合作,建设专业化产学研协同创新组织并出台专项政策,对专业化产学研协同创新组织视运行情况给予奖励，截至 2022 年 1 月成都国家自创区拥有成都高新移动互联网协会、成都物联网产业发展联盟等新型创新组织 20 余家。在此过程中，成都国家自创区在产业发展模式方面先行先试，在大数据和网络安全行业领域试点探索实施"业界共治"新模式，通过成立产业细分领域的业界共治理事会，构建由政府、企业、行业协会、创投机构、科研单位、专家等多方参与、共同治理的产业发展新模式，打通政府服务供给和企业需求对接通道，推进产业协同发展（表 1-12）。

表 1-12 国家自创区产业协同举措及做法

维度	重点举措	做法
产业协同创新平台	建设产业协同创新平台、产业联盟	➢ 中关村：出台《中关村国家自主创新示范区高精尖产业协同创新平台建设管理办法（试行）》，支持企业和高水平研究机构，围绕重点产业创新发展需求，建设对产业创新发展有重大带动作用的协同创新平台，开展前沿颠覆性技术和关键共性技术攻关、成果共享、市场应用推广等产学研用深度融合的联合创新。围绕天津滨海新区生态健康产业发展，推动北京现代有机产业技术创新战略联盟联合天津科技大学、天津滨海-中关村科技园管理办公室建设"京津生态健康产业协同创新中心"，共同在生态健康产业开展技术攻关、技术转移、产业示范等工作。 ➢ 中关村：组建产业联盟，截至 2022 年 1 月冠名中关村的产业联盟 160 余家，举办特色品牌、产业服务、政策培训等活动 600 余场，新建服务平台 54 个，创制和修订各类标准 200 多项，服务企业上千家，承担国家和地方政府项目 100 余项，开展课题研究 100 多项，超过 1/3 的联盟在服务京津冀重大战略需求或参与国家"一带一路"建设方面发挥显著作用。 ➢ 成都：积极与国内外知名高校院所合作，建设专业化产学研协同创新组织并出台专项政策，对专业化产学研协同创新组织视运行情况给予奖励，截至 2022 年 1 月成都国家自创区拥有成都高新移动互联网协会、成都物联网产业发展联盟等新型创新组织 20 余家
探索新模式	"业界共治"新模式	➢ 成都：在大数据和网络安全行业领域试点探索实施"业界共治"新模式，通过成立产业细分领域的业界共治理事会，构建由政府、企业、行业协会、创投机构、科研单位、专家等多方参与、共同治理的产业发展新模式，打通政府服务供给和企业需求对接通道，已成立大数据和网络安全、孵化载体、网络视听与数字文创、5G 与人工智能、集成电路等业界共治理事会

五、国家自创区创新创业引领示范成效及经验

（一）现状及成效

2020 年，21 家国家自创区[①]拥有国家级科技企业孵化器 545 家、科技企业加速器 534 家、国家备案众创空间 891 家、国家级大学科技园 78 家，双创平台建设稳步推进；国家技术转移机构数量达到 251 家，认定登记的技术合同项数、技术合同成交金额分别达到 202 154 项、6482.33 亿元，科

---

① 2012 年国家自创区有中关村、武汉东湖 2 家，2020 年国家自创区为 21 家。

技成果加速转化；拥有各类科技金融服务机构4986家，获得创业风险投资机构的风险投资额达到1746.6亿元，科技金融服务体系不断完善。

1. 科技成果转移转化

国家自创区技术成果加速转化。2020年，21家国家自创区国家技术转移机构数量达到了251家，成为推动创新成果转化为生产力的重要途径。技术合同交易数据是目前最直接反映科技成果转化的重要数据。国家自创区内认定登记的技术合同成交额从2012年的765.0亿元增至2020年的7568.7亿元[①]，年均复合增长33.2%。尤其是2019年以后，成交金额有了快速的增长，直接越过5000亿元的大关进入6000亿元，为2020年的7000亿元突破奠定基础。21家国家自创区中认定登记的技术合同成交额排名前三的是中关村、珠三角、上海张江国家自创区，分别为2706.2亿元、815.6亿元、654.9亿元，分别占国家自创区整体的35.8%、10.8%、8.7%，其中中关村遥遥领先于其他国家自创区（图1-14）。

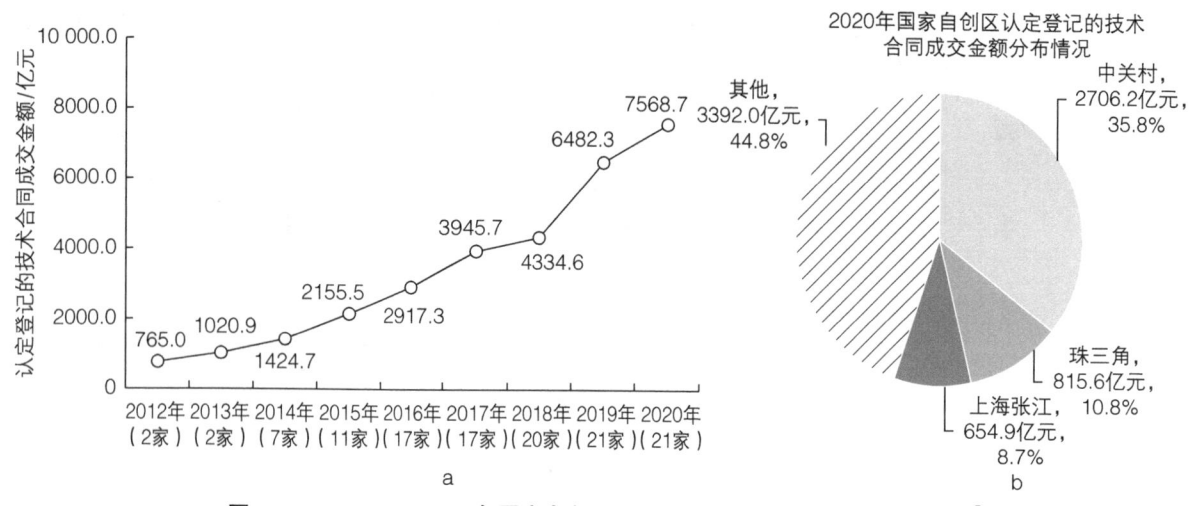

图1-14 2012—2020年国家自创区认定登记的技术合同成交金额情况[②]

2. 创新创业平台建设

科技企业孵化器、众创空间、加速器、大学科技园、示范生产力促进中心等已成为促进国家自创区创新创业的重要平台。

孵化载体稳步增长。2014—2020年，国家自创区国家级科技企业孵化器和科技企业加速器持续增长，2020年分别拥有545家、534家；科技部备案的众创空间呈爆发式增长，2020年达到了891家，同比增长24.3%，成为双创平台的重要支撑力量（图1-15）。

---

① 本报告中涉及的国家自创区数据均采用其下辖高新区的数据。
② 部分年份未能获取到统计数据，本报告仅分析可获取数据的年份。

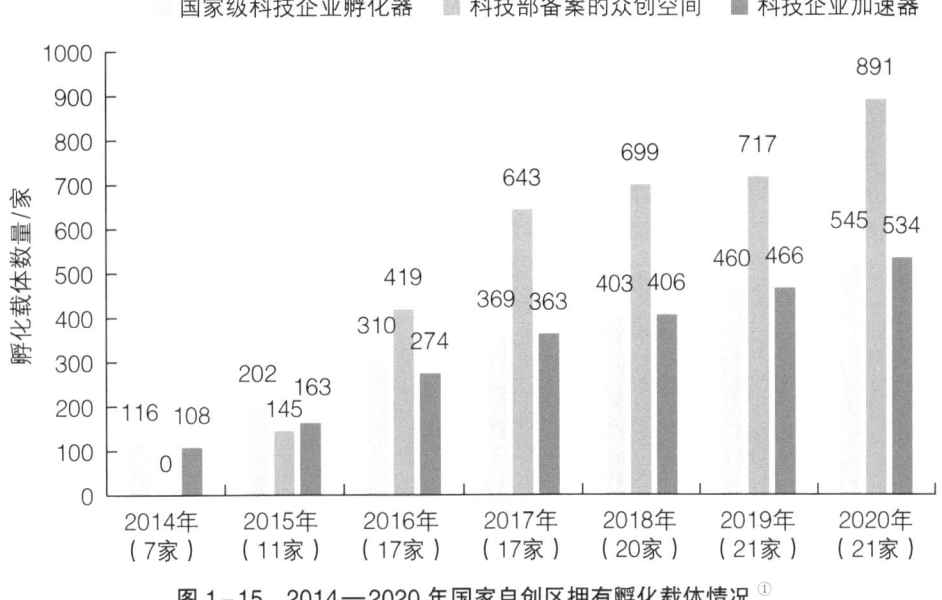

图 1-15　2014—2020 年国家自创区拥有孵化载体情况[1]

国家大学科技园建设成效显著。大学科技园作为国家创新体系的重要组成部分和自主创新的重要基地，可以将高校科教智力资源与市场优势创新资源紧密结合，有效推动创新资源集成、科技成果转化和科技创业孵化发展，是国家自创区创新创业的主要创新源泉之一。2020年，21家国家自创区拥有国家大学科技园78家（图1-16）。从国家自创区分布来看，中关村、上海张江、苏南国家自创区国家大学科技园数量名列前茅，分别拥有15家、13家、11家。此外，苏南国家自创区大学科技园数量最多，共有32家，成为国家自创区国家大学科技园的预备军。

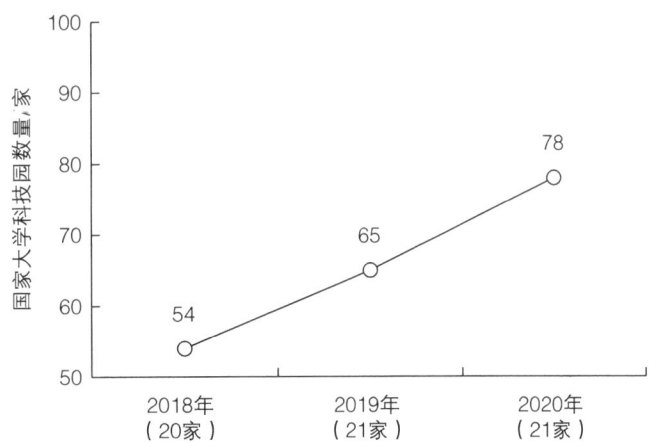

图 1-16　2018—2020 年国家自创区国家大学科技园数量[2]

---

[1] 部分年份未能获取到统计数据，本报告仅分析可获取数据的年份。
[2] 部分年份未能获取到统计数据，本报告仅分析可获取数据的年份。

3. 创新创业服务环境

国家自创区支持创新创业的资金不断增长。21家国家自创区支持创业风险投资的资金连年上涨，2020年上升至576.3亿元，同比增长32.2%。在创新创业服务机构和人才方面，国家自创区也给予了专业资金支持，2020年支持创新创业服务机构发展、创新创业人才的资金分别达到48.0亿元、96.0亿元（图1-17）。

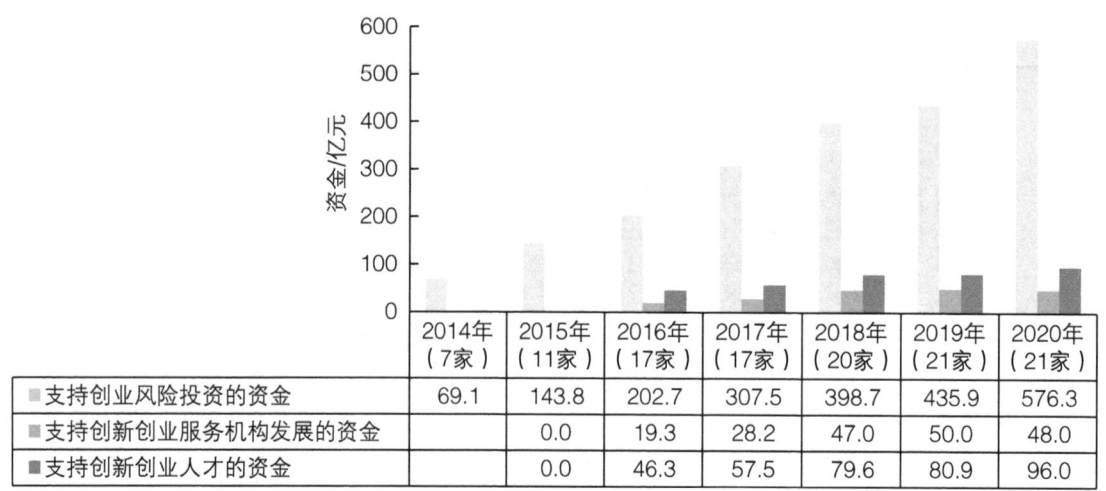

图1-17　2014—2020年国家自创区支持创新创业的资金情况①

科技金融服务体系不断完善。国家自创区积极招引和培育各类金融机构，拓宽企业融资渠道，2020年拥有各类科技金融服务机构4986家。获得创业风险投资机构风险投资额快速增长，21家国家自创区当年获得创业风险投资机构风险投资额从2014年的67.8亿元增长至2020年的1746.6亿元，年均复合增速高达71.9%；尤其是2020年获得创业风险投资机构风险投资额增势迅猛，同比增长83.8%。从国家自创区分布情况来看，2020年上海张江国家自创区获得创业风险投资机构风险投资额为466.1亿元，占21家国家自创区比例为26.7%；中关村位居第二，占比为24.5%（图1-18）。

---

① 部分年份未能获取到统计数据，本报告仅分析可获取数据的年份。

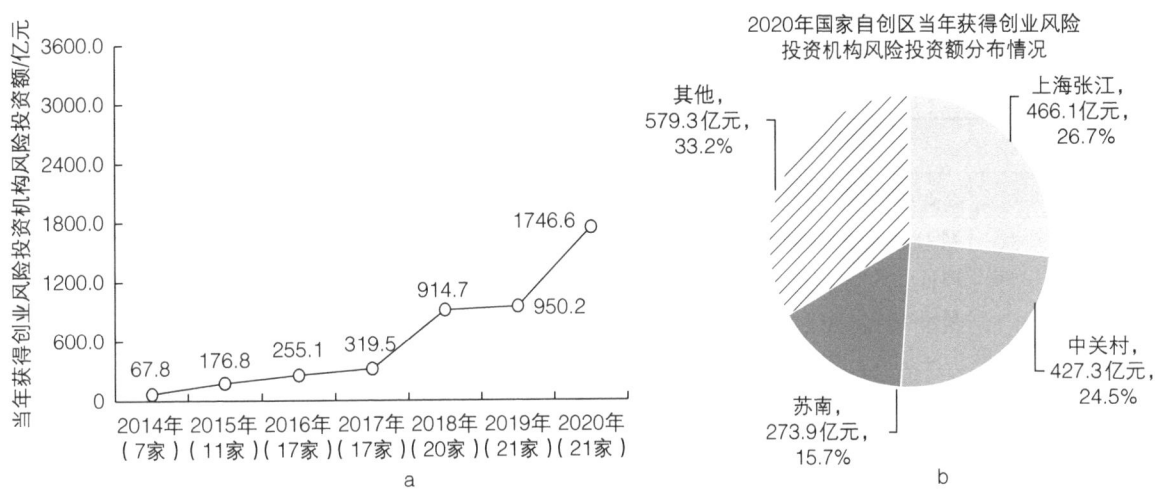

图1-18 2014—2020年国家自创区当年获得创业风险投资机构风险投资额情况[①]

（二）经验总结

国家自创区始终重视创新创业生态建设，健全创业孵化体系、科技服务体系，发挥科技金融助推作用，全方位优化创新创业服务环境，全面构建"雨林型"区域创新生态系统。

1. 全方位探索推进科技成果转移转化

多方位推动技术成果实现有效转化。科技创新是经济增长的发动机，是提高综合国力的主要驱动力。促进科技成果转化、加速科技成果产业化，已经成为世界各国科技政策的新趋势。国家自创区通过建设技术转移服务平台、建设技术转移转化人才队伍、举办赛事等方式推动科技成果转移转化。其中，中关村、上海张江、杭州、宁波温州等7家以上国家自创区建设有技术转移转化平台，中关村、宁波温州、西安、沈大等4家以上国家自创区开展技术经理人计划，12家以上国家自创区通过举办赛事、交流会等助推全球创新成果落地转化。中关村国家自创区上线中关村科技成果转化与技术交易综合服务平台，依托中国技术交易所"技E网"，以科技成果转移、转化和技术交易为抓手，汇聚全球产业、技术、项目、资本和人才等科技创新要素资源，通过线上平台和线下联盟相互促进，构建国际科技成果转移转化全链条服务机制。

科研成果转移转化上升到新的高度。80%的国家自创区发展研发与转化功能型平台，探索建设新型研发机构。西安、宁波温州国家自创区围绕做大做强大学科技园，打造支撑源头创新和产业化的重要平台。苏南、合芜蚌、长株潭、成都等国家自创区发展社会化技术转移服务机构，涌现出一批高水平专业服务机构，发展技术交易市场，推进技术交易所、技术转移中心等建设。75%的国家自创区增强知识产权管理与服务能力，建立知识产权服务中心，加大知识产权保护。加大自主创新成果推广，举办技术创新大赛也成为许多国家自创区推动成果转化的重要途径。杭州国家自创区充分利用杭州举办G20杭州峰会和第19届亚洲运动会的契机，广泛开展国际国内科技合作，大力建设境外、市外研发机构，集聚国际国内两大创新资源，培育一批从事国际技术转移业务的中介服务机构，

---

① 部分年份未能获取到统计数据，本报告仅分析可获取数据的年份。

提高杭州创新国际化水平（表1-13）。

表1-13 国家自创区科技成果转移转化举措及做法

维度	重点举措	做法
平台	技术转移服务平台	➢ 中关村：上线中关村科技成果转化与技术交易综合服务平台，依托中国技术交易所"技E网"，立足中关村国家自创区，以科技成果转移、转化和技术交易为抓手，汇聚全球产业、技术、项目、资本和人才等科技创新要素资源，通过线上平台和线下联盟相互促进，构建国际科技成果转移转化全链条服务机制。 ➢ 上海张江：发展研发与转化功能型平台，探索建设新型研发机构。做大做强"环同济""大零号湾""宝山摩士大"等大学科技园，打造支撑源头创新和产业化的重要平台。发展社会化技术转移服务机构，涌现出一批高水平专业服务机构。发展技术交易市场，推进上海技术交易所、国家技术转移东部中心等建设。 ➢ 杭州：充分利用杭州举办G20杭州峰会和第19届亚洲运动会的契机，广泛开展国际国内科技合作，大力建设境外、市外研发机构，集聚国际国内两大创新资源，培育一批从事国际技术转移业务的中介服务机构，提高杭州创新国际化水平
人才	技术转移转化人才培训	➢ 中关村：探索建设7家中关村技术转移转化人才培训基地，开展技术转移转化人才培训
赛事	举办赛事	➢ 宁波温州：宁波市构建"以赛引才、资本助力、深度孵化、落地服务"的创新创业生态圈，高标准举办中国·宁波全球新材料行业大赛等国家级赛事、中国（宁波）新材料与产业化国际论坛等高峰论坛、世界数字经济大会暨第十届智博会等主题展会，形成立体化、多层次、有全国影响力的赛事活动品牌体系，深入链接全国高端创新资源，引进转化了一批优质成果

在此过程中，中关村国家自创区推动一批开放实验室概念验证项目建设，支持重大前沿技术产品应用推广。2020年9月，面向人工智能、5G、虚拟现实、集成电路、生物医药和医疗器械、智能装备、新材料等7个高精尖产业领域，启动了首批概念验证项目征集工作。推进科技成果概念验证和分园转化落地，新华社评论"打通了基础研究、应用研究和产业化双向链接的快车道，是难能可贵的有效举措"。2021年推动14个中关村开放实验室实施概念验证项目。推动首钢园开展人工智能创新示范应用项目落地等工作，遴选了园区大脑、智慧安防、自动驾驶、智慧场馆、服务机器人、智能互动体验馆、AI地标、智慧文旅服务平台和智能楼宇九大应用场景、10个项目，其中，北京汽车研究总院列队自动驾驶和代客泊车、灵动科技智能物流机器人等项目在首钢园深入应用。

2. 加快创新创业基地建设与平台共享

创新创业基地的打造成为新趋势。"十四五"规划纲要提出，要推进创新创业创造向纵深发展，优化双创示范基地建设布局。国家自创区通过建设创业孵化载体、打造创新创业基地等加快创新创业平台建设。其中，中关村、上海张江、深圳等16家以上国家自创区积极加快双创基地建设。上海张江国家自创区发挥杨浦区、徐汇区、上海交通大学、复旦大学、上海科技大学、宝武集团、中国科学院上海微系统与信息技术研究所等全国双创示范基地带动作用，增强众创空间开放度和便利度。

双创服务平台的共享逐渐成为社会共识。《国务院关于大力推进大众创业万众创新若干政策措施的意见》（国发〔2015〕32号）提出要加强协同创新和开放共享，加大示范基地内的科研基础设施、大型科研仪器向社会开放力度，鼓励大型互联网企业、行业领军企业通过网络平台向各类创业创新主体开放技术、开发、营销、推广等资源，加强创业创新资源共享与合作，构建开放式创业创新体系。根据调查显示，8家以上国家自创区搭建公共服务平台，促进公共技术服务的共享（表1-14）。

表1-14 国家自创区创新创业平台建设举措及做法

维度	重点举措	做法
孵化	创业孵化载体	➢ 中关村：出台《中关村科技园区管理委员会印发〈关于精准支持中关村国家自主创新示范区重大前沿项目与创新平台建设的若干措施〉的通知》（中科园发〔2019〕11号），提出支持中关村企业建设市场化、专业化、国际化的硬科技孵化器
基地	创新创业基地	➢ 上海张江：发挥杨浦区、徐汇区、上海交通大学、复旦大学、上海科技大学、宝武集团、上海微系统与信息技术研究所等全国双创示范基地带动作用，增强众创空间开放度和便利度。推动XNode、WeWork、英特尔孵化器、微软孵化器等国际知名创业孵化器落地。 ➢ 杭州：打造小微企业创新创业基地。大力推进余杭梦想小镇、西湖云栖小镇、浙大紫金小镇、富阳硅谷小镇、桐庐健康小镇等省级特色小镇建设，打造一批市级特色小镇。在众创空间、创新工场等众创孵化模式的基础上，大力发展市场化、专业化、集成化、网络化的创业街区，构建一批低成本、便利化、全要素、开放式的新型创业平台。加快链接全球孵化器资源，积极引进国内外行业领军企业、知名科技园和孵化器管理公司来杭建设孵化器，鼓励民营企业以产业链为核心、资本为纽带，投资建设科技企业孵化器
服务	公共服务平台	➢ 宁波温州：搭建宁波市大型科学仪器设施管理与共享服务平台，为全市企业研发提供支持。 ➢ 苏南：建设省科技资源统筹服务云平台，重点面向苏南高校院所、企业打造"一站融通"的科技服务共同体

3.持续优化创新创业生态服务环境

科技金融创新成为实现创新驱动的改革突破口。"十四五"规划纲要提出，要完善金融支持创新体系，鼓励金融机构发展知识产权质押融资、科技保险等科技金融产品，开展科技成果转化贷款风险补偿试点。科技金融服务作为提升创新创业服务的重要一环，在推进国家自创区加快双创活力方面起到了关键作用。根据调查显示，有18家以上国家自创区都提到了科技金融改革，科技金融成为国家自创区先行先试的关键要点。在此过程中，成都国家自创区先行先试，创新金融产品服务模式，设立统一的风险补偿资金池，推广"成长贷""壮大贷""新创贷"等政策性贷款产品，与太平洋保险公司合作，打造国内首个生物医药领域保险超市和专业险种创新基地；深化"盈创动力"科技金融服务模式，构建起涵盖债权融资、股权融资、上市服务等覆盖企业全生命周期融资服务的科技金融服务体系，"盈创动力"科技金融服务平台已成为全国全面创新改革经验案例推广；推动金融制度创新，建立企业改制上市联席会议制度，力促深交所西部基地启动，成功开展自贸区商业保理试点，制定全国首个金融科技认定标准（表1-15）。

表 1-15　国家自创区创新创业服务环境建设举措及做法

维度	重点举措	做法
资金、活动	资金支持，活动带动	➤ 中关村：鼓励企业开展硬科技创业，通过资金支持、活动带动等方式打造国际化创新创业服务环境。连续开展4批"中关村硬科技孵化器支持资金项目"申报工作，推动建成一批硬科技孵化器。积极打造有影响力的双创品牌活动，2021年中关村论坛升级为面向全球科技创新交流合作的国家级平台；牵头成立首支中关村科学家投资基金——中关村智友科学家孵化投资基金。 ➤ 深圳：成功举办第七届深圳国际创客周、第十三届"深创赛"和首届全国颠覆性技术创新大赛，全方位呈现大众创业、万众创新的新作为新成效。 ➤ 杭州：扎实推进创业载体和创业服务平台建设，组织创业培训、创业大赛等创新创业品牌活动，为创业者提供政策咨询、项目推介、创业指导、免费文献下载、创业培训和跟踪扶持等服务。支持众创空间等社会机构开展创业路演、创业大赛、创业论坛等各类创业活动，给予适当补助
人才	人才管理和服务	➤ 上海张江：设立上海国际科创人才服务中心，搭建全市科创人才一体化公共人事服务平台。支持各园区建设人才服务平台、企业建设人才实训基地、校企共建产学研联合实验室。布局海外人才预孵化基地及海外人才工作站，在上海张江科学城开展人才引进系列新政试点。 ➤ 宁波温州：围绕国家自创区建设要求，发挥各类海外人才基地优势，迭代提升人才引进培育计划，相继推出泛"3315"人才计划、资本引才计划、甬江引才工程等新的人才政策。通过申报认定奖励、项目资助、投资奖励、安家补助、信贷支持等方式，多举措引进和培养高层次人才。在政策引才、大赛引才、平台引才等常规引才方式基础上，探索资本引才新模式
金融	科技金融	➤ 上海张江：以上海证券交易所设立科创板并试点注册制为契机，加大金融对科技企业支持力度。经中国证监会批复同意，发布"中证沪港深张江自主创新50指数""中证全球张江自主创新综合指数"，打造上海张江发展的晴雨表和科技创新风向标。构建各园区科技融资服务平台，完善园区投融资服务体系，为企业提供便捷精准投融资对接和政策培训等服务。 ➤ 深圳：聚焦中小微科技企业资金需求量大、市场融资困难等问题，实施贷款贴息贴保项目，撬动银行、担保机构、保险公司等金融机构，为中小微科技企业提供融资支持。实施普惠性科技创新券制度，支持中小微企业和创客购买研发、技术转移、检验检测认证、知识产权等科技创新服务。 ➤ 杭州：创新金融支持科技发展机制，构建科技金融服务链，建立国内与跨境引导基金内外联动，天使基金、创投基金阶段接力的引导基金体系，创新融资担保业务，形成了独具特色的"杭州模式"。搭建更多的基金、合作、技术和支撑平台，整合更多的资源和创新要素，建设开放性创新创业生态系统。 ➤ 武汉东湖：针对企业融资难、融资贵等突出问题，出台金融十五条、上市十条等系列政策，积极探索科技金融改革试点，获批国家科技保险创新示范区，积极筹备申报科创金融改革创新示范区，大力发展科技支行、科技保险等专营机构，组建光谷金控集团，支持创新创业和产业发展。探索发展投贷联动、融资租赁、商业保理等科技金融新业态
服务	科技创新服务	➤ 成都：打造西部首个高新技术服务超市，开发创新信用券、生长力评价、政策匹配系统等工具，为创新创业提供"一站式"服务，获省委改革办推广至全省

六、国家自创区绿色发展引领示范成效及经验

（一）现状及成效

1. 绿色产业

国家自创区大力发展节能环保产业，培育和引进绿色产业领域的企业，聚焦绿色低碳领域，前瞻布局绿色低碳新兴产业，推进传统产业绿色升级，绿色制造水平不断提升，绿色产业快速发展。济南高新区聚焦产业绿色化，先后引进吉利新能源汽车、比亚迪动力电池、格林堡绿色建设等一批低碳制造企业，加速布局电池、电机、电控"三电系统"产业。天津国家自创区绿色产业初步形成了链条式、集群化态势，先后获批建设工业和信息化部新能源（储能电池）国家新型工业化产业示范基地、科技部新能源产业集群试点（培育）等国家级品牌。合芜蚌国家自创区全力打造国家级战略性新兴产业集群"中国环境谷"，目前已基本形成"环保技术研发—核心基础零部件生产—环保装备制造—环境治理、环保工程与环境服务"全产业链，拥有4个国家级科研平台，集聚了以启迪数字环卫、湖南力合等为代表的环境领域重点企业145家，2020年"中国环境谷"营收超百亿元。

2. 绿色技术

国家自创区聚焦绿色相关领域开展关键核心技术攻关，提高绿色技术供给能力，培育发展具有竞争力、自主可控的绿色技术，强化绿色技术开发应用。成都国家自创区集聚各类绿色技术研发平台35家，包含移动源污染排放控制技术国家工程实验室等3家国家级实验室、中自环保科技股份有限公司等4家国家级企业技术中心，有力支撑成都国家自创区"碳达峰碳中和"相关技术开发与应用。武汉东湖国家自创区支持绿色创新企业申报各类重点研发计划和科技项目，加速一批具有引领性的关键核心技术的攻关突破，其中华新环境水泥窑高效生态化协同处置固体废弃物成套技术与应用获国家科学技术进步奖二等奖。2020年，天津滨海高新区在新能源、节能环保等绿色技术领域获得科技立项10项，签订技术交易合同285项，部分领军企业实现了超前探索。

3. 能耗水平

国家自创区节能降耗效果明显。工业企业万元增加值综合能耗从2014年的0.370吨标准煤降至2020年的0.277吨标准煤，年均复合下降4.7%（图1-19），是全国万元国内生产总值能耗[①]（0.490吨标准煤）的56.5%。21家国家自创区中，能耗较低的是深圳、成都、西安国家自创区，分别是0.047吨标准煤、0.065吨标准煤、0.124吨标准煤。

---

① 此处，全国万元国内生产总值能耗数值由"我国全年能源消费总量"与"全年国内生产总值"相除计算而来，计算结果仅用于与国家高新区的对比；2020年我国全年能源消费总量49.8亿吨标准煤，全年国内生产总值1 015 986亿元。

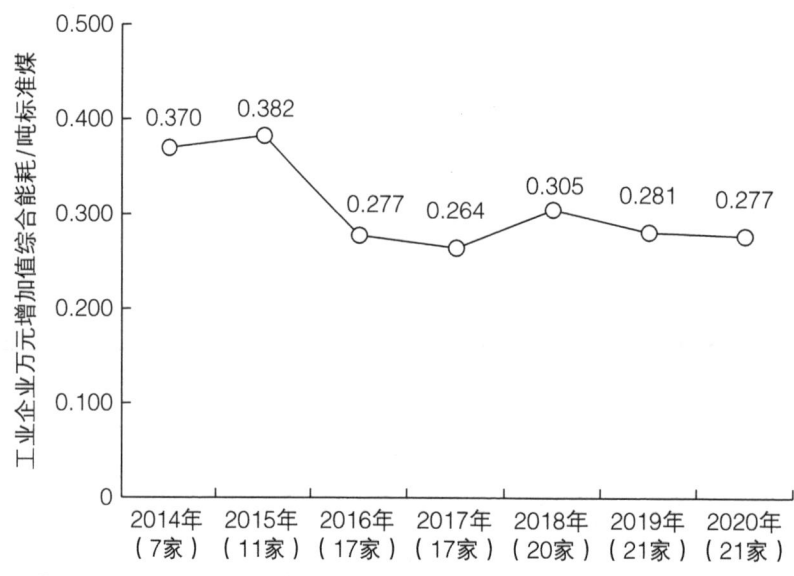

图1-19 2014—2020年国家自创区工业企业万元增加值综合能耗情况

4. 园区建设

国家自创区贯彻绿色发展理念，深入推进节地增效、资源循环利用、垃圾治理，实施城市功能和品质优化提升工程，完善园区道路、管网、绿化、医疗、学校等基础设施和商业、生活等附加功能配套，加速产城融合发展，加快推进绿色园区建设，国家自创区下辖多家园区获批国家绿色园区。珠三角国家自创区下辖东莞松山湖片区坚持生态环境建设，拥有8平方千米天然淡水湖，建成350万平方米的生态公园、650万平方米的国家城市湿地公园，以及超过300千米的生态绿道，建成区绿化覆盖率超过60%。郑洛新国家自创区组织编制完成国家自创区建设实施方案和发展规划，明确国家自创区建设的"规划图"和"施工图"，截至2022年1月，初步构建起以郑州、洛阳、新乡国家高新区为核心区，以12个创新资源集聚的园区为辐射园区，以106个创新型企业、院所和郑州大学、河南大学2所"双一流"建设高校为辐射点的"三区多园多点"空间发展格局。

（二）经验总结

2005年，我国明确提出发展循环经济，并全面开启了循环经济工作。2015年，在党的十八届五中全会上，习近平总书记提出创新、协调、绿色、开放、共享"五大发展理念"，将绿色发展作为关系我国发展全局的一个重要理念。绿色发展理念以人与自然和谐为价值取向，以绿色低碳循环为主要原则，以生态文明建设为基本抓手。2020年9月，我国明确提出2030年"碳达峰"与2060年"碳中和"目标。在此背景下，发展循环经济成为推动绿色发展、实现双碳目标的重要战略路径。

推进工业绿色升级，健全绿色低碳循环发展的生产体系。2005年，国务院发布《国务院关于加快发展循环经济的若干意见》，提出在重点行业、重点领域、产业园区和城市组织开展循环经济试点工作，我国循环经济工作全面启动；此后，"十二五"规划纲要、《质量发展纲要（2011—2020年）》、党的十八大报告等均将循环经济作为一项重大战略任务进行部署。国家自创区大力推行清洁生产，开展资源综合利用，发展环保产业，推动产业绿色升级改造。宁波温州国家自创区宁波片区围绕绿色工厂和绿色园区建设，在全省率先发布星级绿色工厂、绿色园区评价办法，建立星级绿色工厂和园区指标体系以及绿色工厂培育库，形成分层分级的绿色制造示范体系。重庆国家自创区印发《重庆高新区"散乱污"企业综合整治方案（2020—2022年）》，通过"关闭取缔一批、整治达标一批、引导入园一批"等措施，开展企业环保整治；严格执行规划环评制度，抓好建设项目环评审批，对照落实《产业结构调整指导目录（2019年本）》，严控"两高一资"行业和过剩产能行业。

鼓励绿色低碳技术研发，构建绿色技术创新体系。国家自创区通过建设科技平台、组建产业联盟，加大绿色创新技术应用及宣传支持力度，市场导向的绿色技术创新体系更加完善。天津国家自创区建设物质绿色创造与制造海河实验室，与上海电气集团合作建设"智慧低碳创新中心"等科技平台，新能源协会与国网电力合作建立全国首个"碳达峰、碳中和"产业联盟，面向产业链关键核心技术需求开展技术攻关。中关村国家自创区为助力绿色创新技术推广应用，在2020年北京云上科技周展示了污染土壤快速淋洗技术装备模型、餐厨垃圾成套处理设备等52个展项，网络关注量达2000万人次；组织京津冀环保领域成果发布会、垃圾分类与治理科技需求对接交流会等近10场政策宣讲及供需对接活动，促进6家小微企业和创业团队与节能环保领域实验室开展科研合作。

加强环境治理体系建设，优化生态环境。国家自创区完善生态环境建设制度，健全生态环境治理法规标准体系，搭建环境监测平台，加强绿化建设，生态环境持续改善。中关村国家自创区制定《垃圾分类与治理行动科技促进方案》，协同创新推动垃圾源头减量与分类治理科技攻关；搭建$PM2.5$和O_3复合污染排放测试分析平台、重型柴油车在线监控平台、道路扬尘动态管控及效果评估精细化管理平台等，提高精细化管控水平。杭州国家自创区健全生态环境治理法规标准体系，推进生态环保综合执法，完善环境污染问题发现、风险预警和应急处置机制，率先实施流域生态补偿、环境资源市场化配置等制度，积极推进生态环境领域"最多跑一次""亩均论英雄"等系列改革，建立健全了生态文明建设形势分析会、重大决策公众听证和专家咨询论证等一批制度。武汉东湖国家自创区对标国际一流，打造世界级生态大走廊，光谷生态大走廊全长约10.3千米，重点打造水道、绿道、空轨"三道"体系，目前水道基本贯通，一期主绿道完成率87%、次级绿道完成率75%，二期主绿道完成率70%（表1-16）。

表1-16 国家自创区绿色发展举措及做法

维度	重点举措	做法
绿色产业	绿色工厂、绿色园区评价，企业环保整治，举办绿色产业专业赛事、会议	➢ 宁波温州：宁波围绕绿色工厂和绿色园区建设，在全省率先发布星级绿色工厂、绿色园区评价办法，建立星级绿色工厂和园区指标体系以及绿色工厂培育库，形成分层分级的绿色制造示范体系。 ➢ 重庆：严格执行规划环评制度，抓好建设项目环评审批，对照落实《产业结构调整指导目录（2019年本）》，严控"两高一资"行业和过剩产能行业。印发《重庆高新区"散乱污"企业综合整治方案（2020-2022年）》，通过"关闭取缔一批、整治达标一批、引导入园一批"等措施，开展企业环保整治。 ➢ 深圳：高规格举办"一带一路"绿色创新大会、绿色产业创新创业大赛，聚集国内外500余项优秀技术项目，遴选50项绿色技术，国际双边合作洽谈扩至欧亚非、南北美20个国家和地区

续表

维度	重点举措	做法
绿色技术	建设科技平台，组建产业联盟，加大绿色创新技术应用及宣传支持力度	➢ 天津：建设物质绿色创造与制造海河实验室，与上海电气集团合作建设"智慧低碳创新中心"，新能源协会与国网电力合作建立全国首个"碳达峰、碳中和"产业联盟。 ➢ 中关村：为助力绿色创新技术推广应用，在2020年北京云上科技周展示了污染土壤快速淋洗技术装备模型、餐厨垃圾成套处理设备等52个展项，网络关注量达2000万人次。组织京津冀环保领域成果发布会、垃圾分类与治理科技需求对接交流会等近10场政策宣讲及供需对接活动，促进6家小微企业和创业团队与节能环保领域实验室开展科研合作。 ➢ 苏南：支持国家自创区内高校院所、企业等创新主体积极申报2021年度省碳达峰碳中和科技创新专项项目，南京未来能源系统研究院、江南冶金等29家单位进入首批公示，占全省的75%
生态环境	搭建环境监测平台，开展生态系统价值核算，打造生态走廊，完善制度	➢ 中关村：搭建PM2.5和O_3复合污染排放测试分析平台、重型柴油车在线监控平台、道路扬尘动态管控及效果评估精细化管理平台等，提高精细化管控水平。制定《垃圾分类与治理行动科技促进方案》，协同创新推动垃圾源头减量与分类治理科技攻关。 ➢ 西安：在全国最先开展生态系统价值核算，2019年、2020年连续两年发布GEP（生态系统生产总值）和GEEP（经济生态系统生产总值）报告。围绕生态系统价值核算，构建GDP和GEP双核算、双运行、双提升的工作机制。 ➢ 武汉东湖：对标国际一流，打造世界级生态大走廊，光谷生态大走廊全长约10.3千米，重点打造水道、绿道、空轨"三道"体系，目前水道基本贯通，一期主绿道完成率87%、次级绿道完成率75%，二期主绿道完成率70%。 ➢ 杭州：健全生态环境治理法规标准体系，推进生态环保综合执法，完善环境污染问题发现、风险预警和应急处置机制，率先实施流域生态补偿、环境资源市场化配置等制度，积极推进生态环境领域"最多跑一次""亩均论英雄"等系列改革，建立健全了生态文明建设形势分析会、重大决策公众听证和专家咨询论证等一批制度

七、国家自创区区域协同引领示范成效及经验

国家自创区区域协同开放创新合作呈现新格局，创新协同发展再上新台阶，正逐步建成开放协同的创新网络。

（一）支持国家重大区域发展战略

国家重大区域发展战略成为高质量发展的重要引领。"十四五"规划纲要把区域经济发展作为实现社会主义现代化的重要途径，以区域协调发展战略为引领，以区域重大战略为核心，实现优化

区域经济布局的目标。开展区域合作、推进区域一体化是实现区域协调发展的核心内容。国家自创区以"一带一路"建设、京津冀协同发展、长江经济带发展、粤港澳大湾区建设、黄河流域生态保护和高质量发展等重大战略为引领,以西部、东北、中部、东部四大板块为基础,促进区域间相互融通补充。国家自创区充分发挥区位优势,通过出台规划政策、共建园区、设立分支机构、建立协同创新平台、举办赛事活动、开展联合研发、成立技术联盟等与国家战略融合和协同。中关村国家自创区出台《中关村国家自主创新示范区京津冀协同创新共同体建设行动计划(2016—2018年)》,以政策先行先试、创新社区共建、重点园区建设、新兴产业培育等工程为抓手,构建政产学研用结合的跨京津冀科技创新园区链,建设雄安新区中关村科技园、天津滨海-中关村科技园等24个京外合作共建园区,为北京建设全国科技创新中心和京津冀建设引领全国、辐射周边的创新发展战略高地作出积极贡献。在粤港澳大湾区建设过程中,珠三角国家自创区以推动跨境创新规则衔接为先行示范,积极开展"钱过境、人往来、税平衡"等改革创新,率先构建起灵活高效的粤港澳科技合作机制,推动港澳高校科研机构参与广东省科技计划,三地创新资源流动更加顺畅,2019年首次实现广东省财政科技资金过境港澳,各级科研资金过境拨付港澳项目承担单位总额累计超2.7亿元。

"双自联动"成为推动创新和开放的新引擎。国家自创区和自贸区分别是我国在自主创新和对外开放两个维度的最高层次的国家战略,二者在空间范围上的重叠和在功能定位上的互补互促,使"双自联动"成为相关区域的重要发展路径。"双自联动"可以充分叠加创新能量,让制度创新和技术创新真正"联"起来、"动"起来。从实践上来看,上海率先实施上海张江国家自创区与上海自贸区的联动发展战略,在高新技术企业认定、创新药物上市许可、国际化创新创业孵化平台建设、创新保税研发模式、集成电路全产业链保税监管、进口高端装备再制造试点、境外风险投资等方面提出了10项重点创新试点,为上海科创中心建设注入了大量支持要素。福厦泉国家自创区加大力度发挥福厦泉国家自创区和福建自贸区等多区叠加优势,建立国家自创区和自贸区联动发展联席会议制度,将"双自联动"内容列入国家自创区年度建设工作要点重点推动,遴选出改革出入境特殊物品审批制度、构建重点产业全链条公共技术服务平台体系等两批12项"双自联动"创新举措并在全省进行复制推广,有效释放"双自联动"叠加效应(表1-17)。

表1-17 国家自创区支持国家重大区域发展战略举措及做法

维度	重点举措	做法
区域协同发展	搭建平台,共建园区,设立分支机构	➢ 中关村:推动京津冀协同创新。引导中关村发展集团整合利用现有资源,并针对京津冀科技协同创新、对口支援等需求,搭建科技协同发展服务平台,满足各地培训、参观、论坛等科技交流对接活动需求,并逐步在重点区域搭建若干分平台,形成"1+N"平台建设体系,成为北京科技协同发展重点路径和模式。支持北京相关创新主体针对合作区域的需求,搭建特色平台,开展协同创新服务。建设雄安新区中关村科技园、天津滨海-中关村科技园等24个京外合作共建园区,研究编制雄安新区中关村科技园规划等文件,截至2020年10月底,中关村企业已在津冀设立分支机构8578家

续表

维度	重点举措	做法
区域协同发展	协调会议，分中心，完善协作创新机制，技术转移联盟，创新发展共同体，资源共享	➢ 上海张江：长三角等区域协同创新更加深入。承办科技部火炬中心首届长三角地区34家国家高新区协调会议，推动长三角科技创新资源互联互通和开放共享。推动上海张江、合肥两大综合性国家科学中心"两心共创"。推动国家药品监督管理局药品审评检查长三角分中心、国家药品监督管理局医疗器械技术审评检查长三角分中心落户上海张江，筹建长三角国家技术创新中心。 ➢ 杭州：完善协作创新机制，高标准完成G60科创走廊建设的各项重要指标，正泰新能源、纤纳光电科技等12家杭州企业加入光伏协同创新产业联盟，杭高投斥资1亿元加入G60科创走廊科技成果转化基金。 ➢ 宁波温州：宁波作为发起单位之一签署长三角国家科技成果转移转化示范区联盟组建框架协议，牵头成立长三角技术转移联盟，依托上海、杭州等长三角区域城市人才、教育、科技、产业和智力资源，通过高端链接、同级联动、低端辐射，推进跨区域科技合作、协同创新、全产业链配套，共同构建创新发展共同体，推动形成北接上海、西接杭州、南接浙东南的创新发展格局。截至2022年2月，宁波累计在区外建立"科技飞地"41家、国家科技创新领军人才创新驱动中心（基地）4家
	出入境改革，境外人才便利	➢ 珠三角：积极开展"钱过境、人往来、税平衡"等改革创新，率先构建起灵活高效的粤港澳科技合作机制，推动港澳高校科研机构参与广东省科技计划，支持由港澳牵头或参与的重点领域研发计划项目，2019年首次实现广东省财政科技资金过境港澳，各级科研资金过境拨付港澳项目承担单位总额累计超2.7亿元。允许持"优粤卡"A卡的港澳和外籍高层次人才申办港澳入出内地商务车辆牌证；率先落实港澳人才享受广东企业职工基本养老保险延缴政策；贯彻落实粤港澳大湾区个人所得税优惠政策，对在大湾区工作的境外高端人才和紧缺人才，其在珠三角九市缴纳的个人所得税实际税负超过15%的部分给予财政补贴，该补贴免征个人所得税
	签订协议，协同科技创新大会	➢ 成都：深度融入双城经济圈战略部署，打造中国经济发展"第四极"。2020年4月29日，成都高新区与重庆高新区签署《"双区联动"共建具有全国影响力的科技创新中心战略合作协议》，确定"六个一"合作任务，携手推动构建"两极一廊多点"创新格局。 ➢ 山东半岛：2021年12月，济南高新区举办黄河流域协同科技创新大会，黄河流域47家国家高新区参加，山东省科技厅厅长唐波代表黄河流域十省区科技管理部门发布协同创新倡议书
双自联动	跨境便利化，园区联动	➢ 上海张江：推进上海张江国家自创区和上海自贸区"双自联动"，促进货物贸易、服务贸易、人员流动、投资等跨境便利化；与自贸区临港新片区"双区协同"，与陆家嘴金融城"双城辉映"

续表

维度	重点举措	做法
双自联动	规划政策	➢ 珠三角：梳理总结广东自贸试验区的先进经验，推动相关政策在国家自创区落地实施。2016年11月，广东省自创办和自贸办联合印发了《关于推动珠三角国家自主创新示范区与中国（广东）自由贸易试验区联动发展的实施方案（2016—2020年）》，该方案提出了19条重点举措，并从企业研发设备和进口研发耗材税收优惠、投贷联动、境外高层次创新人才财政补贴等多个方面，制定了14条创新试点任务，积极推动"双自联动"开展创新政策探索。 ➢ 苏南：起草苏南国家自创区与自贸试验区联动发展实施方案，推动江苏自贸试验区"科技企业白名单""高层次人才举荐直通车"等创新政策向国家自创区复制推广，支持苏南国家高新区全部获批自贸区的联动创新发展区
	联席会议，跨境改革，税收服务，离岸创新创业基地，技术对接	➢ 上海张江：上海率先实施上海张江国家自创区与上海自贸区的联动发展战略，在高新技术企业认定、创新药物上市许可、国际化创新创业孵化平台建设、创新保税研发模式、集成电路全产业链保税监管、进口高端装备再制造试点、境外风险投资等方面提出了10项重点创新试点，为上海科创中心建设注入了大量支持要素。 ➢ 福厦泉：建立国家自创区和自贸区联动发展联席会议制度，将"双自联动"内容列入国家自创区年度建设工作要点重点推动，遴选出改革出入境特殊物品审批制度、构建重点产业全链条公共技术服务平台体系等两批12项"双自联动"创新举措。福州在国家自创区片区和自贸试验区片区内的创业创新园区试点设立税收服务站，提供自助办税等服务。厦门设立自贸区全国首家保险产品创新实验室，建成省内首个在自贸区内的海外人才离岸创新创业基地，集聚集成电路产业链相关的公共技术服务平台已服务企业2770家次

（二）地区协同与辐射带动

空间布局的顶层设计和优化成为统筹全面开展创新的有效路径。国家区域协调发展战略的提出，为国家发展开拓新空间、注入新动力。国家自创区积极开展省市联动、全域联动，强化分园管理、空间布局优化，统筹区域协调发展，把科技创新放在一体化大局中统筹推进，加快推进规划、产业、创新、平台等创新一体化发展，在资源共享、联合攻关、技术转移等领域协同合作取得重要突破。宁波温州国家自创区设立国家高新区"一区多园"专项基金，辐射带动分园提升创新能级。宁波市将国家自创区、国家高新区发展建设作为引领全市创新驱动发展的重大战略平台，实施国家高新区"一区多园"发展战略，通过出台专项政策、设立专项基金，推动高新区孵化的优质项目向分园转移扩散，着力构建"高新区带动分园、分园带动属地区县、全域创新驱动发展"格局（表1-18）。

表1–18 国家自创区开展地区协同与辐射带动举措及做法

维度	重点举措	做法
分园管理	体制机制改革	➤ 中关村：围绕分园体制改革、科研项目与经费管理、科技成果转化等方面，持续深化体制机制改革。围绕机构改革、生态搭建等方面，研究分析国家高新区和中关村分园管理体制情况，逐一推进房山、平谷等分园开展管理体制改革工作。2021年平谷园、门头沟园、房山园管委会挂牌独立运行，东城园、昌平园、丰台园、通州园管委会升格为副局级
	专项政策，设立基金，企业向分园转移转化	➤ 宁波温州：设立国家高新区"一区多园"专项基金，辐射带动分园提升创新能级。宁波市将国家自创区、国家高新区发展建设作为引领全市创新驱动发展的重大战略平台，实施国家高新区"一区多园"发展战略，通过出台专项政策、设立专项基金，推动高新区孵化的优质项目向分园转移扩散，着力构建"高新区带动分园、分园带动属地区县、全域创新驱动发展"格局。由市财政和宁波高新区管委会共同出资设立1亿元专项资金，从研发机构资助、高企创建奖励、人才引进补贴、新三板挂牌奖励、公共平台奖励、重大项目贴息、科技信贷风险池、贷款贴息8个维度支持分园建设
	管理专题委员会，规划政策，考核，专项资金	➤ 山东半岛：青岛市创新性成立"青岛市国家高新区管理专题委员会"，由分管副市长担任主任，市政府分管副秘书长、市科技局局长、青岛高新区管委会主任担任副主任，各园区所在行政区（市）分管副区（市）长及功能区分管副主任担任委员。成立以来，先后举办了"一区多园"观摩会和专委会全体会议，编制了《青岛高新区"一区多园""十四五"发展规划》，出台了《青岛国家高新技术产业开发区"一区多园"管理办法（试行）》。在考核上，建立"一区多园"考评机制，实施差异化考评，每年进行考评，根据考评结果优先安排园区培育计划，对排名靠前的园区优先给予支持。在政策支持上，设立专项项目资金，重点在各园区主导产业发展、领军企业培育、科技创新平台建设、高层次人才引进、科技服务等方面进行支持。高新区创新"一区多园"体制机制的经验做法获科技部火炬中心高度肯定
	基础设施提升	➤ 宁波温州：推动基础设施全面提升，强化辐射带动功能。温州市坚持以"10分钟入环、30分钟通环"为目标加速交通路网建设，推进主干路内环接断点工程，累计建成永中西路、雁荡中路、黄屿大道东延、环山东路南延（经开区段）和环山路二期等12条道路，科创走廊内外两环道路成环率达到70%以上；新增优化社巴南湖线、社巴瓯江口2号线等公交线路36条，初步形成"轨道交通+BRT+社区巴士"的公共交通网络
省市/地市/园区联动	资金，平台共建	➤ 福厦泉：首创设立5000万元的国家自创区协同创新资金，支持国家自创区与省内其他高新区共建34项协同创新平台，资助面覆盖全省所有高新区，示范带动闽东北、闽西南两大协同发展区共同发展
	协同发展机制，合作建设	➤ 武汉东湖：按照全域推进自主创新示范区要求，武汉东湖国家自创区制定了光谷引领、全域创新工作方案，建立了与周边的江夏区、洪山区、武昌区协同发展机制。按照合作建设一个离岸科创平台、打造一个飞地园区、组建一支产业基金、举办一系列对接活动、搭建一个工作机制的"五个一"合作模式，加强与光谷科创大走廊鄂州、黄冈、黄石、咸宁功能区合作，分别与鄂州、黄冈、黄石就共建光谷科创大走廊实现签约，黄石离岸科创园正式运营，光谷黄冈科技产业园实现开园，光谷鄂州30亿元科创大走廊产业基金完成组建，并实现对三安光电等重大产业项目投资

续表

维度	重点举措	做法
省市/地市/园区联动	共同建设，资源共享	➢ 长株潭：把科技创新放在长株潭一体化大局中统筹推进，成立省委书记任组长的长株潭一体化发展领导小组，加快推进长株潭规划同图、产业同兴、创新同为、平台同体等"十同"，通过城市群一体化推进创新一体化，长株潭三市在资源共享、联合攻关、技术转移等领域协同合作取得重要突破。以省政府文件明确国家自创区政策覆盖范围，将31个园区（区块）纳入政策覆盖范围，增强国家自创区辐射带动能力
	规划政策，统计，平台共建	➢ 重庆：挂牌西部（重庆）科学城党工委管委会和5个片区运行管理机构，建成科学城全域统计体系，出台《统筹推进西部（重庆）科学城"一核五区"高质量发展实施方案》等文件。加强与万州区等协同发展，共建三峡创业孵化中心，设立两江数字经济产业园万州园，万州企业研发中心挂牌运营
	理事会	➢ 苏南：江苏省政府印发《苏南国家自主创新示范区一体化发展实施方案（2020—2022年）》，成立国家自创区理事会，建立完善一体化的工作推进体系。"区域创新一体化先行区"建设方面，在全国跨区域的14个国家自创区中率先建立"理事会+专家咨询委员会+管理服务中心"工作体系，省地合力共建重大创新平台、实施重大科技项目、落实重点工作任务，形成"任务部署—常态推进—督查激励"的工作闭环。地方联动方面，苏南设区市、国家高新园区制定本地区实施方案，成立建设工作领导小组及办公室，建立省地（园区）互联的苏南国家自创区"一站式服务中心"，形成了有效协同、有机衔接、有力落实的工作体系
	区内合作共建	➢ 苏南：通过政策引导和奖励激励，支持苏南设区市、园区强强联手、共谋发展，联合举办"2021首届苏南国家自主创新示范区高峰论坛"，成立苏南国家自创区高新区一体化发展联盟。南京携手镇江共建G312产业创新走廊，无锡、苏州、常州共同签订《苏锡常共建太湖湾科创带倡议书》，苏锡常三家高新区率先探索建立政务服务一体化机制，地方和园区协同发展、联动创新的主动性明显增强。 ➢ 珠三角：加快地市之间创新合作，广佛同城化加快建设，两地围绕共建广佛科技合作专区等6个方面开展了合作。广州与东莞签订战略合作框架协议，充分发挥在走廊建设中广州创新大脑、东莞创新基地的作用，优化两地走廊周边资源布局，协同引进重大科技创新平台、重点产业项目，辐射带动全省创新发展

（三）跨区合作和开放共享

跨区合作成为国家自创区建设的重要动力源。当前，我国已经启动社会主义现代化建设的新征程，区域经济也进入了区域发展的新时代。在区域发展的结构调整、科技创新、提高质量的经济发展环境下，充分发挥区域合作的效能，将会有效促进区域发展新格局的形成。国家自创区通过与区外省市、国家自创区的合作与交流对接，加强区域创新协作，推动创新资源和各类要素的快速流动。郑洛新国家自创区与中关村发展集团股份有限公司签订合作协议，设立"郑洛新·中关村双创基地"，并连续多年举办"成果中关村、转化郑洛新"系列专场活动，充分借助中关村技术、人才、资本等方面的优势，持续提升国家自创区开放创新水平。鄱阳湖国家自创区鹰潭片区积极探索"人才飞地+经济飞地"建设，与浙江海创科技交流研究院签订人才飞地（杭州）项目合作协议，与深圳金砖国家未来网络研究院共建人才、产业协同创新中心；赣州片区在深圳举办了2021年"中国稀金谷"对接融入粤港澳大湾区产业合作推介会，并与深圳高新区重新签订了合作共建协议，在科技创新、产业合作、人才交流等方面开展深度对接和广泛合作，积极探索特区携手支持老区振兴发展新模式、新路径，进一步推动深赣两地高新区共赢发展（表1-19）。

表1-19 国家自创区开展跨区合作和开放共享举措及做法

维度	重点举措	做法
地区协同合作	与国家自创区对接	➢ 郑洛新：2017年与中关村发展集团股份有限公司签订合作协议，设立"郑洛新·中关村双创基地"，并连续多年举办"成果中关村、转化郑洛新"系列专场活动，充分借助中关村技术、人才、资本等方面的优势，持续提升国家自创区开放创新水平；2021年与上海张江国家自创区开展合作对接，并就共建高能级平台、开展异地创新孵化以及科技成果转移转化等方面达成合作意向，同时与兰白国家自创区经过多轮次沟通对接，达成初步共识并议定合作框架协议
	东西部协作	➢ 乌昌石：积极对接浙江省科技厅，促成乌鲁木齐高新区与杭州高新区签署创新合作战略协议。推动昌吉高新区与福州高新区、泉州高新区，石河子高新区与大连高新区达成战略合作意向，在推动区域协同创新方面实现了新突破。以企业为主体在深圳、大连、北京、上海设立了5家离岸孵化器（跨区域创新合作基地），成立了先进制造、安防、绿色农业3家产业联盟集群。 ➢ 兰白：先后与厦门海沧台商投资区、拉萨经开区等签订战略合作协议；深挖国家自创区优势产业需求，积极引入上海张江优质创新资源，全力促成国家自创区与中国科学院上海药物研究所、上海中医药大学、上海长三角科创企业服务中心、上海超级计算中心、《中国企业报》中企视讯等开展关联项目（平台）合作共建，形成了"1+8"合作内容；成功举办"上海张江·兰白服务企业直通车线上推介会""院省联动百企共聚中科院科技成果进两区"等活动，积极促成两区内兰州兰泵、申联生物、佛慈制药等企业与上海关联企业开展务实合作
	结对共建，要素对接平台，飞地，人才推介	➢ 合芜蚌：依托长三角自贸试验区联盟，加大与沪苏浙自贸试验区片区结对共建力度。对接服务浦东高水平改革开放，加快建设长三角资本市场服务基地安徽分中心，共建长三角科创金融改革试验区。落实虹桥国际开放枢纽建设重点任务，加快建设合肥国际金融后台服务基地和长三角绿色农产品展示交易中心，在虹桥国际中央商务区建设安徽城市展示中心和海外高端人才招引基地。打造连接长三角和中部地区的国际商协会联盟、资本市场平台、贸易中心、高能级展会等市场化要素对接平台。 ➢ 鄱阳湖：鹰潭片区探索"人才飞地+经济飞地"建设，与浙江海创科技交流研究院签订人才飞地（杭州）项目合作协议，与深圳金砖国家未来网络研究院共建人才、产业协同创新中心。赣州片区在深圳举办了2021年"中国稀金谷"对接融入粤港澳大湾区产业合作推介会，并于2021年12月与深圳高新区重新签订了合作共建协议，在科技创新、产业合作、人才交流等方面开展深度对接和广泛合作。 ➢ 郑洛新：开展区域联动开放合作，积极融入粤港澳大湾区打造产业合作示范区，积极参与跨区域合作对接会（推介会），建立异地研发基地、"飞地经济"合作模式，打造跨境产业仓储基地、物流基地。 ➢ 重庆：与西部（成都）科学城签订共同助推西部科学城建设战略合作协议，落地实施"川渝通办"业务210项。牵头组建两江新区、天府新区协同创新产业旗舰联盟，共吸引两地69家成员单位，与国家技术转移东部中心共建沪渝协同创新中心，举办2021明月湖·沪渝协同技术转移大会

八、国家自创区国际合作引领示范成效及经验

（一）现状及成效

截至2020年，21家国家自创区拥有外资研发机构3368家，境外技术研发机构1749家，在境外合作建立的科技园区数达101家，国家自创区企业委托境外开展研发活动经费支出达221.1亿元，国际科技合作程度不断加深；集聚外籍常驻人员和留学归国人员数195 503人，从业人员中外籍常驻人员和留学归国人员占比达1.5%，人才国际化水平有所提升。

1. 国际研发平台

国家自创区拥有外资研发机构数整体呈增长态势。外资研发机构数从2014年的1359家波动增长至2020年的3368家，年均复合增长16.3%。21家国家自创区中，外资研发机构数排名前三的是苏南、珠三角、中关村国家自创区，分别为1083家、620家、344家，分别占国家自创区整体的32.2%、18.4%、10.2%（图1-20）。

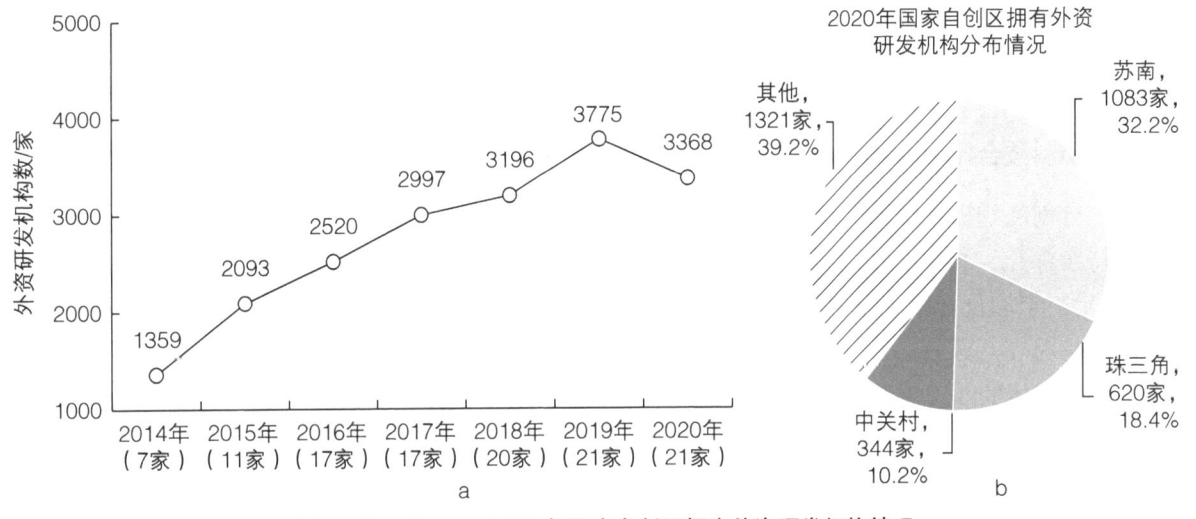

图1-20　2014—2020年国家自创区拥有外资研发机构情况

国家自创区企业积极在境外设立研发机构，"走出去"步伐加快。境外技术研发机构数从2012年的17家一路攀升，2020年达到1749家，年均复合增长78.5%。21家国家自创区中，境外技术研发机构数排名前三的是苏南、上海张江、珠三角国家自创区，分别为453家、296家、263家，占国家自创区整体的25.9%、16.9%、15.0%（图1-21）。

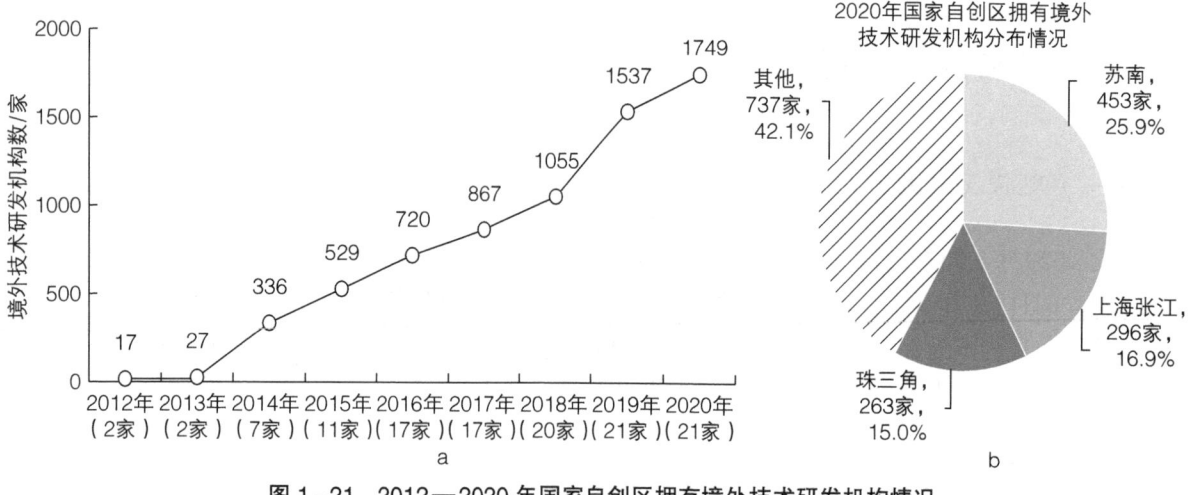

图 1-21　2012—2020 年国家自创区拥有境外技术研发机构情况

2. 国际合作园区

国家自创区紧抓"一带一路"倡议契机，建设国际合作园区。2020 年，国家自创区在境外合作建立的科技园区数为 69 家，其中在"一带一路"倡议沿线国家合作建立的科技园区数为 38 家。21 家国家自创区中，在境外合作建立科技园区数排名前三的是苏南、长株潭、珠三角国家自创区，分别为 34 家、16 家、10 家，分别占国家自创区整体的 33.7%、15.8%、9.9%。

3. 国际科技合作

国家自创区积极利用国际创新资源和要素开展创新活动，国际合作经费投入不断加大，国际科技合作持续深化。企业委托境外开展研发活动经费支出从 2012 年的 3.1 亿元持续增长至 2020 年的 221.1 亿元，年均复合增长率高达 70.5%。21 家国家自创区中，委托境外开展研发活动经费支出排名前三的是深圳、珠三角、上海张江国家自创区，分别为 79.7 亿元、44.8 亿元、22.9 亿元，分别占国家自创区整体的 36.0%、20.3%、10.4%（图 1-22）。其中，深圳国家自创区组织实施各类国际科技合作项目，加强推进国际交流与合作，2021 年累计资助国际合作、交流项目 79 个，资助金额达 3950 万元。

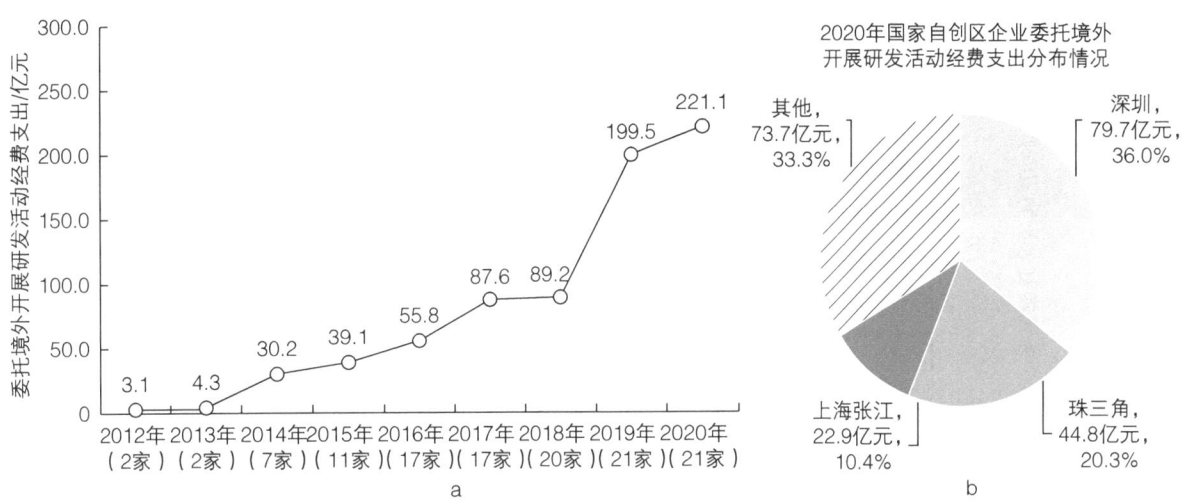

图 1-22　2012—2020 年国家自创区企业委托境外开展研发活动经费支出情况

4. 国际人才引进

国家自创区国际人才不断汇聚。外籍常驻人员和留学归国人员数均持续增长，其中外籍常驻人员数从 2012 年的 40 997 人增长至 2020 年的 62 000 人，年均复合增长 5.3%；留学归国人员数从 2012 年的 56 397 人增长至 2020 年的 195 503 人，年均复合增长 16.8%。21 家国家自创区中，外籍常驻人员和留学归国人员总数排名前三的是中关村、上海张江、苏南国家自创区，分别拥有外籍常驻人员和留学归国人员 61 217 人、42 890 人、40 940 人，分别占国家自创区整体的 23.8%、16.7%、15.9%（图 1-23）。

图 1-23　2012—2020 年国家自创区外籍常驻人员和留学归国人员情况

国家自创区人才国际化水平略有提升。从业人员中外籍常驻人员和留学归国人员占比从 2012 年的 1.42% 增长至 2020 年的 1.46%，增长了 0.04 个百分点（图 1-24）。21 家国家自创区中，从业人员中外籍常驻人员和留学归国人员占比排名前三的是合芜蚌、上海张江、中关村国家自创区，分别达到 2.98%、2.58%、2.11%。

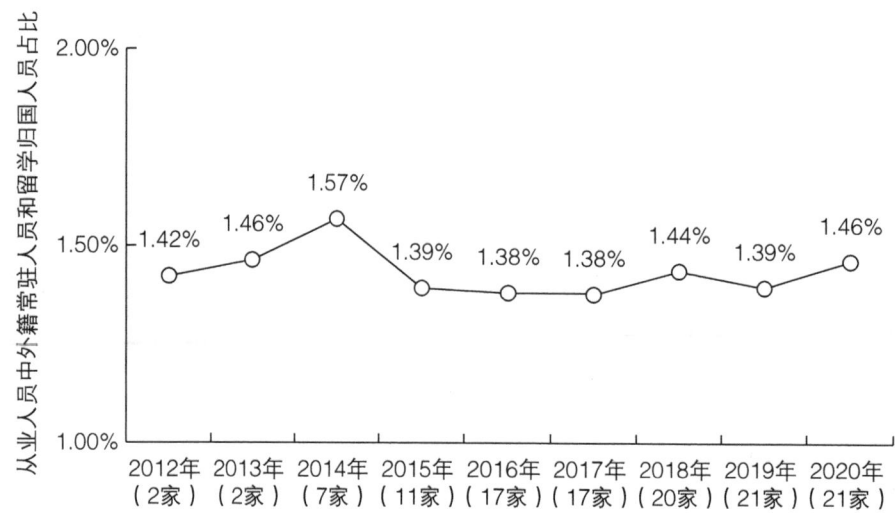

图1-24 2012—2020年国家自创区从业人员中外籍常驻人员和留学归国人员占比

（二）经验总结

国家自创区主动融入全球创新网络，布局建设国际研发平台、国际创新区等创新载体，引进外籍高层次人才，支持企业与海外科研机构、企业、专家直接进行技术对接，强化国际合作交流。

1. 构建国际人才"引育用留"全链条

创新人才政策，鼓励海外人才创新创业。2016年，国务院发布《国家中长期人才发展规划纲要（2010—2020年）》，提到要实施更加开放的人才政策，大力吸引海外高层次人才回国（来华）创新创业。同年，习近平总书记强调："要顺势而为，改革人才引进各项配套制度，构建具有全球竞争力的人才制度体系。"随着大国战略竞争的持续深化，我国吸引海外高端人才的国际形势更加严峻复杂，国家自创区创新人才政策，加快引育国际人才，建设世界重要人才中心。杭州国家自创区创新出台人才引育政策，对外国人才开展分类认定，开展外国人才在杭创业资助，开展高层次外国人才特聘职位试点，资助引进外国人才的企业、中介机构等。成都国家自创区在全国首创《成都自创区海外人才离岸创新创业基地管理办法（试行）》，打造海外人才离岸创新创业基地，形成了集离岸基地、离岸人才、离岸项目、离岸基金于一体的政策支撑体系。珠三角国家自创区广州片区积极探索外籍人员在穗创业试点，研究制定《关于持永久居留身份证外籍人员创办科技型企业试行办法》，推动持永久居留身份证件外籍人员创办企业享受国民待遇事项改革工作。

推进国际人才交流与合作。国家自创区通过举办人才交流大会、论坛、赛事等人才活动，加深国际人才交流与合作。深圳国家自创区成功举办第十九届中国国际人才交流大会，30多个国家和地区的1200多家专业机构和组织代表出席，现场达成引人引智合作意向695项。武汉东湖国家自创区举办中国光谷"一带一路"创新创业人才高峰论坛、黄鹤杯·中国光谷3551国际创业大赛等，加大了高端人才流通。

探索方便快捷的人才服务模式，解决海外人才办事难的问题。国家自创区设立专门的海外高层次人才服务机构，解决出入境签证、配偶安置、购房落户、医疗保险等方面问题，积极打造国际社区，营造国际化的生活环境。例如，中关村、上海张江、合芜蚌等国家自创区放宽外籍人才居留条件，为外籍高层次人才出入境提供便利；珠三角国家自创区给予外国高端人才在安家落户、科技研发、子女入学、配偶工作、交通出行、金融投资、医疗保障、购房买车等方面的便利措施和"绿色通道"服务。在此过程中，中关村国家自创区作为我国第一个国家级人才特区，在放宽外籍人才居留条件方面先行先试，在全国率先开展外籍高层次人才绿卡直通车试点，对符合认定标准的外籍高层次人才及其配偶、未成年子女，经管委会推荐，可直接申请在华永久居留资格，目前已办理1200余份推荐函；在全国率先探索建立外籍人才永久居留积分评估体系，190余人获得推荐资格（表1-20）。

表1-20 国家自创区集聚国际人才举措及做法

维度	重点举措	做法
国际人才引育	开展外国人才创业资助，开展高层次外国人才特聘职位试点，打造海外人才离岸创新创业基地	➢ 杭州：创新出台"全球聚才十条"等人才引育政策，对外国人才开展分类认定，开展外国人才在杭创业资助，开展高层次外国人才特聘职位试点，资助引进外国人才的企业、中介机构等。 ➢ 深圳：印发《深圳市外籍"高精尖缺"人才认定标准（试行）》，推进外籍人才签证便利化，将入选国内引进计划人才在内的7类人才认定为深圳市外籍"高精尖缺"人才。落实深圳市境外高端人才和紧缺人才2019年度个人所得税财政补贴政策，补贴外籍人才达1759人，合计补贴金额4.21亿元。 ➢ 成都：打造海外人才离岸创新创业基地，全国首创《成都国家自创区海外人才离岸创新创业基地管理办法（试行）》，形成了集离岸基地、离岸人才、离岸项目、离岸基金于一体的政策支撑体系。 ➢ 珠三角：广州片区积极探索外籍人员创业试点，研究制定《关于持永久居留身份证外籍人员创办科技型企业试行办法》，推动持永久居留身份证件外籍人员创办企业享受国民待遇事项改革工作
国际人才交流	举办人才交流大会、创业大赛、论坛	➢ 深圳：成功举办第十九届中国国际人才交流大会，30多个国家和地区的1200多家专业机构和组织代表出席，现场达成引人引智合作意向695项。 ➢ 武汉东湖：举办中国光谷"一带一路"创新创业人才高峰论坛、黄鹤杯·中国光谷3551国际创业大赛，加大高端人才流通
外籍人才服务	放宽外籍人才居留条件，落实外国专家出入境政策，提供生活便利措施	➢ 中关村：在全国率先开展外籍高层次人才绿卡直通车试点，对符合认定标准的外籍高层次人才及其配偶、未成年子女，经管委会推荐，可直接申请在华永久居留资格，目前已办理1200余份推荐函；在全国率先探索建立外籍人才永久居留积分评估体系，190余人获得推荐资格。 ➢ 上海张江：设立全国首家外国人永久居留事务服务中心，颁发首张外国人永久居留身份证，2020年上海持有永久居留身份证外籍人员数量是2015年的3.6倍。 ➢ 珠三角：全面实施外国人来华工作许可制度，积极实施外国人才签证制度，落实外国专家来华邀请函、公安部支持广东16项出入境政策。给予外国高端人才在安家落户、科技研发、子女入学、配偶工作、交通出行、金融投资、医疗保障、购房买车等方面的便利措施和"绿色通道"服务

2. 深度推进国际科技合作

积极融入"一带一路"建设，与沿线国家（地区）合作。自2013年习近平总书记提出"一带一路"

倡议以来，与沿线国家（地区）开展科技合作成为共建"一带一路"倡议的重要内容。共建"一带一路"倡议极大地促进了沿线国家（地区）科学技术的发展，使"一带一路"倡议成为全球最大的国际合作平台之一。随着中美经贸摩擦的升级、国际科技竞争的加剧，国际科技合作也迎来了严峻的挑战，当前"一带一路"建设成为国家自创区国际科技合作的最重要抓手。国家自创区积极融入"一带一路"倡议，布局科技国际合作重大专项，建设创新载体，深化与沿线国家（地区）在科技创新、产业促进、人才交流等领域合作交流。西安国家自创区打造"一带一路"硬科技创新网络，建设国际化创新平台，探索与南非共建科技园和跨境孵化器，推进中吉产业园落地建设，积极对接中瑞创新创业合作，建成离岸创新中心、海外研发中心、科技服务站等国际化平台17个。兰白国家自创区深度参与"一带一路"科技创新行动计划，积极布局科技国际合作重大专项，依托中国科学院兰州化学物理研究所与德国莱布尼兹催化研究所，围绕精细化学品绿色合成所需催化材料的研发开展国际合作；携手俄罗斯圣彼得堡彼得大帝理工大学，围绕"一带一路"倡议沿线轨道交通相关系统和成套装备等领域开展深度研发合作，不断推动先进智能交通装备在泛欧亚铁路的推广应用。

开展国际交流活动，助推高端资源集聚。国家自创区通过举办国际论坛、会议等多种形式活动，强力链接高端资源集聚。珠三角国家自创区积极举办高水准全球性论坛，成功举办2021年大湾区科学论坛，共吸引超过130位诺贝尔奖获得者、国内外院士等世界顶尖专家齐聚。中关村国家自创区通过承办第十一届中意创新合作周、在2021新加坡SWITCH大会举办中关村论坛年度系列活动等，打造国际创新交流合作品牌活动。武汉东湖国家自创区成功举办光博会、生博会、华创会等活动，引进了霍尼韦尔新兴市场中国总部、Founders Space、Fab-Lab等国际知名创业服务机构、外资和世界500强项目以及一批"独角兽企业"落地和开工建设（表1-21）。

表1-21　国家自创区深化国际科技合作举措及做法

维度	重点举措	做法
"一带一路"	设立发展基金，共建创新载体	➢ 中关村：支持北京大学"中国-俄罗斯数学及其应用'一带一路'联合实验室建设与研究合作项目"等8个"一带一路"联合实验室和国际联合研发项目落地。全面落实"一带一路"科技创新北京行动计划，围绕设立海外科技园区、开展国际研发合作等方面对216家企业给予资金支持。 ➢ 西安：打造"一带一路"硬科技创新网络，建设国际化创新平台，探索与南非共建科技园和跨境孵化器，推进中吉产业园落地建设及中瑞创新创业合作积极对接，建成离岸创新中心、海外研发中心、科技服务站等国际化平台17个。 ➢ 武汉东湖：设立"一带一路"发展基金，按照"政府引导、企业牵头、社会参与、市场运作"的原则，以股权投资方式支持区内企业开展境外技术并购、国际产能合作等；积极推动园区企业与"一带一路"沿线国家（地区）合作，烽火科技、长飞光纤、人福医药等一大批企业积极参与"一带一路"产业合作。 ➢ 兰白：深度参与"一带一路"科技创新行动计划，积极布局科技国际合作重大专项，依托中国科学院兰州化学物理研究所与德国莱布尼兹催化研究所，围绕精细化学品绿色合成所需催化材料的研发开展国际合作；携手俄罗斯圣彼得堡彼得大帝理工大学，围绕"一带一路"沿线轨道交通相关系统和成套装备等领域开展深度研发合作，不断推动先进智能交通装备在泛欧亚铁路的推广应用

续表

维度	重点举措	做法
国际交流	举办论坛，承办创意合作周，举办洽谈会	➢ 珠三角：积极举办高水准全球性论坛，成功举办2021年大湾区科学论坛，共吸引超过130位诺贝尔奖获得者、国内外院士等世界顶尖专家齐聚。 ➢ 中关村：通过承办第十一届中意创新合作周、在2021新加坡SWITCH大会举办中关村论坛年度系列活动等，打造国际创新交流合作品牌活动，增强北京创新国际知名度和号召力。 ➢ 郑洛新：先后举办了产业项目推介会、郑州诺贝尔专家讲座、中以创新合作论坛暨国际技术转移对接会、中国创新创业大赛先进制造行业总决赛、世界传感器大会、高校院所河南科技成果博览会等创新对接活动。 ➢ 武汉东湖：成功举办光博会、生博会、华创会等活动，引进了霍尼韦尔新兴市场中国总部、Founders Space、Fab-Lab等国际知名创业服务机构、外资和世界500强项目以及一批"独角兽企业"落地和开工建设

九、国家自创区体制机制改革成效及经验

国家自创区体制机制改革取得有效探索，在顶层设计、组织管理、体制改革、环境优化与法制化建设方面取得了一定进步。

（一）顶层设计与组织管理

顶层设计和组织管理的强化成为统筹国家自创区建设的关键手段。随着新发展格局的构建，提升区域合作层次和水平，探索建立统一规划、统一管理、合作共建、利益共享的合作新机制成为区域协调发展的重要条件。21家国家自创区通过加强顶层设计、优化组织管理等全面统筹国家自创区发展，许多省份都从省部级层面一体化建设国家自创区。科技部牵头成立了国家自主创新示范区部际协调小组，协调国家有关部委在职责范围内支持建设国家自主创新示范区。苏南国家自创区是省级一体化建设的代表：组织领导方面，江苏省政府成立苏南国家自创区建设工作领导小组，省政府主要领导任组长，研究部署示范区建设重大问题，完善沟通协调和工作联动机制，合力推动示范区建设；工作推进方面，聚焦创新一体化发展需求，省政府成立苏南国家自创区理事会，省政府分管领导为理事长，苏南五市、省有关部门分管领导为成员，建立健全一体化发展组织工作推进体系。郑洛新国家自创区是省市区三级联动的代表：针对区域联动建设的特点，省市区三级分别成立了以地方主要领导任组长的建设领导小组，并建立了相应工作机制；省级层面组织召开领导小组会议，专题研究部署国家自创区建设，并组织开展建设动员会、现场观摩以及专题调研等活动，持续督导推进国家自创区建设。宁波温州国家自创区是两地协同联动的代表：宁波温州两地政府建立了协同推进国家自创区建设联席会议机制，共同研究商议国家自创区建设过程中的重大事项，推动甬温两地创新要素、生产要素的自由流动和优化配置（表1-22）。

表 1-22 国家自创区强化顶层设计与组织管理举措及做法

维度	重点举措	做法
顶层设计	出台政策	➤ 武汉东湖：出台了《关于加快东湖国家自主创新示范区建设的若干意见》，明确武汉东湖国家自创区建设目标和功能定位，确定了财税、人才、金融等方面具体支持政策。 ➤ 杭州：杭州市相继编制《杭州国家自主创新示范区发展规划纲要（2015—2020）》《杭州国家自主创新示范区发展规划纲要（2020—2025年）》，强化顶层设计，明确工作任务和时间节点，不断提升规划引领成效
组织管理	部际协调，领导小组，"一办四组"实体化运行机构	➤ 中关村：2009年，由科技部牵头成立了国家自主创新示范区部际协调小组，协调国家有关部委在职责范围内支持建设国家自主创新示范区。 ➤ 深圳：2014年5月，深圳市政府成立深圳国家自主创新示范区领导小组，领导小组组长由市长担任，负责深圳国家自创区的统筹规划、整体推进和组织领导；设立深圳国家自主创新示范区管理委员会，与深圳市科技创新委员会合署办公，负责统筹推进深圳国家自创区规划建设等相关工作。 ➤ 武汉东湖：湖北省举全省之力支持国家自创区发展，成立了省建设武汉东湖国家自主创新示范区领导小组，省主要领导亲自挂帅，到国家自创区现场办公，统筹推进武汉东湖国家自创区开展体制机制创新、战略性新兴产业发展等工作。 ➤ 宁波温州：宁波市成立推进国家自创区建设工作领导小组，由市政府主要领导任组长，统筹推进国家自创区建设工作；建立常态化推进机制，在市科技局设立国家自创区领导小组办公室，协调全市力量推进国家自创区建设日常工作；在宁波高新区设立国家自创区发展办公室，加强对国家自创区核心区建设的协调推进力度。温州市成立温州国家自创区建设领导小组，由市政府主要领导任组长，下设领导小组办公室、专项攻坚推进组、统计监测组、交通路网建设组、环境整治提升组等"一办四组"实体化运行机构；组建温州国家自创区建设服务中心公益一类事业单位，全力推进温州国家自创区建设。
组织管理	部际协调，领导小组，"一办四组"实体化运行机构	➤ 珠三角：为加强国家自创区组织和管理，逐步建立了部门协同、省市联动的组织架构体系和工作推进机制。在省全面深化改革加快实施创新驱动发展战略领导小组下成立国家自创区建设工作办公室，由分管省领导担任办公室主任，成员单位包括省发展改革委、教育厅、科技厅等相关部门，以及珠三角九市政府，共同推进国家自创区建设各项工作。 ➤ 乌昌石：成立了以自治区主要领导任组长，兵团主要领导和自治区分管领导任副组长，自治区科技厅、财政厅、工业和信息化厅，兵团科技局等27个部门以及乌昌石三地政府主要领导为成员的乌昌石国家自主创新示范区领导小组，三地根据要求分别成立了相应的组织领导机构，具体负责做好业务推进工作

（二）体制改革与环境优化

管理体制的创新和治理体系的改革探索是环境优化的必要路径。新一轮科技革命和产业变革深入推进，世界经济形势正在不断发展演变，全球经济治理体系面临多重挑战，中国积极参与全球经济治理体系改革，推动建立更加公平合理的全球经济治理体系，是立足新发展阶段推动经济高质量发展的必然要求。新时期，国家自创区管理体制进入新一轮改革探索期。中关村国家自创区围绕分园体制改革、科研项目与经费管理、科技成果转化等方面，持续深化体制机制改革，围绕机构改革、生态搭建等方面，研究分析国家高新区和中关村分园管理体制情况，逐一推进房山、平谷等分园开展管理体制改革工作，2021年平谷园、门头沟园、房山园管委会挂牌独立运行，东城园、昌平园、丰台园、通州园管委会升格为副局级。郑洛新国家自创区实施"三制"改革，启动以"全员聘任制、绩效考核制、薪酬激励制"为核心的管理体制和人事薪酬制度改革，通过实施"大部制"、全员选聘、KPI指标管理、薪酬激励等一系列改革举措，重构管理体制机制；特别是郑州高新区创造性建立起"两级两类四板块"新型组织管理架构，实现市场化专业园区运作与社会化政府管理服务有机融合，打破了原有臃肿、僵化的机构格局，极大激发了广大干部职工干事创业热情（表1-23）。

表1-23 国家自创区体制改革与环境优化举措及做法

维度	重点举措	做法
体制机制	分园体制改革，优化机构设置，"三制"改革	➢ 中关村：围绕分园体制改革、科研项目与经费管理、科技成果转化等方面，持续深化体制机制改革。围绕机构改革、生态搭建等方面，研究分析国家高新区和中关村分园管理体制情况，逐一推进房山、平谷等分园开展管理体制改革工作。2021年平谷园、门头沟园、房山园管委会挂牌独立运行，东城园、昌平园、丰台园、通州园管委会升格为副局级。 ➢ 山东半岛：2019年起，在全省范围开展开发区体制机制改革，出台《中共山东省委关于推动开发区体制机制改革创新促进高质量发展的意见》（鲁发〔2019〕14号），采取"党工委（管委会）+"模式，大幅精简内设机构，核减财政供养人员数量，成立园区公司、平台公司，经济职能与社会职能分离，管委会人员集中精力抓经济建设。每年开展全省开发区综合发展水平评价，评价结果与开发区工作人员绩效工作挂钩，大大激发开发区干部干事创业热情。2020年，启动新一轮推进体制机制改革，推行"党工委（管委会）+"体制，党工委领导班子精简为9人，内设机构归并整合为9个，人员总数减至901名，机构设置不断优化。 ➢ 郑洛新：实施"三制"改革，启动以"全员聘任制、绩效考核制、薪酬激励制"为核心的管理体制和人事薪酬制度改革，通过实施"大部制"、全员选聘、KPI指标管理、薪酬激励等一系列改革举措，重构管理体制机制；特别是郑州高新区创造性建立起"两级两类四板块"新型组织管理架构，实现市场化专业园区运作与社会化政府管理服务有机融合，打破了原有臃肿、僵化的机构格局，极大激发了广大干部职工干事创业热情
营商环境	行政审批，"5G+智慧政务"	➢ 武汉东湖：构建"三条线"服务体系，探索构建了"机关服务基层、园区服务企业、街道服务群众"的"三条线"服务体系，落实"三个清单"管理（行政审批权力清单、园区服务企业清单、街道服务群众清单），实行审批"三个一"模式（企业设立审批一口式、产业项目审批一体化、建设项目审批一条龙），明确机关、园区、街道的职责重点，充分发挥园区更加贴近企业、街道更加贴近群众的特点，着力推进园区、街道服务分中心建设，促进园区服务提质增效。 ➢ 长株潭：在全国率先设立监督管理职能部门，将执行、监督和统筹规划3项职能分离，推动科技计划项目评审从"相马"向"赛马"转变。深化"放权赋能"，大力推进"一件事一次办"，长沙高新区实现零收费、零打烊、零跑腿、零延误的"四零"行政审批，株洲高新区实现开办企业"三天即办结"、审批服务"一网可通办"，湘潭市搭建市长、链长、盟长、行长的"四长"联动平台。

续表

维度	重点举措	做法
营商环境	行政审批,"5G+智慧政务"	➢ 成都:在全省率先实现成渝证照异地办互发,深化工程建设审批制度改革,试点产业类重大项目"拿地即开工","首证通"行政审批改革等3个案例成功入选中国(四川)自由贸易试验区第四批可复制可推广制度创新成果。 ➢ 鄱阳湖:南昌高新区打造了全省首个"5G+智慧政务"实体政务大厅,在全省率先实施企业设立登记"零成本"、"3小时"办结制,荣获"全国政务服务最佳实践奖"。新余市推进相对集中行政许可权改革,全面推进"清单式"服务。景德镇片区探索知识产权质押融资,通过政策讲解、成功案例示范,引导企业和银行对接

(三)法治建设与立法保障

以法治之力助推国家自创区建设全面升级。党的十八大以来,以习近平同志为核心的党中央对全面依法治国和法治中国建设作出顶层设计和重大部署。党中央从坚持和发展中国特色社会主义、关系党和国家长治久安的战略高度,定位法治、布局法治、厉行法治,对加强和完善社会主义法治的理论认识和实践探索达到了新的历史高度。国家自创区开展立法将进一步引领、支撑和保障全省的国家自创区建设工作,为国家自创区深化改革、先行先试、资源保障等提供有力的法律依据。深圳、武汉东湖、天津、郑洛新、兰白等多家国家自创区通过制定条例完善体制机制,着力推进国家自创区建设,为国家自创区先行先试探索提供了立法保障。武汉东湖国家自创区于2015年1月颁布《东湖国家自主创新示范区条例》,从管理体制、科技创新、金融服务和创新容错免责等9个方面支持创新创业,这部被称为"光谷基本法"的地方法规,将武汉东湖高新区多年来改革创新的政策措施以法规的形式固定下来。深圳市出台《深圳经济特区国家自主创新示范区条例》,从科技创新、产业创新、金融创新等方面为深圳创新驱动发展提供有力的法制保障(表1-24)。

表1-24 国家自创区开展法治建设与立法保障举措及做法

维度	重点举措	做法
法治建设	制定国家自创区条例	➢ 武汉东湖:2015年,为支持武汉东湖国家自创区建设,湖北省人大通过了《东湖国家自主创新示范区条例》,通过立法完善国家自创区管理体制,明确法律地位和管理权限,省、市政府最大限度地下放权力,给予国家自创区改革创新更大的空间,增强国家自创区发展活力。 ➢ 深圳:2018年1月,深圳市出台《深圳经济特区国家自主创新示范区条例》,从科技创新、产业创新、金融创新等方面为深圳创新驱动发展提供有力的法制保障。 ➢ 天津:《天津国家自主创新示范区条例》正式颁布,使得天津市成为全国第六个实现示范区立法的城市,为示范区建设发展提供了立法保障。《天津国家自主创新示范区条例》明确了市政府对示范区建设的组织领导,天津滨海高新区管委会承担决策协调机制日常工作,市、区有关部门各方面支持示范区建设和发展的管理体制。

续表

维度	重点举措	做法
法治建设	制定国家自创区条例	➢ 郑洛新：2020年9月1日，《郑洛新国家自主创新示范区条例》正式颁布实施，为国家自创区科学、有序、可持续发展提供了法制保障。 ➢ 兰白：定向组织开展《甘肃兰州白银国家自主创新示范区条例（草案）》软科学定向课题研究，推进做好国家自创区立法前期相关准备工作，围绕管理体制、技术创新、成果转化、科技金融、人才支撑、开放合作、辐射带动、服务保障等内容，起草提出了《甘肃兰州白银国家自主创新示范区条例（草案）》，拟制《甘肃兰州白银国家自主创新示范区条例（草案）立法调研建议方案》，主动向省司法厅和省人大进行了汇报衔接，拟于2022年5月进行一审

第二章 | 国家自创区面向 2035 发展总体战略和路径研究

一、国家自创区发展面临的需求、机遇与挑战

（一）"四个面向"与国家自创区的发展

2020年9月11日，习近平总书记在科学家座谈会上提出了科技发展要坚持面向世界科技前沿、面向经济主战场、面向国家重大需求、面向人民生命健康的重要论断。"四个面向"着眼新时代加快科技创新的迫切要求，创造性地将科技、经济、社会和人民统一于科技发展工作之中，不仅对科技创新工作作出了科学规划和顶层布局，而且阐述了科技发展对国家和人民的重大意义。国家自创区是自主创新的主战场，是新时期我国创新驱动发展战略的重要战略部署之一，"四个面向"为国家自创区未来的发展举旗定向，是国家自创区必须遵循的根本思想。

面向世界科技前沿是国家自创区需要牢牢把握的总体方向。经过长期的发展，我国在新能源、大数据、云计算、人工智能、5G技术等主要科技领域已占有一席之地，正处在跨越发展的关键时期。与此同时也要清醒认识到，我国科技基础仍然比较薄弱，在关键芯片、高端医疗设备、科学仪器等一些关键核心技术方面仍然依赖进口，科技强国之路任重道远。当前，世界新一轮科技革命和产业变革加速演进，世界各国纷纷加入抢占科技发展先机的这股浪潮中，我们必须面向世界科技前沿才能在未来的科技和产业竞争中赢得先机。此外，以美国为首的西方国家的政策打压和技术封锁给中国的科技发展带来了严峻的考验，前沿科技的自主创新刻不容缓、势在必行。国家自创区是世界前沿科技自主创新的重要阵地，拥有众多研究性大学、科研机构，通过培育创新型科技人才，持续生产支撑创新生态系统良性运转所需的各类资源。国家自创区内的企业研发组织通过与高等院校、科研机构建立合作、设立技术中心，发挥自创区创新生态系统构建的关键载体作用，着力前端科学研究旨在提升原创科学研究能力、着力产业型应用旨在协同产业发展与前沿高技术的共性研究。总之，国家自创区拥有丰富的创新主体，不忘初心、牢记使命，为中国建设现代化科技强国作出贡献。

面向经济主战场是国家自创区需要贯彻落实的根本任务。习近平总书记指出："科学技术必须同社会发展相结合。"科技发展及其创新成果，必须运用到社会生产实践中去，这是马克思主义科技创新理论的根本要求。经过改革开放以来的不懈努力，中国经济实力不断增强，经济总量已稳居世界第二，人民生活从不足温饱迈入全面小康，经济发展形态逐步由高速度转变为高质量，科学技术的内生动力功不可没。但不能忽视的是，目前中国人均GDP与发达国家相比还存在较大差距；经济增长在相当程度上还是要依靠劳动密集型、低附加值型等产业，许多领域仍处在国际产业分工价值链的较低端；制造业规模与制造业等级不匹配；生产中科技投入率不足，科研与生产相互脱节的现象还比较突出等等。因此，国家自创区要着力加强科技创新统筹协调，深化产学研合作，加强科学研究、实验研究、推广研究的相互协调和互相衔接，理顺科技创新各环节的"接力棒"交接，打通科技强、产业强、经济强、国家强的通道，依靠创新驱动，加速科技成果转化，不断催生新产业、新业态和新模式，推动经济社会高质量发展，使创新活力得到充分涌现和释放，使创新引领经济社会发展的动力得到充分激发。

面向国家重大需求是国家自创区必须要直面担当的时代使命。面向国家重大需求，实施科技创新，是世界各国创新的重要战略。新中国成立以来，我国的一些重大工程项目，如"两弹一星"、超级杂交水稻、载人航天、探月工程、北斗导航、量子通信、深海深空等相继建成，彰显了我国巨大的科技成就与创新实力，提高了我国在世界科技领域的地位。当今世界正处于百年未有之大变局，世界经济、科技、文化、安全、政治等格局正在发生深刻调整，日趋复杂的国际环境给中国带来挑战。新一轮科技革命与产业变革催生了一批新的重大科技新兴产业，国家自创区应围绕涉及长远发展和国家安全等重大国家需求，直面担当的时代使命，加强基础研究前瞻布局。要集中力量，针对重大工程和重大项目，在关键领域、核心技术等"卡脖子"的地方，协同攻关，实现突破，力争掌握全球科技竞争的先机，尽早成为新兴科技前沿领域的领跑者、开拓者，为国家经济发展、民生保障、国防安全提供强有力的科技战略支撑。

面向人民生命健康是国家自创区需要坚定遵循的价值导向。以给全球带来巨大灾难和影响的新冠疫情为视角，中国在疫情防控工作中的出色表现，是对科学技术发展面向人民生命健康的最佳诠释。一方面，科技发展面向人民生命健康是中国社会发展的现实需要。社会发展本身是一个不断探索未知的过程，越来越多的未知事物随着经济社会发展不时展现在人民面前，由此给人民带来的未知风险尤其是危及生命健康的风险也在不断出现，高端的科学技术就是应对未知风险的最有力武器，社会发展呼唤更高水平的科学技术。另一方面，科技发展面向人民生命健康是以人民为中心的发展思想的必然要求。以人民为中心是"十四五"时期经济社会发展目标中必须遵循的重要原则，以人为本的发展理念要求国家自创区在推动科技发展的过程中，必须坚持将保护人民的生命健康放在首要位置，大力完善公共卫生体系和医疗救护体系，不断破解危害人民生命健康的医学难题，更加重视遗传学、基因学、病毒学、流行病学、免疫学等生命科学的基础研究，将更多的科技力量投入生产生活、公共服务、食药安全、疾病防控、医疗诊治、药品研发、生物技术等与人民生命健康息息相关的项目中去。随着社会经济高质量发展，人们对科技创新将提出更高更新要求，国家自创区更要勇挑重担、不负重托、攻坚克难、不断创新，为全力保障人民的生命安全和身体健康持续提供强而有力的科技支撑。

（二）国家自创区发展的成绩与经验

作为建设创新型国家和区域创新体系的重要空间载体，国家自创区承担着推进自主创新和高技术产业发展的经验探索及示范引领重任，已成为加快高新技术发展、推进自主创新开展先行先试的前沿阵地。

截至 2021 年，21 家国家自创区 R&D 人员全时当量达到 156.6 万人年，企业研发投入费用达到 8757.2 亿元，政府财政科技支出达到 964.6 亿元，占全国比例分别达到 27.9%、40.7%、9.0%，成为我国科技创新资源最为富集的领域；聚集 3798 家高校院所、93 508 家高新技术企业，企业逐渐成为科技创新的主体；聚集高端科技平台 1608 家，自主创新的硬件设施大大改善；创新产学研合作模式，科技成果转化的通道更加顺畅；科技创新成果举世瞩目，知识产权拥有量高达 394.3 万件。

国家自创区围绕"自主创新"积极开展体制机制改革和先行先试政策探索，为我国释放科技创新活力、培育高技术产业贡献了大批先进经验，并陆续在其他非自创区区域中得到推广学习。在科技人才队伍建设方面,国家自创区加强高端人才引进和使用方式探索,除加强人才引进的资金补贴外,还通过制定高层次急需紧缺人才目录,实施"靶向"引才、"一事一议"、"揭榜挂帅"等新型模式推动高端科技人才引进;在支持企业科技投入方面,大部分国家自创区出台了一系列税收优惠政策,通过税收减免、科技信贷等方式推动企业开展科技研发,企业创新的动力更加充足;在强化创新主体地位方面,国家自创区支持企业等各类创新主体承担更多科技、专项研发计划,实施研发财政奖补政策,调动企业、高校院所等创新主体的投入积极性。此外,国家自创区在政府科技经费支持、产学研协同创新、重大科研平台集群、关键科学技术突破、科技创新成果产出等方面都积累了丰富的经验,为国家自创区今后的发展提供了宝贵借鉴,为我国建设科技强国起到重要作用。

(三)国家自创区发展面临三大机遇

自2009年我国第一家国家自创区成立,十余年来国家自创区保持蓬勃发展的态势,涌现出中关村、上海张江、深圳等世界知名园区,对国家的经济、科技、创新建设都作出了突出贡献。新时期国家自创区的发展面临着新的机遇。

第一,中关村新一轮先行先试改革是国家自创区发展的有利信号。2021年9月,习近平总书记向2021中关村论坛视频致贺指出,中关村是中国第一个国家自创区,中关村论坛是面向全球科技创新交流合作的国家级平台。中国支持中关村开展新一轮先行先试改革,加快建设世界领先的科技园区,为促进全球科技创新交流合作作出新的贡献。2021年11月,中央深改委会议审议通过《关于支持中关村国家自主创新示范区开展高水平科技自立自强先行先试改革的若干措施》,支持中关村开展新一轮先行先试改革,加快建设世界领先的科技园区。会议指出,要瞄准实现高水平科技自立自强最突出的短板、最紧迫的任务,在做强创新主体、集聚创新要素、优化创新机制上求突破、谋创新,加快打造世界领先科技园区和创新高地。改革要拿出更多实质性举措,起到试点突破和压力测试作用,积极探索破解难题的现实路径,注意积累防控和化解风险的经验。

在北京市举办《北京市"十四五"时期国际科技创新中心建设规划》(以下简称"《规划》")发布会上,北京市科学技术委员会、中关村科技园区管理委员会党组书记、主任许强表示,全面贯彻落实党的十九届五中全会和二十大发出的科技自立自强号召,中关村是我国科技创新出发地、原始创新策源地、自主创新主阵地,是我国创新发展的一面旗帜。始终坚持"发展高科技、实现产业化"宗旨,持续发挥改革试验田和创新排头兵的重要作用,开启了"开展高水平科技自立自强先行先试改革"前奏。《规划》强调,需坚持先行先试,充分发挥中关村改革创新"试验田"作用,突出问题导向和需求导向,瞄准产学研深度融合等方面最紧迫的制约障碍,坚持有效市场和有为政府相结合,大胆试、大胆闯,下大力气予以破除解决,突出并勇担在深化改革、扩大开放、关键核心技术攻关、知识产权保护等方面的使命担当。《规划》提出,支持中关村围绕增强创新主体创新能力、完善创新系统、集聚创新要素、优化创新机制等方面,推出新一轮先行先试改革措施,大胆开展试点,以充分释放科教资源创新潜力、激发创新创业主体活力。

第二,深入实施创新驱动发展战略是国家自创区发展的根本方向。党中央高度重视创新驱动发展,创新在我国经济社会建设中的作用愈发凸显。党的十八大明确提出:"科技创新是提高社会生产力和综合国力的战略支撑,必须摆在国家发展全局的核心位置。"会议强调要坚持走中国特色自主创新道路、实施创新驱动发展战略。面对疫情后时代的不确定性和国内外环境的新变化,创新驱动发展成为强国竞争力的主要表现形式之一。持续科学地实施创新驱动发展战略可以全面推动经济社会高质量发展，通过创新能力提高、体制机制创新和内生式发展，引领产业变革，为我国建设世界科技强国奠定基础。党的十九届五中全会通过的《中共中央关于制定国民经济和社会发展第十四个五年规划和二〇三五年远景目标的建议》强调，坚持创新在我国现代化建设全局中的核心地位，把科技自立自强作为国家发展的战略支撑，这是党在编制国民经济和社会发展五年规划建议的历史上第一次把科技创新摆在各项规划任务的首位。

当前我国创新驱动发展战略效果显著，《国家中长期科学和技术发展规划纲要（2006—2020年）》提出的到 2020 年的主要指标均超过预期目标，实现了进入世界创新型国家行列的总目标。《中华人民共和国国民经济和社会发展第十四个五年规划和 2035 年远景目标纲要》提出到 2035 年我国跻身创新型国家前列的宏伟目标。国家在各个关键领域上着力推进改革创新。2020 年中央深改委审议通过《国企改革三年行动方案（2020—2022 年）》，抓改革促创新，推动中央企业创建世界一流示范企业；2022 年中央深改委审议通过了《"十四五"时期完善金融支持创新体系工作方案》，强调加快推进金融支持创新体系建设，推进科技信贷服务能力建设，提升多层次资本市场直接融资功能以及统筹金融支持科技创新和防范金融风险等；教育部、财政部、国家发展改革委继 2017 年联合发布《关于公布世界一流大学和一流学科建设高校及建设学科名单的通知》后，2022 年又公布了《第二轮"双一流"建设高校及建设学科名单》，在关键核心领域加快培养战略科技人才、一流科技领军人才和创新团队；2021 年科技部、财政部印发《国家技术创新中心建设运行管理办法（暂行）》，根据国家重大区域发展战略部署以及关键领域技术创新需求，对国家技术创新中心建设进行统筹布局，有序组织开展建设等等。

第三，当前数字经济与科技革命的机遇促进国家自创区蓬勃发展。近年来，数字经济发展速度之快、辐射范围之广、影响程度之深前所未有，正在成为重组全球要素资源、重塑全球经济结构、改变全球竞争格局的关键力量。2021 年，中共中央政治局就推动我国数字经济健康发展进行第三十四次集体学习，习近平总书记在主持学习时强调，要站在统筹中华民族伟大复兴战略全局和世界百年未有之大变局的高度，统筹国内国际两个大局、发展安全两件大事，充分发挥海量数据和丰富应用场景优势，促进数字技术与实体经济深度融合，赋能传统产业转型升级，催生新产业新业态新模式，不断做强做优做大我国数字经济。

习近平总书记强调，发展数字经济是把握新一轮科技革命和产业变革新机遇的战略选择。一是数字经济健康发展有利于推动构建新发展格局，数字技术、数字经济可以推动各类资源要素快捷流动、各类市场主体加速融合，帮助市场主体重构组织模式，实现跨界发展，打破时空限制，延伸产业链条，畅通国内外经济循环。二是数字经济健康发展有利于推动建设现代化经济体系，数字经济具有高创新性、强渗透性、广覆盖性，不仅是新的经济增长点，而且是改造提升传统产业的支点，可以成为构建现代化经济体系的重要引擎。三是数字经济健康发展有利于推动构筑国家竞争新优势，当今时代，数字技术、数字经济是世界科技革命和产业变革的先机，是新一轮国际竞争重点领域，我们要抓住先机、抢占未来发展制高点。

（四）国家自创区发展面临三大挑战

在面临诸多发展机遇的同时，国家自创区的发展也面临着很多挑战。

第一，全球高端创新资源及产业链供应链受到影响。充分利用全球创新资源是企业发展、产业强大的重要举措，也是国家自创区落实创新驱动、高质量发展战略的重要动力。新冠疫情发生以前，我国可以利用的海外创新资源十分丰富，既包括科研基础设施、设备等有形资源，更主要的是科研人员、研究机构、知识产权等无形资源。除传统的海外并购、引进技术与人才等方式外，近年来也出现了在海外建立孵化器、引进国际创新平台、到海外建立研发中心、建立新型研发机构、利用新型平台机构直接推动国外有专长的中小公司与国内产业链对接等新方式，并取得较好效果。然而，新冠疫情后国际局势仍复杂严峻，在此影响下，一些国家对创新资源的流动持谨慎和保守的态度，产业供应链的全球化也受到影响。

除了新冠疫情的影响外，"十四五"时期中国企业在部分领域逐渐逼近世界科技前沿，创新发展的外部环境也在发生鲜明变化。一方面，中美经贸摩擦对中国企业持续嵌入全球创新体系、利用全球创新资源、进入全球创新产品与服务市场带来重大挑战；另一方面，随着全球产业技术范式变革、新兴技术创新应用步伐加快，新兴技术和新兴业态也给创新治理带来了新问题。在这样的大背景下，当前中国企业在创新资源供给、创新收益获取方面还面临着一些系统性、制度性障碍，对其进一步提升创新能力和动力、攀升国际创新链条造成了不利影响。与此同时，全球产业供应链安全风险增大。放眼全球，供应链安全问题的优先级大幅提升。在美国《国防生产法案》、英国"保卫工程"计划、日本产业回流基金等基础上，各国将进一步推出加强供应链安全举措。未来一个时期，医药等重要产品，半导体、电子设备等关键产业以及核心制造环节将以安全可控为优先布局导向，全球价值链"缩链"趋势更加明显。

第二，高科技引领产业发展作用还不突出。在知识经济时代，高科技产业是促进生产力发展的最具活力的因素，也是各国综合国力竞争的焦点。高科技产业具有与传统产业不同的特征，如知识和技术密集、研发投资大、附加值高、工业增长率高等，其中最突出的特征是技术密集性。党的十八大以来，我国高度重视科技创新工作，坚持把科技创新作为引领高质量发展的第一动力。

然而，如何将国家自创区优质的高科技产业资源转化为区域的高质量发展的动力，是国家自创区发展面临的又一挑战。从全国科学研究与试验发展经费来看，研发投入从2012年的1.03万亿元增长到2021年的2.79万亿元，平均每年增幅超过11%。但是科研投入的增加并没有带来具有全球影响力重大科技成果的大幅增加，科技创新能力的提升不仅依靠加大资金投入，更应重点加强科技成果的转化。美英等发达国家的科技成果转化成功率远远高于我国，而且成果转化对整个经济社会发展的贡献率也更大。城市视角下看，近年来，我国城市在发展中越来越重视科技创新的推动作用，对在该领域人财物的投入逐年递增，科技创新研发成果和效率得到大幅提升，但大多数城市仍然存在着科技成果转化效率较低甚至远远低于研发效率的现象。国家自创区在高质量发展阶段不能只关注科技投入规模而忽视产出，必须在推动科技成果转移转化方面采取更加有力措施。

第三，国家自创区本身面临一些战略发展瓶颈。自2009年3月国务院批复同意中关村科技园区建设国家自主创新示范区以来，国家自创区建设发展走过了14年，正在进入向高质量发展转型升级的新时期。顺应新阶段自主创新的需要，党中央和国务院对中关村提出"建设世界领先的科技园区和创新高地"的新要求。这不仅是国家赋予中关村的新使命，更是所有国家自创区将面临的新使命。

国家自创区发展遇到的瓶颈主要有4个方面。一是创新型企业数量不足、创新能力偏弱。部分国家自创区内尚未形成一批具有核心竞争力、市场影响力和行业话语权的创新型领军企业，创新型企业融资难、上市难、市场准入难的问题有待破解。二是部分下辖多个片区的国家自创区由于缺乏统一的产业规划，不同片区在产业发展上还不同程度存在主题不够鲜明以及同质化竞争等问题。三是产业特色不够鲜明，产业发展规模不大，核心竞争力不强。当前国家自创区大力发展主导产业，但大部分高新区仍缺少在全国范围叫得响的产业集群，没有打造出有特色的产业名片。产业升级和结构优化能力不强，产业创新、产业效能和发展潜能竞争力偏低等问题也比较突出。四是新兴产业偏少，未来产业孕育不足。国家自创区之间发展不平衡，部分自创区在打造新经济形态、培育新经济应用场景上还需持续发力突破。在高质量发展背景下，国家自创区要正确处理好政府与市场、整体与个体、管理与服务、活力与秩序的"四个关系"，从强化顶层设计、完善激励机制、提高资源配置、加强复制推广、实施统筹联动等方面进行路径创新。

二、国家自创区历史演变与新的功能定位

（一）2009年、2021年与2035年历史演变

回溯我国国家自创区的发展历程与功能定位，会发现其发展与当时的社会环境息息相关。自改革开放以来，我国经济发展如火如荼。到2008年，也就是中关村国家自创区批复的前一年，我国全年国内生产总值突破30万亿元，同比增长9.0%，居民消费价格上涨5.9%。自加入WTO以来，我国的对外贸易更是突飞猛进地发展，2008年对外贸易的进出口总额已经达到2.56万亿美元，1978—2008年的对外贸易年均增长率达到16%以上。

国家自创区在危机中诞生。正当我国经济飞速发展时，美国次贷危机引发的金融危机对全球经济产生了巨大影响。此次金融危机让我国深刻认识到经济风险和金融风险的危害，同时也发现我国的制造产业发展对海外形势的高度依赖。整体来看，金融危机导致的市场环境恶化，进一步促使我国思考如何摆脱低价值产业链的帽子，通过自主创新的发展战略，实现产业链与产品结构升级，整体提升国际竞争力。

在2009年国务院政府工作报告中明确提出继续实施科教兴国战略、人才强国战略和知识产权战略，推进国家创新体系的建设，推进经济结构战略性调整，并以此作为应对此次全球金融危机的战略选择。为完善落实国家创新体系的建设，国家自创区正式迈入历史舞台。2009年，国务院作出了支持中关村科技园区建设国家自创区的决定，印发了《国务院关于同意支持中关村科技园区建设国家自主创新示范区的批复》，明确中关村科技园区的新定位是国家自主创新示范区，建设目标为通过建设国家自创区来探索先行先试政策，以科技推动产业经济发展。这是我国改革开放以来，第一次体系化应对金融危机的重大举措。这一年国家率先批复了两家国家自创区，即中关村国家自创区（2009年3月批复）和武汉东湖国家自创区（2009年12月批复），形成一南一北对望格局，开启了以自主创新为主题的体制机制改革和先行先试探索。伴随着改革和政策的实施，两家国家自创区在自主创新方面取得显著成效，其路径探索为后来我国国家自创区的规模化建设提供了依据和样板。

党的十八大以来，习近平总书记提出要深入实施创新驱动发展战略和建设世界科技强国，国家自创区成为我国实现自主创新发展的重要战略和重要抓手。2016年8月，国务院印发的《"十三五"

国家科技创新规划》指出，要拓展创新发展新空间，紧密结合国家重大战略，按照"东转西进"的原则优化布局，依托国家高新区再建设一批国家自主创新示范区。在"推进科技体制改革和科技创新、加快建设创新型国家和科技强国"、增设国家自创区及"东转西进"的政策背景下，直到十九大召开前，国务院又批复了上海张江、深圳、珠三角等15家国家自创区，数量之多，达到国家自创区大规模建设的顶峰。此后，2018—2019年，国务院批复了3家位于中西部的国家自创区，分别是兰白、乌昌石、鄱阳湖国家自创区。这一期间，区域经济较为发达及国家高新区基础较好的省份积极参与国家自创区建设。

2021年，国家自创区在全球新冠疫情、发达国家人为推动科技脱钩、产业链断裂等导致全球经济增长乏力的情况下再出发。新冠疫情席卷全球，不仅造成"百年一遇"的全球公共卫生灾难，还引发各国出现经济、社会、政治等多重危机。与此同时，其他全球性挑战继续发酵，世界面临严峻考验。世卫组织总干事谭德塞表示，新冠疫情是"百年一遇"的健康危机，其影响将持续几十年。另外，中美贸易争端越演越烈。从2017年美国商务部发布"中国非市场经济地位"报告，到美国在世界贸易组织总理事会第三次会议前提交"中国贸易破坏性的经济模式"报告，再到美国对于中兴、华为等中国科技企业的制裁，这些事件相互支持、靶向明确，是美国政府在国际经贸领域对华挑起贸易争端的诸多事例。为应对多种外部风险，我国确定要通过自立自强坚持经济发展。2022年4—5月，国务院又批复了长春、哈大齐2家国家自创区，在全国范围内全面推广国家自创区模式进行创新探索。

由于国内外形势变动，近几年国家自创区设立时均提到了全面实施创新驱动发展战略、创新政策先行先试与自主创新能力的提升。例如，长春国家自创区要建设成为吉林全面振兴全方位振兴创新引擎区、体制机制改革先行区；哈大齐国家自创区要建设成为体制机制改革创新试验区、老工业基地和创新型城市转型示范区等。在2022年6月科技部火炬中心召开的国家自创区线上座谈会中，各国家自创区在谈到自创区建设工作时都提到了要结合国家区域战略发挥引领带头的示范作用，这是新时期对国家自创区建设提出的更高要求。

展望2035年，国家自创区的作用将会有新的变化。目前已有多个国际经济组织均对中国GDP 10年内超越美国持肯定态度。例如，国际货币基金组织（IMF）预测，最快2030年中国GDP将反超美国；日本经济研究中心（JCER）预测，最快在2033年中国GDP会超过美国。另外，一些经济智库和研究机构则认为实际可能不需要那么长时间，最快2025年中国GDP就会超过美国。例如，美国著名智库——布鲁金斯学会（Brookings Institution）预测，中国有望在2028年超越美国成为全球最大经济体。认同的原因主要体现在对中国未来经济增长的预测上。当前中国经济增速趋势明显，虽然开始收紧对互联网等高科技的管理及对房地产过度投资的管控，中国经济可能会因此变得比之前预期的要缓慢一点，但整体增长还是比较客观的。在自主创新方面，《中华人民共和国国民经济和社会发展第十四个五年规划和2035年远景目标纲要》提出到2035年我国跻身创新型国家前列的宏伟目标。在这样的背景下，国家自创区成为创新型国家建设的排头兵、润滑剂，要强有力地保障2035年我国进入创新型国家前列、支撑世界科技强国的建设，为实现第二个百年奋斗目标起到坚强柱石和创新引领作用。

（二）世界领先科技园区发展案例与启示

随着我国外资吸收利用和贸易进出口额稳定增长，产业链、供应链的全球影响力进一步增强，同时国际政治经济形势复杂多变，全球新一轮的科技革命和产业变革正在深入发展，北京、上海、粤港澳大湾区等推动国际科技创新中心建设，在这样的大背景下，高新区也被赋予了成为"创新驱动发展的示范区"和"高质量发展的先行区"的新定位，作为中国第一个高新区，中关村科技园区要建设世界领先科技园区，发挥高新区的模范带头作用。习近平总书记在致2019中关村论坛的贺信中指出，中关村正努力打造世界领先科技园区（简称"领先园区"）和创新高地，建设领先园区是中国园区的国际化战略。《中关村国家自主创新示范区统筹发展规划（2020年—2035年）》提出，到2025年，建成世界一流的科技园区和创新高地，为北京建设全国科技创新中心提供有力支撑；到2030年，建成世界领先的科技园区和创新高地，为我国进入创新型国家前列提供强大支撑。

目前中关村已经提出建设世界领先科技园区的时间和发展目标。2021年12月，中关村国家自创区领导小组印发《"十四五"时期中关村国家自主创新示范区发展建设规划》，提出到2025年，中关村示范区将率先建成世界领先的科技园区，为北京形成国际科技创新中心提供有力支撑。北京市科委、中关村管委会党组书记、主任许强在2021年中关村论坛上做了题为"先行先试、自立自强，努力建设世界领先的科技园区"的主旨报告，提出从建筑国家战略科技力量等5个方面入手，加快建设世界领先的科技园区。2022年3月，中关村新一轮先行先试改革动员部署会召开。会议强调要深入学习贯彻习近平总书记关于建设科技强国的重要论述，推进中关村新一轮先行先试改革，加快建设世界领先科技园区和创新高地，为实现高水平科技自立自强、建设世界科技强国作出新的更大贡献。

世界范围内领先的科技园区首推硅谷。美国硅谷（Silicon Valley）位于加利福尼亚州北部，即旧金山以南、圣克鲁兹以北的狭长地带，由围绕旧金山湾的4个郡、30个社区构成，涵盖了4801平方公里，核心区面积约300平方公里，人口约300万。硅谷的气候属于地中海气候，十分适合晶体管的制作和处理，这是硅谷发展起来的基础条件之一。1971年，美国《商业周刊》首次称这一地区为"硅谷"，此后被广泛使用至今。该区域以高新技术中小公司群为基底，同时拥有谷歌、脸书、惠普、英特尔、苹果、思科、甲骨文、特斯拉等引擎企业，并集聚着各类科技服务机构、风险投资机构等，形成世界首屈一指的科技园区。

作为世界领先的科技园区，硅谷的综合实力相当雄厚。从经济实力来看，《硅谷指数2020》显示，硅谷地区实现了自2008年大衰退以来第九年的持续经济增长。先进的工程技术、实力强大的大学、雄厚的资本、密集的业务网络及推崇冒险的文化为湾区创造了与众不同的经济引擎。从创新实力来看，硅谷的科技创新实力首屈一指。硅谷集结着100多万名来自全球的科技人员，美国国家科学院院士超千人，诺贝尔奖获得者占全美的1/4。2018年，硅谷地区专利注册总数达18 455件，大部分为计算机数据处理和信息储存专利。斯坦福大学、加州大学伯克利分校、加州大学旧金山分校等硅谷地区高校，为企业输出了一大批技术人才，斯坦福大学的技术转移办公室（OTL）创建于1970年，至今已经累计公布超过6000项发明，其中有超过2200项发明在市场上有良好反应。从产业方面来看，经过国防工业、集成电路产业、个人电脑产业、互联网产业4个阶段的发展，硅谷不断调整高新技术产业方向。目前硅谷以微电子工业为主导，集中了数千家电子工业企业，是美国乃至世界电子工业的中心,园区已形成了信息技术、生物科技、国防与航空航天等诸多产业集群。

另外,硅谷的创新生态环境呈现出世界独有的特点。硅谷地区的风险投资占全美风险投资总额的1/3。容忍创新的法律和人文环境促进了硅谷整体发展。硅谷拥有独特的法律服务,它的法律为初创公司提供一系列免费服务,包括新公司注册、投资条件书起草、法律表格提供等;同时,不允许雇佣合同中存在竞业禁止条款。这些特点为初创公司的发展创造了条件。

总之,作为世界科技园区的楷模,硅谷创造出独特的"硅谷模式"。上千家高科技公司中既有世界知名的领先公司,也有许多依附大公司制造零部件的中小型公司,它们都是硅谷的组成部分。目前硅谷的GDP占美国总GDP的将近10%,而人口不到全国的1%。硅谷已经成为世界科技发展不可或缺的核心部分。中关村国家自创区提出要发展世界领先科技园区的宏伟目标,可以学习参考硅谷园区的领先之处,形成独特的"中关村模式"。

(三)新时代国家自创区发展概念与内涵新认知

随着国内外形势变化,国家自创区的发展概念与内涵也在持续更新。"创新"这一概念最初是由奥地利经济学家熊彼特提出的。他在《经济发展理论》一书中将创新描述为生产要素的新组合,即构建一种新的生产函数,并提出了5种类型创新——开发一种新产品、采用一种新生产方法、开辟一个新市场、获得一种原材料或半制成品的新供给来源、实行一种新组织形式。在这个过程中,企业家是创新活动的主体。

创新的模式分为消化吸收再创新、集成创新、原始创新三种。消化吸收再创新是在广泛吸收全球科学成果、积极引进国外先进技术的基础上学习、分析、借鉴,充分进行消化吸收的再创新,形成具有自主知识产权的新技术,形成新的学科理论或新的产业群。在计划经济时代,由于科技水平较低,当时的创新模式并不明晰,消化吸收再创新是中国当时最常见的创新形式。集成创新是指通过各种信息技术、管理技术与工具等,对各创新要素和创新内容进行选择、集成和优化,形成优势互补的有机整体的动态创新过程。集成创新强调灵活性,重视质量和产品多样化。改革开放之后,我国充分利用后发优势,不断缩小与发达国家的技术差距,创新模式从消化吸收再创新,逐渐过渡到整合国内外技术资源的集成创新,在某些领域原始创新的比例开始增加。原始创新是指研究出人类前所未有的重大科学发现、技术发明、原理性主导技术等创新成果,主要集中在基础科学和前沿技术领域,可以说原始创新是最根本的创新。

自主创新是相对于技术引进、模仿而言的一种创造活动,是指通过拥有自主知识产权的独特技术并在此基础上实现新产品的价值的过程。此时的自主创新更强调创新的自主化过程,以上三种模式都属于自主创新的发展。21世纪以来我国经济与科学技术持续发展,自中国加入世贸组织之后,外商直接投资继续大幅增加。但同时国内企业不得不直接与发达国家企业展开直接竞争,进一步突显了进行自主创新的紧迫性。2006年,国务院发布了《国家中长期科学和技术发展规划纲要(2006—2020年)》,提出建设创新型国家的战略目标,明确了"自主创新、重点跨越、支撑发展、引领未来"的总体方针。我国积极整合国内外技术资源,强调自主研发创新,科技水平得到极大提高。

党的十八大以来,党中央、国务院出台一系列关于创新的发展战略纲要、发展规划、区域创新政策等。2013年9月30日上午,中共中央政治局以实施创新驱动发展战略为题在中关村举行第九次集体学习，习近平总书记在主持学习时强调，实施创新驱动发展战略决定着中华民族的前途命运；2014年8月18日，中央财经领导小组召开第七次会议，习近平总书记指出，实施创新驱动发展战略，就是要推动以科技创新为核心的全面创新，发挥市场在资源配置中的决定性作用和社会主义制度优势，增强科技进步对经济增长的贡献度。实施创新驱动发展战略，必须紧紧抓住科技创新这个"牛鼻子"，切实营造实施创新驱动发展战略的体制机制和良好环境，加快形成我国发展新动源。自主创新的概念在此期间逐渐发生改变，更强调发展结果。

实施创新驱动发展战略决定着中华民族的前途命运，把创新驱动发展提到非常高的高度，这与五大发展理念中创新为先一脉相承。《在中国科学院第十七次院士大会、中国工程院第十二次院士大会上的讲话》中，习近平总书记明确表示，实施创新驱动发展战略，最根本的是要增强自主创新能力，最紧迫的是要破除体制机制障碍，最大限度解放和激发科技作为第一生产力所蕴藏的巨大潜能。因此，国家自主创新示范区改革的新方向是以科技创新为核心的全面创新，以及为激发科技作为第一生产力而开展的体制机制改革，新内涵是成为以科技创新为核心的全面创新与改革发展的试验区。新时代的自主创新示范区是自主创新的主战场。自主创新示范区旨在推进自主创新，进行创新发展政策试点和机制体制改革等方面的先行先试，在探索前行中积累经验，逐渐成为区域创新发展主引擎。

国家自创区未来的发展方向离不开"1+6"发展思路。"1"是指以科技创新为核心的全面创新。2019年6月13日，科创板正式开板，标志着我国科技与经济的结合达到一个新的高度，根据习近平总书记关于科技创新的一系列讲话精神，国家自创区的改革要以科技创新为核心，进行体制机制改革（简称"科创改"）。科创改的发展是将科技创新与六个方面深入融合，形成一体化发展框架。六个深入融合就是指科技创新向市场化深入，充分发挥市场决定作用，优化科技资源配置机制；科技创新向大众创业深入，大力发展众创空间，激发大众创新、创业活力；科技创新向产业生态深入，构建产业创新生态系统，促进产业转型升级；科技创新向全球化深入，全面深化国际科技合作，增强创新辐射能力；科技创新向互联网深入，依托互联网战略平台，推动园区跨越式发展；科技创新向制度协同深入，深入推进全面创新改革，重塑园区发展活力。六个"深入"中的前三个，即科技创新向市场化、大众创业和产业生态深入，属于科技创新面向经济的纵向化延伸，也是新时代科技与经济融合的时代特征。六个"深入"中的后三个，即科技创新向全球化、互联网、制度协同深入，属于科技创新的横向化拓展。

总体来看，新时期的自主创新和国家自创区发展方向都具备新的含义。一是实现科技与产业或产学研之间的深度融合，将科技创新置于经济社会高质量发展现实需求下或问题情景中；二是将企业培育成为创新主体，要以科技领军企业为"盟主"和"链长"来组建创新联合体；三是以新型研发机构和智能化平台机构为新的体系构成机构，要建立新型举国体制下的开放协同创新机制；四是畅通内循环是根本，实现内外双循环的相互促进是关键，要构建新发展格局；五是要能够进行战略性、导向型的基础研究，要站在经济社会发展的现实或各种问题的情境中来进行原理性的科学研究和颠覆性的技术开发；六是要发挥科技智库的战略性科技服务的作用，要能够把科技发展和创新活动融入、嵌入相关领域和区域。总之，新时期的自主创新，是要把企业培育成为创新主体，以科技的高水平自立自强支撑保障经济社会的高质量发展。新时期的国家自创区，要明确以科技创新为核心，发展全面创新，坚持做改革创新的"试验田"和"先行区"，始终走在我国科技体制改革的最前列。

三、新时代建设国家自创区总要求

（一）指导思想

以习近平新时代中国特色社会主义思想为指导，贯彻党的二十大精神，按照党中央、国务院决策部署，牢固树立新发展理念，加快构建新发展格局，按照"四个全面"战略布局的要求，坚持走中国特色自主创新道路，解放思想、开放包容，把创新驱动发展作为国家的优先战略，以科技创新为核心带动全面创新，以体制机制改革激发创新活力，实行"四大战略"，迈向"五大路径"，把国家自主创新示范区建设成为国家战略科技力量的核心载体、突破"卡脖子"技术的前沿阵地、实现绿色低碳转型的先导区、政策先行先试的试验区、开放协同创新的重大平台和建设世界领先科技园区的战略支撑，以高效率的创新体系服务高水平的创新型国家建设，为实现中华民族伟大复兴的中国梦提供强大动力。

（二）发展定位

1. 国家战略科技力量的核心载体

要坚持创新在我国现代化建设全局中的核心地位，把科技自立自强作为国家发展的战略支撑。国家自创区肩负我国高水平科技自立自强先行区和自主创新最高平台的重大使命。

2. 突破"卡脖子"技术的前沿阵地

国家自创区是解决"卡脖子"技术的前沿阵地，要加快构建龙头企业牵头、高校院所支撑、各创新主体相互协同的创新联合体，发展高效强大的共性技术供给体系，提高科技成果转移转化成效。

3. 实现绿色低碳转型的先导区

加快推动绿色低碳发展，统筹推进智能绿色基础设施建设，支持清洁能源、高效利用能源的绿色技术创新，推进重点行业和重要领域绿色化改造。

4. 政策先行先试的试验区

国家自创区不仅是政策的先行先试区，也应成为"政策大脑"，成为政策的策源地、试验田，要形成一整套支撑体系，完善政策制定、执行、反馈和监督机制。

5. 开放协同创新的重大平台

国家自创区要解决更高水平的开放创新、产业链和价值链的安全与重构、全产业链技术整合和技术利用能力提升问题，在构建"双循环"发展格局中承担重要任务。

6. 建设世界领先科技园区的战略支撑

高新区要建设世界领先园区，涉及跨区域跨领域的协同创新，国家自创区要做战略支撑。

（三）四大战略

1. 创新驱动发展高峰战略

坚持创新驱动，引领发展，并把创新驱动发展推进到高峰阶段，即具有国际水平的创新人才和成果、具有全球竞争力的创新生态、具有世界影响力的高科技企业。

2. 数字经济发展领先战略

抢抓全球数字经济发展的历史机遇，国家自创区要率先建立勇于领先或敢于领先的思想观念和文化氛围；要率先推动数字产业的快速发展，大幅提升数字化创新引领发展能力，数字技术与实体经济融合取得显著成效，数字经济核心产业增加值得到充足发展。

3. 区域高质量发展支撑战略

积极融入粤港澳大湾区、长三角区域、京津冀区域发展，积极融入所在城市面向高质量转型发展，立足两个大局，加快推动高能级创新平台建设，围绕产业链部署创新链，加快培育高新技术企业，要深化科技创新体制机制改革，完善科技成果转化机制，推动创新生态持续优化，有效支撑区域高质量发展。

4. 科技创新治理全球化战略

国家自创区要深度参与全球科技治理，要特别重视对科技发展的风险治理和对科技创新的规则治理。在风险治理中，坚持以人为本，实现共同发展；在创新治理中，尊重市场规律，维护公平竞争；以自由自愿、公平公正的规则体系，对抗制约以国家安全为名的科技打压；以合作创新、成果共享的机制，激励并发全球问题的全球智慧。

（四）五大路径

路径1：面向科技发展，国家自创区响应国家科技战略，助力建设国家高水平战略科技力量。国家自创区是国家战略科技力量的主要所在地，13个国家创新中心中大部分在国家自创区。因此，根据国家新一轮创新资源的整体优化布局和面向高水平自立自强建设，国家自创区毫无疑问必须优化创新创业环境，培育更多创新型领军企业，高水平支持有全球影响力的国际科技创新中心和全国科技创新中心。

路径2：面向创新环境，以培养高端人才为目标，进一步优化创业创新生态。高端人才包括具有现代化理念的企业家、具有国家责任感的科学家、具有规范市场行为的金融投资家、具有高素养和终生学习习惯的职业工人或白领等。以优良的居住环境、良好的社会环境、高效的服务环境、公平竞争的市场环境，培养一批具有全球战略眼光的高端人才。

路径3：面向企业创新，活力与动力并举，充分发挥企业的创新主体作用。继续做好创新创业的各类孵化平台和新型研发机构、完善创业政策、改善创业氛围和营商环境等，不断孵化创新驱动发展的优质种子。鼓励企业进行研发投入，鼓励大企业或头部企业积极参与研发基础投入和提升产业链整体水平的并购、平台服务等。

路径4：面向区域发展，要区域协同，政策先行先试，更好发挥政府的作用。首先，加强国家自创区内部的跨区域交流和合作；其次，积极参与长三角经济一体化、粤港澳大湾区建设、京津冀协同发展等国家重大发展战略，加强问题导向下的制度协同。以各种形式，不拘一格地在"一带一路"、区域全面经济伙伴关系协定（RCEP）等跨国协同中发挥更大作用。

路径5：面向园区发展，要使命驱动，分类管理，大力建设世界领先科技园区。深化国家高新区"发展高科技，实现产业化"宗旨，加强中华民族伟大复兴的使命感，夯实"创新驱动发展先行区，高质量发展示范区"的责任感。针对国家自创区、高新区，加强分类管理、特色发展。面向综合排名靠前、发展态势较好的国家高新区，加快建设一批世界领先科技园区。

（五）发展目标

到2025年，持续开展政策的先行先试，争取形成一批对促进创新驱动发展战略有突出贡献的先进政策和良性的政策优化机制；培养一批熟悉、熟知国家自创区建设的干部队伍，引导一批国家高新区深化体制机制改革，形成省—市—区协同的小循环和部委—国家自创区—社会协同发展的大循环发展格局。突破一批"卡脖子"技术，有效支撑国家战略力量的建设，国家科技自立自强水平得到显著提升；高新技术产业快速发展，形成一批具有国际竞争力的高科技企业，实体经济与数字经济融合发展，数字经济核心产业增加值持续提升，一批国家高新区率先实现碳达峰目标，并且向社会贡献一批绿色技术、绿色产品和绿色发展模式。部分国家高新区率先建设成为世界领先科技园区。

到2035年，国家自创区成为我国迈向创新型国家前列的重要支撑，成为区域经济创新驱动高质量发展的战略高地，建成一大批具有全球影响力的高科技园区，主要产业进入全球价值链中高端，实现园区治理体系和治理能力现代化。

四、推动高水平科技自立自强上新台阶

当前，世界正处于新一轮科技革命和产业变革孕育兴起时期，科学技术呈现多学科交叉、多领域突破的发展态势，新技术成为当前影响产业变革与经济增长的关键因素。这就对我国自主创新事业、国家自创区建设和相应的管理创新、治理升级等提出了历史性的新要求，即如何在高强度国际竞争、充满不确定性和各种复杂性的外部环境中，深化开放创新合作、统筹创新改革、实现高水平科技自立自强。以下5个方面成为国家自创区突破发展的方向。

（一）以最大化创新效能聚集高能级创新载体

改革开放40余载，中国经济增长速度令世人瞩目，已成为全球第二大经济体。然而，在依靠要素驱动和投资规模驱动的粗放型经济增长模式下，创新驱动不足、资源耗费过多等问题严重掣肘经济发展质量的提升。当前，中国迫切需要转变经济发展方式、转换增长动力，推动经济的高质量发展。高质量发展是以创新作为第一动力、协调作为内在要求、绿色作为普遍形态、开放成为必由之路、共享成为最终目标的发展。

依据经济高质量发展的内涵，创新效能可以从创新、协调、绿色、开放、共享5个层面促进经济高质量发展。第一，高水平的创新效能是实现创新发展的重要驱动力。创新效能的提高能够加快新技术、新产品的研发与转化，可以促进新兴产业的形成，并带动传统产业的创新，促进经济创新发展。第二，提高创新效能可以促进经济结构协调发展，新技术的引进、新产品的研发等能够促进传统产业改造升级，新技术的应用也会带来新的行业，促使产业结构向合理化、高级化转变。提高创新效能也可以提高社会的资源配置效率和劳动生产率，实现包容性增长，缩小城乡差距。第三，高水平的创新效能能够为绿色发展提供技术支撑，是绿色发展的根本动力。创新效能的提升能够提高资源的利用效率，减少水、电及化石能源的消耗，实现资源节约化。末端治理、清洁生产等技术的研发能够减少污染物排放，促进产业生态化，最终推动绿色化发展。第四，创新效能的提高能够推动经济开放发展。创新带来的技术和产品升级，能够使国家把握开放的主动权，保持持久的竞争力，在全球价值链中占据一席之地，在激烈的国际竞争中处于有利地位。第五，提高创新效能能够带来经济的共享发展。科研成果带来的生产效率的提高，使得人民群众能够共享技术变迁创造的福利，推动共享发展。

在创新发展的过程中，引入创新创业载体有助于推动技术与产业有效对接。创新创业载体通常既包括为科技创新提供服务的公共服务平台、各类专业技术服务平台和科研机构、企业研发中心、工程技术中心等研发机构的载体，也包括聚集科技型创业企业及促进成果转化、孵化的载体。创新创业载体具有促进科技创新与企业发展高效结合的特色优势，近年来成为各地实施"双创战略"的重要抓手。创新创业载体在集聚科技创新资源，实现科技成果转化，催生新技术、新产业等方面展现出独特优势。而如何以最大化创新效能聚集高能级创新载体，充分发挥创新创业载体的孵化衔接作用，成为国家自创区创新载体发展的新要求。

首先，要充分发挥现有创新创业载体的作用，构造便捷的双向沟通渠道，搭建供需双方信息交互的平台。引导和鼓励初创企业和个人进驻各类载体，除了给予众创空间在孵企业创业补助外，还可以设立一定数量的项目资助；鼓励金融机构利用众创空间对其在孵企业运营状况的了解，将载体的信用引入对其在孵企业的授信服务，开发相应的信贷产品；在针对创业者的各类补助和人才工程的申报上，给予进驻各类载体的创业者一定优先权。其次，要弥补现有创新创业载体的建设运行短板。一方面，提高考核标准，加大高质量创新创业载体的扶持力度；另一方面，组织政府相关部门和创新创业载体的负责人走出去，向创新创业载体建设优秀的地区和载体学习。同时，加强政府相关部门的协同联动，建立健全创新创业工作的协同联动机制。最后，要完善现有创新创业载体的建设运行模式。做好创新创业载体集聚区的规划工作，加快各类创新创业载体在空间上集聚，加强各类创新创业载体在业务上的协同。完善和探索加速器的建设。鼓励龙头骨干企业和有条件的科研院所围绕优势技术领域，建立"孵化+投资+服务"的新型孵化平台。加强政府的服务和管理，建设完善国家自创区统一的双创载体信息管理平台，推动创业企业在孵化链条各环节的有序流动，形成"线上+线下"相互促进的创业孵化新格局。通过建立创新创业载体全链条孵化协同机制为业务协同创造良好的条件与稳定的环境。

(二) 瞄准全球创新水平带动创新微生态建设

在全球化背景下，IT技术的兴起、顾客需求的复杂多变、产品和技术更新换代速度的加快及商业活动中知识等无形资源的增加，使得竞争环境由静态向动态、由有限竞争向无限竞争过渡。传统的战略思维和组织结构已难以满足当今快速变化的市场环境的需要。创新生态是指在促进创新实现的环境下，创新主体基于共同愿景和目标，通过协同和整合生态中的创新资源，搭建通道和平台，共同构建以共赢为目的的创新网络。创新生态是指围绕在一个或多个核心企业或平台周围，在多方主体与外部环境相互联系、共同进化的情况下，实现价值共创和利益共享的创新网络。

尽管创新生态的内涵和外延在不同情境下存在差异，但均体现出一些共性特征。从主体与要素来看，创新生态是一个包含能够通过某种方式为共同目标作出贡献的任何组织的系统，将互补资产的生产方和需求方包含在内，实现组织结构与创新行为的内部最优，并与外部环境动态匹配。从结构与边界来看，创新生态中大量互补、相互联系的随机要素逐渐演变成一个更具结构性的松散网络组织，网络组织在保持自身核心业务的同时，对活动、资产及能力进行灵活而持续的整合和重组，因而比传统的双边合作关系更具优势，另外创新生态具有开放、跨产业和跨地区的模糊边界，生态系统的开放性和动态性使其创新主体及构成要素复杂多变。基于模糊和流动的边界，创新想法和人才自由流动，创新物种不断移入和移出，加速了创新生态的演进。创新生态是持续培育创新成果的发展体系。如何让全球创新水平带动创新生态建设，发挥创新生态的培育作用，成为国家自创区持续推动创新生产的重要方向。

第一，要构筑技术转移服务链，提高技术转移服务能力。加大各类技术转移服务机构的培育力度，依托高交会、文博会、创新创业大赛等成果转化平台，开展以市场为导向，多渠道、多层次的技术转移服务，构筑从基础研究到技术发明和成果转化环环相扣的服务链。鼓励技术转移机构创新服务模式、创新服务品种，提供专业化服务。鼓励引进国际技术转移机构，共建技术转移机构和基地，开展国际技术转移合作。完善培养和引进技术转移人才的政策措施，吸引项目和高端技术转移人才向国家自创区流动。

第二，要培育科技中介服务机构，推动高等院校、科研机构技术转移。引导科技中介服务机构向服务专业化、功能社会化、组织网络化、运行规范化方向发展。加强行业协会、学会和产业组织对科技中介服务机构的指导，鼓励国内外知名的科技服务机构在自创区开展专业服务，加强科技服务机构和人员的诚信体系建设。鼓励高等院校和科研机构建立技术转移专门机构，探索建立高等院校、科研机构与企业间实行技术转移人才双向流动机制，支持高等院校和科研机构建立促进科技成果转化的科研人员激励机制，充分利用财政性资金推动形成科技成果转移。

第三，要构建企业孵化培育生态链，推进企业信用体系建设。建立差异化服务的孵化培育体系，实施大孵化器战略，形成全过程、全要素的孵化培育生态链。引导社会资源向孵化载体聚集，创新孵化载体投融资服务模式，探索孵化组织新机制，完善公共服务体系，提升孵化培育能力。健全示范区企业信用体系，建立企业信用信息数据库，完善企业征信数据格式、数据库建设规范等信用标准体系，实现企业信用信息的标准化。引导和指导企业建立内部信用管理体系，提升企业的信用管理水平。

（三）深化产学研合作机制，赋能科技创新企业

党的二十大报告指出，创新是第一动力，要加强企业主导的产学研深度融合，强化目标导向，提高科技成果转化和产业化水平。产学研协同创新是指高校、科研院所（研究机构）和企业（行业）三大创新主体围绕某个创新目标，相互协同，形成创新合力，共同推进，最终实现创新目标的过程。

当前产学研合作正处在由大学和科研院所为主体向企业为主体转变过渡的发展阶段。组织模式不断创新，合作层次不断提高。以大学和科研院所为主体的技术推动模式有利于通过知识创新带动技术创新，站在技术创新的前沿。但成果转化的动力机制比较弱，易造成科技与经济的脱节。以企业为主体、市场为导向、产学研结合作为主要形式的市场拉动模式，更适合市场需求，企业的主体地位表现在产学研合作的决策自主性、投入主体、研究开发主体、风险承担主体等方面。国家自创区要发挥自身作用，深化产学研合作机制，推动产学研向长期稳定的紧密型产学研合作方向、产业技术创新链的战略联盟方向、市场机制主导型产学研合作方向深化发展。

在国家的支持与多方共同努力下，产学研的协同机制展现出良好的发展态势，但同时也出现了一些问题与阻碍。企业与高校、科研院所在合作过程中，由于自身需求定位的差异，部分企业只对一些能给企业迅速带来收益的短平快项目感兴趣，而很少参与关系整个行业发展的共性技术、关键技术，而高校、科研院所从事科学研究的人员可能更重视追求自我价值的实现和获得学术成就，加之目前高校、科研院所在职称评定中主要以学术水平为衡量标准，对科研成果的转化和应用重视不够，这就使得高校、科研院所的部分科研人员面向市场、面向企业、面向实际应用进行科研的动力不足，两者对新技术、新产品的技术攻关和产品开发存在分歧，双方也存在信息不对称、认知不一致等问题，缺乏常态化、长效化的沟通交流渠道，难以实现供求双方的无缝衔接。另外，产学研协同创新在创新过程中不仅需要先进的技术支持，还需要大量的资金支持。而企业和高校院所都无法提供充足的资金，从而导致很多技术难以实现转移和产业化，使产学研协同创新效果打折扣。如何持续发展产学研协同创新，将国内的科技优势转化为创新优势和经济发展优势，成为当下亟待解决的问题。

抓住机遇，依托产学研协同创新，将高校、科研院所的科技优势转化为创新优势、产业优势、经济优势和竞争优势，是国家自创区深化产学研合作机制，赋能科技创新企业的重要途径。国家自创区要牢牢把握重大历史机遇，推进产学研协同创新，使产学研协同创新再上新台阶。首先，要构建多层面的产学研信息交流平台，将重点支柱产业的产学研协同创新项目接入平台供产学研协同创新各方选择，积极组织创新技术对接会、线下论坛等多方交流活动，让高校、科研院所的科技成果与企业实现良性互动、有效对接。其次，可以设立产学研协同创新发展基金。目前产学研的财政扶持资金用途分散，有些财政资金直接补贴给一些企业，难以集中有限资源解决技术创新中存在的问题。可参考西方发达国家的设立机制，将目前科技创新的支持资金统一纳入产学研协同创新发展基金，集中财力扶持重大科研和科技成果转化项目，为产学研协同创新提供更有效的金融支持。

人才培养方面要完善人才培养发展体系，打造多类型科技型人才。目前有些科技成果缺乏转化动力，很多有转化意愿的企业有与高校、科研院所合作的意向，而高校、科研院所没有精力与企业合作。高校和科研院所培养的研究生，可以将产业和高校、科研院所的研究两端对接，借助共同培养研究生的机制来打通技术转移之路就可以实现双方的合作。所以，国家自创区可以积极支持高校、

科研院所与企业联合培养研究生，支持企业建立高校学生实践训练基地。另外，要加大技术经理人培养力度，完善技术经理人的培养教材，促进科技成果的商品化、商业化和产业化。通过人才培养实现多方共赢，推进产学研协同创新深度发展。培养创新型企业家人才队伍。鼓励企业家的创新活动，发挥企业家在企业自主创新中的作用。健全企业家创业发展的支持服务体系，充分发挥各类企业家服务机构的作用，创新服务方式，完善企业家成长环境，保护企业家合法权益。

完善以企业为主体的技术创新体系，深化企业主导的产学研合作。以需求为导向，以应用促发展，发挥企业在技术创新活动中的主体作用。鼓励中小微企业创新，促进中小微企业集聚发展。支持龙头企业加大前沿技术研发力度，建立高水平研发中心，参与国家重大科技专项，牵头组织实施国家、省、市重大科技产业化项目，承担国家工程实验室、国家重点实验室、国家工程中心等建设任务。引导龙头企业生产、技术、服务外包，带动一批外围配套企业创新发展。支持企业与高等院校、科研机构、上下游企业、行业协会等共建研发平台和科技创新战略联盟，建设产业关键共性技术创新平台，合作开展核心技术、共性技术、关键技术研发和攻关。鼓励和促进高等院校、科研机构与企业之间人员交流。

（四）加强与自贸区、创新型城市等协同发展

在创新网络不断深化的当今时代，创新要素配置、创新主体布局、创新活动合作等日趋呈现出全球化态势。受新冠疫情和中美经贸摩擦的影响，虽然逆全球化现象时有发生，但全球化的主流是不可阻挡的。习近平总书记多次强调，"中国开放的大门不会关闭，只会越开越大"，要构建国内国际双循环新发展格局，更好统筹国内国际两个市场两种资源，国家自创区和自贸区是我国改革开放和创新发展的核心载体与两大高地，也是推进我国经济高质量发展的重要引擎与抓手。两者在引进国外资金、技术、经验及提高我国全球贸易地位等方面发挥着重要作用。

在全球化背景下，促进国家自创区与自贸区的"双自联动"建设，实现两者优势互补、相得益彰，是实现经济高质量发展的重要途径。"双自联动"的建设，有助于扩大开放，用好国内国际两种资源；有助于优势互补，形成"1+1>2"的叠加效应；有助于发挥示范效应，打造经济发展新引擎。要发挥"双自联动"的优势，加速创新要素跨境流动、促进开放创新。如何持续深化"双自联动"发展，合理解决链接联动机制缺失、体制机制开放创新有待拓展深化等问题，是当前国家自创区与自贸区面临的重要课题。

首先，要加强顶层设计，建立"双自联动"建设机制，强化对接战略规划的顶层设计。加强国家自创区与自贸区联动发展战略目标的对接，研究制定国家自创区与自贸区联动发展的实施意见及相关工作方案，将"双自联动"发展战略纳入"十四五"规划等中长期规划。其次，要以产业联动发展为核心，打造"双自联动"发展载体平台。在制定高新技术产业、数字产业等产业规划和政策过程中，重视国家自创区与自贸区企业之间的对接合作和优势互补，着力搭建科技创新与金融服务的新型载体平台，推动形成高效的"双自联动"模式。最后，要树立创新金融服务和知识产权保护制度，提升科技资源配置能力。积极探索跨境金融服务便利化，通过设立科技创新基金加大对高新科技产业的创新支持力度。成立相关知识产权综合保护中心，搭建知识产权一体化公共服务平台，构建多元化、多层次、多渠道的专利投融资体系，促进对知识产权的保护与运用。

"创新型城市"是中国政府探索实验主义创新治理的实践模式之一，通过整体式"试点—筛

选—扩散"、融合式共同学习、动态式集（分）权和适应性识别等机制对公共政策进行验证、强化或纠偏，最终形成较为稳定的创新治理政策实验模式。城市地方政府作为创新政策实验的主体，享有较为充分的政策试错主动权，并在中央柔性规制下完成多级政府间信息沟通与共同学习。然而，在现实中这种创新治理模式面临中国行政体制改革藩篱和创新主体关系建构的双重挑战，需要在创新型城市建设过程中运用多层治理方法协调多元创新主体间的关系，在政策目标、政策工具、治理框架等三个层面完善多层创新治理机制。

国家自创区与创新型城市的联动主要有 3 个方向。第一，城市治理层的治理重点是注重产业转型升级。整体在政策作用边界厘定、创新资源配置、市场环境完善、新兴产业市场培育、政策工具选择等方面还存在不足，需要在实践中进一步优化，更好地发挥城市地方政府引导和促进产业发展的作用。第二，区域治理层的治理重点是加强城市群协同发展。在创新型城市群内统一政策、降低要素流动门槛、消除行政壁垒，构建产品互相准入、资本自由流动、要素自由流动、企业跨区运作的统一市场。第三，国家治理层的治理重点是契合创新型国家建设要求。在制定相关规划及具体实施方案过程中，加强产业谋划与布局的联动，依托园区、项目等载体，设计国家自创区与创新型城市的互动接口，优化创新创业生态环境，促使制度创新与科技创新互动发展。

（五）支撑国家区域重大战略和"一带一路"倡议

习近平总书记在党的二十大报告中强调要深入实施区域协调发展战略、区域重大战略。区域协调发展战略是在中国特色社会主义进入新时代，按照高质量发展的要求提出的重要战略举措，对于促进我国经济社会持续健康发展具有重要而深远的意义。2013 年 9 月和 10 月，习近平主席在建设"丝绸之路经济带"和"21 世纪海上丝绸之路"的合作倡议中均提出"一带一路"倡议。2014 年 2 月，习近平总书记提出"京津冀协同发展"战略，核心为疏解非首都核心功能。2016 年 9 月，中共中央、国务院印发《长江经济带发展规划纲要》，旨在以长江黄金水道为依托，带动长江流域及周边地区高速、高质量发展。2018 年 11 月 5 日，习近平主席在上海召开的首届中国国际进口博览会开幕式上的主旨讲演中提到，将支持长江三角洲区域一体化发展并上升为国家战略。2019 年 2 月 18 日，中共中央、国务院正式发布《粤港澳大湾区发展规划纲要》。至此，我国的"3+2+1"区域发展战略体系正式建立。

在区域协同战略方面，国家自创区落实核心平台作用，着力建设跨区域平台载体。例如，中关村、天津国家自创区加快推进京津合作示范区、武清京津产业新城等重点产业承接载体建设；上海张江国家自创区与江苏、安徽的创新要素跨区域流动；珠三角、深圳国家自创区明确提出要构建以广、深、港、珠、澳科技创新走廊为主轴，其他城市协同支撑的两岸三级多节点的创新格局。在"一带一路"方面，重庆国家自创区谋划加快打造"一带一路"科技合作示范区及国家技术转移中心核心区，举办"一带一路"科技交流大会、世界区域创新论坛等大型科技交流活动，支撑打造具有全国影响力的科技交流平台。

国家自创区要主动融入、深度融入国家区域协调发展战略，积极探索区域创新的合作路径。要优选产业互补性强，能够形成上下游完整产业链的区域开展对接合作。推动国家自创区与国家重大区域形成联合攻关的机制，共同布局创新共同体和研发平台，聚集全国力量，针对不同的优势产业布局国家大科学装置和重大科技基础设施，探索建立重大平台、科学城的工作协调机制，共同向国家争取重大科技平台、重大政策，探索整合资源，组建国家实验室。组建地区技术联盟，加强与其他区域科技园区的联动发展，探索科技成果转化、协同创新的新模式。深化产业的合作，支持领军企业院所组建跨区域协同创新研究院，推动合作共建应急研发中心，集聚科研人才团队开展协同创新，探索高校科研平台共享互聘、学生共同培养等先行措施，开展高校"双一流"建设合作。另外，国家自创区要探索如何与其他自创区实现深度联动发展，推动创新要素互联互通，联合组织科技资源的开放共享，在基础研究、应用研究和成果转化、产业协同、城市共治等方面开展相应的合作，强化与其他国家自创区的交流合作，共同辐射带动区域发展。多个国家自创区要协同合作，推进资源的开放共享，打造引领全国高质量发展的创新引擎，支持京津冀协同发展、长三角一体化发展、粤港澳大湾区建设等多项区域重大发展战略。

五、深化产业链与创新链融合互动发展

产业是发展的重要载体，创新是引领发展的第一动力。习近平总书记强调，"要围绕产业链部署创新链、围绕创新链布局产业链，推动经济高质量发展迈出更大步伐"，深刻揭示科技创新必须与产业发展、经济发展紧密结合、同向发力、协同联动、互促提高的内在要求。目前，我国已连续多年成为世界第一制造业大国，但科技经济结合不紧密、产品附加值偏低、竞争力不强等问题仍然比较突出，亟须通过产业链创新链融合发展提升产业附加值，建设实体经济、科技创新、现代金融、人力资源协同发展的现代化产业体系，增强产业综合竞争力，推动我国经济发展由要素驱动型转向创新驱动型，实现中国制造由大到强的转变。打造中高端制造业和生产性服务业差异化集聚的城市群，建立科技创新驱动的新动力源和创新策源地，厚植人类命运共同体理念，维护全球产业链供应链稳定。

（一）围绕重点产业部署创新链，旨在增强市场竞争力

围绕产业链部署创新链的核心是推动创新链高效服务产业链，带动传统产业转型升级。2020年4月23日，习近平总书记在陕西考察时指出，"要围绕产业链部署创新链、围绕创新链布局产业链，推动经济高质量发展迈出更大步伐"。围绕产业链部署创新链，强调产业的带动作用，意在推动创新链高效服务产业链，推动传统产业的整体升级，实现产业链现代化，推动我国产业迈上全球价值链中高端，从而形成面向全球市场的竞争力。

我国传统产业的产业链优势存在被替代的风险。长期以来，生产要素低成本是支撑我国制造业形成国际竞争优势的重要因素，但随着资源环境制约日益凸显、人口红利逐渐消失，我国传统劳动密集型产业的成本优势弱化。与此同时，印度、马来西亚、越南等东南亚新兴经济体成本优势逐渐显现，加之其采取一系列产业扶助政策，在价值链中低端环节与我国存在较大竞争，我国传统优势的制造业产业链供应链存在被替代和转出风险。创新密集型行业对国外创新链的依赖程度高。部分领域，如航空器、航天器及其零件，光学影像，检测医疗等器械行业高度依赖美国，这反映了我国创新链与产业链供应链的关系存在滞后型问题。创新链发展不平衡现象较为严重。在城市群、都市

圈尺度上，高端创新要素过度向首位城市倾斜。创新要素在空间布局上的不平衡虽有其合理的一面，但创新要素过度向部分城市、地区倾斜会造成部分城市或地区创新链难以支撑其实现产业链供应链现代化任务，难以实现区域间产业链供应链协同发力的局面。应该看到，我国科技人才和论文数量虽然位居世界前列，但产业发展水平仍处于中低端，部分地区和产业存在"创新孤岛"现象、创新与产业"两张皮"、中介服务不发达、全球主导权与话语权偏弱等问题。实现产业链国外环节国内替代的核心技术是买不来、讨不来的，唯有依靠创新，产生具有自主知识产权的核心和关键技术，才能实现增长的内生性。为此，我国必须通过培育产业链供应链竞争新优势加以应对，关键是围绕产业链部署创新链，推动传统产业转型升级，提升产业链附加值，增强产业链竞争力，实现高质量发展。

国家自创区要进一步发挥我国产业链在全球竞争中的优势，加快部署创新链，从源头增强产业链韧性，提升创新链支持产业链锻长板补短板的能力。要根据产业链各个环节的需要、产业链现代化水平提升的需求，进行任务的部署安排。国家自创区必须把科技自立自强作为发展的战略支撑，提升创新供给质量，助力产业链锻长板补短板，确保产业链的完整性、安全性。

一是做强创新链补齐产业链短板。国家自创区构建市场经济条件下关键核心技术攻关新型体制，充分发挥各方面积极性、主动性。要避免因高度依靠进口关键零部件供应引发产业链风险，突破一批关键核心技术，从源头上将产业链的关键环节留在国内。打破创新链和产业链对接的堵点、难点，实施产业基础再造工程，加快基础、关键技术和重要产品工程化攻关。重点对产业链的构成和产业融合载体分布情况进行梳理，引导创新资源向产业链上下游集聚。对于产业链缺失领域，布局建设新型研发机构、高水平研究院、国家制造业创新中心等创新载体，发展先进适用技术，强化共性技术供给，加快科技成果转化和产业化开展核心技术攻关，增强产业链供应链抗风险能力。支持龙头企业牵头组建创新联合体，围绕关键核心技术、战略性储备性技术组织"项目群"攻关。以协会、联盟等产业组织机构为纽带，支持行业龙头企业联合供应链重点企业形成产业创新联盟，打造国产化自主可控体系，形成"扭抱缠绕"的产业合作格局。

二是促进创新链与产业链融通发展。通过国家级综合创新中心和区域创新中心建设，实现创新链的协调联动，突破创新要素的跨区障碍。积极推动国家、省部级重点实验室、国家工程技术研究中心等高水平科技创新平台与相关领域产业链上的龙头企业对接，联合开展重大科研项目攻关与科技成果转移转化工作。加快建立未来产业研究院，为未来产业链发展提供创新基础设施支撑。深化与"一带一路"沿线国家、港澳台地区的产学研合作，吸引全球顶尖创新资源在我国开展核心技术攻关，拓展产业链和创新链网络。积极引进国际高端创新资源，加快形成高科技产业链，扩大关键环节的产能供应，提高产业链、创新链的价值能级。

三是提升创新链科技供给能力。围绕产业链实际需求部署创新链，对产业上下游的关键核心技术进行攻关，完善技术创新链条。搭建企业和创新载体对接平台，精准服务企业创新发展。同时，依托国家实验室，加强对前沿技术、颠覆性技术、现代工程技术的前瞻性研究，推动创新链条向前端移动，以创新优势引导产业资源集聚。鼓励龙头企业搭建创业平台，孵化科技型企业，激活创新链的源头活水，提升科技创新供给能力。

四是强化新兴技术在产业链中的应用。加快5G、物联网、大数据、区块链、人工智能、增强现实/虚拟现实等新兴技术在产业链、供应链领域的集成应用，加强数据标准统一和资源线上对接，推广应用在线采购、车货匹配、云仓储等新业态、新模式、新场景，促进企业数字化转型，实现供应链即时、可视、可感知，提高供应链整体应变能力和协同能力。鼓励有条件的企业搭建技术水平高、集成能力强、行业应用广的数字化平台，开放共享供应链智能化技术与应用，积极推广云制造、云服务平台，赋能中小企业。

（二）围绕创新链布局产业链，加强未来产业健康发展

围绕创新链布局产业链，强调科技的引领作用，意在推动科技与经济的紧密结合，要推动创新成果快速转移转化及企业培育，实现未来产业和新兴产业的健康发展。围绕科学新发现、技术新发明、产业新方向、发展新理念系统创新和源头创新来全面布局产业链，促进创新链与产业链深度融合、科技与经济深度融合，塑造更多依靠创新驱动的引领型发展。要通过进一步挖掘行业潜力，更好促进各种新业态不断培育壮大，使之真正成为经济高质量发展的新增长点。

在新一轮技术革命和产业变革推动下，以人工智能、无人驾驶、区块链、脑科学、新能源等为代表的未来产业蓬勃兴起。与传统产业相比，未来产业发展前景广阔、前后带动作用强、产业赋能能力强。未来产业所涉及的技术都处于探索期的前沿领域，代表着科技和产业的长期发展方向，前期大量基础研发和实验投入必不可少。同时，未来产业的发展目标是满足经济社会不断升级的需求，并成为国民经济的新增长点。因此，逐步走向产业化，成长为下一个新兴产业，是其后期的主要任务。但同时在其发展过程中，也存在较大的技术不确定性与"市场失灵"等问题，这就决定了政策参与的必要性。

新兴产业知识技术密集、产业创新活跃，是引领产业结构升级的关键力量，是围绕创新链布局产业链的重要发力点。围绕创新链，一要大力发展数字经济，推动数字经济和实体经济深度融合发展；二要加快知识产权密集型产业发展，发展知识产权金融服务，推动知识产权成果转化运用，支持知识产权密集型产业公共服务平台建设，推动知识产权密集型产业加快发展；三要前瞻布局未来产业，应加快前瞻部署，在前沿技术孵化、多元化投入、早期市场培育和产业生态营造等多层面构建新的政策支持体系，以"技术催生需求、需求引领产业"促进未来产业发展，推动未来产业成为经济高质量发展的新增量。

围绕战略性新兴产业和未来产业，加强前沿技术超前布局，推进基础研究、应用研究、成果转化与产业化对接融通，促进科技成果转移转化，加快创新创业孵化载体建设和创新型企业培育，培育壮大新产业新业态。

一是围绕创新链布局自主可控的产业链。所谓自主，就是在设计研发、系统集成能力和营销等方面体现自主性。所谓可控，即防备产业发展受制于人。建立达到世界先进水平的产业链，追求的是竞争优势而不是资源禀赋的比较优势，需要更为关注供应环节的科技水平，零部件的供应商应力求达到世界级水平，拥有关键核心技术。

二是打通创新成果转化路径。制定创新科技成果转移转化机制，加快落实高校、科研院所的科研人员自主创业的相关政策，完善科技成果转化法律法规。加快推进高校、科研院所基础研究和前沿技术领域成果的熟化转化，鼓励建设科技成果转化应用型大学科技园。围绕未来产业，建设一批产业中试、检验检测、成果熟化转化基地，支持高校和科研院所与企业合作开展科技成果转移转化。推进技术成果交易中心建设，打造辐射全省、链接全国的技术转移枢纽。搭建线上线下一体化的创

新成果转化平台，加强科技供给与未来产业需求对接。建立"高校技术转移办公室+技术经理人+技术经理人协会"的技术成果转化良性机制，打造一支懂政策、懂技术、懂市场、懂金融、懂管理的职业化成果转化专业人才队伍，培训技术经理人。

三是提升"双创"服务水平。前瞻布局未来产业"双创"服务体系，完善"众创空间—孵化器—加速器—产业园"全链条创新型企业孵化体系，推进以领军企业为核心、高校院所参与的专业化众创空间建设，鼓励有实力的孵化器建设分园或分孵化器，依托高校创新平台培育建设一批大学科技园。建立孵化载体绩效"排行榜"，按照载体功能差异开展分类评价，推动创新创业载体专业化、市场化、精细化、品牌化发展，实现数量、质量双提升。

四是加强培育创新型企业。引导企业加大研发投入，促进各类创新要素向企业集聚，构建完善"科技型中小企业+高新技术企业（瞪羚企业）+上市企业（独角兽企业）"的企业全生命周期梯度培育链条。围绕人工智能、集成电路、先进制造、生物技术、新材料等未来产业和新兴产业，培育一批创新型领军企业。加大科技型上市企业培育力度，打通科学家向企业家转变的通道。

（三）以培养现代化企业家为抓手持续优化人才结构

当下，面对全球竞争需要世界一流的世界级企业家。党的二十大报告提出，要"完善中国特色现代企业制度，弘扬企业家精神，加快建设世界一流企业"。培育世界一流企业，无疑需要世界一流的企业家，这是世界企业发展史中的普遍现象。所谓世界级企业家，是指善于发现世界级新商业机会、提供世界级新产品技术、打造世界级新企业组织、提出世界级新经营思想的人。创新链和产业链的融合需要企业家争做领头雁、排头兵。中国经济进入高质量发展阶段后，时代也赋予了企业家新的历史使命。企业家不仅要做创新发展的引领者，更要推动产业链、创新链、供应链的融通创新，唯有如此，才能为经济高质量发展注入活力。在推动各类市场主体融通创新的过程中，企业家起到了非常重要的引领作用，其创新精神所发散的能量，促进了企业集群的凝聚，推动产业链上中下游、大中小企业的融通创新，带动了人才的集聚，从而为经济高质量发展注入更强动力。

在中国崛起的大背景下，我们比以往任何一个时代都需要企业家，需要企业家精神。对内，改革的平稳深化、社会矛盾的平衡与解决，对外，在国际社会的发言权，以及经济与行业标准的制定与话语权，都需要由企业家来具体落实到可操作层面。当今时代作为资源整合者的企业家，经营的已不仅仅是一个企业，而是一个亚社会运行系统，真正的企业家的价值取向早已超脱出追求利益的浅显动机，他们成就的不再是一人之业，企业家在经营过程中表现出来的开放、包容、协作、济世等精神也成为影响一个民族前进历程的重要动力。今天的中国需要越来越多优秀的企业家积极地参与到大国崛起的浪潮中来。然而，放眼全球商业舞台，我们不得不遗憾地承认，很少有中国企业真正迈进了世界卓越企业的殿堂，成为舞台上的耀眼主角，引领全球商业走向。企业的发展和企业家的境界似乎与中国在全球经济中的地位不相称，对比世界级企业与企业家，依旧有不小的差距。

在中国崛起的大背景下，国家自创区理应响应时代对现代化企业家的呼唤，持续优化自创区人才结构，培养现代化企业家，围绕现代化企业家做好优质人才聚集和企业培育。

一是加强企业家队伍建设。加强对企业家队伍建设的统筹规划，将培养企业家队伍与实施国家重大战略同步谋划、同步推进，在实践中培养一批具有全球战略眼光、市场开拓精神、管理创新能力和社会责任感的优秀企业家。发挥优秀企业家示范带动作用。总结优秀企业家典型案例，对有突出贡献的优秀企业家予以表彰和宣传，发挥示范带动作用。加快建立健全企业家培训体系。支持高等学校、科研院所与行业协会商会、知名企业合作，强化优秀企业家精神研究，总结富有中国特色、顺应时代潮流的企业家成长规律，开展精准化的理论培训、政策培训、科技培训、管理培训、法规培训，全面增强企业家发现机会、整合资源、创造价值、回馈社会的能力。建立健全创业辅导制度，支持发展创客学院，支持搭建各类企业家互相学习交流平台。

二是带动企业家成为创新链和产业链对接的组织者、引领者，重视技术研发和人力资本投入，有效调动员工创造力，努力把企业打造成为强大的创新主体。鼓励和引导具备条件的企业家开展基础性、前沿性创新研究，重视颠覆性和变革性技术创新。鼓励企业家与科学家加强合作，加快推动科技成果从实验室走向市场，形成支撑创新、宽容失败的良好氛围。

三是聚焦"两链"融合需求，强化人才培养与项目、平台的耦合机制。围绕项目实施、平台建设、关键核心技术攻关、成果转化应用需求，培育引进急需紧缺人才；围绕人才发展需求，统筹部署项目、平台、资金等创新资源，实现人才效能最大化。加快培育科技领军人才、创新创业人才、科技创新团队和青年科技人才，打造适应需求、结构合理的人才梯队。

四是促进企业人才培养。鼓励科研人员围绕企业需求痛点、产业空白点进行研究，凝练科学问题，解决好创新链和产业链对接中的底层技术瓶颈难题，培养造就一批具有国际水平的科技人才和创新团队。鼓励企业与高校、科研院所、职业院校等联合设立产业学院，探索采取"订单式"方式培养产业技术技能人才。深化人才评价改革，围绕经济社会发展和人才发展需求，充分发挥人才评价正向激励作用，推动多出人才、出好人才，促进人才发展与经济社会发展深度融合。实行以增加知识价值为导向的收入分配政策，开展职务科技成果长期所有权和使用权改革，进一步激发科研人员创新创业活力。

五是营造更加有利于人才发展的生态环境。建立与科技企业发展相适应的信贷支持机制和投贷联动机制，加大对国家自创区新兴产业、高层次人才创办企业的有效金融供给。在人才团队的住房、医疗、户籍管理及子女教育等方面，提出更具吸引力、竞争力的政策措施，为人才团队创造良好的工作生活环境，做到用政策吸引人、用事业造就人、用环境留住人。推进人才服务互联互通，进一步完善海外高层次人才居住证制度，为人才提供跨区域住房、社保、医疗、交通、子女就学、配偶就业、来华工作许可等综合服务。

（四）争取引导万亿元社会资金支持企业科技创新行为

社会资金是科技创新重要的资金供给途径之一。科技创新需要持续不断的资金支持，但由于科技创新在一定程度上具有外部性和公共物品属性，造成其资金供给面临一些问题和挑战，如科技投入结构的失衡、社会资金参与科技创新的通道不畅等。因此，需要建立多种资金供给途径。一方面，在市场失灵领域，需要政府承担相应的科技投入责任；另一方面，在市场能够发挥作用的领域，应交由市场机制调配创新资金。此外，还需要建立相应的机制，由政府引导社会资金更为有效地参与到科技创新当中，打通社会资金参与科技创新的路径。

然而，社会资金参与科技创新具有一定障碍。现实中，由于政府资金的公共属性，政府投入创新项目的资金不可能是充足的，仅能满足公共科技范畴的科技创新项目的发展需求。但是，社会资金参与科技创新还存在一定的障碍。一方面，社会资金具有逐利性，在难以判断科技创新项目的未来经济价值或产生经济价值周期过长的情况下，社会资金就会转向更为有利可图的投资领域；另一方面，科技创新本身具有较大的不确定性和风险性，社会资金投入创新项目也会面临一定的风险，创新风险会相应带来社会资金参与科技创新的投入动力不足问题。上述问题会造成某些科技创新领域资金短缺、难以为继，继而出现连带的产业发展问题及经济社会问题。因此，社会资金参与科技创新还面临一些障碍，需要政府发挥看不见的手作用，加以引导和激励。

当前我国科技投入还存在一定的问题和难点。一方面，尽管我国的科技投入不断增长，但我国科技投入强度与发达国家相比还存在差距。2021年中国全社会研究与试验发展（R&D）经费投入达2.79万亿元，研究与试验发展（R&D）经费投入强度为2.4%。相比而言，日本、瑞典、芬兰、韩国等科技强国的科技投入强度都超过3.0%。研发投入的缺口很大程度上需要多元化的资金投入来补足，社会资金则是重要的来源之一。另一方面，我国仍存在科技投入结构失衡问题。从科技创新的纵向链条来看，国外经验表明，基础研究、科技成果转化与成果产业化几个阶段的资金投入比大概为1∶10∶100，而我国在科技成果转化及成果产业化阶段的投入明显不足。与此同时，大量的社会资金需要更好的投资途径。

我国已经成为全球第一储蓄大国。官方数据显示，截至2021年12月31日，我国存款总额达到了227.21万亿元，全国人民币存款总额与上一年同期相比上涨了8.35万亿元，全国人均存款金额为7.31万元。因此，急需建立较好的引导路径，引导社会资金参与科技创新。依据社会资金参与科技创新的特点和重点环节，可以考虑从市场准入、金融支持、财税支持、市场服务4个方面，建立和优化社会资金参与科技创新的路径。

一是完善市场准入。一方面，应建立身份认同机制。社会资金持有者应在更广泛的科技创新领域和环节拥有进入权利，将社会资金持有者与体制内机构同等对待，逐步推进机会均等，并发挥社会资金的独特优势，将其引入更为适合的科技创新领域。另一方面，通过建立正面清单、负面清单制度，规范社会资金参与科技创新，引入更为优质的社会资金。以负面清单来公开明确禁止或限制社会资金进入的领域、行业等，以正面清单列明社会资金可以投资的领域，清单以外的领域禁止或限制进入。

二是强化金融支持。建立信用担保体系。完善信用担保法律法规，为中小科技型企业提供信用担保体系，分散企业及创新项目的风险，保证社会资金进入的权益和安全性。发展科技保险制度。针对科技创新设立特定险种，为科技创新活动及其主体提供组合式的保险服务，完善科技保险制度，提升社会资金进入科技创新领域的信心。完善多层次的资本市场。在直接金融市场，完善股票市场、债券市场，甚至是民间融资渠道，丰富社会资金进入科技型企业和科技创新项目的途径。在间接金融市场，鼓励银行为风险投资机构及天使投资人、科技型中小企业等提供服务，形成银行主导的科技金融体系。

三是优化财税政策。通过财政税收政策从收入和支出两个方面来调剂资源的分配、吸引和撬动社会资本。从财税收入政策来看，一是将一系列支持科技创新的激励政策固化和有效化；二是明确财税政策的作用重点，激励研究开发等薄弱环节；三是以降低税率、缩小税基等优惠形式，对促进高新技术产业发展的基金投资，给予15.0%的所得税或相应的优惠政策；四是通过税收优惠激励科技创新人才，促进人才梯队的培养。从财税支出政策来看，应重视政府采购对促进社会资金参与科技创新的支持和引导作用，如购买国家自创区企业产品、对产业共性技术和关键技术实施政府采购、对国产高新技术产品实行首购政策等。

四是促进科技服务。一方面,应优化科技中介服务体系,在完善相应的法制环境的同时,促进服务于科技创新各个环节的科技服务业态和主体的发展。为科技创新主体的研发活动、技术转移和产品开发提供全方位的政策、法律、会计、进入、技术及咨询等服务。另一方面,重视科技服务机构的培养,为科技中介服务机构的发展营造良好的政策环境,引导科技中介服务机构架起技术成果与市场之间的桥梁,形成沟通社会资金与科技创新项目与活动的有效渠道。

(五)把全国创新创业引向硬科技和高能级

随着创新创业环境持续改善,创新创业主体日益多元,各类支撑平台不断丰富,创新创业社会氛围更加浓厚,创新创业理念日益深入人心,取得显著成效。随着中国的不断发展,创新创业已经进入了理性发展、自我完善、优胜劣汰新阶段。

硬科技和高能级将是创新和创业未来重要的方向。硬科技创业是以前沿技术商业化为基础,以市场需求为导向,科学家、企业家、投资者深度合作的高端创业,是创业式创新的典型代表形式之一,成为科研机构成果转化最有效的途径。未来,以新研发为核心的硬科技创业,不仅将催生出大量爆发式成长硬科技企业,还将推动创新创业基础技术条件与研发生态环境的颠覆性变化。产业变革趋势决定创新创业走向高能级。随着新一代科技革命和产业变革加速演进,基于多重技术的交叉融合,新应用场景和新商业模式不断衍生,全球新经济发展正处于从技术革命向产业革命落地的前夜。这意味着未来创新创业的基础、条件和趋势正在发生着颠覆性的变化。未来,我国创新创业的热点领域和方向将集中出现在跨界融合领域、前沿未来产业领域、基础研究领域,催生更多具有战略性、创新性、颠覆性的新企业、新业态。按照高质量发展要求和"双创"发展趋势,深入实施创新驱动发展战略,通过以下5个方面引导全国创新创业引向"硬科技""高能级"。

一是以创业孵化服务集聚"硬科技""高能级"创业大军。建立硬科技技术发展研究院,负责挖掘、筛选、吸引、架构早期硬科技项目。围绕"硬科技""高能级"等相关创新主体的发展需求,提供全过程、精细化、专业化孵化服务。推动中央企业、科研院所、高校和相关公共服务机构建设具有独立法人资格的孵化机构,为初创期、早中期企业提供公共技术、检验检测、财税会计、法律政策、教育培训、管理咨询等服务。研究支持符合条件的孵化机构享受高新技术企业相关人才激励政策,落实孵化机构税收优惠政策。

二是以市场化模式激发"硬科技""高能级"科研机构活力。新型研发机构应对标市场化薪酬合理确定职工工资水平,建立与创新能力和创新绩效相匹配的收入分配机制,通过经济杠杆来激活科研人才、科研机构活力。通过"科研人员持股、技术团队和管理团队持大股"的激励方式,把科技成果转化的权责利捆绑在一起,按照市场需求安排部署研发计划。组建以硬科技成果转化投资为目标的天使基金、创业投资基金,为初期孵化项目和企业注入天使资金,吸引社会资本成立成果转化投资基金,投资有前景的科技项目,并通过投资收益反哺科研。

三是以打造产业集群塑造"硬科技""高能级"区域个性。支持科技资源丰富、创新主体集聚、产业发展质量较高的创新发达地区,打造硬科技发展的先行区和新高地。支持符合条件的国家自创区打造大中小企业融通型、科技资源支撑型等不同类型的硬科技创新创业特色载体,构建专业化园区配套及服务体系,充分发挥硬科技创新创业集群效应。在政策制度、创新平台、条件保障等方面加大对硬科技发展的支持力度,加速培育一批硬科技初创企业,加快将硬科技创新成果转化成为新产品、新产业、新业态。锚定区域优势产业和主导产业，精确定位产业链的缺环，应用硬科技破题并落地形成场景。

四是以制度政策改革创新"硬科技""高能级"营商环境。制定支持硬科技发展的政策举措，推动完善和促进形成有利于硬科技发展的科技计划管理体系、服务体系。研究建立硬科技的技术领域、评价标准和指标体系，进一步凝聚促进硬科技发展的社会共识。完善创新创业信息通报制度，加强沟通联动。发挥推进大众创业万众创新部际联席会议统筹作用，建立部门之间、部门与地方之间的高效协同机制。鼓励各地方先行先试、大胆探索并建立容错免责机制。促进科技、金融、财税、人才等支持创新创业政策措施有效衔接。建立健全硬科技"双创"发展统计指标体系，做好创新创业统计监测工作。

五是以搭建国际大平台促进"硬科技""高能级"开放合作。拓宽和深化在硬科技领域的国际合作，与世界各国共享硬科技创新成果，深化硬科技企业和产业的互利合作，携手推进创新全球化进程。加快发展孵化机构联盟，加强与国外孵化机构的对接合作，吸引海外人才到国内创新创业。推动建立政府间创新创业多双边合作机制。充分利用各类国际合作论坛等重要载体，推动创新创业领域务实合作。鼓励有条件的地方建立创新创业国际合作基金，促进务实国际合作项目有效落地。

六、加快数字经济和绿色经济高质量发展

（一）加快国家自创区产业数字化转型

重点培育数字产业化发展的新业态、新模式。推动平台经济健康发展，引导支持平台企业加强数据、产品、内容等资源整合共享，扩大协同办公、互联网医疗等在线服务覆盖面。深化共享经济在生活服务领域的应用，拓展创新、生产、供应链等资源共享新空间。发展基于数字技术的智能经济，加快优化智能化产品和服务运营，培育智慧销售、无人配送、智能制造、反向定制等新增长点。完善多元价值传递和贡献分配体系，有序引导多样化社交、短视频、知识分享等新型就业创业平台发展。

因业而异推动重点产业数字化转型。立足不同产业特点和差异化需求，推动传统产业全方位、全链条数字化转型，提高全要素生产率。纵深推进国家自创区工业数字化转型，加快推动研发设计、生产制造、经营管理、市场服务等全生命周期数字化转型，加快培育一批"专精特新"中小企业和制造业单项冠军企业。深入实施智能制造工程，大力推动装备数字化，开展智能制造试点示范专项行动。推动产业互联网融通应用，培育供应链金融、服务型制造等融通发展模式，以数字技术促进产业融合发展。

加快引导企业数字化转型升级。加强宣传，引导企业强化数字化思维，系统推动企业研发设计、生产加工、经营管理、销售服务等业务数字化转型。支持有条件的大型企业打造一体化数字平台，全面整合企业内部信息系统，强化全流程数据贯通，加快全价值链业务协同，形成数据驱动的智能决策能力，提升企业整体运行效率和产业链上下游协同效率。在中小企业发达的地区或国家自创区，率先支持实施中小企业数字化赋能专项行动，支持中小企业从数字化转型需求迫切的环节入手，加

快推进线上营销、远程协作、数字化办公、智能生产线等应用，由点及面向全业务全流程数字化转型延伸拓展。

突出营造繁荣有序的数字产业发展社会氛围。发挥数字经济领军企业的引领带动作用，加强资源共享和数据开放，推动线上线下相结合的创新协同、产能共享、供应链互通。鼓励开源社区、开发者平台等新型协作平台发展，培育大中小企业和社会开发者开放协作的数字产业创新生态，带动创新型企业快速壮大。

（二）优化数据供给—流通—应用循环机制

积极落实国务院《"十四五"数字经济发展规划》，鼓励国家自创区加强高质量数据要素供给。支持市场主体依法合规开展数据采集，聚焦数据的标注、清洗、脱敏、脱密、聚合、分析等环节，强化数据的安全供给、客观真实和易用可靠。加快数据要素市场化流通，培育规范的数据交易平台和市场主体，建立健全数据资产评估、登记结算、交易撮合、争议仲裁等市场运营体系，提升数据交易效率。

鼓励国家自创区各类主体创新数据要素开发利用机制。以实际应用需求为导向，探索建立多样化的数据开发利用机制。鼓励市场力量挖掘商业数据价值，推动数据价值产品化、服务化，大力发展专业化、个性化数据服务，促进数据、技术、场景深度融合，满足各领域数据需求。鼓励重点行业创新数据开发利用模式，在确保数据安全、保障用户隐私的前提下，调动行业协会、科研院所、企业等多方参与数据价值开发。各高新区或分园区管委会结合新型智慧城市建设，加快城市数据融合及产业生态培育，提升城市数据运营和开发利用水平。

（三）积极布局国家自创区数字基础设施建设

抓住国家"十四五"期间加快建设信息网络基础设施的历史机遇，积极参与建设高速泛在、天地一体、云网融合、智能敏捷、绿色低碳、安全可控的智能化综合性数字信息基础设施。利用深化国有企业改革的机会，充分发挥高新区数字产业聚集的优势，引进央企、国企，积极有序推进骨干网扩容，协同推进千兆光纤网络和5G网络基础设施建设，进一步强化5G商用部署和规模应用，前瞻布局第六代移动通信（6G）网络技术储备，加大6G技术研发支持力度，积极参与推动6G国际标准化工作。北京、上海、深圳、成都等地区国家自创区积极稳妥推进空间信息基础设施演进升级，加快建设卫星通信网络等，推动卫星互联网建设。提高物联网在工业制造、农业生产、公共服务、应急管理等领域的覆盖水平，增强固移融合、宽窄结合的物联接入能力。按照绿色、低碳、集约、高效的原则，持续推进绿色数字中心建设，加快推进数据中心节能改造，持续提升数据中心可再生能源利用水平。推动智能计算中心有序发展，打造智能算力、通用算法和开发平台一体化的新型智能基础设施，面向政务服务、智慧城市、智能制造、自动驾驶、语言智能等重点新兴领域，提供体系化的人工智能服务。建设可靠、灵活、安全的工业互联网基础设施，支撑制造资源的泛在连接、弹性供给和高效配置。

在京津冀、长三角、粤港澳大湾区、成渝地区双城经济圈、贵州、内蒙古、甘肃、宁夏等地区布局全国一体化算力网络国家枢纽节点，建设数据中心集群，结合应用、产业等发展需求优化数据中心建设布局。积极参与国家"东数西算"工程建设,在京津冀、长三角、粤港澳大湾区、成渝、内蒙古、贵州、甘肃、宁夏启动建设国家算力枢纽节点和10个国家数据中心集群,鼓励国家自创区以各种形式开展数据中心与网络、云计算、大数据之间的协同建设,构建算力、算法、数据、应用资源协同的全国一体化大数据中心体系。加快实施"东数西算"工程,推进云网协同发展,提升数据中心跨网络、跨地域数据交互能力,提高面向特定场景的边缘计算能力,强化算力统筹和智能调度。加快推进区域能源、交通运输、水利、物流、环保等领域基础设施数字化改造。推动新型城市基础设施建设,提升市政公用设施和建筑智能化水平。构建先进普惠、智能协作的生活服务数字化融合设施。

(四)有序开展数字化发展综合改革试点

积极推进数字化改革技术突破和试点建设。加快推动各领域通信协议兼容统一,打破技术和协议壁垒,努力实现互通互操作,形成完整贯通的数据链。有效落实工业和信息化部印发的《工业数据分类分级指南(试行)》,强化数据安全风险评估、监测预警和应急处置。积极推广先进国家自创区政务数据管理经验,深化政务数据跨层级、跨地域、跨部门有序共享。积极开展数字化改革国家或行业标准的研究和推广,联动制修订一批数字化改革领域国家标准、地方标准。

落实国务院2022年6月印发的《关于加强数字政府建设的指导意见》,在国家自创区率先全面推进政府履职和政务运行数字化转型,强化经济运行大数据监测分析,大力推行智慧监管,积极推动数字化治理模式创新;创新数据管理机制,鼓励国家自创区之间围绕重点产业探索数据高效共享新机制,促进数据有序开发利用,充分释放数据要素价值;发挥国家自创区的联动协同作用,部分国家高新区持续优化、迭代更新,整合构建结构合理、智能集约的平台支撑体系,强化政务云平台、网络平台及重点共性应用支撑能力,全面夯实数字政府建设根基。

引导产业园区或专业园区加快数字基础设施建设,利用数字技术提升园区管理和服务能力。积极探索产业园区与平台企业联合运营模式,丰富技术、数据、平台、供应链等服务供给,提升线上线下相结合的资源共享水平,引导各类要素加快向园区集聚。围绕共性转型需求,推动共享制造平台在产业集群落地和规模化发展。探索发展跨越物理边界的"虚拟"产业园区和产业集群,加快产业资源虚拟化集聚、平台化运营和网络化协同,构建虚实结合的产业数字化新生态。依托京津冀、长三角、粤港澳大湾区、成渝地区双城经济圈等重点区域,统筹推进数字基础设施建设,探索建立各类产业集群跨区域、跨平台协同新机制,促进创新要素整合共享,构建创新协同、错位互补、供需联动的区域数字化发展生态,提升产业链、供应链协同配套能力。

(五)率先探索国家自创区绿色发展的新模式

推动国家自创区建设依托的国家高新区,深入落实《国家高新区绿色发展专项行动实施方案》,突出加强绿色技术研发攻关。支持国家自创区围绕产业绿色发展、生态环境治理、城市绿色建设等领域,加快培育绿色技术创新主体与绿色技术成果,全面增强绿色创新发展的引领支撑能力。支持国家自创区建立绿色技术创新发展标准体系和服务体系,加速绿色技术和产品的创新开发和推广应用。

推动绿色低碳园区建设。依靠科技创新和产业融合，按照与自然和谐共存、生态效率、生命周期等原则，促进科技创新成果就地转化，加快产业转型升级，全方面持续推动减污降碳协同治理，争取到2025年推动国家自创区依托的国家高新区，全部建设国家生态工业示范园区。

建立绿色低碳发展的经济体系，促进经济社会发展全面绿色转型。要加快形成绿色低碳交通运输方式，加强绿色基础设施建设，推广新能源、智能化、数字化、轻量化交通装备，鼓励引导绿色出行，让交通更加环保、出行更加低碳。

七、探索政策先行先试新机制

（一）跟踪和推广中关村新一轮先行先试改革

在2021年和2023年的中关村论坛上，习近平总书记先后指出，中国支持中关村开展新一轮先行先试改革，加快建设世界领先的科技园区，为促进全球科技创新交流合作作出新的贡献；北京要充分发挥教育、科技、人才优势，协同推进科技创新和制度创新，持续推进中关村先行先试改革，进一步加快世界领先科技园区建设，在前沿技术创新、高精尖产业发展方面奋力走在前列。长期以来，中关村一直在推进先行先试的工作。2021年11月发布的《关于支持中关村国家自主创新示范区开展高水平科技自立自强先行先试改革的若干措施》也提到支持中关村开展新一轮先行先试改革，加快建设世界领先的科技园区。2022年3月，中关村新一轮先行先试改革动员部署会召开。会议强调要深入学习贯彻习近平总书记关于建设科技强国的重要论述，当好改革创新"试验田"，推进中关村新一轮先行先试改革，加快建设世界领先科技园区和创新高地，为实现高水平科技自立自强、建设世界科技强国作出新的更大贡献。同时会议强调开展中关村新一轮先行先试改革要从做强创新主体、紧抓人才资源、畅通金融通道、优化创新机制、发挥政策叠加优势、统筹发展与安全、全力抓好政策落地、加强组织领导等多个方面，全面启动中关村新一轮先行先试政策。

2022年6月，为深入贯彻习近平总书记重要讲话和指示批示精神，推进国家和北京市稳经济一揽子政策措施和加快北京国际科技创新中心、中关村世界领先科技园区建设落实，北京市科委、中关村管委会正式发布了中关村国家自创区"1+5"系列资金支持政策。"1"是指《关于推动中关村加快建设世界领先科技园区的若干政策措施》，是5个资金办法的统领性文件，与5个资金支持政策共同形成"一揽子"资金支持措施，与正在研究制定的世界领先科技园区建设方案相衔接。"5"是指推动"若干政策措施"落地的5个资金支持政策文件，分别是支持科技型中小微企业关键技术创新、支持培育前沿技术企业等9项支持内容的《中关村国家自主创新示范区提升企业创新能力支持资金管理办法（试行）》；支持长期资本参与科技创新投资、引导投资机构开展早期硬科技投资等10项支持内容的《中关村国家自主创新示范区促进科技金融深度融合发展支持资金管理办法（试行）》；支持高品质科技园区建设、支持建设标杆型孵化器等7项支持内容的《中关村国家自主创新示范区促进园区高质量发展支持资金管理办法（试行）》；支持科技成果概念验证平台建设、支持技术转移机构建设等22项支持内容的《中关村国家自主创新示范区优化创新创业生态环境支持资金管理办法（试行）》；支持在海外设立科技园区、实施外资研发中心激励计划等 11 项支持内容的《中关村国家自主创新示范区提升国际化发展水平支持资金管理办法（试行）》。5 个资金政策共 14 个支持方向、59 项支持内容。

总体来看，中关村新一轮先行先试政策有五大特点。一是支持目标更加明确。围绕建设世界领先科技园区的定位要求，聚焦中关村新一轮先行先试改革任务，推进先行先试改革扎实落地，力争覆盖创新主体成长的全生命周期，形成一揽子政策体系。二是支持方向更加精准。针对创新体系和创新链条中的薄弱环节和关键要素，多方面加大了资金支持力度，努力打造全球领先的创新创业生态。三是支持方式更加多样。结合不同创新主体特点、创新活动及项目属性，实行公开竞争、揭榜挂帅、定向推荐等组织方式，以及事前直接补助、后补助、股权投资等支持方式，既具有普惠性，更注重引导性。四是使用效能更加突出。充分发挥有为政府和有效市场的作用，运用好财政资金撬动社会资本杠杆作用，突出企业创新主体地位，促进金融与科技、产业、经济深度融合。五是政策落地更加便捷。"1+5" 系列资金支持政策制定内容，对各类资金支持比例和额度做出明确规定，便于创新主体理解和把握。普惠类的支持措施，尽量做到"达标即享""免申即享"。

（二）上下协同探索全国新一轮先行先试改革政策

中关村迎来了一波科技创新先行先试"热潮"，有效发挥了中关村先行先试的示范带头作用，很多中关村试点政策最终形成了一批可复制、可推广的制度成果，在国家有关部委的推动下在全国范围内推行。但自 2017 年以来，中关村除了对 "1+4" 资金政策体系进行了更新与修订外，在政策的先行先试力度上相较之前下降了许多，包括在科技成果转化、知识产权保护、科技金融改革等方面，均没有形成可复制、可推广的制度成果。

其他国家高新区对于先行先试改革也做出了一些尝试。例如，四川省人大常委会审议通过了《成都国家自主创新示范区条例》，包含创新创业、科技成果转化、人才引进及科技金融等 7 个方面的先行先试内容；厦门火炬高新区通过政府购买服务的方式，引入第三方环保权威机构，引入"环保管家"一站式解决企业难题等。遗憾的是，因为影响力不足，这些先行先试往往是局部的、未成体系的，没有形成一套可在全国范围推广复制的制度成果。中关村作为 178 家国家高新区的领头羊，深刻领会习近平总书记在中关村论坛上的重要讲话精神，在先行先试上发挥了引领示范作用。

另外，数字政府、自贸区等主体也启动了新一轮的政策先行先试。2022 年 6 月 6 日，国务院印发了《关于加强数字政府建设的指导意见》，系统提出国家的发展目标，以期充分发挥数字政府建设对数字经济、数字社会、数字生态的引领作用，新一轮数字政府改革建设即将启动。2022 年全国海关工作会议中明确将积极促进对外开放平台建设，推进自贸区海关监管制度集成创新和复制推广，在部分自贸区先行先试全面与进步跨太平洋伙伴关系协定（CPTPP）部分规则。2022 年 1 月，广州南沙开发区（自贸区南沙片区）管委会印发《南沙自贸片区对标区域全面经济伙伴关系协定（RCEP）CPTPP 进一步深化改革扩大开放试点措施》，该试点措施是全国首个对标 RCEP、CPTPP 双协定的自贸区集成性创新举措，从六大方面，以十七条措施结合南沙自贸片区的发展规划，进行压力测试和持续创新。多地区多领域都通过政策的先行先试积极探索新融合、新发展。而未来的先行先试政策要向着重点推动高水平科技自立自强、深化产业链与创新链融合发展、推动数字经济和实体经济深度融合三个方向发展。

第一，要重点推动高水平科技自立自强。一是加强自立自强战略研究和围绕高端人才培养、全球创新联合体协同等开展政策试点。《中共中央关于制定国民经济和社会发展第十四个五年规划和二〇三五年远景目标的建议》提出，要坚持创新在我国现代化建设全局中的核心地位，把科技自立自强作为国家发展的战略支撑。在创新载体方面，要加快推行科技发展政策，如中关村提出的科技成果转化先行先试政策，《北京市促进科技成果转化条例》促进了北京科技成果的发展。

二是要加强金融服务。鼓励商业银行在国家自创区设立科技支行。支持金融机构在国家自创区开展知识产权投融资服务，支持开展知识产权质押融资，开发完善知识产权保险，落实首台（套）重大技术装备保险等相关政策。大力发展市场化股权投资基金。引导创业投资、私募股权、并购基金等社会资本支持高成长企业发展。鼓励金融机构创新投贷联动模式，积极探索开展多样化的科技金融服务。创新国有资本创投管理机制，允许园区内符合条件的国有创投企业建立跟投机制。支持国家自创区内高成长企业利用科创板等多层次资本市场挂牌上市。支持符合条件的国家高新区开发建设主体上市融资。

三是要注重培养企业的创新能力。作为创新要素的核心载体，企业在自主创新方面发挥重要作用。例如，中关村国家自创区出台的"1+5"系列资金支持政策中《中关村国家自主创新示范区提升企业创新能力支持资金管理办法（试行）》，鼓励科技企业展开关键技术创新，引导企业持续加大研发投入。国家税务总局也出台了《国家税务总局关于进一步落实研发费用加计扣除政策有关问题的公告》，明确科技型中小企业开展研发活动中实际发生的研发费用，按照实际发生额的 100% 或无形资产成本的 200% 在税前加计扣除。在创新联合体方面，已有多个省市开展了相关联盟，后续面对未来技术的高复杂性与不确定性，如何组织企业与高校院所进行技术攻关成为把握发展主动权的关键。

第二，要深化产业链与创新链融合发展。产业是发展的重要载体，创新是引领发展的第一动力。习近平总书记强调，"要围绕产业链部署创新链、围绕创新链布局产业链，推动经济高质量发展迈出更大步伐"。深化产业链与创新链融合发展先行先试政策是增强产业综合竞争力，推动我国经济发展由要素驱动型转向创新驱动型的重要举措。一是要加快解决关键核心技术"卡脖子"问题。要加强基础研究，提升原创能力，既要"补短板"，也要"筑长板"，提前部署研究，使中国经济在向前发展的过程中得到最关键的科技支撑。同时从鼓励有形产品与服务的融合创新、鼓励软硬件发展的融合、发展关键产业联盟、加强不同产业链之间的融通创新等方面着手，多方强化科技创新和产业链供应链韧性，依托新兴技术的创新型经济系统支撑，加强我国科技创新和产业链供应链各层次系统间的耦合性。通过深化改革保驾护航，促进我国双链融合发展。

二是加强"双自联动"政策协同。统筹国家自创区与自贸区、创新型城市、区域金融中心等协同发展。国家自创区着重于知识创新和产业创新，自贸区突出货物贸易便利化、服务贸易便利化、投资贸易便利化。通过国家自创区与自贸区的"双自联动"，要让贸易投资便利化为创新便利化服务。促进国家自创区与自贸区的"双自联动"建设，实现两者优势互补、相得益彰，是实现经济高质量发展的重要途径。而如何发挥"双自联动"的优势，加速创新要素跨境流动、促进开放创新是先行先试政策需要思考的问题。要以产业联动发展为核心，强化国家自创区与自贸区的科技协同创新，立足两区的发展定位和产业需求，整合利用两区的制度优势和科技资源，建设一批具有示范带动效应的重大项目和特色园区，加速动能转换和产业转型升级。

第三，要推动数字经济和实体经济深度融合。发展数字经济不仅是增强我国经济发展韧性的客观要求，更是推动我国高新区高质量发展的重要途径。《中共中央关于制定国民经济和社会发展第十四个五年规划和二〇三五年远景目标的建议》提出，发展数字经济，推进数字产业化和产业数字化，推动数字经济和实体经济深度融合，打造具有国际竞争力的数字产业集群。《国务院关于促进国家高新技术产业开发区高质量发展的若干意见》提出，要推动数字经济、平台经济、智能经济和分享经济持续壮大发展，促进产业向智能化、高端化、绿色化发展。一是要构建数字化科技创新服务支撑体系研究。以提高综合管理协调和支撑保障效能为基础，分析构建数字化科技管理体系的路径与方法，以战略性思维和前瞻性视野来找机会和需求，注重以数字化、智能化的手段推动战略管理水平和体系性反应效能的提升。如何以数字经济带动产业发展，发挥数字生态作用的先行先试政策成为国家自创区深入发展的新需求。

二是要搭建数字化服务平台，以数字化优化企业服务。针对知识产权、技术转移、金融等重点服务领域，向专业化市场机构购买服务，基于5G技术、大数据、云计算、物联网等技术搭建数字化服务平台，激活数据资产，提升国家自创区治理效能和服务水平，加强智慧园区建设，为企业提供更加精准、高效、专业的智慧服务。引入一批科技创新服务主体，加大对数字化技术服务商企业的支持，共同为传统企业数字化转型提供数字赋能，对企业定期进行培训，为传统企业定制适合的数字化转型方案与中长期规划，降低数字化转型成本，帮助企业在数字化转型升级方面少走弯路。

三是聚焦园区主导产业，加强数字企业引育工作。引进数字化企业，服务和帮助传统企业转型。围绕数字经济龙头企业，采用"引大聚小""引大带小"等产业链招商方式，吸引产业链上下游企业、数字科技研发机构等聚集，加快形成有特色的数字产业集群；加大对孵化平台建设、共性数字产品研发平台建设的支持力度，降低中小企业数字技术应用成本，推动数字产业企业孵化。针对数字产业关键核心技术创新"卡脖子"的问题，需要重点发挥政府对技术创新基础研究的扶持作用，充分调动各类企业和研发团队的积极性，通过不同性质、规模企业之间的协同创新提高技术攻关能力。

四是规范数字经济发展，坚持发展和监管两手抓。探索建立与数字经济持续健康发展相适应的治理方式，制定更加灵活有效的政策措施，创新协同治理模式。明晰主管部门、监管机构职责，强化跨部门、跨层级、跨区域协同监管，明确监管范围和统一规则，加强分工合作与协调配合。鼓励和督促企业诚信经营，强化以信用为基础的数字经济市场监管，建立完善信用档案，推进政企联动、行业联动的信用共享共治。

（三）建立政策试点—评估—总结—再试点的良性机制

科技政策是政府为促进科学与技术发展，以及利用科学技术为国家目标服务而采取的集中性和协调性措施。科技政策评估则是政策制定与运行过程中的重要一环，对于改进政策制定系统、克服政策运行中的弊端和障碍、提高政策水平具有深远意义。2009年中关村建设国家自主创新示范区以来，先后开展了股权和分红激励、科技成果处置权和收益权、支持创新创业的税收优惠等多项先行先试政策，其中10项政策已经向全国范围内推广，2项涉及高新技术企业的政策已纳入新的《高新技术企业认定管理办法》。为推动国家自创区内各项试点工作的有序进行，中关村国家自创区成立了"中关村创新平台"，负责组织及落实各项试点政策。总体来看，中关村先行先试改革的政策试点着眼于破除束缚创新驱动发展的观念和体制机制障碍，推动全面深化改革，为全面创新改革积累了宝贵经验，发挥了示范引领作用。如何持续发挥试点政策的推广作用，将优秀的政策及发展经验逐步推广，是国家自创区以更快速度建设创新型国家的有力保障。

对于国家自创区的政策试点、推广与评估的政策，要建立综合动态监测和政策评估制度研究。以促进产业发展为抓手，基于国家自创区的分类指导和特色建设路径，结合新形势下国家自创区的建设基础和发展特征，提出综合动态监测和政策评估框架思路。参考自贸区的全面创新改革政策评估机制，根据"四个面向"需求凝练政策试点，结合试点推广的反馈，不断提高政策设计精准度。

自 2013 年首个自由贸易试验区——中国（上海）自由贸易试验区挂牌运行至今，商务部会同有关地方和部门，推动各自贸试验区为全面深化改革和扩大开放先行先试。2015 年 2 月，国务院印发《国务院关于同意建立国务院自由贸易试验区工作部际联席会议制度的批复》，明确建立国务院自由贸易试验区工作部际联席会议（简称"联席会议"）制度，对全国自贸区深化改革试点工作进行宏观指导。自贸区在贸易便利化、投资体制改革、事中事后监管等方面，形成了一批制度创新性强、市场主体反映好的做法。国务院自由贸易试验区工作部际联席会议办公室每隔两年，将成效较为突出的案例，编撰形成自贸区"最佳实践案例"，现已分 4 批公布共 61 个案例，及时评估、总结自由贸易试验区改革试点经验，提出复制推广意见和建议，供各地在深化改革、扩大开放过程中借鉴优化。

除了政策的试点与复制推广，试点政策的绩效评估也是必不可少的。政策绩效评估是促进社会和谐的必然需要，也是推进政府改革的客观要求。以全面创新改革试验区为例，2015 年，中共中央办公厅、国务院办公厅印发《关于在部分区域系统推进全面创新改革试验的总体方案》（简称《方案》）；2016 年，全面推进落实试验区域的改革部署，开展阶段总结评估，对成熟的改革举措及时向全国推广。在政策评估方面，《方案》对试验地区进行年度监督检查和评估的工作要求，国家发展改革委和科技部委托第三方评估机构——国家科技评估中心，对试点地区全面创新改革试验三年工作开展了总结评估。8 个试验区域大胆探索实践，取得了一系列改革突破，共形成了 56 条经验成果，先后分三批推广支持创新相关改革举措，一批成熟改革经验正源源不断地由 8 个试验区域向全国各地推广。

在试点政策评估方面，自贸区每年需要开展政策试点中期评估，立法机关和行政单位的评估对推动依法行政、提高政策质量和执行效率等都具有重要的意义。同时开展第三方评估，由专业评估机构进行独立性、中立性、客观性、科学性的评估，以避免行政评估、顾客评估和利害关系人评估存在的利益局限。第三方机构定时将评估结果上报协调小组。最后每三年需要进行试点政策的总结评估，将政策具体结果上报中央并对外公开。通过政策试点—评估—总结—再试点的模式，持续为我国体制机制改革、合理配置政策资源奠定基础。

（四）深化改革，助力建设现代化科技创新治理体系

国家自创区进一步优化营商环境，加快其依托的国家高新区投资项目审批改革，实行企业投资项目承诺制、容缺受理制，减少不必要的行政干预和审批备案事项。进一步深化商事制度改革，放

宽市场准入，简化审批程序，加快推进企业简易注销登记改革。

一是完善多元共治新格局。建立完善政府、平台、企业、行业组织和社会公众多元参与、有效协同的数字经济治理新格局，形成治理合力，鼓励良性竞争，维护公平有效市场。加快健全市场准入制度、公平竞争审查机制，完善数字经济公平竞争监管制度，预防和制止滥用行政权力排除限制竞争。进一步明确平台企业主体责任和义务，推进行业服务标准建设和行业自律，保护平台从业人员和消费者合法权益。开展社会监督、媒体监督、公众监督，培育多元治理、协调发展新生态。鼓励建立争议在线解决机制和渠道，制定并公示争议解决规则。引导社会各界积极参与推动数字经济治理，加强和改进反垄断执法，畅通多元主体诉求表达、权益保障渠道，及时化解矛盾纠纷，维护公众利益和社会稳定。

二是加强征信建设，提升征信服务供给能力。加快建立全方位、多层次、立体化监管体系，实现事前事中事后全链条全领域监管，完善协同会商机制，有效打击数字经济领域违法犯罪行为。加强跨部门、跨区域分工协作，推动监管数据采集和共享利用，提升监管的开放、透明、法治水平。探索开展跨场景跨业务跨部门联合监管试点，创新基于新技术手段的监管模式，建立健全触发式监管机制。加强税收监管和税务稽查。

三是加大政务信息化建设统筹力度，强化政府数字化治理和服务能力建设，有效发挥对规范市场、鼓励创新、保护消费者权益的支撑作用。建立完善基于大数据、人工智能、区块链等新技术的统计监测和决策分析体系，提升数字经济治理的精准性、协调性和有效性。推进完善风险应急响应处置流程和机制，强化重大问题研判和风险预警，提升系统性风险防范水平。探索建立适应平台经济特点的监管机制，推动线上线下监管有效衔接，强化对平台经营者及其行为的监管。

四是提高"互联网+政务服务"效能。全面强化全国一体化政务服务平台功能，加快推进政务服务标准化、规范化、便利化，持续提升政务服务数字化、智能化水平，实现利企便民高频服务事项"一网通办"。建立健全政务数据共享协调机制，加快数字身份统一认证和电子证照、电子签章、电子公文等互信互认，推进发票电子化改革，促进政务数据共享、流程优化和业务协同。推动政务服务线上线下整体联动、全流程在线、向基层深度拓展，提升服务便利化、共享化水平。开展政务数据与业务、服务深度融合创新，增强基于大数据的事项办理需求预测能力，打造主动式、多层次创新服务场景。聚焦公共卫生、社会安全、应急管理等领域，深化数字技术应用，实现重大突发公共事件的快速响应和联动处置。

五是提升社会服务数字化普惠水平。加快推动文化教育、医疗健康、会展旅游、体育健身等领域公共服务资源数字化供给和网络化服务，促进优质资源共享复用。充分运用新型数字技术，强化就业、养老、儿童福利、托育、家政等民生领域供需对接，进一步优化资源配置。发展智慧广电网络，加快推进全国有线电视网络整合和升级改造。促进社会服务和数字平台深度融合，探索多领域跨界合作，推动医养结合、文教结合、体医结合、文旅融合。

八、加强多元协同与优化保障机制

（一）充分发挥国家自创区建设部际协调小组作用

坚持党对国家自创区工作的统一领导。国务院主管部门要会同有关部门，做好国家自创区规划引导、布局优化和政策支持等相关工作。省级人民政府要将国家自创区作为实施创新驱动发展战略的重要载体，加强对省内国家自创区规划建设、产业发展和创新资源配置的统筹。所在地市级人民政府要切实承担国家自创区所依托国家高新区建设的主体责任，加强国家高新区领导班子配备和干部队伍建设，并给予国家高新区充分的财政、土地等政策保障。

为了落实党中央、国务院关于国家自创区的有关要求，建立了科技部、国家发展改革委、教育部、工业和信息化部、财政部、自然资源部、住房城乡建设部等十余个部委共同参与的国家自主创新示范区建设部际协调小组（简称"部际协调小组"），该小组职责就是加强对国家自创区的规划、指导，研究解决发展中的重大问题，组织、协调推进国家自创区有关发展战略规划、体制机制创新、政策措施和重大项目实施等工作。

在新一轮国家自创区发展中，需充分发挥部际协调小组的领导作用。建议每年选择相对固定时间召开协调会议，形成统一的习惯。会议内容包括政策总结、政策试点、各国家自创区发展评估、重大专题研究等，核心是加强部际协调小组对各自创区的指导和协调作用。

（二）建立统一指导、分类管理和特色发展的治理模式

一是建立国家自创区统一的决策机制、统一的政策协同机制和统一的政策评估机制。建立国家高层次创新决策咨询机制，定期向党中央、国务院报告国家自创区发展动态，提出重大政策建议。根据政策试点和评估结果，建立自上而下的政策试点推动机制和自上而下的自我探索机制。建立政策评估指标，每年或每两年委托第三方定期开展统一的政策评估，定期向社会发布评估效果。

二是构建各具特色的国家自创区创新发展格局。东部地区的国家自创区注重提高原始创新和集成创新能力，全面加快向创新驱动发展转型，培育具有国际竞争力的产业集群和区域经济。中西部地区及东北地区的国家自创区走差异化和跨越式发展道路，柔性汇聚创新资源，加快先进适用技术推广和应用，在重点领域实现创新牵引，培育壮大区域特色经济和新兴产业。

三是建立需求、目标和问题导向的导向机制。三大导向分别是：国家战略需求导向，包括但不限于京津冀、长三角、粤港澳大湾区等区域重大战略，面向全球的"一带一路"、区域全面经济伙伴关系协定（RCEP）等；规划目标任务导向，包括但不限于与国家综合性科学中心建设、全国科技创新中心建设、创新链与产业链的深入融合、国家统一大市场的协调等；发展的现实问题或前瞻问题导向，包括但不限于集成电路产业关键基础突破与协同机制、东中西协同的动力与组织、企业跨区域流动与政策统一化、土地政策区域协同问题等。

四是鼓励东部地区国家自创区按照市场导向原则，加强与中西部地区国家自创区对口合作和交流。探索异地孵化、飞地经济、伙伴园区等多种合作机制。东北地区国家自创区综合评估重点在国

家战略科技力量、未来产业培育、全球创新高地、辐射带动作用。中部地区国家自创区综合评估重点在经济转型升级、培养新动能、创新生态建设、高质量发展等。西部地区国家自创区综合评估重点在经济增长速度、区域经济贡献、聚集创新资源、东中西协同发展、体制机制改革、绿色发展、产城融合发展等。

五是鼓励国家自创区依托的国家高新区，打造更多集中连片、协同互补、联合发展的创新共同体，融入全球创新体系。面向未来发展和国际市场竞争，在符合国际规则和通行惯例的前提下，支持国家高新区通过共建海外创新中心、海外创业基地和国际合作园区等方式，加强与国际创新产业高地联动发展。

（三）优化国家自创区的多元资金投入渠道与支持模式

在国家科技成果转化引导基金下设立国家自创区科技成果转化板块基金。以母基金的形式，联合推动国家自创区科技金融环境优化。研究对国家自创区内基础性、战略性和公益性研究提供稳定支持经费，完善稳定支持和竞争性支持相协调的机制。改革中央财政科技计划和资金管理，提高资金使用效益。完善激励企业研发的普惠性政策，引导企业成为技术创新投入主体。

探索建立符合中国国情、适合国家自创区内科技创业企业发展的金融服务模式。鼓励银行业金融机构创新金融产品，拓展多层次资本市场支持创新功能，积极发展天使投资，壮大创业投资规模，运用互联网金融支持创新。充分发挥科技成果转化、中小企业创新、新兴产业培育等方面的基金作用，引导带动社会资本投入创新。鼓励省市财政设立专项资金支持国家自创区建设。

（四）落实创新驱动发展战略建立国家自创区评估制度

《国家创新驱动发展战略纲要》提出，构建各具特色的区域创新发展格局。《国务院关于促进国家高新技术产业开发区高质量发展的若干意见》（国发〔2020〕7号）提出，鼓励有条件的地方整合国家高新区资源，打造国家自主创新示范区，在更高层次探索创新驱动发展新路径。由于中国区域发展阶段不同，必然需要建立因地制宜的发展模式。为此，根据国家创新驱动发展战略要求，建立国家自创区统一引导的综合动态评估制度。

统一引导的方向包括：①战略科技力量的聚集效应，鼓励引导更多国家级科研载体、创新力量等在国家自创区汇聚；②"卡脖子"技术的解决能力，围绕四个面向需求，从短期安全应对、中期跟踪并跑、长期突破引领综合评估国家自创区，系统化解决我国"卡脖子"技术的发展能力；③实现"双碳"战略的国家贡献，重点度量国家自创区内的国家高新区能否、如何率先实现碳达峰和碳中和，能否为其他地区提供先进的技术或发展模式等；④政策先行先试的社会引领，奖励为全国政策先行先试做出前瞻贡献的国家自创区，对先行先试政策能够再创新并产生巨大社会效果的自创区进行奖励。⑤鼓励深化改革与开放创新，鼓励国家自创区内的高新区开展体制机制深化改革，参与国家发展改革委、商务部、教育部、人力资源社会保障部、生态环境部等组织的相关制度改革试点，鼓励国家自创区跨区域、跨领域开展科研项目联合研发、协同优化产业链、合作成立各类组织等。

第三章 国家自创区体制机制与政策创新研究

国家自创区是引领改革，持续开展体制机制创新和政策先行先试的示范区，自成立以来国家自创区在科技成果转化、科技金融、人才建设等方面推出一揽子创新政策并推广到全国，发展成效显著，但同时也存在自创区管理体制不健全、运行机制不够流畅、政策力度不足等问题。因此，本章基于各国家自创区提供的自评估报告、国家自创区规划（纲要）、条例、建设实施方案及研究期间可公开获取的资料等资源，总结归纳国家自创区体制机制模式，梳理总结国家自创区自成立以来已出台的重大政策举措，并结合新时代高质量发展的要求，提出与新产业、新业态、新场景发展趋势深入结合的国家自创区体制机制创新和重大政策举措建议。

一、国家自创区体制机制与政策创新现状

（一）国家自创区体制机制现状

我国现有的23家国家自创区中，明确出台国家自创区发展规划和规划纲要的国家自创区有14家，明确出台国家自创区条例的有8家，拥有职能部门的有8家，有支撑单位的有8家。

本章从管理体制和运行机制两个方面对国家自创区体制机制现状和问题进行分析，并提出相关建议。管理体制规定了中央、地方、自创区的管理范围、权限职责及相互关系，是有关组织形式的制度，其核心是管理机构的设置。运行机制指自创区管理机构之间相互作用的过程和方式，重在事物内部各部分的相互关系。

1. 管理体制

根据研究期间可获取资料，目前国家自创区形成了"统筹领导—组织实施—落地执行"的管理架构和模式（图3-1）。其中，"统筹领导"层为国家自主创新示范区部际协调小组（简称"自创区部际协调小组"），由科技部牵头，国家发展改革委、教育部、工业和信息化部、财政部等国家有关部委和单位组成。主要负责对国家自创区的全面组织领导，协调各部门在职责范围内支持示范区建设；推进体制机制创新和政策先行先试，及时研究协调解决实施中出现的重大问题；组织自创区规划纲要的实施，明确职责分工，完善工作机制，落实工作责任；对国家自创区规划纲要实施情况进行督促检查，组织开展规划实施情况评估和经验总结，并向国务院报告实施情况；推进完善社会监督机制，鼓励公众参与规划纲要实施的监督；根据新的发展形势，适时开展国家自创区改革经验总结与推广工作。"组织实施"层由省或市政府主要负责人及政府有关行政管理部门负责人组成的自创区建设工作领导小组，省或市政府主要负责同志任组长。主要负责与自创区部际协调小组相关部门联系和协作配合，统筹规划自创区发展建设，研究解决发展建设中的有关问题；组织开展先行先试的体制机制创新试点；不断完善自创区建设的政策、法制环境。"落地执行"层主要由所在地方政府派出机构高新区管委会等构成。主要负责具体工作落实，履行政府相应的行政管理和公共服务职责，承担相应的法律责任。

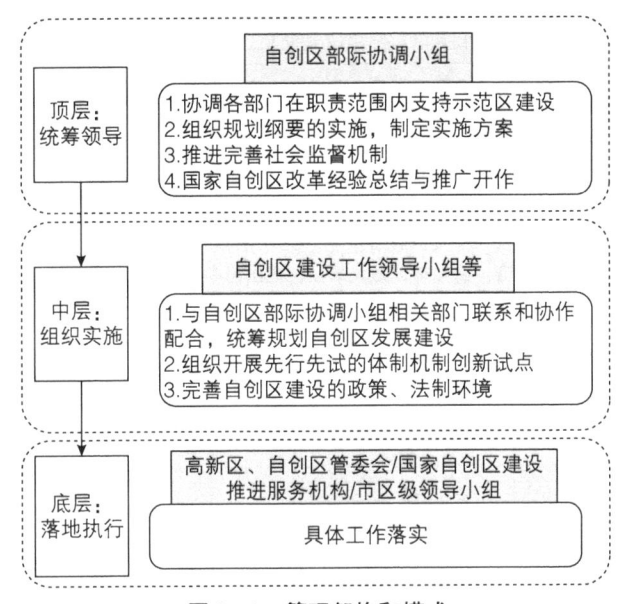

图 3-1 管理架构和模式

2. 运行机制

国家自创区运行机制存在差异,本报告选取中关村、武汉东湖、上海张江和苏南 4 个国家自创区为代表分析,为其余自创区管理体制模式选择提供参考。

(1) 中关村国家自创区

中关村国家自创区部际协调小组主要是从顶层对自创区规划进行组织实施及监督、评估和考核,推进自创区政策先行先试和体制机制创新。组织实施层是中关村国家自主创新示范区领导小组起协调连接作用,北京市政府主要负责同志任组长。领导小组主要职责是贯彻落实党中央、国务院的有关指示,研究审议建设中关村国家自创区的重大事项;提出需要中关村国家自创区部际协调小组解决的重大问题;组织、协调推进国家自创区有关发展战略、政策法规、体制创新、空间和产业规划、重大项目等实施工作。中关村国家自创区领导小组办公室设在北京市科委、中关村管委会,主要负责领导小组日常工作。组织结构如图 3-2 所示。

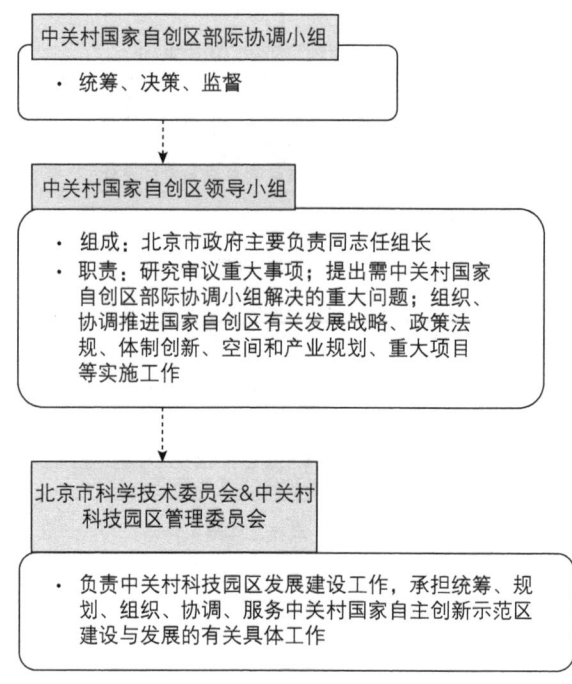

图 3-2 中关村国家自创区组织结构

在基本业务运行方面，北京市各级人民政府及有关部门对中关村国家自创区内的组织和个人办理行政许可、审批、年检和其他服务。市人民政府设立自创区发展专项资金，支持在中关村国家自创区创新创业、建设创新环境和促进产业发展。在决策支撑方面，中关村国家自创区实行重大行政决策公开征求意见制度和科学论证制度。有关自创区建设的重大行政决策事项，决策机关采取座谈会、论证会、听证会、媒体公开征集意见等方式广泛听取意见，并组织专家或研究咨询机构对重大行政决策方案进行论证。在协同方面，北京市和市辖区人民政府及有关部门加强与社会组织沟通协调，支持社会组织参与相关政策、规划、计划的起草和拟订，归集、反映行业动态或成员诉求，反馈相关政策实施情况。市人力资源和社会保障、科技、金融、专利、商标、著作权等行政管理部门组织建设人才流动和技术、资本、产权交易的平台，促进创新要素的聚集和高效配置。中关村管委会采取与政府合作模式，管委会负责与自创区试点政策有关的经济类功能，所在行政区负责与工商行政许可等有关的行政审批功能。在监督机制方面，北京方迪经济发展研究院和中关村创新发展研究院每年发布中关村指数，以评价中关村国家自创区的创新发展。

（2）武汉东湖国家自创区

武汉东湖国家自创区的统筹领导层由武汉东湖国家自主创新示范区部际协调小组构成，组织实施层由武汉东湖国家自主创新示范区领导小组（简称"东湖国家自创区领导小组"）组成，落地执行层是武汉东湖高新区管委会。管委会由市场监督管理局、发展改革局等22家内设机构，武汉国家生物产业基地建设管理办公室、武汉未来科技城建设服务中心、武汉光谷现代服务业园建设服务中心等8家园区服务办，8家街道办事处和武汉市公安局武汉东湖新技术开发区分局等3家市直派出机构组成，治理体系实施经济社会全职能模式，具有行政审批权限和一级财政管理权限。组织结构如图3-3所示。

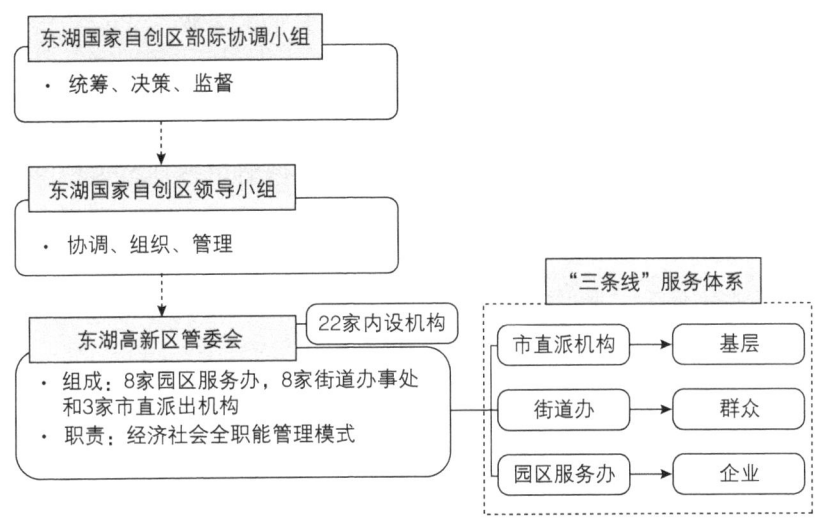

图 3-3 武汉东湖国家自创区组织机构

在基本业务运行方面，武汉东湖高新区管委会改革行政审批制度，实现行政审批办事不出国家自创区，省、市人民政府有关部门提供程序上的便利和支持。武汉东湖高新区管委会行使市政府相应的行政管理权限和一级财政管理权限，包括组织、编制国家自创区国民经济和社会发展规划、土地利用规划、城乡规划、产业发展规划等；负责自创区发展改革、经济和信息化、教育、科技等工作。省、市人民政府和管委会设立专项资金。在协同方面，武汉东湖高新区管委会被赋予合法的地位，使得自创区的试点政策在分园内保持高度统一。在服务方式上，武汉东湖国家自创区探索构建了"机关服务基层、园区服务企业、街道服务群众"的"三条线"服务体系，落实"三个清单"管理（行政审批权力清单、园区服务企业清单、街道服务群众清单），实行审批"三个一"模式（企业设立审批一口式、产业项目审批一体化、建设项目审批一条龙），明确机关、园区、街道的职责重点，充分发挥园区更加贴近企业、街道更加贴近群众的特点，着力推进园区、街道服务分中心建设，促进园区服务提质增效。在监督机制方面，武汉东湖高新区管委会建立完善政务信息公开制度，主动公开国家自创区优惠政策、管理事项、收费项目和标准、办事流程、服务承诺等信息。但武汉东湖国家自创区缺乏专家咨询委员会等决策支撑机构。

（3）苏南国家自创区

苏南国家自创区统筹领导层由苏南国家自主创新示范区部际协调小组和苏南国家自创区建设工作领导小组共同负责，省政府主要领导任自创区工作领导小组组长，主要是对规划纲要的组织实施进行全面指导。组织实施层由苏南国家自创区理事会组成，省政府分管领导任理事长，苏南五市、省有关部门分管领导为成员。主要负责统筹规划纲要的组织实施，协调落实自创区建设重大事项和改革任务。省有关部门要结合自身职能，在产业发展、金融支持、人才招引、土地资产配置、环境保护等方面研究出台具体支持政策和措施。苏南五市及各国家高新区负责组织领导和工作推进体系建设、任务分解和落实，共同推动苏南国家自创区一体化发展。落地执行层由苏南国家自主创新示范区建设促进服务中心（简称"苏南国家自创区建设服务中心"）构成，其依托省生产力促进中心挂牌成立，负责推动理事会审定的重点任务的落实落地和具体推进，提升自创区监测评价、创新型园区建设、科技成果转移转化、政策先行先试等专业化科技服务水平。苏南五市各高新区管委会享有与设区的市同等的经济管理等权限，领导小组办公室履行协调职能，下属苏南五市也有国家自创区领导小组，领导小组办公室内设建设促进服务中心，设有与管委会对应的职能服务部门。各高新区管委会负责具体的执行和推动落实功能，各管委会在国家及省市级有关政策框架指导下负责出台并实施各自的试点政策。组织结构如图3-4所示。

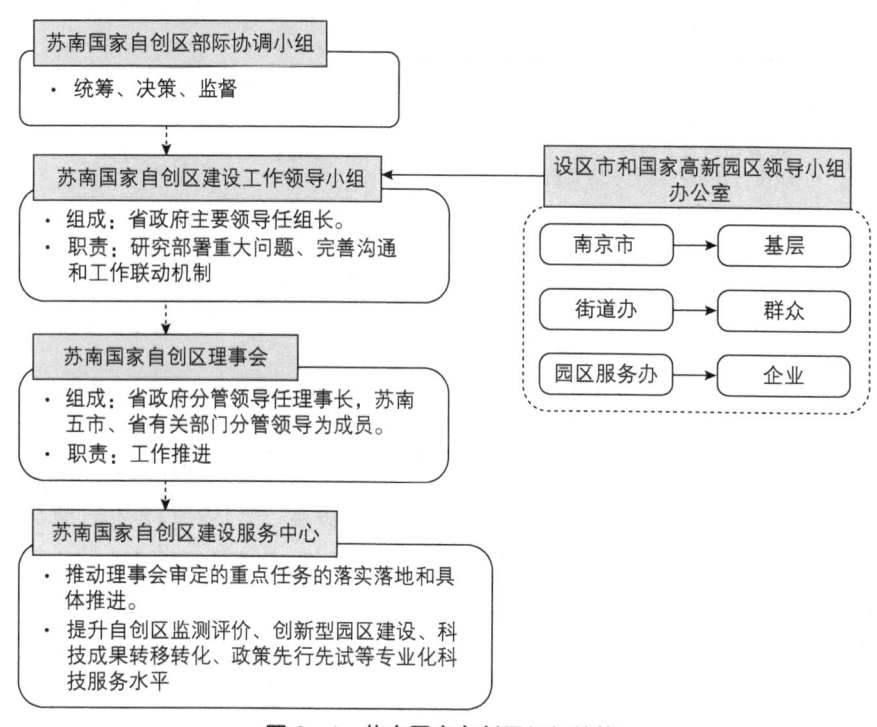

图3-4 苏南国家自创区组织结构

苏南国家自创区的"理事会+专家咨询委员会+管理服务中心"一体化工作推进体系，实现了省地共同推进重点工作任务、重大科技平台、重大科技项目和重要改革举措等"四重清单"具体任务，并成功举办"2021首届苏南国家自主创新示范区高峰论坛"。在基本业务运行方面，苏南国家高新区管理机构设立综合服务平台，提供一站式政务和公共服务，实现创新创业办事不出高新区。省人民政府设立国家自创区建设专项资金，主要用于支持国家自创区内重大科技创新载体建设、科技金融发展和对国家高新区奖励补助。国家自创区所在地的市人民政府及国家高新区管理机构可以设立相应的国家自创区建设专项资金。在决策支撑方面，专家咨询委员会由干勇院士等15名规划、产业、科技、管理、金融等方面高水平专家及苏南本土专家共同组成，加强重大规划、政策和项目的咨询论证，为理事会决策提供依据。在协同方面，苏南设区市、国家高新园区制定本地区实施方案，成立建设工作领导小组及办公室，建立省地（园区）互联的苏南国家自创区"一站式服务中心"，形成了有效协同、有机衔接、有力落实的工作体系。在监督机制方面，苏南国家自创区所在地县级以上地方人民政府及其有关部门建立创新政策调查和评价制度，听取企业和社会公众意见，定期组织或委托第三方对政策落实情况进行评估。省人民政府完善自主创新绩效评价考核机制，从知识产权创造和运用、技术创新质量和效益、产业升级和结构优化、参与国际竞争、可持续发展等方面，定期组织或委托第三方对国家自创区自主创新绩效进行评价考核。

（4）上海张江国家自创区

上海张江国家自创区的统筹领导层由部际协调小组构成，组织实施层由上海张江国家自主创新示范区领导小组（简称"上海张江国家自创区领导小组"）构成，落地执行层由上海推进科技创新中心建设办公室（简称"上海科创办"）构成。2018年4月，中共上海市委、上海市人民政府印发《关于调整完善上海张江管理机构职能等事宜的批复》同意重组上海科创办，为上海市人民政府派出机构。上海科创办内设13个处室和机关党委（机关纪委），承担上海张江国家自创区领导小组、上海张江高新技术产业开发区领导小组的日常工作。上海张江开发区管委会具有管委会审批权和土地权等权限。组织结构如图3-5所示。

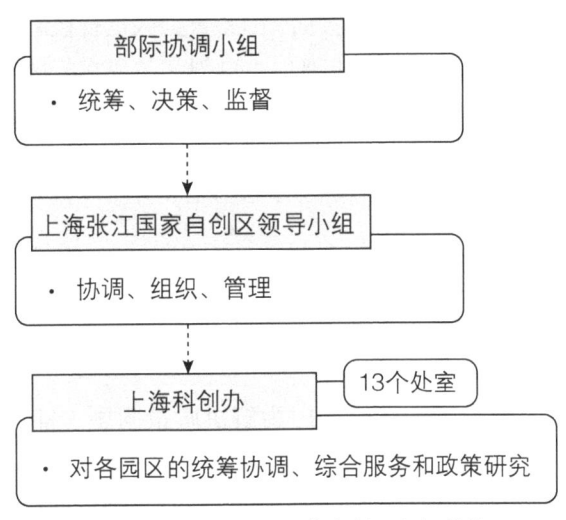

图3-5 上海张江国家自创区组织结构

在基本业务运行方面，在条件成熟的园区，分步骤下放项目备案核准等部分行政审批权限，与自创区试点政策有关的经济类功能由自创区各分院负责，主要的行政审批权限集中在各分园所属的行政区，少量的行政审批权限，如企业登记、市容绿化、预防卫生、环境评价等事项逐渐交由各分园负责。上海市财政资金和国家自创区所在区（县）财政资金联合设立上海张江国家自创区专项发展资金，上海市设立政府引导、社会参与的产业投资基金。在决策支撑方面，上海科创办依托科技部、上海市部市合作会议和上海推进科技创新中心建设办公室全体会议，与科技部等有关国家部委共同商议科创中心建设重大事项，积极争取国家层面支持；通过上海市推进科创中心建设领导小组会议，统筹市级层面科创中心建设重大事项和年度重点工作，进一步推进上海张江国家自创区建设。在协同方面，深化市、区（县）联动机制，在规划、政策等方面加强统筹协调，充分发挥各区（县）政府和分园的主体作用，加快形成市、区（县）分工协作、合理推进的工作格局。构建企业、社会组织、公众和政府良性互动的机制，引导上海张江国家自创区内企事业单位和社会组织参与上海张江国家自创区的建设和管理。在监督机制方面，制定实施上海张江国家自创区评估体系，按照国家对于上海张江国家自创区的要求，结合上海实际，从技术创新能力、创新创业环境、园区综合实力、政策落实情况、特色产业发展、规划制定实施、土地节约集约利用等方面，制定实施国家自创区评估体系，定期评估各分园绩效，实现国家自创区可持续发展。

3. 小结

23家国家自创区形成了"统筹领导—组织实施—落地执行"的管理架构和模式，尽管内部具体的机构构成还存在一定差异。总体来说，国家自创区部际协调小组和建设领导小组负责统筹指导等工作，管委会及科技创新平台等负责自创区内工作具体实施。中关村、武汉东湖、苏南等经济发展较快的国家自创区有比较完备的管理体制和较为流畅的运行机制。国家自创区和其所在地方政府在经济和社会职能权限上有比较清晰的划分，在决策支撑、部门协同和监督机制方面有比较完备的支撑单元，为国家自创区决策运行提供保障。但在管理体制方面，国家自创区管理结构有待进一步明晰，一些国家自创区与高新区管理机构重叠，存在部分管理机构虚置的情况，负责自创区具体工作实施的职能部门有待进一步健全。在运行机制方面，国家自创区运行机制有待进一步优化和畅通，省、市人民政府及管委会等机构的职责有待进一步理顺，自创区与所在行政区之间的权力关系需要进一步打破行政壁垒，将企业设立或运作所需要的各种行政审批权限在自创区与行政区之间进行合理有效的配置。另外，国家自创区缺乏明确统一的监督考核体系和清晰的反馈机制，激励机制有所欠缺，部门之间的协同有待进一步优化。

（二）国家自创区政策措施实施现状

1. 分析框架

政策工具是在相应的政策环境下，政府部门为解决政策问题、推行政策方案、实现政策目标等采用的政策方法和手段。依据不同的划分标准，政策工具有诸多分类，其中英国公共政策学者Rothwell和Zegveld根据政策工具的产生着力面及影响领域，将其划分为供给型、需求型和环境型3类，每种类型下又可细分为若干具体的政策工具，这种分类方式能较好地揭示政策制定过程中发挥的影响和作用，目前在国内科技政策与产业政策的分析中得到了广泛的应用。

结合科技成果转化、技术创新能力等政策的制定特点，参照Rothwell和Zegveld提出的划分标准，可将政策工具分为供给型、环境型和需求型3种类型。供给型政策工具是指政府通过自上而下各种方式的支持，直接作用于生产要素，从而推动科技活动的开展。环境型政策工具是指政府通过打造一个健康环境，借助中介服务、法规管制等外部因素，提供各种有利的条件保障，进而对科技活动起到潜移默化的间接影响和渗透作用。需求型政策工具是指政府通过采购和贸易管制等措施从消费端拉动科技活动的开展（图3-6）。

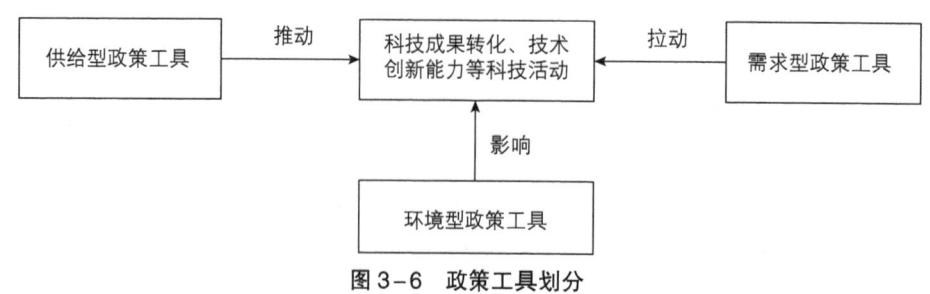

图3-6 政策工具划分

2. 政策实施与成效

从发文形式上来看，国家自创区围绕科技成果转化、技术创新能力、创新创业环境、人才建设、国际开放格局、绿色发展、科技金融、股权激励、创业绿卡等方面出台的政策的发文形式主要有9种，即办法、意见、方案、通知、措施、规划、条例、纲要、细则（图3-7）。地方人民政府、地方科技主管部门以及高新区管委会是主要发文主体，其中纲要、规划类的政策由国家发展改革委、科技部及地方政府；条例则由地方人大及其常委会颁布；措施、方案、意见、办法、通知等政策主要由地方科技主管部门，地方人民政府及园区管委会等颁布。目前，相关政策的效力等级较低，法律法规层面的政策数量较少。从发文主体来看，政策的制定主体大多数以单一主体为主，如各级人民政府、各级科技主管部门等。

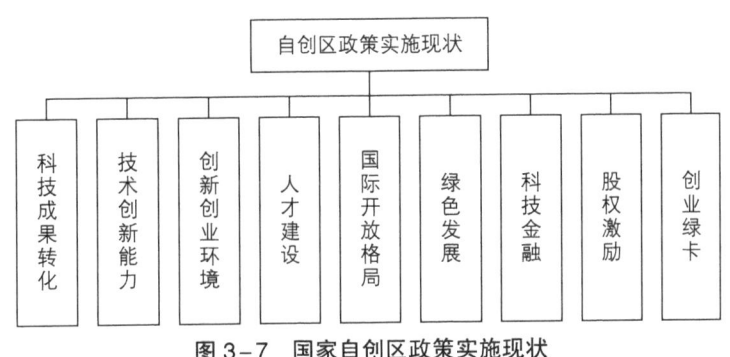

图 3-7 国家自创区政策实施现状

（1）科技成果转化

目前，共有13家自创区针对科技成果转化出台相关政策，分别是中关村国家自创区、武汉东湖国家自创区、长株潭国家自创区、上海张江国家自创区、苏南国家自创区、成都国家自创区、乌昌石国家自创区、郑洛新国家自创区、沈大国家自创区、山东半岛国家自创区、西安国家自创区、合芜蚌国家自创区、天津国家自创区和宁波温州国家自创区（图3-8）。其中，最早出台科技成果转化政策的是中关村国家自创区。

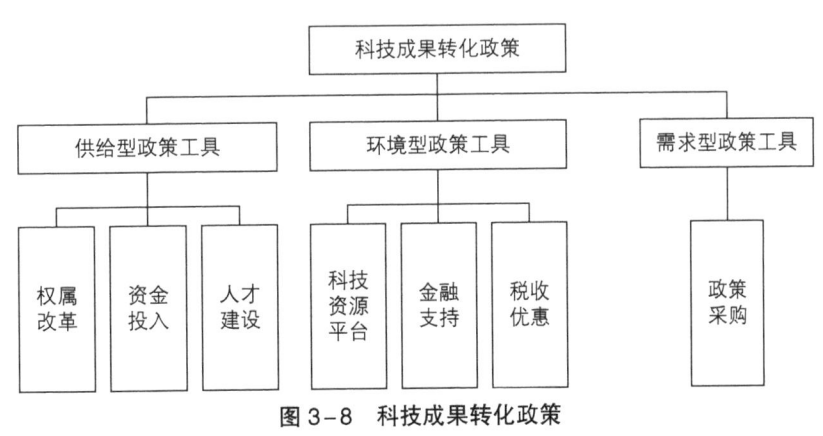

图 3-8 科技成果转化政策

① 供给型政策工具

供给型政策工具主要包括权属改革、资金投入和人才建设3个方面，覆盖范围比较全面。涉及11家自创区，分别为中关村国家自创区、武汉东湖国家自创区、长株潭国家自创区、上海张江国家自创区、苏南国家自创区、成都国家自创区、乌昌石国家自创区、郑洛新国家自创区、沈大国家自创区、山东半岛国家自创区和西安国家自创区。

在权属改革方面，主要以提高科技成果转化收益比例，扩大科技成果使用权、处置权、收益权和所有权改革为主。涉及中关村国家自创区、武汉东湖国家自创区、长株潭国家自创区、上海张江国家自创区、苏南国家自创区、成都国家自创区、乌昌石国家自创区和郑洛新国家自创区8家国家自创区。2011年，财政部颁布了《财政部关于在中关村国家自主创新示范区进行中央级事业单位科技成果处置权改革试点的通知》（"1+6"政策之一），中关村国家自创区率先开启权属改革试点。根据政策，中央级事业单位可按照有关规定对价值在800万元以下的科技成果自主进行处置，并在一个月内将处置结果报财政部备案。该政策突破了原有中央级事业单位一次性处置800万元以下的国有资产，由财政部授权主管部门进行审批，并由主管部门报财政部备案的相关规定，扩大了中央级事业单位的科技成果处置权限。2012年武汉东湖国家自创区在推进科技成果处置权、收益权等方面进行了大胆尝试，提出了"黄金十条"政策，明确将科技成果的处置权、收益权下放至科技人员及创新团队，并将收益比例提高到70%以上。2015—2019年为相关政策空白期，直到2020年，郑洛新国家自创区、长株潭国家自创区和上海张江国家自创区分别在科技成果转化权属改革方面出台政策，其中郑洛新国家自创区和上海张江国家自创区提出要赋予科研人员所有权的措施，深化了科技成果权属改革政策举措。中关村国家自创区和武汉东湖国家自创区覆盖的政策出台较早且较为全面，为其余自创区制定科技成果转化政策奠定了基础。其中，中关村国家自创区首先提出科技成果处置权限问题，对象为中央级事业单位；武汉东湖国家自创区率先将科技成果转化的收益比例提到新高，超过70%，为其余自创区科研成果转化收益比例提供借鉴，起到良好的政策先行先试示范作用。政策制定主体主要是省级、市级政府部门，且发文形式多以意见、办法、条例为主，表明各级政府部门对于科技成果权属改革的重视程度比较高，且政策内容较为翔实。其中，武汉东湖国家自创区、长株潭国家自创区、苏南国家自创区、成都国家自创区、郑洛新国家自创区和上海张江国家自创区6家国家自创区都将权属改革措施纳入国家自创区条例中，表明以上国家自创区对科技成果权属改革的重视程度比较高。

在资金投入方面，涉及中关村国家自创区、宁波温州国家自创区、乌昌石国家自创区、沈大国家自创区、长株潭国家自创区、山东半岛国家自创区和西安国家自创区7家国家自创区。政策内容以设立科技成果转化引导基金的扶持基金和开展"揭榜挂帅"科技攻关的专项资金为主，从而强化财政资金对科技成果转移转化的引导作用，规模为3000万元至1亿元不等。政策制定主体主要是高新区等执行机构，发文形式多以方案、措施、办法为主，对国家自创区的实际操作有明确的指引。

在人才建设方面，涉及中关村国家自创区、山东半岛国家自创区、长株潭国家自创区和沈大国家自创区4家国家自创区。主要通过设置科技成果转化岗位、建设技术经理人培养基地、提供项目支持等办法加强对科技成果转化人才的引进和培养，鼓励企业、组织和个人积极参与科技成果转化。

② 环境型政策工具

环境型政策工具主要包括科技资源平台、金融支持、税收优惠3个方面，涉及6家国家自创区，分别为中关村国家自创区、山东半岛国家自创区、合芜蚌国家自创区、沈大国家自创区、长株潭国家自创区、天津国家自创区。

在科技资源平台方面，涉及中关村国家自创区、山东半岛国家自创区、合芜蚌国家自创区、沈大国家自创区、长株潭国家自创区和天津国家自创区6家国家自创区。政策主要强调包括实验室资源在内的科技资源开放、搭建国际科技成果转化平台和综合服务平台、创办科技中介服务机构等，为科技成转化提供一个良好的环境。科技成果转化平台对连接技术输出方的高校、科研院所和成果技术吸纳方的企业有重要作用，推动高校和科研院所与企业联合共建创新平台，有利于打通科技成果转化双方的堵点。

在金融支持方面，涉及中关村国家自创区和长株潭国家自创区2家国家自创区。政策内容包括知识产权和股权质押、科技信贷、风险补偿等。2014年，北京市人民政府办公厅出台的《加快推进科研机构科技成果转化和产业化的若干意见（试行）》提出，为科技成果转化优化科技金融服务环境，鼓励在京金融机构为科研机构科技成果转化和产业化提供知识产权质押贷款、股权质押贷款、科技企业信用贷款等科技金融服务，加快科研机构科技成果转化和产业化。2016年，湖南省科技厅和财政厅联合发布《湖南省科技成果转化贷款风险补偿管理暂行办法》，针对规模较小和年销售额低的企业分别给予一定比例的贷款风险补偿（1%、2%、3%）；对于发放知识产权质/股权质押贷款、信用贷款等贷款产品的，按4%的比率核定补偿。通过对银行进行一定比例补偿，可以在一定程度上减缓银行借贷给中小微企业的顾虑，发挥财政资金杠杆作用，引导银行信贷支持转化科技成果和运用知识产权的科技型中小微企业，加速科技成果（知识产权）资本化、产业化，提高其抗风险能力。

在税收优惠方面，涉及苏南国家自创区和中关村国家自创区2家国家自创区。政策内容主要包括对科技成果转化相关方给予补助，对技术转让相关企业减免税收等。江苏省第十二届人大常委会通过并发布的《苏南国家自主创新示范区条例》指出，对"示范区内符合条件的企业在转化科技成果时给予个人的股权奖励，递延至取得股权分红或者转让股权时纳税"。2020年，《财政部　税务总局　科技部　知识产权总局关于中关村国家自主创新示范区特定区域技术转让企业所得税试点政策的通知》，明确在中关村特定区域开展所得税优惠试点，在中关村国家自创区特定区域内注册的居民企业，符合条件的技术转让所得，在一个纳税年度内不超过2000万元的部分，免征企业所得税；超过2000万元部分，减半征收企业所得税。在一定程度上给予企业税收优惠，降低企业技术转让风险。

③ 需求型政策工具

需求型政策工具主要包括政府采购，涉及武汉东湖国家自创区。《东湖国家自主创新示范区条例》指出，省、市人民政府和管委会通过政府采购，采取首购、订购、实施首台（套）重大技术装备试验和示范项目等措施，推广应用自创区区新技术、新产品、新服务。通过政府采购拉动新产品落地，在一定程度上解决科技成果转化面临的市场不确定性，从而拉动科技成果进一步转化。

④ 成效

科技成果转化政策的实施激发了科研人员、团队等主体的活力，实现了技术交易合同额的突破。其中，中关村国家自创区取得较为突出的成绩，其2021年全年技术合同成交额为3362.2亿元，同比增长24.2%，是21个国家自创区技术合同成交额最高的。2021年，中关村国家自创区高新技术企业15 813家，高新技术企业占国家高新区入统企业总数的57.5%以上。截至2021年，已有30户中关村企业享受了中关村技术转让试点优惠政策，减免税额1.6亿元。围绕科技成果转化过程中的痛点、难点问题，武汉东湖国家自创区明确将科技成果的处置权、收益权下放到科技人员和创新团队，并将收益比例提高到70%以上，为《中华人民共和国促进科技成果转化法》的修订提供了重要参考，推动了武汉大学的北斗高精度警保联动智能系统、华中科技大学的显微光学切片断层成像系统等一批单项价值过千万的科技成果成功实现落地转化，有力激发了自创区创新、创业、创投、创富的活力。

⑤小结

总体来看，科技成果转化的政策主要包括供给型和环境型两种政策工具。供给型占比约60.5%，环境型占比约32.6%，需求型占比约6.9%，供给型政策最多。说明国家自创区比较强调政府的主导作用和环境影响作用，但在拉动科技成果转化的需求型政策制定方面还基本处于空白状态。在供给型政策工具中，权属改革占比最高，约为53.8%，资金投入占比约为26.9%，人才建设占比约为19.3%，说明国家自创区更偏向以下放科研成果处置权限，开展使用权、所有权和收益权改革为最主要方式推动科技成果转化。而资金投入和人才建设次之，对于人才这一推动科技成果转化的主要保障，国家自创区已经在较大程度上认识到科技成果转化专业人员对科技成果转化的作用，以及现有人才的不足，因此在逐渐加大对科技成果转化方面的高层次人才的培养力度。在环境型政策工具中，科技资源平台占比最高，约为57.1%，金融支持占比约为28.6%，税收优惠占比约为14.3%。说明国家自创区更注重科技资源平台的建设，科技资源平台可以给科技成果转化提供良好的环境，是连接高校、科研院所研发与企业需求的重要桥梁。而以提供知识产权质押贷款、风险补偿等金融支持措施，以及科技税收和价格补贴等税收优惠推动科技成果转化的政策目前还处于小范围探索阶段。在需求型政策工具中，主要以政府采购为主，但相关政策仍需要继续探索。从政策文本类型和发文主体来看，政策多集中在中央和地方政府部门颁布的意见、方案、通知、办法等方面，呈现以部门规章层面的政策工具为主，地方性法规政策为辅的特征。

（2）技术创新能力

目前，共有7家国家自创区针对技术创新能力出台相关政策，分别是中关村国家自创区、鄱阳湖国家自创区、西安国家自创区、深圳国家自创区、兰白国家自创区、山东半岛国家自创区和沈大国家自创区（图3-9）。其中，最早出台技术创新能力政策的是中关村国家自创区。

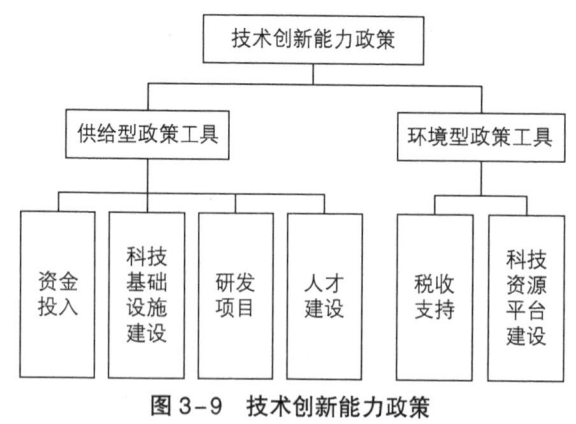

图3-9　技术创新能力政策

①供给型政策工具

供给型政策工具主要包括资金投入、科技基础设施建设、研发项目和人才建设4个方面。涉及

12家自创区，分别为中关村国家自创区、山东半岛国家自创区、苏南国家自创区、宁波温州国家自创区、成都国家自创区、沈大国家自创区、深圳国家自创区、鄱阳湖国家自创区、郑洛新国家自创区、西安国家自创区、兰白国家自创区和长株潭国家自创区。政策制定部门主要有地方人大，省级、市级政府，园区管委会等，且文件形式多以条例、意见、办法为主，占比约为80%。

在资金投入方面，涉及中关村国家自创区、山东半岛国家自创区、苏南国家自创区、宁波温州国家自创区、成都国家自创区、沈大国家自创区、深圳国家自创区、鄱阳湖国家自创区、郑洛新国家自创区、西安国家自创区、兰白国家自创区11家国家自创区。政策内容主要是以资金投入方式支持颠覆性技术、核心技术、重点项目等的研发和建设，以及为现有研发、创新平台提供支持为主。支持方式有一次性支持和分年度支持两种，支持额度范围约为50万元至1亿元。对科技企业研发投入的奖励和补贴，中关村国家自创区出台了4项相关政策，其中，《中关村国家自主创新示范区关于支持颠覆性技术创新的指导意见》是国内首个支持颠覆性技术创新的政策，针对颠覆性技术按照长期培育、动态调整、小额起步、逐步加码的方式，对在中关村国家自创区内注册的企业或创新团队给予资金支持，支持周期一般为5年。5年内分别给予不同数额的资金支持，第一年最高给予200万元资金支持，第二至三年，每年最高给予500万元资金支持；第四至五年，每年最高给予1000万元资金支持。同时对有突出表现的，即在实施过程中取得重大突破、进入成果转化或产业化阶段的项目给予每年最高3000万元的资金支持，累计支持金融最高1亿元。2019年出台的两项政策都涉及对高精尖产业协同创新平台的资金支持，具体支持方式也是按年度分阶段、小额起步的方式支持，支持周期为3年，支持金额分别是第一年不超过平台建设和运营总投资额30%的比例，最高不超过1000万元，之后两年考核合格的平台给予最高不超过1000万元的资金支持。对特别重大的创新平台每年给予最高不超过3000万元的资金支持。在《关于精准支持中关村国家自主创新示范区重大前沿项目与创新平台建设的若干措施》中，还涉及对重大前沿技术产品示范应用、具有重要影响力的企业和研发机构集聚、重点特色园区集聚创新资源和世界级顶尖科技人才及创新团队的支持，支持力度均为每年给予最高不超过2000万元的资金支持。2021年，西安高新区出台《西安高新区关于支持硬科技创新的若干政策措施》，对硬科技企业上市、企业研发投入、科技企业梯度培育、高新技术企业发展及核心技术研发与转化设立每年1亿元或1亿元以上的专项资金支持。对进行技术研发投入的企业实行激励措施，在《中共山东省委山东省人民政府关于加快山东半岛国家自主创新示范区建设发展的实施意见》中，对"试行示范区科技型企业研发投入进行普惠制奖励补贴政策。引导企业建立研发准备金制度，财政给予已建立研发准备金、研发投入持续增长的企业研发经费后补助"。补助额度根据研发投入占销售收入的比例来决定。对于研发投入占销售收入比例达到3%以上的大型企业，按照研发投入新增部分的10%给予后补助，研发投入占销售收入比例达到5%以上的中小微企业，按照研发投入10%的比例给予后补助，补助经费最高1000万元。

在基础设施建设方面，涉及山东半岛国家自创区和深圳国家自创区2家国家自创区。主要政策内容为布局重大科技设施和科学普及基础设施建设。《中共山东省委山东省人民政府关于加快山东半岛国家自主创新示范区建设发展的实施意见》指出，要统筹布局重大科技设施，济南、青岛、淄博等5个高新区根据各自优势分别设立不同的基础设施。其中，济南高新区要重点建设高效能服务器和存储技术国家重点实验室、量子通信卓越创新中心、国家超级计算济南中心等信息技术领域的重大创新平台，打造具有全国重要影响力的信息通信创新中心。青岛高新区要发挥青岛海洋科学与技术国家实验室的作用,重点建设国家海洋领域工程技术研究中心、国家海洋技术转移中心、国家科技成果转化服务(青岛)示范基地等涉海研发与转化重大创新平台。淄博高新区依托国家工业陶瓷材料工程技术研究中心等现有技术创新平台,集中打造全链条布局的新材料创新大平台。潍坊高新区集中建设面向光电和动力机械产业提供专业服务的各类创新创业平台。烟台高新区打造国际化的生物医药创新平台和海洋工程装备领域重大创新平台,建设国内海洋领域重要的科技成果转移转化策源地和智慧海洋创新中心。威海高新区重点建设中欧膜技术研究院、国家先进复合材料高新技术产业化基地、山东船舶技术研究院等重大创新平台,以打造具有全国影响力和竞争力的创新中心。《深圳经济特区国家自主创新示范区条例》指出,要加强科学普及基础设施建设,有条件的,应当根据自身特点面向公众开放研发机构、生产设施(流程)或展览场所,作为科学普及教育基地。

在研发项目方面,涉及山东半岛国家自创区1家国家自创区。政策内容主要是攻克产业重大关键技术难关和实施重大科技创新工程。在攻克产业重大关键技术难关方面,主要针对"卡脖子"关键共性技术问题,开展联合攻关,制定主导产业、先导产业的技术创新路线图,推动颠覆性技术创新。在实施重大科技创新工程方面,主要针对山东海洋、农业、中医药等方面实施科技创新工程。

在人才建设方面,涉及长株潭国家自创区和深圳国家自创区2家国家自创区。主要通过取消对专业技术人才和高层次人才的工作资历、年限等条件限制,为其科研项目提供资助的方式,加强人才建设,保障人才对技术创新的支撑作用。

② 环境型政策工具

环境型政策工具主要包括税收支持和科技资源平台建设2个方面,涉及5家自创区,分别为中关村国家自创区、山东半岛国家自创区、沈大国家自创区、深圳国家自创区和武汉东湖国家自创区。

在税收支持方面,涉及苏南国家自创区1家国家自创区。政策内容主要是对符合条件的高等院校、研究开发机构等单位进口国内不能生产或性能不能满足需要的科学研究、科技开发和教学用品,按照国家规定免征进口关税和进口环节增值税、消费税。

在科技资源平台建设方面,涉及中关村国家自创区、武汉东湖国家自创区和深圳国家自创区3家国家自创区。政策内容主要以支持研发机构、成果转化中心、实验室等资源的建设为主。《中关村国家自主创新示范区条例》和《深圳经济特区国家自主创新示范区条例》均指出要鼓励自创区内的企业自行或联合高等院校、科研院所在境内外设立研发机构。中关村国家自创区还提出要鼓励高等院校、科研院所和自创区内的企业联合研发新技术、开发新产品。2015年,《东湖国家自主创新示范区条例》指出,要在自创区建立健全实验室、大型科学仪器设备、科技文献、科技数据等科技资源开放共享和激励机制,引导各类科技资源面向社会提供服务。

③ 成效

在政策影响下,国家自创区积极搭建世界级创新平台,原始创新和前沿创新能力不断增强。国家自创区加大投入研究开发费用,研究开发人员不断增多,企业有效发明专利不断上升,国家重点实验室建设增加,一些重大前沿和关键技术取得突破。2021年1—11月,中关村国家自创区企业研究开发费用3574.5亿元,同比增长33.6%,遥遥领先其他自创区;研究开发人员80.1万人,同比增长10.0%;企业有效发明专利17.7万件,获得专利授权7.8万件,同比增长19.7%。中关村国家自创区诞生了长寿命超导量子比特芯片、全球首款96核区块链专用加速芯片、细胞焦亡抗肿瘤免疫功能重大发现等一批具有世界影响力的重大创新;武汉东湖国家自创区相继突破了128层闪存芯片、10

万瓦光纤激光器、400G 硅光芯片等一批"卡脖子"关键核心技术；深圳国家自创区在量子通信、核心芯片、5G、人工智能、新材料等领域，布局一批"先手棋"项目，2021 年累计立项技术攻关重点项目 147 个，资助总额超 12 亿元。国家自创区在关键前沿技术开发、重大产品与装备制造、国际技术标准创制等方面涌现出一大批高端技术和产品。

④ 小结

总体来看，技术创新能力政策主要包括供给型和环境型两种政策工具。其中，供给型占比84%，环境型占比 16%，供给型较多。说明国家自创区比较强调政府的主导作用和环境影响作用，但在拉动技术创新能力的需求型政策制定方面还基本处于空白状态。在供给型政策工具中，资金投入占比最高，约为 76.2%，科技基础设施建设和人才建设均约为 9.5%，研发项目约为 4.8%，说明国家自创区更偏向以资金投入为最主要方式推动技术创新。而科技基础设施建设和人才建设次之，说明国家自创区已经在较大程度上认识到科技基础设施和人才对科技成果转化的支撑保障作用，以及现有设施和高端人才的不足，因此在逐渐加大科技基础设施的数量和种类，加强对高层次人才的培养力度。在环境型政策工具中，税收支持占比为 25%，科技资源平台建设占比 75%。说明国家自创区更侧重通过建设科技资源平台来支撑技术创新，税收支持次之。需求型政策工具仍需要继续探索。从政策文本类型和发文主体来看，政策多集中在中央和地方政府部门颁布的，如措施、意见、办法等政策，以及地方人大颁布的条例，呈现部门规章层面和地方性法规层面的政策工具比较均衡，部门规章政策偏多的特征。

（3）创新创业环境

目前，共有 14 家国家自创区针对创新创业环境出台相关政策，分别是福厦泉国家自创区、中关村国家自创区、鄱阳湖国家自创区、西安国家自创区、宁波温州国家自创区、深圳国家自创区、郑洛新国家自创区、合芜蚌国家自创区、兰白国家自创区、苏南国家自创区、成都国家自创区、沈大国家自创区、天津国家自创区和长株潭国家自创区（图 3-10）。其中，最早出台创新创业环境政策的是中关村国家自创区。

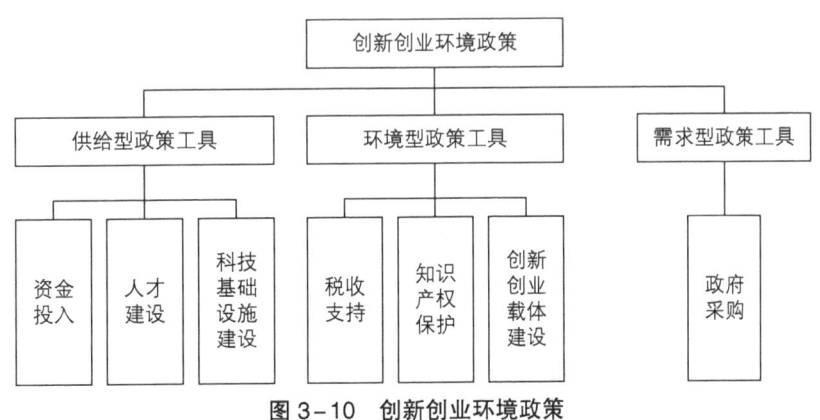

图 3-10 创新创业环境政策

① 供给型政策工具

供给型政策工具主要包括资金投入、人才建设和科技基础设施建设 3 个方面。涉及 12 家国家自创区，分别为福厦泉国家自创区、合芜蚌国家自创区、苏南国家自创区、成都国家自创区、中关村国家自创区、沈大国家自创区、西安国家自创区、鄱阳湖国家自创区、郑洛新国家自创区、宁波温州国家自创区、深圳国家自创区和兰白国家自创区。政策制定部门主要有地方人大，省级、市级政府，园区管委会等，且文件形式多以措施、条例、通知为主。

在资金投入方面，涉及福厦泉国家自创区、合芜蚌国家自创区、兰白国家自创区、苏南国家自创区、成都国家自创区、中关村国家自创区、沈大国家自创区、西安国家自创区、鄱阳湖国家自创区、郑洛新国家自创区、宁波温州国家自创区和深圳国家自创区12家国家自创区。政策内容主要是以设立专项资金或以奖励方式支持创业创新示范中心、科技企业孵化器、众创空间等创新创业载体的建设；对国内外创新型领军企业、一流研发机构在自创区建立总部的，按照研发设备投入和实际研发经费给予补助；对创新创业人才及团队给予奖励，包括提供扶持资金、对人才提供安家等保障；扩大科技创投基金规模。针对创新创业载体的专项资金大部分是1亿元，较为突出的是宁波温州国家自创区，基金规模达到50亿元，是全国最优。奖励形式的支持方式分为一次性支持和分年度支持两种，奖励额度约为3万~1000万元不等。支持人才建设的专项资金规模大多为1亿元。在创新创业人才保障方面，合芜蚌国家自创区政策对落户芜湖的科技团队给予上市奖励、业绩奖励和回购奖励等。合芜蚌国家自创区政策指出在加大物质激励同时，发挥精神激励作用。中关村、成都、西安、郑洛新等国家自创区也以奖励人才为主。《西安高新区打造"硬科技创新人才"最优发展生态支持政策》中，通过人才创新创业扶持、鼓励突出贡献、住房安居保障等10条相关支持政策，围绕高新区主导产业体系，广泛汇聚产业领军、企业经营、高端金融、公共服务管理、专业技术等5支硬科技创新人才队伍，着力打造全国一流、西部最优人才创新创业发展生态。

在人才建设方面，涉及中关村国家自创区、兰白国家自创区、深圳国家自创区和西安国家自创区4家国家自创区。政策内容主要以健全人才培养制度、设立专项资金、给予人才一定经费自主权为主，激励人才参与创新创业，对离岗创业的专业技术人员在新企业重新参加医保且缴费年限连续的支持。《中关村国家自主创新示范区条例》指出，"示范区管理机构应当会同市有关部门，制定示范区创新创业型人才发展规划，建立健全人才培养、引进、使用、流动、评价等制度，为示范区内的人才发展提供服务和保障"。《深圳经济特区国家自主创新示范区条例》指出，对符合条件的杰出人才、国家级领军人才等海外引进人才组建科研团队开展科技项目研发，可以由科研团队主要负责人申请相关资助。兰白国家自创区政策允许在编在岗的技术人员离岗创业，在离岗创业期间可在新企业重新参加社保，年限连续计算。

在科技基础设施建设方面，涉及深圳国家自创区和郑洛新国家自创区2家国家自创区。政策内容主要以建设实验室、大型科学仪器等服务平台为主。《深圳经济特区国家自主创新示范区条例》指出，对高等院校、科研院所和企业利用财政性资金或者国有资本购置和建设大型科学仪器设施的，产权及相关收益归购置和建设单位所有，从而激发创新创业主体的活力。《郑洛新国家自主创新示范区条例》指出，要建立统一的共享服务平台，引导各类科技资源面向社会提供服务。

② 环境型政策工具

环境型政策工具主要包括税收支持、知识产权保护和创新创业载体建设3个方面，涉及10家自创区，分别为中关村国家自创区、郑洛新国家自创区、苏南国家自创区、成都国家自创区、深圳国家自创区、天津国家自创区、长株潭国家自创区、福厦泉国家自创区、宁波温州国家自创区和鄱阳湖国家自创区。

在税收支持方面，涉及中关村国家自创区和郑洛新国家自创区 2 家国家自创区。政策主要内容包括中关村"1+6"政策和"新四条"政策。"1+6"政策提出，在中关村国家自创区开展研究开发费用加计扣除、职工教育经费税前扣除、股权奖励个人所得税、高新技术企业认定管理试点。"新四条"政策提出，在中关村开展技术转让企业所得税试点、企业转增股本个人所得税试点、高新企业企业认定中文化产业制程技术等领域试点、有限合伙制创业投资企业法人合伙人企业所得税试点，并分别给予相应的税收优惠。在《财政部 国家税务总局对中关村科技园区建设国家自主创新示范区有关研究开发费用加计扣除试点政策的通知》中，科技企业研发费用计入当期损益未形成无形资产的，允许再按其当年研发费用实际发生额的 50%，直接抵扣当年的应纳税所得额。研发费用形成无形资产的，按照该无形资产成本的 150% 在税前摊销。除法律另有规定外，摊销年限不得低于 10 年。该政策在原有企业研发费用税前扣除管理办法的基础上，进一步扩大了可列入加计扣除的研发费用的核算范围，加大了对企业研发活动的税收支持力度。《财政部 国家税务总局对中关村科技园区建设国家自主创新示范区有关职工教育经费税前扣除试点政策的通知》对自创区内的科技创新创业企业发生的职工教育经费支出，不超过工资薪金总额 8% 的部分，准予在计算应纳税所得额时扣除，超过部分，准予在以后纳税年度结转扣除。该政策将职工教育经费税前扣除比例由原有的 2.5% 提高到 8%，有利于提高企业对于职工教育经费投入的积极性。《财政部 国家税务总局对中关村科技园区建设国家自主创新示范区有关股权奖励个人所得税试点政策的通知》指出，技术人员获得股权后再转让时，对转让的差价收入，即转让收入高于获得时的公平市场价格的部分，应按照"财产转让所得"适用的规定计算征收个人所得税。该政策解决了企业科研人员在获得奖励股权但尚未取得股权相关收益的情况下，缴纳个人所得税可能存在困难的问题。《关于完善中关村国家自主创新示范区高新技术企业认定管理试点工作的通知》指出，自创区内注册满半年不足一年的企业，可申请认定高新技术企业，发蓝底证书，不享受税收优惠；核心自主知识产权中增加"国家新药、国家一级中药保护品种、经审（鉴）定的国家级农作物品种、国防专利、技术秘密"；取消技术专家对企业成长性与科技成果转化能力的评价。该政策将成立时间不足一年的初创期企业纳入认定范围，补充完善了企业核心自主知识产权内容，并采取了定性和定量相结合原则，引入参考指标认定，调整完善了相关单项指标的测算依据。2013 年，财政部等联合发布"新四条"政策，提出围绕技术转让企业所得税试点、企业转增股本个人所得税试点等 4 个方面开展先行先试。根据技术转让企业所得税试点政策，将 5 年以上非独占许可使用权转让纳入技术转让所得税优惠政策试点，在一个纳税年度内转让所得不超过 500 万元的部分免征企业所得税，超过 500 万元的部分减半征收企业所得税。主要解决高校院所和企业将科技成果以"非独占许可使用权"方式转让和投资入股，无法享受技术转让企业所得税优惠政策的问题，进一步加大对技术转让的支持力度。在企业转增股本个人所得税方面，个人股东一次缴纳个人所得税有困难的，可分期缴纳。主要是解决中小高新技术企业向个人股东转增股本可能出现股东所得股份较多、应纳税额较高、一次性纳税困难的问题，支持中关村中小高新技术企业扩大资本再投入。

在知识产权保护方面，涉及苏南国家自创区、成都国家自创区、深圳国家自创区、郑洛新国家自创区、天津国家自创区和成都国家自创区 6 家国家自创区。政策主要内容为完善知识产权保护制度、建立知识产权运营机构和公共服务平台、鼓励知识产权服务机构以参股入股形式直接参与创新创业等。苏南国家自创区、成都国家自创区、郑洛新国家自创区、天津国家自创区和成都国家自创区都提到了要支持知识产权服务机构为创新创业者提供服务，服务内容包括知识产权收储、开发、组合、投资，以及提供知识产权申请、运用、保护等。深圳国家自创区、郑洛新国家自创区和成都国家自创区鼓励知识产权服务机构以参股入股等新型合作模式直接参与创新创业。

在创新创业载体建设方面，涉及长株潭国家自创区、福厦泉国家自创区、苏南国家自创区、成都国家自创区、中关村国家自创区、宁波温州国家自创区、鄱阳湖国家自创区、郑洛新国家自创区和天津国家自创区9家国家自创区。政策内容为支持科技企业孵化器、众创空间等创新创业载体建设，共建产业技术创新战略联盟等。9家国家自创区均提出在自创区内设立创新创业孵化载体，表明了孵化载体的重要性。苏南国家自创区、宁波温州国家自创区和郑洛新国家自创区提到鼓励企业、高等院校、研发机构、投资机构等共建产业技术创新战略联盟等创新合作组织，开展产学研合作，在一定程度上集中科技创新要素，加快创新创业发展。福州市人民政府早在2017年发布了《福州市健康医疗大数据资源管理暂行办法》，单独以医疗大数据资源为对象出台管理办法，在各大自创区内独树一帜。

③需求型政策工具

需求型政策工具主要包括政府采购1个方面，涉及苏南国家自创区和成都国家自创区2家国家自创区。政策内容主要以政府向科技型中小微企业采购产品和服务为主。《苏南国家自主创新示范区条例》指出，向"中小微企业预留的采购份额应当占本部门年度政府采购项目预算总额的百分之三十以上；其中，预留给小型微型企业的比例不低于百分之六十"，保证科技型中小企业能够公平公正参与政府采购。《成都国家自主创新示范区条例》指出，"推广应用示范区新技术、新产品、新服务，建立首购首用风险补偿机制，对首购首用单位给予适当风险补助"，政策在一定程度上对中小企业进行了保护。

④成效

在政策影响下，国家自创区创新创业环境得到明显改善，经济发展动能强劲，以创业带动就业成效显著。科研院所数量稳定增加，科技企业孵化器和众创空间数量不断增加。福厦泉三市的国家级科技企业孵化器数量从2016年的10家增长到2021年的17家，占全省的94.4%，同比增长70.0%；国家级众创空间数量从2019年的45家增长到2021年的64家，占全省的88.9%，同比增长42.2%。武汉东湖国家自创区先后获批国家双创示范基地、科技资源支撑型特色载体，国家级科技企业孵化器达到25家、国家级众创空间7家，孵化面积超过600万平方米，在孵企业超过6000家。

⑤小结

总体来看，创新创业环境的政策主要包括供给型和环境型两种政策工具。供给型占比约为44.6%，环境型政策占比约为51.8%，需求型政策占比约为3.6%，环境型较多。说明国家自创区比较强调政府的主导作用和环境影响作用，但在拉动创新创业环境的需求型政策制定方面还基本处于空白状态。在供给型政策工具中，资金投入占比最高，约为76%，人才建设占比约为16%，科技基础设施建设约为8%，说明国家自创区更偏向以资金投入为最主要拉动方式改善创新创业环境。而人才建设和科技基础设施建设次之，说明国家自创区已经在较大程度上认识到人才和基础设施对创新创业环境的支撑保障作用，以及现有设施和高端人才的不足，因此在逐渐加大科技基础设施的建设，加强对创新创业型人才的支持力度。在环境型政策工具中，创新创业载体建设占比最高，约为48.3%，其次是税收支持，占比约为31.0%，最后是知识产权保护，占比约为20.7%。说明国家自创区更偏好以建设和培育创新创业载体为主改善创新创业环境，对科技创新创业载体给予税收优惠、对人才提供安家等保障及对研发主体给予补助和奖励等方式次之。知识产权保护对于创新创业主体的成果维护具有重要支撑作用，有待进一步加强知识产权保护力度。在需求型政策工具中主要是政府采购这一政策工具，政府采购在一定程度上在需求端拉动企业产品和服务，需求型政策工具仍需要继续探索。从政策文本类型和发文主体来看，政策多集中在地方政府部门及园区管委会颁布的，如措施、通知、办法等政策，以及地方人大颁布的条例。呈现以地方规范性文件为主，地方性法规为辅的特征。

（4）人才建设

目前，共有16家国家自创区针对人才建设出台相关政策，分别是乌昌石国家自创区、宁波温州国家自创区、中关村国家自创区、郑洛新国家自创区、苏南国家自创区、杭州国家自创区、成都国家自创区、鄱阳湖国家自创区、上海张江国家自创区、兰白国家自创区、山东半岛国家自创区、天津国家自创区、武汉东湖国家自创区、深圳国家自创区、西安国家自创区和沈大国家自创区（图3-11）。其中，最早出台人才建设政策的是中关村国家自创区。

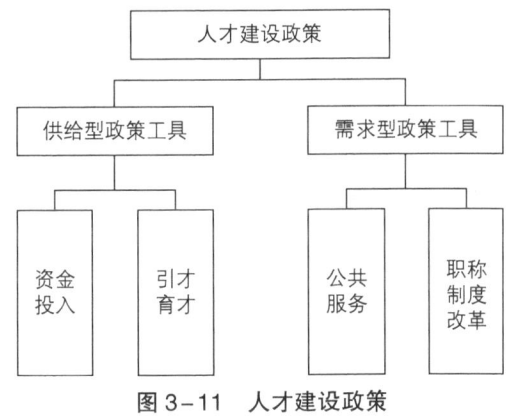

图3-11 人才建设政策

① 供给型政策工具

供给型政策工具主要包括资金投入、引才育才2个方面。涉及14家国家自创区，分别为乌昌石国家自创区、宁波温州国家自创区、中关村国家自创区、郑洛新国家自创区、苏南国家自创区、杭州国家自创区、成都国家自创区、鄱阳湖国家自创区、上海张江国家自创区、兰白国家自创区、山东半岛国家自创区、天津国家自创区、武汉东湖国家自创区和深圳国家自创区。

在资金投入方面，涉及乌昌石国家自创区、宁波温州国家自创区、中关村国家自创区、郑洛新国家自创区4家国家自创区。政策主要内容为给予创新创业人才、高科技人才奖励、资金资助等。在《关于加快宁波国家自主创新示范区建设的若干政策》中，为支持海内外高层次人才在区内创办科技企业，宁波高新区最高给予"三个1000万"支持（对落户的人才项目最高给予1000万元资助、3年内每年最高给予1000万元银行贷款全额贴息补助、对3年内贡献较大的人才企业最高给予1000万元奖励）。

在引才育才方面，涉及乌昌石国家自创区、苏南国家自创区、杭州国家自创区、成都国家自创区、鄱阳湖国家自创区、上海张江国家自创区、郑洛新国家自创区、中关村国家自创区、兰白国家自创区、山东半岛国家自创区和天津国家自创区 11 家国家自创区。政策内容主要以通过创业扶持、项目资助、产业化推广、建设人才平台等激励政策吸引国内外高层次人才，通过提供培训、建设人才培养机构等方式培养人才。在《关于进一步加快苏南国家自主创新示范区建设的有关人才政策措施》中，提出要畅通人才流动配置渠道，对苏南国家自创区内企事业单位聘用的急需紧缺外籍人才，取消年龄限制，视外国人才类别，为其办理最高期限的《外国人工作许可证》。允许外国留学生毕业后直接留苏就业。放宽外国留学生在苏工作限制，允许硕士及以上的优秀毕业生直接在苏南国家自创区区工作。支持用人单位自主招聘特殊人才。苏南国家自创区区内事业单位聘用高层次人才和具有创新实践成果的科研人员，可按照国家和省有关规定，自主公开招聘，简化引进手续。上海张江国家自创区和郑洛新国家自创区都主动优化对科技创新人才的培养机制，对能力突出的人才给予稳定支持，加强对青年人员的普惠性支持。在人才培养方面，《成都国家自主创新示范区条例》中指出，"示范区应当为科研人员提供公益性知识拓展、更新培训，提高科研人员的科技水平和创新能力"；在《郑洛新国家自主创新示范区条例》和《天津国家自主创新示范区条例》中，提出要支持企业、高等院校、科研机构等在自创区合作建立人才培养机构。

②需求型政策工具

需求型政策工具主要包括公共服务和职称制度改革 2 个方面。在公共服务方面，涉及中关村国家自创区、苏南国家自创区、成都国家自创区、西安国家自创区、郑洛新国家自创区、天津国家自创区和沈大国家自创区 7 家国家自创区。政策内容主要以提供住房保障、子女教育、医疗服务、老人赡养、配偶就业等公共配套服务为主。在《关于中关村国家自主创新示范区建设人才特区的若干意见》中，针对"海归"人才的发展环境提出了一系列举措，包括成立专门的服务机构为其在担任职务、承担科技项目等方面提供服务。为其提供配套的双语幼儿园和国际学校等服务。在《苏南国家自主创新示范区条例》《成都国家自主创新示范区条例》《郑洛新国家自主创新示范区条例》《天津国家自主创新示范区条例》中指出，为高层次人才在引进手续办理、外国人工作许可、户籍、住房保障、医疗、子女教育等方面提供便利条件。《西安高新区打造"硬科技创新人才"最优发展生态支持政策》提出，对符合条件的高新区硬科技创新人才可以不受户籍、社保限制，享受共有产权房等人才安居政策。硬科技创新人才在使用租赁式人才公寓时，可以享受最高 100% 房租减免。

在职称制度改革方面，涉及苏南国家自创区、成都国家自创区、郑洛新国家自创区、天津国家自创区、武汉东湖国家自创区、深圳国家自创区和宁波温州国家自创区 7 家国家自创区。政策主要内容包括给予自创区内高校、科研院所、医院、大型企业等自主开展职称评审，尤其是高级职称评审权。在《进一步加快苏南国家自主创新示范区建设的有关人才政策措施》中，提出要下放高级职称评审权，但针对不同专业分别设置了高级和副高级的职称评审权区别，工程、机械等专业可以拥有正高级职称评审权，卫生、护理等方面拥有副高级职称评审权。还提出要改革科技人才评价机制，允许苏南五市自主制定不低于省通用标准的科技人才评价标准，增加技术创新、专利发明等评价指标的权重，将科技成果转化的经济效益和社会效益作为职称评审的重要条件。在《苏南国家自主创新示范区条例》《郑洛新国家自主创新示范区条例》中也提出将科技成果转化的经济效益和社会效益作为职称评审的重要条件，说明以贡献为导向的人才评价标准越来越受到重视。在《天津国家自主创新示范区条例》中，提出"鼓励高等学校、研究开发机构和企业及其他组织之间实行人才双向流动。高等学校、研究开发机构可以聘请企业及其他组织的科技人员兼职从事教学和科研工作，并支持本单位的专业技术人员按照有关规定,在示范区企业及其他组织兼职兼薪或者离岗创新创业"。通过人才双向流动机制,可以在一定程度上解决企业和科研院所之间的壁垒,健全人才要素的合理流动,激发人才的创新活力。《关于推动人才创新创造支撑东湖科学城建设的若干措施》在国内率先实施人才注册制、积分制,设立10亿元光谷合伙人投资引导基金,优化人才创投环境,引导社会资本投资人才。

③ 政策实施成效

在政策影响下,国家自创区人才建设取得显著的成效。留学归国人员和外籍专家数量不断增加。《2023海外留学人才就业发展报告》显示,杭州成为海外留学人才占比最高的第五大城市。2021年,杭州国家自创区拥有留学归国人员5338人,外籍常驻人员940人,引进外籍专家301人。成都国家自创区聚集各类人才70万人,柔性引进诺贝尔奖获得者6名,中外院士19名,培育和引进国家级人才420人。武汉东湖国家自创区累计投入专项资金28.3亿元,集聚4名诺贝尔奖得主、70名中外院士、81名国家级高层次人才、234名省级高层次人才、173名"武汉英才计划"和2905名"3551光谷人才计划"人才,海外留学归国人员与常住外籍人员近2万人。苏南国家自创区有效来华工作许可的外国人超过2万名,占全省的85%以上。

④ 小结

总体来看,人才建设的政策主要包括供给型和需求型两种政策工具。供给型占比约47%,需求型占比约为53%,需求型比较多。说明国家自创区比较强调政府的主导作用和环境影响作用,但在拉动人才建设的需求型政策制定方面还基本处于空白状态。在供给型政策工具中,引才育才占比最高,约为80%,资金投入占比约为20%,说明国家自创区以吸引和培养人才为最主要方式打造人才建设。在需求型政策工具中,公共服务和职称制度改革政策基本持平。说明国家自创区对两种政策工具的使用比较均衡,提供配套的公共服务在一定程度上可以解决人才的后顾之忧,有利于人才在国家自创区内长期发展。职称制度改革更加强调以贡献为主导的人才认定标准,可以在一定程度上激发科研人员的积极性和创造性,从而激发人才创新活力。需求型政策工具仍需要继续探索。从政策文本类型和发文主体来看,政策多集中为高新区颁布的办法、意见,地方政府颁布的通知、意见,还有地方人大颁布的条例,呈现以地方规范性文件为主,地方性法规为辅的特征。

(5)国际开放格局

目前,共有6家国家自创区针对国际开放格局出台相关政策,分别是中关村国家自创区、深圳国家自创区、天津国家自创区、郑洛新国家自创区、苏南国家自创区和成都国家自创区(图3-12)。其中,最早出台国际开放格局政策的是苏南国家自创区。

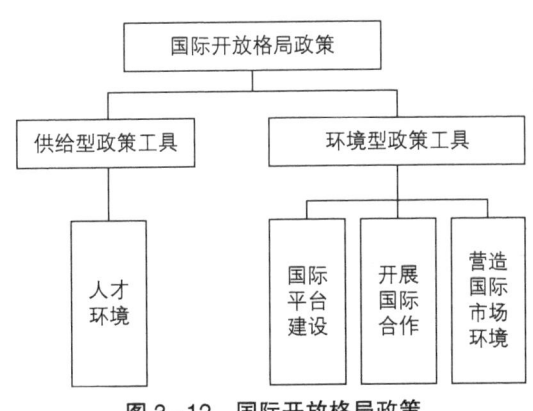

图3-12 国际开放格局政策

① 供给型政策工具

供给型政策工具主要包括人才环境1个方面。涉及中关村国家自创区、深圳国家自创区、天津国家自创区3家国家自创区。政策内容主要为为国际人才流动提供合作平台、职业便利等服务。在《中关村国家自主创新示范区国际化发展指导意见》中提出，实施人才国际化行动。主要包括建立国际人才合作组织，集聚国际人才资源。丰富招才、引才、育才形式，持续增强国际人才黏性，开展"留进中关村"活动，举办全球名校中国留学生云招聘活动，支持中关村国家自创区各类创新主体面向全球顶尖高校吸引人才。提升海外人才创新创业灵活度。探索"区内注册、海内外经营"的离岸模式。提升国际人才创业服务能力，推动优化外国人工作许可、居留许可证审批流程，加快国际人力资源服务机构的中关村集聚发展等一系列措施。在《深圳市推进高度便利化的境外专业人才执业制度的实施方案》中提出3项具体措施，分别为：放宽境外专业人才参加国家职业资格考试的限制；畅通境外专业人才职称评价渠道；明确领域推进境外专业人才执业便利。在《深圳市境外职业资格便利执业认可清单》中提出，"允许持有《清单》内境外职业资格的专业人员按照相关实施办法，在深圳市备案登记后执行，提供专业服务"。对应的职业资格包括税务师、注册建筑师等。这一清单打破了在粤港澳之间的职业壁垒，有利于促进境内外人才流动。

② 环境型政策工具

环境型政策工具主要包括国际平台建设、开展国际合作和营造国际市场环境3个方面。涉及5家国家自创区，分别是郑洛新国家自创区、中关村国家自创区、天津国家自创区、苏南国家自创区和成都国家自创区。

在国际平台建设方面，涉及郑洛新国家自创区、中关村国家自创区和天津国家自创区3家国家自创区。政策内容主要为搭建国际化创新发展平台，在境外设立或合作设立研发机构、技术转移机构，共建联合实验室等具有国际水平和标准的国际平台，营造国际化、市场化的营商环境。在《中关村国家自主创新示范区国际化发展指导意见》中，提出要加快布局海外协同创新平台载体，支持大企业在"一带一路"相关国家、区域全面经济伙伴关系协定签约国等建设一批特色鲜明的中关村海外科技园；支持中关村国家自创区创新主体以自建、参股合建等方式，在海外建设联合研发中心、实验室、孵化器等创新平台，支持行业联盟、协会学会牵头成立特色化国际创新联盟，加速中关村国家自创区融入国际创新网络。

在开展国际合作方面，涉及苏南国家自创区、成都国家自创区、郑洛新国家自创区和天津国家自创区4家国家自创区。政策主要内容是加强与国际高科技园区、境外高校、研发机构等交流合作，在境内外合作共建科技园区。苏南国家自创区、成都国家自创区、天津国家自创区和郑洛新国家自创区均在自创区条例中提出了与其他国家和地区在科技创新方面开展国际合作，集聚创新资源等，可以看出国家自创区将开展国际交流合作摆在很重要的位置上。在《中国（天津）自由贸易试验区滨海高新区联动创新区总体方案》中，提出中国（天津）自由贸易试验区滨海高新区联动创新区，推动自贸试验区政策向联动创新区延伸复制。支持联动创新区参与自贸试验区境外离岸创新创业基地建设，鼓励区内企业布局海外研发中心，及时跟进信创、生物医药、新能源新材料等海外技术创新前沿动态，着力提升国际创新资源综合利用率。通过开展国际合作，可以与其他国家进行信息共享，加速国际要素流动，在一定程度上有利于科技创新发展。

在营造国际市场环境方面，涉及苏南国家自创区、成都国家自创区、郑洛新国家自创区和中关村国家自创区 4 家国家自创区。政策主要内容包括通过推进科技服务、知识产权等领域的扩大开放营造有利于国际投资平等准入的市场环境，通过支持企业参加境外活动和宣传，加强国际标准制定等，优化国际市场环境。在《中关村示范区国际标准化工作行动方案（2020—2022 年）》中提出，通过加强国际标准储备与制定、打造"中关村标准"国际化品牌及优化国际标准化发展环境 3 个方面增强企业创新能力，促进高质量发展，支持中关村国家自创区建设成为全球先进标准创制与实施的引领辐射区。

③ 成效

国家自创区积极开展对外合作，提升国际化水平。2021 年深圳国家自创区累计资助国际合作、交流项目 79 个，资助金额达 3950 万元。中关村国家自创区全面落实"一带一路"科技创新北京行动计划，围绕设立海外科技园区、开展国际研发合作等方面对 216 家企业给予资金支持。通过承办第十一届中意创新合作周、在 2021 新加坡 SWITCH 大会举办中关村论坛年度系列活动等，成功打造了国际创新交流合作品牌活动，增强北京创新国际知名度和号召力。

④ 小结

总体来看，国际开放格局的政策主要包括供给型和环境型两种政策工具，其中环境型政策工具比重较高，说明国家自创区比较强调政府的主导作用和环境影响作用，但在拉动国际开放格局的需求型政策制定方面还基本处于空白状态。在供给型政策工具中，主要是打造人才发展环境，进而吸引国际人才在自创区执业。说明国家自创区更偏向以吸引和培养国际人才为最主要方式促进国际交流合作，从而提升自创区科技创新能力和竞争力。在环境型政策工具中，主要以国际合作为主，其次是国际市场环境和国际平台建设。说明国家自创区更偏向以推动自创区内企业、科研机构、人才及园区的合作交流为主要方式，打开国际开放格局。国家自创区已经在较大程度上认识到国际交流平台和国际市场环境对打开国际开放格局的作用，以及现有政策的不足，因此在逐渐加大对国际平台的建设及加快营造良好的国际环境。需求型政策工具仍需要继续探索。从政策文本类型和发文主体来看，政策多集中为地方人大颁布的条例及园区管委会发布的意见，呈现以地方性法规为主，地方性法规为辅的特征。

（6）绿色发展

目前，共有 4 家国家自创区针对绿色发展出台相关政策，分别是鄱阳湖国家自创区、杭州国家自创区、宁波温州国家自创区、郑洛新国家自创区（图 3-13）。其中，最早出台绿色发展政策的是杭州国家自创区。

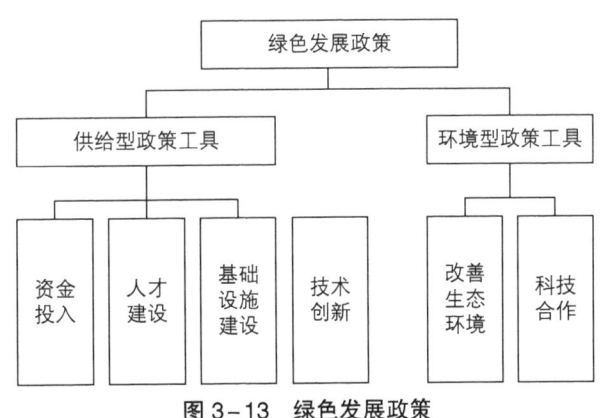

图 3-13　绿色发展政策

① 供给型政策工具

供给型政策工具主要包括资金投入、人才建设、基础设施建设和技术创新4个方面。

在资金投入方面，涉及鄱阳湖国家自创区和杭州国家自创区2家国家自创区。政策内容主要是为绿色项目、关键技术等的研发建设提供专项资金投入、奖励等。在《南昌高新区促进绿色发展若干政策措施》中，针对节能技术改造、聘请具有专业资质的第三方机构实施合同能源管理项目、推广利用可再生能源、实行一般工业固体废物综合利用、获批国家级、省级和市级的生态文明教育示范基地的企业给予奖励或补贴，奖励为5万~100万元不等。在《杭州市科创领域碳达峰行动方案》中，对承担市重点研发计划项目的企业，按不超过该项目实际研发投入、并经验收意见核定研发经费投入额的20%给予后补助，单项最高不超过500万元的专项资金支持。

在人才建设方面，涉及杭州国家自创区和宁波温州国家自创区2家国家自创区。政策主要内容是结合现有引才工程、支持能源、环境等学科建设方式引进和培育一批绿色低碳技术方面的专业人才和团队。在《宁波市碳达峰碳中和科技创新行动方案》中，提出要实施高层次人才团队引育行动，结合甬江引才工程等重大引才引智工程，积极引进培育一批能推动和引领绿色低碳技术创新发展的顶尖人才和领军人才及团队。支持能源、环境、材料、生物、计算机等相关学科建设，培养复合型绿色低碳人才，加强技术转化和服务人才培养，构建高等院校、科研院所、企业三位一体的人才流动机制。

在基础设施建设方面，涉及到郑洛新国家自创区、杭州国家自创区和宁波国家自创区3家国家自创区。政策主要内容是建设重点实验室、研发中心、技术创新平台等一系列支持绿色发展的基础设施。在《杭州市科创领域碳达峰行动方案》中，提出把布局建设碳达峰技术创新平台列为市技术创新平台主要领域，支持西湖大学牵头建设能源与碳中和省实验室，建设20家市级企业高新技术研究开发中心，省级研发机构5家以上。积极推动龙头企业牵头组建省创新联合体，初步建成国内领先的低碳技术创新集聚区。在《宁波市碳达峰碳中和科技创新行动方案》中，提出加强基础前沿创新平台建设，主要聚焦可再生能源、高效储能、氢能、CCUS等碳中和关键技术领域。在《新乡高新区推进黄河流域生态保护和高质量发展工作实施方案》中，主要是提出持续推进植树造林和绿化建设、高质量推进基础设施建设等。包括推动政府和社会资本合作建设基础设施和公共服务设施，建立投资主体多元化、融资渠道多样化的开发运营机制；加快建设市政道路、园林绿化等工程建设，同步建设污雨水、给水、电力、热力、燃气、联合管线等公共服务设施，进一步扩大贯通道路路网格局、提升道路景观，加快推进高新区东西片区快速互联互通。

在技术创新方面，涉及杭州国家自创区和宁波温州国家自创区2家国家自创区。政策主要内容为实施零碳、低碳、负碳的技术攻关和创新。2家国家自创区均提到了要重点突破可再生能源、氢能、储能、碳捕集利用与封存、生态碳汇等领域核心技术攻关。

② 环境型政策工具

环境型政策工具主要包括改善生态环境和科技合作2个方面。涉及3家国家自创区，分别是杭州国家自创区、郑洛新国家自创区和宁波温州国家自创区。

在改善生态环境方面，涉及杭州国家自创区和郑洛新国家自创区2家国家自创区。政策内容主要为以淘汰落后产能、保护生物多样性、实施环境污染治理等方式加快生态修复和保护。其中，《杭州市生态文明建设促进条例》提出在生态规划、生态经济、生态环境和生态文化4个方面，通过优化空间布局、加快淘汰产能落后、发展循环经济、改善生态环境、弘扬生态文化等措施建设杭州市的生态文明体系。

在科技合作方面，涉及宁波温州国家自创区1家国家自创区。政策内容主要包括与长三角区域在绿色技术方面协同创新，加强与先进国家和地区在可再生、氢能、储能等领域的合作。

③ 政策实施成效

国家自创区聚焦绿色技术、产业和园区建设，绿色发展取得比较良好的效果，生态环境取得明显改善。杭州国家自创区深入实施能源"双控"和"煤炭消费减量替代"，全市单位GDP能耗持续下降，有效控制能源消费总量过快增长。2017年以来削减废水排放量3554万吨/年、COD排放1294吨/年。鄱阳湖国家自创区内赣州高新区列为国家环境污染第三方治理园区，稀土钨新型功能材料产业集群入选国家级战略性新兴产业集群，流域性稀土矿山尾水处理系统及处理工艺等9个技术列入省首批绿色技术目录。山东半岛自创区规模化推广种植5万亩生态碳汇林，预计20年产生48万吨碳汇，为黄河流域碳排放交易提供有益探索。

④ 小结

总体来看，绿色发展的政策主要包括供给型和环境型两种政策工具。供给型占比约为71%，环境型占比约为29%，供给型较多。说明国家自创区比较强调政府的主导作用，其次是环境影响作用，但在拉动绿色发展的需求型政策制定方面还基本处于空白状态。在供给型政策工具中，基础设施建设占比最高，为40%，资金投入、人才建设和技术创新占比相同，为20%，说明国家自创区更偏向以布局绿化建设、重大实验室、技术创新平台等为主要方式推动绿色发展。同时，国家自创区也基本认识到资金投入、人才建设和技术创新对绿色发展的重要作用，因此在逐渐加大对绿色发展方面的资金投入、人才培养力度及技术研发强度。在环境型政策工具中，改善生态环境政策占比最高，约为75%，科技合作次之，占比约为25%。说明国家自创区更注重以改善生态环境等手段影响绿色发展。从政策文本类型和发文主体来看，政策多集中在园区管委会颁布的方案等，呈现以地方政府文件为主的特征。

（7）科技金融

目前，共有11家国家自创区针对科技金融出台相关政策，分别是武汉东湖国家自创区、苏南国家自创区、中关村国家自创区、深圳国家自创区、宁波温州国家自创区、鄱阳湖国家自创区、郑洛新国家自创区、西安国家自创区、沈大国家自创区、天津国家自创区和成都国家自创区（图3-14）。

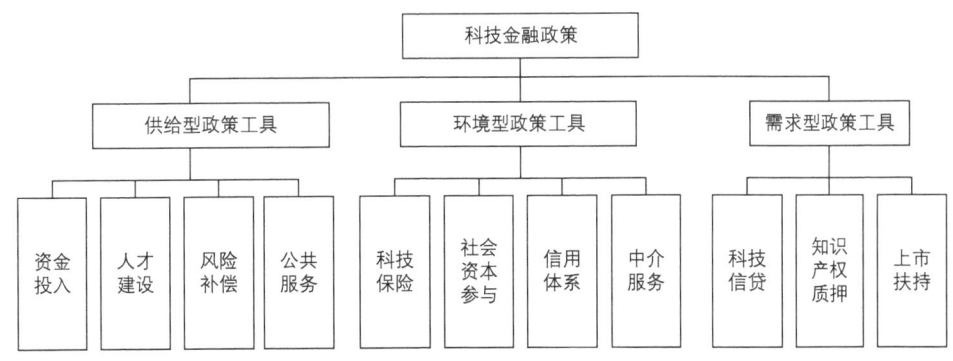

图3-14 科技金融政策

① 供给型政策工具

供给型政策工具主要包括资金投入、人才建设、风险补偿和公共服务4个方面。

在资金投入方面，涉及武汉东湖国家自创区、苏南国家自创区、中关村国家自创区、深圳国家自创区、宁波温州国家自创区、鄱阳湖国家自创区、郑洛新国家自创区、沈大国家自创区和西安国家自创区9家国家自创区。政策主要内容包括政府以设置专项资金或基金、奖励等形式对金融机构、中介服务机构等给予支持，对投资机构投入财政性资金出现的亏损予以核销，通过对小微企业首贷贴息、对政策性融资担保机构首贷业务补贴等支持科技金融机构发展。

在人才建设方面，涉及中关村国家自创区和深圳国家自创区2家国家自创区。政策主要内容包括通过健全科技金融创新人才吸引、培养、使用、流动和激励机制培养科技金融领军人才，为人才提供户籍、住房、子女教育等生活工作环境，建设人才特区，建立人才发展基金，与相关行业协会、职业教育学院、企业联合开发课程和教材，提供实训教育等方式引进和培养科技金融创新人才。

在风险补偿方面，涉及深圳国家自创区、宁波温州国家自创区、郑洛新国家自创区、天津国家自创区和西安国家自创区5家国家自创区。政策主要内容包括设立知识产权质押投融资风险补偿基金、建立科技型中小企业融资担保风险补偿机制和建立贷款风险补偿机制等。在《西安高新区支持科技金融融合发展若干政策》中，提出合作金融机构在向科技企业提供债务融资、融资担保服务后，当科技企业债务融资本金逾期3个月以上或融资担保发生代偿180天后，按照坏账金额的30%给予风险补偿，单户企业补偿额不超过300万元。获得A级及以上综合信用等级评价的企业，单户企业补偿额不超过400万元。

在公共服务方面，涉及中关村国家自创区、深圳国家自创区、郑洛新国家自创区和天津国家自创区4家国家自创区。政策主要内容是搭建为金融机构提供信息交流和咨询服务的科技金融平台。具体来讲包括为科技企业提供综合金融服务，包括从注册登记、办公场所、人才激励到项目对接的一条龙服务体系；搭建专业机构管理的金融平台，为金融机构提供专业设备、软件开发、信息管理服务、电子商务后台支撑、金融外包服务等多种类型的产品、技术和服务等。

② 环境型政策工具

环境型政策工具主要包括科技保险、社会资本参与、信用体系和中介服务4个方面，涉及6家国家自创区，分别是中关村国家自创区、天津国家自创区、深圳国家自创区、郑洛新国家自创区、苏南国家自创区和成都国家自创区。

在科技保险方面，涉及中关村国家自创区、天津国家自创区、深圳国家自创区和郑洛新国家自创区4家国家自创区。政策主要内容包括鼓励保险公司设立为科技企业服务的科技保险专营机构，创新科技保险产品和服务，为科技企业提供风险保障和融资支持。在《国家发展改革委 科技部 人民银行 税务总局 银监会 证监会 保监会 外汇局 北京市人民政府关于中关村国家自主创新示范区建设国家科技金融创新中心的意见》中，还提出了要研究发展科技再保险，支持保险资金参与战略性新兴产业培育和国家重大科技项目建设。

在社会资本参与方面，涉及中关村国家自创区国家自创区和深圳国家自创区2家国家自创区。政策内容主要是鼓励有能力的社会资本广泛参与科技企业的融资、建设等。在《国家发展改革委 科技部 财政部 人民银行 税务总局 银监会 证监会 保监会 外汇局 北京市人民政府关于中关村国家自主创新示范区建设国家科技金融创新中心的意见》中，指出要鼓励社会资本广泛参与。北京市实施重大科技成果转化和产业化的政府股权投资引导和股权激励政策，加快形成多元化、多层次、多渠道的科技投入体系。鼓励民间资本参与设立科技企业孵化器，并在资金、土地、人才引进等方面给予政策支持，降低其运营成本。大力支持创业投资集聚发展。建立和完善以政府资金为引导、社会资金为主体的创业资本筹集机制和市场化的创业资本运作机制。

在信用体系方面，涉及中关村国家自创区 1 家国家自创区。政策主要包括建设科技企业信用信息数据库、建立完善企业信用评价体系两方面。具体来说，信用信息数据库包括工商、税务、海关等部门的基础信息，数据库还要保持更新机制，建立和完善科技企业信用信息归集和共享机制，进一步促进科技企业信用信息的集成、使用和共享。鼓励信用中介机构增强自身的公信力，提升服务质量，推广信用产品，在信用评价体系方面，发挥信用担保、信用评级、信用增进在企业投融资过程中的功能。鼓励企业开展内部信用管理，加强企业信用自律。加强政策引导和信用监督，综合运用法律、经济、舆论监督等手段，完善信用激励机制。

在中介服务方面，涉及苏南国家自创区、成都国家自创区、深圳国家自创区、郑洛新国家自创区和天津国家自创区 5 家国家自创区。政策内容包括设立科技金融专营机构，开展知识产权质押和股权质押等信贷业务、设立信用担保和再担保机构扩大科技创新信用担保业务规模、支持知识产权中介机构参与知识产权保护等。

③ 需求型政策工具

需求型政策工具主要包括科技信贷、知识产权质押和上市扶持 3 方面，涉及 6 家国家自创区，分别是中关村国家自创区、成都国家自创区、鄱阳湖国家自创区、深圳国家自创区、武汉东湖国家自创区和西安国家自创区。

在科技信贷方面，涉及中关村国家自创区、成都国家自创区和鄱阳湖国家自创区 3 家国家自创区。政策主要内容是在国家自创区内设立科技支行；开展投贷联动、投保联动、投贷保联动；建立科技信贷风险补偿机制等。在《关于中关村国家自主创新示范区建设国家科技金融创新中心的意见》中，提出要完善科技信贷机构体系，鼓励银行进一步加大对科技企业的金融服务，在中关村建立为科技企业服务的科技金融事业部、特色支行等机构。实施科技企业金融服务差异化管理。进一步完善科技企业信贷政策导向效果评估制度，督促银行提高对科技企业的信贷支持力度等一系列政策。

在知识产权质押方面，涉及中关村国家自创区、深圳国家自创区和鄱阳湖国家自创区 3 家国家自创区。政策内容是完善知识产权质押投融资风险补偿机制并加大对其支持力度，包括设立知识产权质押投融资风险补偿基金，发展知识产权质押投融资、供应链金融新型金融服务等。

在上市扶持方面，涉及中关村国家自创区、武汉东湖国家自创区和西安国家自创区 3 家国家自创区。政策主要内容是对上市企业给予奖励、提供服务等，包括建立由政府部门、证券交易所、证券公司和中介服务机构联合参与的科技企业上市联动机制；积极参与建设统一监管下的全国场外股权交易市场；支持科技企业利用资本市场进行兼并重组等。在《东湖高新区关于促进企业上市的若干政策》中，对金融机构和金融服务机构给予落户补贴、办公场地、专项资金、风险补偿和业务补贴等方式鼓励企业上市。根据不同类型企业，如在《西安高新区支持企业上市发展若干政策》中分类的"硬科技"企业和其他企业，或者以不同方式上市的企业给予不同的上市奖励。"硬科技"企业在科创板、创业板成功上市的，给予每家最高 1200 万元奖励；其他企业在科创板、创业板成功上市的,给予每家最高1000万元奖励。两种都采取分阶段拨付方式。对挂牌企业给予每家300万元的奖励,对新三板精选企业由区外迁入高新区的,给予每家最高400万元奖励等。

④ 政策实施成效

国家自创区在科技金融融合方面取得比较良好的效果,推出创新金融产品,发放科技贷款,为中小企业融资等情况不断改善。2021年,武汉东湖自创区共有125起非上市企业股权融资事件,融资金额累计超过158亿元(不包括30起未披露金额事件),融资案例数相比2020年增加71%,融资额增加155%。宁波温州国家自创区通过逆审批模式快速兑现高新技术企业和科技型中小企业贷款贴息补助,共向4406家企业兑付补助资金1.62亿元,分别比上年增长20%和15%。设立8家科技支行,全市科技企业贷款余额达1003亿元。

⑤ 小结

总体来看,科技金融的政策包括供给型、环境型和需求型3种政策工具,政策工具使用多样。供给型占比约48.9%,环境型政策占比约为28.9%,需求型政策占比为22.2%,供给型政策最多。说明国家自创区更强调政府的主导作用,但也意识到环境影响和需求拉动作用。在供给型政策工具中,资金投入比最高,为50%,人才建设占比约为9%,风险补偿占比22.7%,公共服务占比约为18.2%。说明国家自创区更偏向以设置专项资金或基金、奖励,对小微企业首贷贴息等资金投入为最主要方式对金融机构、中介服务机构等给予支持,从而推动科技金融发展。风险补偿和公共服务次之,人才建设占比较少,表明国家自创区在一定程度上认识到政府通过设置风险补偿资金、提公共服务对科技金融的推动作用,而人才培养方面还存在不足,现有人才吸引、培养、使用、流动和激励机制有待进一步强化。在环境型政策工具中,中介服务占比最高,约为46%,科技保险占比约为31%,社会资本参与占比约为15%,信用体系占比约为8%。说明国家自创区更注重以依靠科技金融专营机构等提供服务为主影响科技金融发展。科技保险次之,表明国家自创区在一定程度上认识到科技保险对融资风险的分担作用,而社会资本参与和信用体系使用还不足,在推动科技金融发展方面目前还处于小范围探索阶段。在需求型政策工具中,知识产权质押占比40%,科技信贷和上市扶持政策占比均30%,占比相差不大。《关于中关村国家自主创新示范区建设国家科技金融创新中心的意见》政策覆盖比较全面,涵盖了供给型、环境型和需求型3种政策工具,对推动中关村国家自创区建设科技金融中心及其他自创区开展科技金融相关政策起到了良好的示范作用。从政策文本类型和发文主体来看,政策多集中在地方政府部门颁布的方案、措施、办法及地方人大颁布的条例等政策,呈现以地方规范性文件为主和地方性法规政策为主的特征。

(8)股权激励

目前,共有5个国家自创区针对股权激励出台相关政策(图3-15),分别是中关村国家自创区、武汉东湖国家自创区、上海张江国家自创区、合芜蚌国家自创区和乌昌石国家自创区。

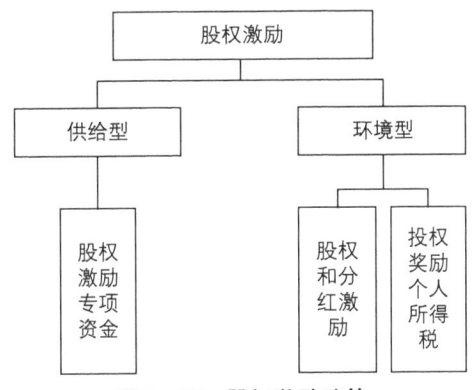

图 3-15 股权激励政策

① 供给型政策工具

在股权激励专项资金方面,涉及中关村国家自创区和武汉东湖国家自创区2家国家自创区。政策主要内容是对国家自创区内特定企业设立股权激励代持专项资金支持。2015年,中关村国家自创区发布了《中关村国家自主创新示范区股权激励代持股专项资金管理办法(试行)》政策,专项资金主要支持纳入中关村国家自主创新示范区股权激励试点,且试点方案获得批复的国有及国有控股企业、中关村示范区内高等学校和科研机构以科技成果作价入股的企业和北京市重大科技成果转化和产业项目统筹资金以股权投资方式投资的企业。专项资金的使用年限以5年为期,借款人需在借款期限的5年内,按年依次按照借款余额的3%、3%、3%、4%、4%的费率向托管机构缴纳管理费。2021年,武汉东湖新技术开发区管理委员会和中国(湖北)自由贸易试验区武汉片区管理委员会出台《东湖高新区股权激励专项资金管理办法》,设立了总规模10亿元的股权激励专项资金。专项资金重点支持区内实施混合所有制改革的国企、实施股权激励计划的上市公司、从事战略性新兴产业领域企业、重点人才企业、高新区上市"金种子"企业和瞪羚企业。专项资金支持对象借款期限最长不超过5年,一般期限为3年。管理机构每年向借款人收取管理费,用于包括审计等专项事务在内的管理支出,年费率标准依次为借款余额的2.5%、3%、5%、7%、7%。

② 环境型政策工具

在股权和分红激励方面,涉及中关村国家自创区、武汉东湖国家自创区、上海张江国家自创区和乌昌石国家自创区4家国家自创区。政策内容主要是对国有及国有控股的院所转制企业、高新技术企业、国家自创区内的高等院校和科研院所以科技成果作价入股的企业等具有突出贡献的重要技术人员和企业经营管理人员进行股权和分红激励,激励方式包括股权奖励、股权出售、股票期权、分红激励、增值权奖励等。2010年,财政部和科技部联合印发了《中关村国家自主创新示范区企业股权和分红激励实施办法》,对股权激励的适用对象、激励方式、激励额度等方面进行了说明,办法适用的企业包括国有及国有控股的院所转制企业、高新技术企业,示范区内的高等学校和科研机构以科技成果作价入股的企业和其他科技创新企业。激励方式有股权奖励、股权出售、股票期权和分红激励4种。在股权奖励中,企业用于股权奖励和股权出售的激励总额,不得超过近3年税后利润形成的净资产增值额的35%。其中,激励总额用于股权奖励的部分不得超过50%。股票期权授权日与获授股票期权首次可行权日之间的间隔不得少于1年。同年,武汉东湖国家自创区出台了《东湖国家自主创新示范区企业股权和分红激励试点工作实施细则》，政策内容与中关村国家自创区内容基本一致，不同的是在激励形式加了绩效奖励和增值权奖励2种。2011年，上海张江国家自创区发布了《张江国家自主创新示范区企业股权和分红激励试行办法》，在适用企业部分增加了"具有公司法人资格的国家工程研究中心、国家和本市工程技术研究中心、国家级技术创新示范企业、科技中介服务机构"。之后，上海张江国家自创区分别进行了3次更新，对企业用于股权奖励和股权出售的激励总额、股票期权可行权日间隔时间、分红激励提取比例等进行了调整。其中，企业用于股权奖励和股权出售的激励总额，从2011年不得超过近3年税后利润形成的净资产增值额的35%，到2013年下降为17.5%，2016年下降为15%。2018年的第3次更新完善了业绩考核体系，规范了股权激励计划管理并加强事中事后监管，政策内容逐渐完善。发文形式多以办法为主，发文主体多以财政部、科技部及市政府为主，中关村国家自创区政策效力级别为部门规范性文件，上海张江国家自创区和武汉东湖国家自创区政策为地方规范性文件，政策效力级别在不断提高，表明3个国家自创区非常重视股权和分红激励这个政策工具，并得到国家大力支持。

在股权奖励个人所得税方面，涉及中关村国家自创区、武汉东湖国家自创区、上海张江国家自创区、合芜蚌国家自创区4家国家自创区。政策内容主要是对国家自创区内科技创新创业企业获得股权奖励的个人给予个人所得税延长的优惠及股权转让等。2010年，财政部和国家税务总局发布《财政部 国家税务总局关于中关村、东湖、张江国家自主创新示范区和合芜蚌自主创新综合试验区有关股权奖励个人所得税试点政策的通知》，对国家自创区内科技创新创业企业转化科技成果，以股份或出资比例等股权形式给予本企业相关技术人员的奖励，技术人员一次缴纳税款有困难的，经主管税务机关审核，可分期缴纳个人所得税，但最长不得超过5年。2013年，财政部、国家税务总局发布《关于中关村、东湖、上海张江国家自主创新示范区和合芜蚌自主创新综合试验区有关股权奖励个人所得税试点政策》的通知，将试点范围为扩大为4个自创区。2014年，中关村国家自创区对政策内容进行了更新，主要更改了获得奖励的股权应归属的会计科目。具体来看，获得奖励人员在获得股权时，按照"工资薪金所得"项目，参照有关规定计算确定应纳税，股权奖励的计税价格参照获得股权时的公平市物价格确定，但暂不缴纳税款；该部分税款在获得奖励人员取得分红或转让股权时一并缴纳，税款由企业代扣代缴。获得奖励人员取得按股权的分红时，企业应依法按照"利息、股息、红利所得"项目计算扣缴个人所得税，并将税后部分优先用于扣缴获得奖励人员取得股权按"工资薪金所得"项目计算确定的应纳税额。获得奖励人员在转让股权时，对转让收入超出其原值的部分，按照"财产转让所得"项目适用的征免规定计算缴纳个人所得税；税后部分优先用于缴纳其取得股权按照"工资薪金所得"项目计算确定的应纳税额尚未缴纳的部分。2013年，财政部、国家税务总局发布了《关于中关村国家自主创新示范区企业转增股本个人所得税试点政策》的通知，规定企业以未分配利润、盈余公积、资本公积向个人股东转增股本时，应按照"利息、股息、红利所得"项目，适用20%税率征收个人所得税。对国家自创区中小高新技术企业以未分配利润、盈余公积、资本公积不得超过5年。向个人股东转增股本时，个人股东一次缴纳个人所得税确有困难的，经主管税务机关审核，可分期缴纳，但最长不得超过5年。

③ 政策实施成效

武汉东湖国家自创区设立10亿元科技融资担保基金，20亿元光谷创投引导基金，助力企业融资工作。2021年，武汉东湖国家自创区共有125起非上市企业股权融资事件，融资金额累计超过158亿元（不包括30起未披露金额事件），融资案例数相比2020年增加71%，融资额增加155%。开展企业上市"金种子"培育计划，武汉东湖国家自创区上市公司达53家，上市企业数量占武汉市58%、湖北省的40%。

④ 小结

总体来看，科技成果转化的政策主要包括供给型和环境型2种政策工具。供给型占比约13.3%，环境型政策占比约为86.7%，供给型政策较多。说明国家自创区比较强调政府的主导作用和环境影响作用。在供给型政策工具中，以股权奖励专项资金为主，说明以资金投入方式推动企业实施股权激励受到自创区青睐，通过设置专项资金可以促进企业完善激励制度建设，激发科技人员和管理人员的创新活力，推动科技成果转化。在环境型政策工具中，股权和分红激励政策占比约为69%，股权奖励个人所得税占比31%，说明国家自创区更偏向通过股权奖励、股权出售等方式激励技术人员和企业经营管理人员，国家自创区也认识到股权奖励个人所得税相关优惠政策的影响作用。从发文形式和发文主体来看，政策多集中在地方政府分发布的办法以及财政部、国家税务总局发布的通知为主，呈现以地方规范性文件和部门规章为主的特征。

（9）创业绿卡

目前，共有3个国家自创区针对创业绿卡出台相关政策（图3-16），分别是中关村国家自创区、苏南国家自创区和珠三角国家自创区。其中，最早出台的是苏南国家自创区。

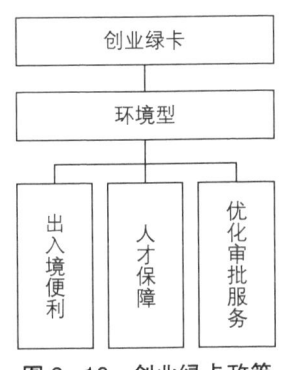

图3-16 创业绿卡政策

① 环境型政策工具

环境型政策工具主要包括出入境便利、人才保障和优化审批服务3方面。

在出入境便利方面，涉及中关村国家自创区和苏南国家自创区2家国家自创区。政策主要内容是针对中国籍高层次人才的外籍配偶及未成年子女、外籍知名专家、来当地探亲及处理私人事情的外籍华人、具有创新创业意愿的留学生等人分别发放不同的居留许可。在《关于深化中关村人才管理改革构建具有国际竞争力的引才用才机制的若干措施》中，国家自创区内的中国籍高层次人才的外籍配偶及未成年子女可以申请永久居留。高等学校、科研机构邀请的外籍知名专家学者，以及来京商务访问的中关村企业境外分支机构的外籍员工，凭邀请单位的证明函件等材料，可以申请换发入境有效期不超过5年、停留期不超过180天的多次入境有效F字签证。外籍高层次人才的科研辅助人员，凭外国人工作许可证和中关村外籍高层次人才担保函件，可以办理与其外国人工作许可证期限一致的工作类居留许可。来京外籍人才随迁外籍子女凭学校录取通知书等证明函件向北京口岸签证机关申请学习（X1）签证，入境后可按规定办理学习类居留许可。来京探望亲属、洽谈商务、开展科教文卫交流活动及处理私人事务的外籍华人，可签发5年以内多次出入境有效签证；对在京工作、学习、探亲及从事私人事务需长期居留的外籍华人，可按规定签发有效期5年以内的居留许可。

在人才保障方面，涉及中关村国家自创区和珠三角国家自创区2家国家自创区。政策主要内容是对持有外国人永久居留身份证的外籍人员享受国民待遇、为其提供住房、子女教育、参加社保等一系列保障措施。在《关于深化中关村人才管理改革构建具有国际竞争力的引才用才机制的若干措施》中，还提出建立外籍人才一站式服务平台、鼓励国际知名人才中介服务机构在京发展，为外籍人员的就业提供了良好的保障。拥有永久居留身份证的外籍人才还可以承担国家及实际科技计划项目，并可提名科学技术奖项、在办理住宿登记、健康体检等方面提供便利化服务等，均有利于人才在国内可持续发展。

在优化审批服务方面，涉及中关村国家自创区1家国家自创区。政策主要内容是通过优化人力资源服务机构的审批流程、降低中介服务机构的准入门槛等方式简化审批程序，使外籍人才享受国民待遇。

② 政策实施成效

从政策实施成效来看，中关村国家自创区在全国率先开展外籍高层次人才绿卡直通车试点，已办理1200余份推荐函。在全国率先探索建立外籍人才永久居留积分评估体系，目前已有192人获得推荐资格。移民管理服务支持北京创新发展新政实施细则于2021年1月正式实施，通过人才"白名单"制度、"单位荐才"等渠道为98名外籍人才办理了在华永久居留。

③ 小结

总体来看，创业绿卡的政策主要包括环境型一种政策工具。说明国家自创区比较强调环境对外籍人才创业的影响作用，而供给和需求政策制定方面还处于基本空白状态。人才保障政策占比约为43%，出入境便利政策和优化审批服务相关政策占比约为28.5%，说明国家自创区更偏向为持有永久居留身份证的外籍人才提供保障支持为最主要方式推动其在国内创业。而出入境便利和审批服务优化次之，为外籍人才提供出入境便利、简化在国内办理相关服务手续是推动外籍人才可持续发展的主要保障，相关政策还处于探索阶段。从政策文本类型和发文主体来看，政策多以科技厅、区管委会、人才相关部门联合发布的措施、意见、通知为主，政策效力有待进一步加强。

二、国家自创区体制机制与政策创新存在问题

（一）国家自创区体制机制存在问题

1. 部际协调小组顶层指导能力有待进一步加强

国家自创区统筹领导层的部际协调小组的指导作用有所欠缺，缺乏对国家自创区的统一指导，

存在"重批复、轻管理"的情况。在体制机制创新和政策先行先试方面的统筹作用有待完善，缺少与国家自创区之间的沟通和交流机制，缺乏对国家自创区监督管理的作用。

2. 国家自创区管理架构有待进一步健全

国家自创区缺乏清晰的管理架构，大多国家自创区缺乏独立的管理机构，很大一部分是与高新区采取"两块牌子，一套人马"的运行管理模式，一些国家自创区管理机构存在虚置的情况，对于依托城市群高新区为主体成立的自创区存在一定的割裂性。另外，国家自创区内各高新区统筹协调性不够、发展不平衡，大部分只是在省、市成立了建设领导小组，但缺乏具体实施工作的职能部门。各高新区之间的交流不够，没有形成优势互补、错位发展的局面，导致国家自创区在创新发展方面缺乏首创性的先行先试政策。

3. 监测、评价和反馈机制有待进一步完善

部际协调小组对国家自创区的考核评价缺乏统一的标准和指标，使得国家自创区在竞争发展过程中缺少任务目标，存在找不到或找不准突破点的问题，在一定程度上阻碍了国家自创区进一步发展和提高。国家自创区内部也缺乏清晰的监测、评价和反馈机制，中关村、苏南和上海张江等国家自创区虽然具有监测评价机制，但缺乏明确的反馈机制，在一定程度上不利于国家自创区的调整和优化。其余大多数国家自创区在监督机制方面还有待健全。

4. 缺乏专家咨询委员会等科学决策支撑

目前，只有8家国家自创区有专家咨询委员会或创新平台支撑，占比约为35%。专家咨询委员会包括企业家、行业专家、投资机构、专业服务机构等，可以对国家自创区在技术攻关、产业布局、人才引进、政策制定、高端资源链接等方面提供外部决策咨询作用。创新平台可以为国家自创区提供成果转化、技术咨询等服务，加快国家自创区办事效率。现有国家自创区的科学决策支撑有待进一步在其他自创区内推广和加强，为国家自创区发展提供决策指导作用。

5. 自创区联动发展机制有待健全

国家自创区受限于所在地区经济发展水平，创新能力存在较大差异，国家自创区之间区域协同创新的体制机制和创新发展还要进一步完善。一些国家自创区内部联系不紧、合作不多，尚未形成良好的联动发展机制。在成渝城市群层面，重庆国家自创区与成都国家自创区的双核创新作用还未充分发挥，两大自创区在科技创新、产业集群等领域的合作水平还要进一步提升；深圳国家自创区在与港澳开展科研实验设施集群建设、国际顶尖研发型企业引进，联合研发中心设立、金融开放示范窗口建设等方面还有待进一步加强。在哈长城市群层面，长春国家自创区与哈大齐国家自创区在产业专业化分工协作水平不足，区域创新资源集聚和辐射带动作用有待进一步提升。

（二）国家自创区政策创新存在问题

1. 规划制定

目前，国家层面尚未出台明确的国家自创区中长期规划，导致23家自创区未来发展存在目标性和系统性不足的问题，尽管部分自创区已出台发展规划，但各个自创区之间较为分散，缺乏综合性。

另外，一些国家自创区规划的时效性已过，需要重新制定和明确新的发展目标。

2. 科技成果转化

国家自创区条例覆盖范围有待进一步完善。目前，有关科技成果转化政策制定部门主要有省级、市级政府，科技厅、财政厅及高新区等，且文件形式多以意见、办法等部门规章层面和地方规范性的政策工具为主，缺乏以条例形式制定的政策工具，可能会导致在一定程度上减弱对科技成果转化和产业化的调控作用。目前，有7家国家自创区将科技成果转化政策纳入国家自创区条例，占比约为33%，政策覆盖性有待进一步提升。同时，由于政策覆盖不够全面，一些中央所属单位由于隶属关系，对适用地方法律法规开展相关工作存在顾虑，工作积极性不高，一定程度上制约相关试点政策实施。

政策工具结构有待进一步优化。有关科技成果转化的政策工具存在供给型政策工具为主、环境型政策工具为辅和需求型政策工具使用偏少的特点，政策工具结构有待进一步改善。具体而言，在供给型政策工具方面，国家自创区更倾向于权属改革对科技成果转化的推动作用，而资金投入和人才建设方面的政策有待进一步探索提升。在环境型政策工具方面，科技资源平台这一项政策措施相对较多，国家自创区对科技资源平台的重要性有一定的认识，但金融支持、科技税收和价格补贴政策有待提高，发文形式多以省市政府发布的意见、办法居多，政策实施力度有待加强，辐射范围较窄。

科技成果转化平台有待进一步完善，政策实施主体有待进一步优化。科技成果转化需要依托科技企业孵化器、技术转移平台等中介服务机构，为科技型中小企业提供孵化服务，但目前有关科技成果平台建设的政策有待进一步加大实施力度。企业是科技成果转化的重要主体，目前政策多针对高校和科研院所改革，缺少激励企业科技成果转化的政策，企业缺乏科技成果转化动力。

科技金融政策有待进一步完善。科技成果转化离不开科技金融支撑作用，但目前支撑科技成果转化的金融政策较为单一，且集中在中关村和长株潭国家自创区，政策覆盖范围比较狭窄，在国家自创区内示范带动作用不够。

3. 技术创新能力

社会资本参与不够。企业研发、开展技术创新、进行突破性研究都离不开资金的支持，而目前国家自创区研发投入、颠覆性技术、基础研究等经费大多是由政府出资的，社会资本参与不够，可能在一定程度上造成资金短缺的问题，不利于企业开展持续性技术研发。

基础设施建设有待进一步加强。国家实验室、重大技术创新平台等创新平台建设部署不均衡，国家自创区原始创新能力有待加强，科技核心技术攻克难度较大，缺乏具有全球影响力的科技创新中心。

4. 创新创业环境

国际化平台建设不足。国家自创区国家级、省级科技企业孵化器、众创空间等创新创业载体还不够多，缺少国际科技合作基地、国际技术转移机构、联合实验室等国际化平台，在吸引技术转移、提供专业咨询等方面还有待进一步完善。

知识产权保护力度有待进一步加强。国家自创区健全的知识产权保护政策及知识产权服务机构可以为企业创新创业提供保护和支持，但现有知识产权保护政策有所欠缺，市场主体创新创业活力不足，企业等创新创业主体在办理知识产权申请、运用、保护方面存在一些流程上的烦琐等问题。

5. 人才建设

人才体制机制的创新不够深入。国家自创区人才的开放性和包容性需要提升，人才跨界自由流动、人才创新创业创造创富的生产关系、分配方式需要进一步优化，顶尖人才和高端研发团队数量不足，国际影响力有待提升。

人才的保障措施有待进一步优化。国家自创区人才引进、培养、使用、激励等机制方面有待完善，高等院校、科研院所的科研人员科技成果转化动力不足，受职称限制较大。现有针对人才的落户、住房保障、子女教育、医疗服务、老人赡养、配偶就业等公共配套服务存在力度不足、不够便利等问题，人才、技术、资本等要素有效流动的体制机制有待完善。

6. 国际开放格局

国际化发展水平不够高。国家自创区全球视野谋划存在不足，基础研究与国际先进水平仍有差距，原创性技术成果比较欠缺，部分关键技术、核心零部件受制于人，科技自立自强道路任重而道远。国家重大创新平台、国际化发展平台及技术转移机构等数量不够，创新型产业集群不够强大，科技竞争力和产业支撑力有待提高。

7. 绿色发展

绿色技术创新能力有待提升。国家自创区零碳、低碳和负碳技术还处于早起探索阶段，一些能源、环境、材料等相关技术研发实验室、研发中心技术创新能力不够强，产学研合作不够深入。

8. 科技金融

人才服务体系有待进一步健全。目前，国家自创区对科技金融人才的建设存在不足，人才引进、培养、使用机制及对科技人才的户籍、住房出入境等方面还存在不够便利的情况，缺乏科技金融人才，尤其是科技金融领军人才比较缺乏。

科技服务平台建设有待进一步优化。国家自创区已经认识到科技金融服务平台的重要性，中关村、苏南、成都等国家自创区支持金融机构在国家自创区内设立科技金融专营机构，并开展相关服务，但评估、咨询、融资等一体化服务建设有待进一步加强，相关政策还有待向其余自创区发挥辐射推广作用。

9. 股权激励

试点范围有待进一步扩大。现有出台股权激励相关政策的国家自创区只有5家，覆盖率约为24%，且仅集中在中关村国家自创区、武汉东湖国家自创区等，股权激励试点范围有待进一步向其他国家自创区推广。

10. 创业绿卡

签证制度有待进一步优化。目前，国家自创区针对外籍人才及配偶、子女等申请永久居留，以及外籍高层次人才的来华创业、工作、学习的签证办理仍存在一定的体制机制障碍，包括对工作年限、职称等严格的限制条件，对承担的科技项目的限制，办理相关手续的流程还不够便利等，叠加疫情影响，增加了外籍人才引进的困难程度，阻碍外籍人才在华可持续发展。

人才服务保障有待进一步优化。目前，国家自创区对外籍人才在办理住宿登记、享受教育、住房保障、就医等社会保障方面，以及在华职业发展，包括担任职位、开展科研项目、创办科技型企业等方面还存在一定不足，对人才的培训教育体系有待完善，对外籍人才的吸引力不够。专业的国际人才服务机构不足，外商投资设立人才中介服务机构存在比较高的准入门槛。

三、国家自创区体制机制创新经验研究

本报告选取日本的超大规模集成电路技术研究组合（Very Large Scale Integrated Circuits，简称"VLSI 组合"）和美国的半导体制造技术联盟（Semiconductor Manufacturing Technology，简称"SEMATECH 联盟"）2 家半导体产业研发联盟作为案例。案例选取主要考虑了以下 4 个方面的原因。

一是 VLSI 组合和 SEMATECH 联盟都属于半导体产业的研发联盟，半导体产业是支撑经济社会发展和保障国家信息安全的战略性、基础性和先导性产业。在我国制造业升级、科技自主可控的蓝图下，半导体需求会越来越大。另一方面，半导体产业具有自主创新的血液，是研究自主创新性的典型产业代表。同时，在美国技术限制和疫情的影响下，我国半导体产业对自主创新有着极为迫切的需要。半导体产品是新能源车、光伏、5G 等新兴产业的重要基础，一旦半导体受制于人，我国在科技领域"弯道超车"将无从谈起。

二是 VLSI 组合和 SEMATECH 联盟都在特定时代背景下推动了本国半导体产业技术的发展，帮助本国企业获取了国际竞争的优势地位。VLSI 组合被认为是奠定日本半导体产业竞争力基础的杰作并对其他国家研发活动的开展产生了重大影响。研究这 2 个研发联盟的机制模式和成功经验，有助于为中国切实应用国家自创区进行自主创新活动提供视角和启发。

三是遵循案例研究的聚焦原则，聚焦可借鉴性强、发展成效明显、能产生价值点的案例，聚焦自主创新活动中的体制机制维度，研究有价值、有意义的真问题。

四是研究案例中的日本半导体产业在 20 世纪七八十年代，确实完成了我们总是挂在嘴边的"弯道超车"，其"弯道超车"模式与经验，对中国抢抓新一轮科技和产业革命机遇有较高的启发意义。

（一）案例描述与分析

1. 提出背景

（1）日本 VLSI 组合

20 世纪 70 年代中期，日本半导体产业已取得长足进步，但与美国相比，仍存在差距。彼时"计算机巨人"IBM 计划在 1978—1980 年推出采用超大规模集成电路（VSLI）、取名为"未来系统"的新型计算机，使仍在使用 LSI 技术的日本半导体产业界乃至日本通商产业省产生强烈危机感。在这样的背景下，1974 年 6 月，日本电子工业振兴协会向日本通商产业省提出了由政府、产业及研究机构共同开发"超大规模集成电路"的设想。为了提高日本半导体企业在超大规模集成电路芯片领域的研发能力，以应对美国企业对日本半导体行业的冲击，日本于 1976 年成立 VLSI 组合。

（2）美国 SEMATECH 联盟

20 世纪 70 年代中期，在日本政府的大力协助下，日本企业开始进入美国半导体市场。凭借廉价的资本、免费的研发和受到保护的国内市场，日本公司在半导体市场所占份额不断增加，开始逐渐威胁到美国在全球的半导体市场地位。为了提高美国在大规模、超大规模集成电路制造技术上的竞争力，恢复美国在半导体设计与制造工艺上的优势，美国政府仿效日本组织超大规模集成电路技术合作研究的经验，由美国国防科学委员会（DSB）和美国半导体协会（SIA）共同牵头成立了美国半导体制造技术研究联合体。

2. 实施成效

（1）日本 VSLI 组合

1976—1979 年，VLSI 研究协会共申请专利 1210 项，涉及精细加工工艺技术、半导体设备制造技术、原材料、器件、ASIC 和 MPU 多基础技术等。VLSI 组合帮助日本在动态存储器等领域超过了美国，在 DRAM 市场中，日本企业从 20 世纪 70 年代后期开始快速成长，凭借兼具高质量和成本优势的产品迅速渗透美国乃至全球市场。

1970—1985 年，日本电子产业产值增长 5 倍，内需增长 3 倍，出口增长 11 倍。在巅峰时期的 1988 年和 1989 年，日本在动态随机存储器（DRAM）、静态随机存储器（SRAM）、双极电路、通用逻辑电路、存储元件等技术上都开始领先于美国，半导体产业开始占据全球半壁江山，令欧美望尘莫及；1989 年，日本芯片全球市占率高达 51%，远高于美国的 36%。

（2）美国 SEMATECH 联盟

增加半导体制造商收益。SEMATECH 联盟的联合开发研究成果使得所有成员公司在购买、使用和维护制造设备上的成本大大降低。由于制造设备的不断改进，成品率不断提高，大大缩短了与日本公司的差距。美国公司使用美国制造的半导体设备，在 1995 年已经可以制造 0.35 微米线宽的电路，从而在技术上赶上日本。

对半导体设备制造行业的影响。美国半导体制造商与设备制造商联手开始解决设备的质量问题，以克服设备缺陷带来的工艺问题。设备制造商在设计、生产设备时也越来越多地考虑客户的需求，使设备的可靠性大为提高。

全面质量管理。在"合作全面质量管理"的计划下。SEMATECH 联盟为半导体制造商与设备供应商之间的质量管理合作创造了条件。由各成员公司的技术专家合作研究提高了半导体制造工艺过程的规范性，同时设备供应商根据制造工艺的要求不断地对设备进行改进、半导体制造商与设备供应商相互促进了对方产品的质量提高。

密切合作的纽带关系。SEMATECH 加强了半导体制造商之间的合作关系，他们有机会可以在一起交流信息、讨论有关设备、材料等方面共同感兴趣的问题。成员公司不需要自己去解决全部问题，而是可以共享合作研究的成果。在 SEMATECH 成立 5 年后，美国在世界半导体市场的份额自 1985 年以来首次超过日本，Intel 公司也成为世界头号半导体公司。

3. 组织架构与运营机制

（1）日本 VSLI 组合

VLSI 计划由日本通商产业省组织，以富士通、日立、三菱、NEC、东芝 5 家最大的半导体制造企业为中心，联合官办的日本工业技术研究院、电子技术综合研究所和计算机综合研究所，成立"超大规模集成电路技术研究协会"，设立共同研究所，开展"超大规模集成电路"（VLSI）计划。设有董事会、总务委员会、小组实验室和联合实验室等组织层次。其中，董事会作为 VLSI 组合的最高决策机构，由 5 家企业的总裁和日本通商产业省代表构成，且享有平等的投票权。董事会主席由 5 家公司的总裁轮流担任，秘书长则由日本通商产业省代表担任。

VLSI 组合下设联合实验室和小组实验室实施项目的组织与研发活动。其中，联合实验室由 5 家企业和日本通商产业省下属的电子技术综合研究所（简称"电综研"）的研究人员共同参与，主要进行通用性和基础性的技术研究。小组实验室由富士通、日立、三菱联合组建的计算机研究实验室（Computer Design Laboratory，CDL）和日本电力、东芝联合组建的信息系统实验室（Nippon Electric–Toshiba Information System，NTIS）构成，主要进行应用技术方面的研究（图 3-17）。

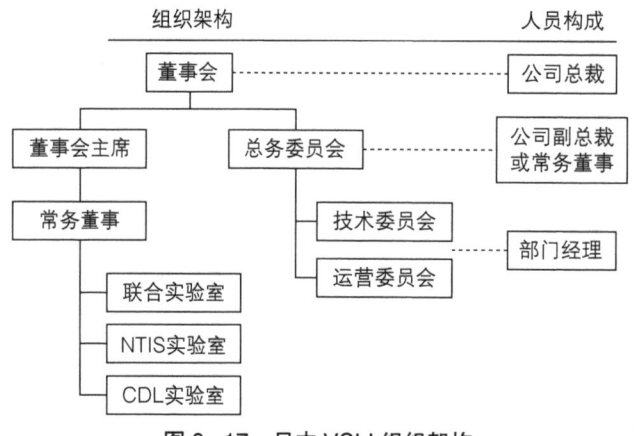

图 3-17 日本 VSLI 组织架构

（2）美国 SEMATECH 联盟

SEMATECH 联盟是政府—企业合作产业技术创新联盟的示范，自 1987 年启动，运行到 1995 年时，SEMATECH 联盟帮助美国半导体企业重新夺回了世界第一的地位。政府在联盟创立之初参与其中，随着联盟的发展又于 1996 年退出。SEMATECH 联盟的宗旨是整合分享各企业资金资源，分担研究开发技术和财务风险，达到研发成果共享，提升美国半导体制造技术，对抗日本在存储器领域的优势，重新夺回美国在半导体市场的份额，同时，发挥半导体行业的溢出效应和对经济的巨大影响。

SEMATECH 联盟是由产业界牵头、国防部和企业联合成立的非营利性研发团体（图 3-18）。

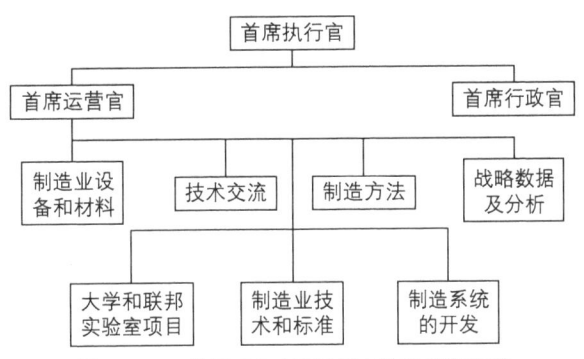

图 3-18　美国 SEMATECH 联盟组织架构

SEMATECH 联盟集合了 14 家美国最大的电子公司,这些企业代表了美国 80% 的半导体生产能力。SEMATECH 联盟的董事会由成员公司的高管和政府代表组成,企业均拥有一个投票权,而政府代表是非执行董事,起初由国防部长担任,后改为国防部先进研究计划署(Defense Advanced Research Projects Agency,DARPA)的项目经理。

SEMATECH 联盟的管理人员都来自产业界,其中首席执行官负责联盟的统筹管理,首席运营官则带领部门经理开展日常工作。DARPA 的项目经理不参与 SEMATECH 联盟具体的管理活动,而是作为联盟技术咨询执行委员会(Executive Technical Advisory Board,ETAB)的成员,对联盟的工作进行评价和监督,鼓励 SEMATECH 联盟不断改进计划,同时协调国防部所属机构资助的其他半导体相关研究与资助 SEMATECH 联盟之间的关系。

此外,以 DARPA 代表政府参与 SEMATECH 联盟还有 2 个原因:一是促进关键国防应用技术的商业化应用;二是由于 SEMATECH 联盟成员在半导体行业内经验丰富并关注市场需求和市场运作,因此 DARPA 资助的项目研究产生的新产品和新工艺等,可同时满足在国防和商业市场 2 个方面的需求。这也是美国军转民、寓军于民科技政策的特征所在。

从 1987 年成立到 1996 年政府退出,10 年间美国政府共向 SEMATECH 联盟投资 8.5 亿美元,而成员企业也按其销售额的 1% 匹配了相应的研发资金。1989 年,美国半导体行业的研发投入是其销售额的 12.3%,相比之下,美国企业平均的研发投入只占其销售额的 3.1%。

SEMATECH 联盟最初规定在其资助下取得的知识产权只能排他性地许可给成员企业,非成员企业必须在 2 年后才能付费获取,并且受联盟资助的设备制造商开发的产品在 1 年内只能销售给成员企业。虽然这些条款在非成员企业和设备制造商的抨击下被取消,但是仍保留了成员企业对被资助设备的"优先购买权"。

联盟中的成员企业按照其对 SEMATECH 联盟的资助比例派遣员工参与联盟的运行,这些员工将轮流在联盟中工作 2 年。同时,联盟管理者强调平等开放的组织文化和团队精神,鼓励员工扁平大胆沟通,强化员工的合作意识,致力于在低沟通成本的系统里协作并提出创新性的观点。

DARPA 的项目经理与成员企业的业务专家共同组成技术咨询执行委员会(ETAB)开展协调工作。为确保联盟的研究方向聚焦在半导体产业基础及共性技术上,政府会对企业申报的研发项目进行评审,避免联合研发对企业的核心技术与竞争优势造成负面影响。SEMATECH 联盟也成立了模块化设备标准委员会(Modular Equipment Standards Committee,MESC)以促进半导体产品技术标准的建立。

此外，项目管理者制定了详细的路线图来指导研发工作。

由于接受了政府的财政资助，SEMATECH 联盟有责任确保资助效益并接受美国国会的监督。1988 和 1989 年的国防授权法要求美国审计总署（GAO）根据政府审计标准，每年对 SEMATECH 联盟的财务状况进行审计。审计内容包括政府资助经费的使用是否符合会计准则和相关法律法规，以及联盟成员公司研发经费是否到位等。1996 年是 GAO 的最后一次审计，由于 SEMATECH 联盟之后不再接受政府资助，GAO 对其监督职责也随之结束。除财务状况外，GAO 还应国会要求对技术进展、管理的有效性，以及提升产业竞争力方面进行评估。

4. 政府发挥的作用

（1）日本 VSLI 组合

① 统筹协调，实现通力合作

将存在竞争关系的企业组织到一起从事共同研究开发存在很多困难。为了促进研究交流，日本通商产业省出身的官员和电综研的科研人员做了大量的工作协调成员关系，如定期举办研讨会、开展联谊活动、实验室选址力求邻近等，以拉近各企业研究人员的心理距离，增强对联合实验室的认同感。

② 严格知识产权管理，消除企业顾虑

日本企业非常注重对私有技术的严格保密，在重大科技专项的实施过程中，日本通商产业省政府力求完成 VLSI 项目的联合研究，既注重共性与基础技术的研发，调动企业参与的积极性，又要对企业私用的商业机密进行保护。其主要做法是：将大约 20% 的共性技术在联合实验室开展研究，研究成果由各个企业所共有，另外 80% 的研究由各公司自行研发、独立管理。

③ 提供政策支持，鼓励产业界参与

日本政府坚持以企业参加联合研究作为政府提供资金支持的前提，将一小部分补助金用于联合实验室，将大部分的研发费用用于公司内部独立实验室的研发。日本通商产业省允许企业将部分合作研发的财政资金转入到企业实验室（CDL 和 NTIS），约 85% 的研发资金被分配到企业实验室，联合实验室只获得剩余约 15% 的研发资金。这样既达到了政府坚持进行联合研究的目的，又在一定程度上考虑了参加项目企业的利益。

（2）美国 SEMATECH 联盟

① 建立良好的政策环境及减少干预

美国的产业技术创新联盟长期以来一直受到反垄断法的限制，直到 1984 年美国国会通过国家合作研究法案，放松了反垄断法的限制，以鼓励在行业中的企业间成立产业技术创新联盟，在创新环境方面给予更宽松的政策支持。SEMATECH 联盟管理完全由来自企业界的技术专家和管理人员负责，这将联合体置身于市场竞争的压力下，促使研究工作与企业界的实际需要紧密相连。

② 确定政府资金投入和撤出机制

联盟在前期得到政府在资金、技术、服务、国际合作等各方面的大力支持。在资金投入方面，政府向联盟提供经费资助，以弥补其研究开发活动投入的不足，同时可以保证联盟的研究开发符合国家重点研究方向。此外，对产业技术创新联盟的投入，也应该和风险投资一样，有良好的撤出机制，而不应该是无限投入。

③ 制定长期的规划及合理的开发计划表

联盟的主要目标一般是研究开发解决产业共性问题，为产业发展创造环境和条件，而联盟能否发挥作用，在很大程度上取决于其研究开发计划和所处产业的具体情况。美国政府所做的是引导创新联盟成员企业协商制定具体研究开发计划和时间表，这是创新联盟建立和存在的根基。

④ 加强对资助的联盟的监督和管理

政府参与的联盟，一般应是有使命性质的联盟。一方面为保证联盟的使命任务，另一方面确保政府资金的使用效益，因此对政府资金投入及使用效益、联盟运行管理等进行有效的监督是十分必要的。

（二）案例经验总结

1. 联合组建政产学研产业创新共同体

当关系国民经济增长和国防安全的半导体产业因关键技术落后而身处国际竞争劣势地位时，两国政府均明确了"组建产业研发联盟、汇聚产业研发力量、开展关键技术联合攻关"的技术突破路径。具体措施包括：出台法案为企业间研发合作联盟扫清制度障碍；政府派出代表参与联盟构建与运作；选择竞争力强、行业代表企业等。

在政产学研产业创新共同体成立前，企业间有自发的研发同盟组织来应对外部竞争环境，但面对国际竞争环境收效甚微。政府的有效介入是有增益且能协调解决"卡脖子"技术问题的。政府的主体作用在于加强企业间深度交互联系，明确共同目标，提供合法的制度保障。最终帮助产业内的企业提升国际竞争力，抢占市场份额和技术话语权。

2. 建立清晰明确的利益分配机制

在政产学研合作的前期，政府动员优势企业参与联合研发，必须要消除其对关键技术泄露与核心竞争优势丧失的顾虑。在政产学研合作的后期，参与主体众多，各方利益诉求不同，涉及研发成果分配与共享的问题是调动组织积极性的关键所在。具体措施包括：制定联合研发目标，聚焦共性与基础技术的研发；建立严格的知识产权管理体系，明确知识产权的归属；成员企业对被资助设备具有"优先购买权"；来自成员单位的高级代理人在参与项目的过程中可以将学到的知识和技术转移到成员单位中；联盟为每家成员单位提供完整的设备技术转移方案。

无论是在政产学研合作的前期还是后期，都要建立合理的利益分配机制和强有力的知识产权保护体系，这不仅是为重大科技专项顺利实施和成功走向市场保驾护航，更是在尊重知识产权的氛围下将专项实施的科技成果迅速转化并加以推广，从而达到提高专项实施效果和经济效益的目的。

3. 发挥业内权威专家联络协调作用

对比分析日本和美国的产业研发联盟案例，会发现联盟的顺利构建和运行离不开一些核心的权威人物。这些"带头大哥"或是行业先驱、领域大牛，或是极有威望和人脉资源的政府官员，他们的出身和资历决定其能够赢得各个公司的信任与合作，将整个联盟的成员凝聚在一起。

日本 VLSI 理事会秘书长根桥正人长期担任日本通商产业省行政官员，具有丰富的大型项目管理经验和很强的组织协调能力且人际关系极熟。电综研的半导体装置研发部门负责人垂井康夫曾参与、主持多个大型半导体研发项目的研究，对各大半导体企业中技术骨干的情况了如指掌，对国际 LSI 的发展动向也相当熟悉。

美国 SEMATECH 联盟的首席执行官罗伯特·诺伊斯被誉为"硅谷之父""集成电路之父"，是仙童半导体公司和英特尔创始人。诺伊斯举家搬到奥斯汀上任后，SEMATECH 联盟即刻赢得了华盛顿和全球业界的信赖。

4. 规范政府资金投入退出机制

产业研发联盟前期发展需要政府注入启动资金，并在发展过程中予以资助，以弥补其研究开发活动投入的不足。但是否持续资助，可以参考以下 4 个因素决定：一是联盟的研究开发是否符合国家重点研究方向；二是联盟的研究开发是否涉及公共利益；三是联盟的研究开发是否涉及国家安全；四是联盟的研究开发能否培养顶尖人才。对于具有正外部性的联盟研究开发活动、政府资助后对整个产业的溢出效应大于单个企业投入后获得的效应的情况下，政府可以给予经费资助。同时，对产业技术创新联盟的投入，也应该和风险投资一样，有良好的撤出机制，而不应该是无限投入。良好的政府资金撤出机制更有利于产业保持竞争活力。

SEMATECH 联盟因为接受政府资助，其研发成果必须主要用于美国的制造业，这项限制使其无法充分与其国际半导体公司合作，以及开拓国际市场。为了追求更高的国际竞争力和开拓国际市场，SEMATECH 联盟决定从 1997 年起不再接受政府资助。

此外，政府参与的联盟一般应是有使命性质的联盟。一方面为保证联盟的使命任务，另一方面确保政府资金的使用效益，对政府资金投入及使用效益、联盟运行管理等进行有效的监督是十分必要的。

5. 及时优化新型研发机构运营模式

建立新型研发机构意味着缺乏现成的可直接复制的成功路径参考，需要"摸着石头过河"，在实际运营中不断调整和创新，逐渐摸索出一套符合产业特点和中国国情的运营模式。新型研发机构在构建和运营过程中，必然会遇到与最初设想不一致的情况，这就需要以实现最终目标为导向对阻塞节点进行调整。但"摸着石头过河"并不意味着从 0 开始摸索，要善于集成创新，将好的管理理念、组织结构"嫁接"运用到新组织上，站在巨人的肩头，建立有效适用的运营模式。

SEMATECH 联盟在创建和运营过程中，并非一直按照最初设定的方案实施，期间也根据实际运行过程中发现的问题进行了工作重心和组织结构的调整，以更好地促进联合研发目标的达成。其中，工作重心的调整使原先成员单位之间的横向合作转向成员单位与其核心半导体设备与材料供应商之间的纵向合作，消除了成员单位之间对"搭便车"的顾虑，增强了成员合作的积极性。在组织结构方面，联盟初始采用职能型结构，后来，为了更好地抓项目研发，将组织结构调整为项目型结构。

四、国家自创区体制机制改革和政策先行先试建议

(一)国家自创区体制机制改革建议

1. 加强国家自创区部际协调小组的顶层指导作用

进一步发挥好国家自主创新示范部际协调小组作用,建立部际协调小组对各国家自创区的调研指导机制,国家自创区所在省(区、市)政府加强与部际协调小组相关部门的联系和协作配合,积极开展体制机制创新,落实各项专项改革工作和先行先试政策,组织国家自创区每年至少召开一次部省/市会议,研究解决自创区建设中的重大问题,共同推动国家自创区的建设与发展。另外,建立国家自创区建设联席会议制度,加强国家自创区间各个层面的沟通对接,促进园区协调发展。

2. 建立国家自创区独立的管理机构

明确国家自创区所在省(区、市)人民政府对自创区建设的主体责任,加强国家自创区领导班子配备和干部队伍建设,健全国家自创区管理机构。明确在国家自创区各片区设立独立的管委会,进一步理顺国家自创区管理机制,实现对国家自创区多园区的统一管理,有效调动区内外优势资源、协同创新、互动发展。以城市群高新区为主体的国家自创区,需要进一步完善一体化发展管理体制,国家自创区下属高新区建立定期会商协调机制,共同商讨人才招引、产业布局、科技金融等政策制定和实施,完善产业链分工合作、创新资源共享、优惠政策兑现等省(区、市)统筹协调功能。

3. 完善监测、评价和考核体系

强化部际协调小组的考核评价机制,建立国家自创区建设考核评价指标,指导和推动地方政府在国家自创区建立区别于传统行政区的绩效评价考核体系,探索突出改革突破、创新驱动的考核体系,探索建立与之相适应的管理体制和用人机制,定期组织开展国家自创区建设情况评估和统筹调度,引导国家自创区建设有力有序有效推进。另外,国家自创区内部要建立健全监测、评价和反馈机制,对国家自创区机构运行和政策先行先试进行评估,鼓励有条件的国家自创区定期召开内部会议,根据实际发展情况对国家自创区管理架构和运行机制进行调整和优化。

4. 建立健全国家自创区专家咨询委员会和创新平台

建立健全国家自创区专家咨询委员会,鼓励专家从专业视角对国家自创区发展和政策制定等方面给予咨询和指导,提供科学决策支撑。建立国家自创区建设培训机制,针对国家自创区进一步优化发展提供外部指导意见,定期发布国家自创区年度发展报告,加强社会监督,充分调动市场力量。

5. 加强区域统筹协调能力

提升国家自创区区域发展协同能力,建立协同发展机制,打通创新要素流动障碍。支持跨区域国家自创区打破行政壁垒、加强创新协同合作,在职务科技成果赋权改革、创新要素跨区域流动、

高层次人才引进激励、创新型产业集群培育方面率先探索，建立完善国家自创区一体化发展的新模式。促进国家自创区与所在城市群或具有共同研究方向的国家自创区开展双向互动、融通发展。支持国家自创区建立若干重大区域科技创新合作共同体，助力国家创新链整体效能提升，在重大科技基础设施集群化发展、技术研发和转化平台建设、科技创新资源共享共用等方面，加强协同配合。

（二）国家自创区政策先行先试建议

针对国家自创区现有政策存在的问题，从科技成果转化、技术创新能力、创新创业环境、人才建设高地、国际开放格局、绿色发展、科技金融、股权激励和创业绿卡 10 个方面给予以下建议。

1. 规划制定

国家自创区基于发展现状和定位，制定未来发展规划和计划，明确自创区未来具体的发展目标，包括经济总量、自主创新能力提升、创新创业环境改善、高端产业集群、人才建设高地等，为国家自创区的工作提供明确的指引，为未来的工作提供清晰的目标。

2. 科技成果转化

鼓励各地方政府出台国家自创区条例。国家自创区条例作为地方性法规，对国家自创区有很强的指导作用。目前，出台相关条例的国家自创区较少，不到40%，应当基于全局视角，统一战略规划，扩大国家自创区条例的覆盖范围，运用法规手段规范政府部门、科技企业、科研机构和社会组织等相关主体行为，提高政策工具的实施效力。

深化赋予科研人员职务科技成果所有权和长期使用权的改革。探索实行"先赋权后转化"模式，继续深入推进并扩大赋予科研人员职务科技成果所有权或长期使用权试点，激发科研人员参与科技成果转化的积极性。开展科技成果评价改革专项试点，实质性激活科技成果转化源头活水。复制推广中关村科技成果转化人员评价激励政策，引导高等学校、科研机构制定以实际贡献为评价标准的科技人才收入分配激励办法，壮大专业化转移转化人才队伍。

健全科技成果转化平台，发挥企业主体作用。完善科技成果转化平台建设，健全科技成果转化全链条。一是鼓励企业联合高等学校和科研机构共建需求对接、优势互补、利益共享的科技成果转化平台，面向市场需求共同开展技术定制、测试检验、中试熟化、产业化开发等活动，从源头上推动科技创新成果从实验室走向市场。二是加快建立以企业为主体，以高等学校、科研机构为依托，各创新主体共同参与的创新创业联合体。通过转让、并购、合作研发、产权买断等方式，加快产学研深度融合，贯通创新链与产业链，打通高等学校、科研机构与企业的这 2 个科技成果转化主体之间的堵点。三是建立信息渠道畅通、服务功能齐全、交易活动有序的技术交易平台，大力发展各类科技中介服务机构，规范技术交易市场，重点扶持培育一批骨干科技中介机构，强化其技术转让交易、技术产权交易、科技信息交流、科技成果发布等服务能力，为科技成果产业化营造良好生态。

优化科技金融服务环境。知识产权质押、科技保险、科技信贷等金融工具可以有效为科技成果转化服务，对购买科技成果的企业，成果转化后根据实际情况给予补助。积极引导涉及科创担保、风投、保险领域企业和金融机构创新多样化金融产品，开展债权融资和知识产权专利质押融资，精准对接服务科创企业需求，搭建科技金融服务平台，通过"靶向"精准培育价值链高端的企业，引育科技领军企业，支持各类园区、企业建设科技成果产业化基地，并形成创新集群的辐射带动效应。

3. 技术创新能力

引导社会资本参与基础研究。加大社会资本参与技术创新，对企业开展重大基础研究项目给予补助，对企业用于资助科研公益捐赠视同研发投入，给予税收优惠支持，对投入达到一定额度的资助或捐赠予以冠名权，激发社会资本参与基础研究、关键技术的积极性。

进一步加强基础设施建设。统筹布局国家自创区内重大科学装置的部署，围绕科技前沿和重大需求，谋划实施一批具有战略性、储备性的重大创新课题，加强原创性、引领性科技攻关，打赢关键核心技术攻坚战，持续提升国家自创区自主创新发展的能力和水平。

组建联合实验室，加强战略科技力量。面向国家重大需求、开展前沿基础研究和应用研究，基于国家重大战略科技任务，建立集国家自创区优势研究力量的跨学科联合实验室，实现资源优化配置。联合实验室要站在国际视角，与发达国家开展国际合作、引入国际人才等。主管部门对实验室进行长期稳定的支持并定期对实验室进行外部评估，保证实验室一直处于高水平状态。

4. 创新创业环境

加速国际化平台建设。围绕打造高水平创业载体平台、支持硬科技创业和前沿科技创业、完善科技服务体系、举办高水平创业活动、营造创新创业氛围等方面开展制度创新和重点项目试点。依托离岸创新中心开展国际双向孵化服务，鼓励各主体积极参与国际科技合作基地、国际技术转移机构、联合实验室等平台建设。引进海外优质创新创业资源，鼓励国际科技组织、国内外顶尖实验室在区内落地创新创业平台，招引国际知名技术转移、创业孵化、风险投资、专业咨询等科技服务机构聚集，支持跨国公司地区总部在国家自创区内设立研发中心、投资中心、运营中心等经营性机构。

强化知识产权保护。支持知识产权服务机构为创新创业主体提供知识产权申请、运用、保护等服务，支持建设知识产权交易运营平台，支持成立知识产权服务联盟，围绕知识产权大数据、知识产权托管、知识产权护航产业发展等建设公共服务平台，引导创新创业主体创造、运用知识产权，营造良好的创新创业环境。支持知识产权金融创新，开展与知识产权交易联动的质押融资新服务，知识产权服务机构可以采取参股入股等新型合作模式直接参与创新创业。

5. 人才建设高地

优化人才体制机制。进一步推动国家自创区高层次人才创新创业基地建设，坚持全球视野、需求导向、市场机制，不断完善与国际接轨的引才、育才和用才机制。加快建设人才改革试验区，实行更加积极开放的人才政策，完善具有战略科学家潜质的复合型人才选拔培养机制，创新人才评价方式和激励模式，深入实施高层次科技人才贡献奖励补助试点，培育集聚更多优秀人才。加快建立健全人才引进、培养、任用和评价制度，完善人才在企业、高等院校、科研院所之间的双向流动机制。构建完备的人才制度体系，激发人才创造活力，改善人才发展环境，营造更加积极、更加开放、更加有效的人才政策优势，聚天下英才而用之。

进一步完善人才保障服务。人才作为创新的第一资源，国家自创区应促进全球人才合理流动与优化配置，构建健全的人才引进、培养、评价、流动、激励的全链条政策体系。加快建设以创新价值、能力和贡献为导向的人才评价体系。强化激励机制，给予科技人员更多的利益回报和精神鼓励。为人才在落户、参保、子女教育等方面提供更加便利和全面的服务保障。

6. 国际开放格局

提升国际科技创新合作水平。以全球视野谋划和推动创新，深化"一带一路"科技创新合作，加快链接人才、技术、项目等国际创新资源。支持企业在海外建设共建园区、设立研发中心，开展国际研发合作。聚集全球创新能量，全面提升国家自创区全球高端创新资源配置能力。优先在国家自创区布局建设国家重大创新平台、开展国家重大科技任务攻关、培育壮大创新型产业集群，持续增强科技竞争力和产业支撑力。

7. 绿色低碳发展

推进绿色技术创新能力不断提升。加快先进适用技术研发和推广应用。围绕高效节能、高效光伏、大容量储能、低成本可再生能源制氢、低成本二氧化碳捕集利用与封存等技术加强示范推广，推进先进适用技术的转化应用。聚焦碳达峰碳中和技术需求，围绕氢能、储能、动力电池、生物质能、核能、海洋能源、二氧化碳捕集利用与封存等重点领域，前瞻布局多功能全新混合储能技术、新型制氢技术、新一代先进堆型关键技术，实施一批具有前瞻性、战略性的重大前沿基础研究项目。

8. 科技产业金融

建立健全科技金融人才引进培养机制及服务体系构建。健全完善科技金融人才的引进培养机制，建立人才发展基金、提供培训、完善人才保障，以资金投入、股权奖励等方式吸引人才在国家自创区可持续发展。

加快推进统一融合高效运作的科技金融服务平台载体构建。国家自创区应围绕科技与金融资本发展内在要求，整合创新资源，打造有强大支撑能力的科技金融对接服务平台，引导商业银行、保险机构、信息咨询机构等为企业提供多元化的金融服务，创新金融产品，提供信息咨询。

9. 股权激励

进一步扩大股权激励试点范围。将中关村国家自创区、武汉东湖国家自创区等股权激励政策向其他自创区推广，建立健全有利于企业自主创新和科技成果转化的激励分配机制，调动技术和管理人员的积极性和创造性，推动高新技术产业化和科技成果转化。

10. 创业绿卡

优化外籍人才的签证制度。规范和放宽优秀外籍人才取得外国人永久居留证的条件，支持符合条件的外籍人才担任科研机构等的法定代表人和负责人，支持按照知识、技术、管理等要素参与分配。

为外籍人才的配偶、子女及外籍人才来华工作等申请居留许可证放宽条件限制，吸引优秀外籍人才来华创业，促进人才可持续发展，加速高端创新资源集聚。

优化人才服务保障。对外籍人才在创业就业、语言、社会保障、住房等方面予以支持。可以组织职业技能培训或语言培训，对新的移民人才进行就业指导、创业咨询、提供临时补助等。建设国际人才服务、咨询机构。鼓励国际知名人才中介服务机构在国家自创区发展，对招聘国际高端人才业绩突出的，可以给予一定的资金奖励。降低外商投资设立人才中介服务机构的准入门槛，允许外资直接入股既有内资人才中介服务机构。

第四章 国家自创区对国家区域重大发展战略的支撑研究

党的十八大以来，为进一步缩小区域发展差距，促进区域协调发展，以习近平同志为核心的党中央依照客观经济发展规律不断调整完善区域发展政策，积极谋划京津冀协同发展、长三角一体化发展、长江经济带发展、粤港澳大湾区建设、黄河流域生态保护和高质量发展等重大区域发展战略，以构建区域协调发展总格局。国家自创区作为区域创新级，在推进区域高质量发展，促进区域协调发展方面无疑起着至关重要的作用。本章基于国家自创区发展总结和自评估报告，重点从国家自创区对区域重大发展战略的支撑现状、存在的问题和发展建议等方面展开研究。

一、国家自创区对国家区域重大发展战略的支撑现状

自 2012 年以来，国家共谋划京津冀协同发展、长三角一体化发展、长江经济带发展、粤港澳大湾区建设、黄河流域生态保护和高质量发展五大区域重大发展战略。五大区域重大发展战略共覆盖全国 26 个省、直辖市和特别行政区，包含 18 个国家自创区，即中关村国家自创区、天津国家自创区、上海张江国家自创区、苏南国家自创区、杭州国家自创区、宁波温州国家自创区、成都国家自创区、深圳国家自创区、珠三角国家自创区、重庆国家自创区、合芜蚌国家自创区、鄱阳湖国家自创区、武汉东湖国家自创区、长株潭国家自创区、郑洛新国家自创区、山东半岛国家自创区、西安国家自创区和兰白国家自创区。此外，乌昌石国家自创区、福厦泉国家自创区、沈大国家自创区、哈大齐国家自创区也在区域发展中发挥着重要作用。

（一）国家自创区对京津冀协同发展战略的支撑现状

2014 年 2 月，习近平总书记在北京座谈会上明确将实现京津冀协同发展作为一项重大国家战略，强调"要坚持优势互补、互利共赢、扎实推进，加快走出一条科学可持续的协同发展路子来"。2015 年 5 月，《京津冀协同发展规划纲要》出台实施。京津冀协同发展战略的地域范围包含北京市、天津市和河北省，共涉及两大国家自创区，即中关村国家自创区、天津国家自创区。本部分从两大国家自创区对区域经济发展的贡献、对区域科技创新引领作用、对京津冀科技协同创新推动作用等方面展开研究。

1. 中关村国家自创区

（1）对区域经济发展的贡献

中关村国家自创区经济规模质、量双提升，有效拉动京津冀区域经济增长。2020 年，中关村国家自创区企业总收入达 7.2 万亿元，实现增加值约 1.4 万亿元（表 4-1），占北京市生产总值的 37.9%，占京津冀地区生产总值的 15.9%。出口总额 2667.8 亿元，占北京市比重为 57.3%，占京津冀地区的比重为 26.0%。

表 4-1 京津冀地区生产总值和出口总额

地区	2020年生产总值/亿元	2021年生产总值/亿元	2020年出口总额/亿元
北京	36 102.6	40 269.6	4654.9
天津	14 083.7	15 695.1	3075.1
河北	36 206.9	40 391.3	2521.9
京津冀地区	86 393.2	96 356.0	10 251.9
中关村国家自创区	13 719.0	16 107.8	2667.8

数据来源：北京、天津和河北数据来源于各省市2020年和2021年国民经济和社会发展统计公报，中关村国家自创区数据来源于2020年中关村国家自创区发展总结和自评估报告。

2021年1—11月，中关村国家自创区规模以上企业总数8816家，上市公司总数452家（不含两地上市），实现企业总收入7.4万亿元，同比增长22.5%；实缴税费总额2802.7亿元，同比增长23.1%；人均收入282.7万元，同比增长15.3%；期末从业人员262万人，同比增长6.2%。2021年实现总收入约8.4万亿元，同比增长13.1%，对北京市经济增长贡献度近40.0%，对京津冀地区经济增长的贡献度为16.7%。

现代化产业体系加速构建，为区域经济增长提供了新动能。中关村国家自创区实施了战略性新兴产业集群创新引领工程，出台了中关村大数据、集成电路、智能机器人、虚拟现实等新兴产业政策，促进重点前沿产业发展，形成了新一代信息技术、生物健康等6个千亿级以上产业集群。会同科技部火炬中心出台实施国家高新区互联网跨界融合创新中关村示范工程和"创业中国"中关村引领工程，中关村数字经济、共享经济、平台经济等快速发展，为经济增长提供了新动能。

（2）对区域科技创新的引领作用

中关村国家自创区自主创新能力持续增强，有效带动区域科技创新发展。2020年，中关村国家自创区企业研究开发费用3785.4亿元，企业有效发明专利拥有量突破18万件，获得专利授权7.2万件，占北京市专利授权量的比重为44.2%，占京津冀区域专利授权量的比重为21.8%。

2021年1—11月，中关村国家自创区企业研究开发费用3574.5亿元，同比增长33.6%；研究开发人员80.1万人，同比增长10.0%；企业有效发明专利拥有量17.7万件，获得专利授权量7.8万件，同比增长19.7%，占北京市专利授权量的比重为39.2%，占京津冀地区专利授权量的比重为18.7%；全年技术合同成交额首次突破7000亿元大关，同比增长近11%。诞生了长寿命超导量子比特芯片、全球首款96核区块链专用加速芯片、细胞焦亡抗肿瘤免疫功能重大发现等一批具有世界影响力的重大创新，有效拉动了区域科技创新。

世界级企业、产业联盟等中关村创新资源加速培育和发展，国际国内显示度显著提升。中关村国家自创区一批新生代科技企业快速崛起，在国际竞争中崭露头角，寒武纪、地平线进入全球人工智能芯片企业前列，美团、京东、字节跳动、小米等10家企业入选"2020胡润世界500强"。截至目前，中关村有关产业联盟共165家，举办特色品牌活动、产业服务、政策培训等活动600余场，新建服务平台54个，创制和修订各类标准200多项，服务企业上千家，承担国家和地方政府项目100余项，开展课题研究100多项，超过1/3的联盟在服务京津冀重大战略需求或参与国家"一带一

（3）对京津冀科技协同创新的推动作用

中关村国家自创区积极搭建科技协同发展服务平台，集中园区力量共同推进京津冀科技协同创新发展。一是引导中关村发展集团整合利用现有资源，并针对京津冀科技协同创新、对口支援等需求，搭建科技协同发展服务平台，满足各地培训、参观、论坛等科技交流对接活动需求，并逐步在重点区域搭建若干分平台，形成"1+N"平台建设体系，成为北京科技协同发展重点路径和模式；二是支持北京相关创新主体针对合作区域的需求，搭建特色平台，开展协同创新服务。三是与中关村产业技术联盟联合会等社会组织对接，筹划推动北京市通州区与河北省北三县、北京市大兴区与河北省廊坊市、北京市丰台区与河北省保定市、北京市延庆区与河北省张家口市等进行对接，形成相关区域分园与环首都市（区）协同发展的局面，调动区和分园的力量，共同推进京津冀科技协同创新发展。

2. 天津国家自创区

（1）对区域经济发展的贡献

天津国家自创区已成为天津加快新旧动能转换的重要战略引擎。2020年，天津国家自创区规模以上企业营业收入4764亿元，营业利润305亿元，全口径从业人员28万人，企业研发经费支出占营业收入比重为3.1%。2020年，天津国家自创区生产总值为0.3万亿元，占天津市生产总值的20.8%，占京津冀区域生产总值的3.4%（表4-2）。进出口总额507.9亿元，其中出口总额317.0亿元，占天津市比重为10.3%，占京津冀区域的比重为3.1%。

表4-2　2020年京津冀地区生产总值和出口总额

地区	生产总值/亿元	出口总额/亿元
北京	36 102.6	4654.9
天津	14 083.7	3075.1
河北	36 206.9	2521.9
京津冀地区	86 393.2	10 251.9
天津国家自创区	2932.7	317.0

数据来源：北京、天津和河北数据来源于各省（区、市）2020年国民经济和社会发展统计公报，天津国家自创区数据来源于火炬统计和2020年天津国家自创区发展总结和自评估报告。

天津国家自创区坚持产业"高、新"引领，聚焦特色领域，形成了以信创产业为首位度的创新型产业集群。制定信创、新能源、生物医药、高端装备、新经济服务业5个产业链工作方案，通过"链长+专班+平台"工作机制，围绕五大主导产业链开展攻坚行动。信创产业在全国率先实现全链条布局，构建起从CPU到整机终端的国产替代全产品链条，获批全国唯一网络信息安全产品与服务产业集群；编制"中国信创谷"发展规划和三年行动计划，并启动"中国信创谷"建设。确立"311信创产业体系"，举办飞腾生态伙伴大会，启动运营鲲鹏生态创新中心，麒麟、飞腾、曙光、360等一批龙头企业加速聚集，信创规上企业超100家，信创产业链关联企业1000余家。

（2）对区域科技创新的引领作用

天津国家自创区有效推动了天津自主创新和原始创新能力提升。截至2020年底，天津国家自创区共拥有国家高新技术企业2118家，国家科技型中小企业1796家，雏鹰企业730家，瞪羚企业87家，主要创新指标占天津市比重达到1/4左右。2021年新增市级科技企业孵化器6家、市级备案众创空间2家，推荐国家级科技企业孵化器1家、推荐国家备案众创空间3家，在天津市层面创新首位度进一步彰显。

以高质量建设各类创新平台为支撑，加快实现高水平自立自强。国家先进计算产业创新中心、先进操作系统创新中心、国家网络信息安全适配基地等一批高能级创新平台落户天津国家自创区，国内首家由国家地方共建的现代中药创新中心正式揭牌，自创区内市级以上研发机构及平台达400余家。以浙大滨海产业技术研究院为试点，制定改革方案并组织实施"四不像"和"四位一体"模式改革，推动科研机构企业化转型，释放科研人员创新活力，促进技术成果转移转化。2018年和2019年麒麟、飞腾分别获得国家科学技术进步奖一等奖，中科曙光牵头组建国家先进计算产业创新中心，麒麟V10系统入选"2020年度央企十大国之重器"。中海油服获得2017年度国家科学技术进步奖一等奖，空间站"天和"核心舱在航天五院制造总装，成为天津建设全国先进制造研发基地的重要支撑。

（3）对京津冀科技协同创新的推动作用

天津国家自创区深入推进京津冀科技协同创新发展。以高端资源链接为核心，以协同创新载体建设为关键举措，深入落实京津冀协同发展国家战略，开放合作水平显著提升。积极承接北京非首都功能疏解，加大与北京央企、国企合作，承接招商局、中国医药、中国国际工程咨询等北京央企子公司落地项目，深化与中关村科技园等平台合作，引聚字节跳动、紫光云、中国科学院微电子研究所等科技龙头企业和研发机构。强化金融支撑作用，推动总规模500亿元的京津冀协同发展产业投资基金落户。加快推进京津合作示范区、"京津冀协同示范中心"特色载体建设，打造承接非首都资源转移载体平台。

3. 国家自创区对京津冀协同发展战略的支撑现状总结

总体来看，中关村国家自创区和天津国家自创区在有效拉动当地自主创新和原始创新，推动区域经济增长方面都取得了积极成效。首先，在对区域经济发展的贡献方面，2020年，中关村国家自创区和天津国家自创区分别实现生产总值1.4万亿元和0.3万亿元，对京津冀区域经济增长的贡献度分别为15.9%和3.4%；2020年，中关村国家自创区和天津国家自创区的出口贸易额分别为2667.8亿元和317.0亿元，分别占京津冀区域总出口贸易额的26.0%和3.1%，有效推动了京津冀地区的区域经济增长。

其次，在对区域科技创新引领作用方面，2021年，中关村国家自创区企业有效发明专利数占北京市企业有效发明专利数的比重为50.9%，占京津冀地区企业有效发明专利数的比重为48.9%。在芯片研发等尖端技术方面具有重大创新，有效拉动了区域科技创新；天津国家自创区在高能级创新平台建设、高新技术企业发展、瞪羚企业培育等方面也取得了显著成效，有效推动了天津自主创新和原始创新能力提升。

最后,在推动京津冀科技协同创新发展方面,中关村国家自创区充分利用自身资源,不断在重点区域搭建分园和分平台,并积极调动区和分园的力量,共同推进京津冀科技协同创新发展;天津国家自创区则积极承接北京非首都功能,加快建设京津冀区域协同创新特色载体,推进京津冀科技协同创新发展。

(二)国家自创区对长三角区域一体化发展战略的支撑现状

长三角地区是我国经济发展最活跃、开放程度最高、创新能力最强的区域之一。2019年5月,中共中央政治局会议审议通过了《长江三角洲区域一体化发展规划纲要》,将长三角一体化发展上升为国家战略。长三角地区共覆盖上海市、江苏省、浙江省和安徽省等4个省(区、市),共包含上海张江国家自创区、苏南国家自创区、杭州国家自创区、宁波温州国家自创区和合芜蚌国家自创区。本部分从五大国家自创区对区域经济发展的贡献、对区域科技创新引领作用、对长三角科技协同创新推动作用等方面开展研究。

1. 上海张江国家自创区

(1)对区域经济发展的贡献

上海张江国家自创区经济高质量发展新标杆不断显现。上海张江国家自创区聚焦集成电路、生物医药、人工智能三大产业发展任务,充分发挥自身优势,不断优化产业生态,培育发展创新集群,全力打造龙头企业,全面提升产业能级,聚力攻坚关键核心技术,努力抢占战新产业发展制高点,战略性新兴产业产值占上海市比重超过60%。2021年,上海张江国家自创区以上海市8%的面积,集聚了上海市1/10的企业,贡献了上海市1/3的税收,单位面积税收64.6万元/亩,是上海市平均水平的4.4倍。目前已集聚了超10万家科技型企业,2020年上海张江国家自创区拥有高新技术企业达9232家,占上海市高新技术企业比重为54.3%,占长三角地区高新技术企业的11.6%(表4-3)。2020年上海张江国家自创区生产总值为8612.5亿元,占上海市生产总值的22.3%,占长三角地区生产总值的3.5%。其中,规上企业营业收入为6.2万亿元,高新技术企业增加值为508.1亿元。

表4-3 2020年长三角地区和上海张江国家自创区生产总值、高新技术企业数量和万人有效发明专利数量

地区	生产总值/亿元	高新技术企业数量/家	万人有效发明专利数量/件
上海	38 700.6	17 012	59
浙江	64 613.0	22 158	31
江苏	102 719.0	32 000	41
安徽	38 680.6	8559	16
长三角地区	244 713.2	79 729	31
上海张江国家自创区	8612.5	9232	384

数据来源:上海、浙江、江苏和安徽数据来源于各省(区、市)2020年国民经济和社会发展统计公报,上海张江国家自创区数据来源于火炬统计和2020年上海张江国家自创区发展总结和自评估报告。

在多领域实现经济高质量发展。在集成电路领域，建成国内产业链最完备、综合技术水平最先进、自主创新能力最强的集成电路产业基地。2020年，产业销售规模约1800亿元，占上海市的87%，占全国的1/5；在生物医药领域，上海张江自创区产业研发创新能力领跑全国，细胞治疗、高端医疗装备等领域达到世界先进水平。2020年，生物医药工业总产值约1100亿元，占上海市的78.6%；在人工智能领域，集聚华为、阿里巴巴、腾讯、百度、京东、微软、亚马逊、IBM等龙头企业，人工智能企业达2400余家，占上海市人工智能企业的70.0%。

（2）对区域科技创新引领作用

一是高端创新人才不断集聚，有效引领区域科技创新发展。2020年，上海张江国家自创区拥有上海市80%以上的高端人才，其中海归、留学生、外籍专家近5万人；两院院士169名，占上海市的92.3%；上海领军人才1367人，占上海市的78.6%。

二是知识产权保护体系不断完善，高质量成果持续涌现。上海张江国家自创区近5年发明专利授权数占上海市63%，近3年PCT专利申请占上海市65%，2020年万人有效发明专利数量384件，约为上海市水平的6.5倍，约为长三角地区的12.4倍（表4-3）。技术合同成交金额超过1200亿。2021年，上海首次在国家自然科学、技术发明、科技进步三大奖中实现"大满贯"，上海获奖的48项项目中，通用项目42项，上海张江国家自创区占78.6%。

三是国家重大科技基础设施集群初步形成。已建成和在建的国家重大科技基础设施达14个，覆盖光子、生命科学、海洋、能源等领域，预计2025年全部建成。硬X射线、软X射线、上海光源（一期、二期）、神光、超强超短激光、活细胞成像等项目将共同构成全球规模最大、种类最全、综合能力最强的光子大科学设施集群，蛋白质科学研究（上海）设施、国家肝癌科学中心、转化医学国家重大科技基础设施（上海）等设施高效运转，国家海底科学观测网、高效低碳燃气轮机试验装置开工建设。

四是国家实验室等高水平创新基地布局不断推进。推进上海张江实验室、上海脑科学与类脑研究中心、上海量子科学研究中心、李政道研究所、张江复旦国际创新中心、张江高等研究院、上海自主智能无人系统科学中心、上海清华国际创新中心、上海期智研究院、上海树图区块链研究院、浙大上海高等研究院、上海处理器技术创新中心、上海科技大学等一批高水平研究机构和研究型大学建设，加快构建跨学科、跨领域的协同创新网络。

（3）对长三角科技协同创新推动作用

一是"双自联动"发展效应持续叠加。上海张江国家自创区和中国（上海）自由贸易试验区"双自联动"不断推进，货物贸易、服务贸易、人员流动、投资等跨境服务更加便利化。与其他园区联动发展，与自贸区临港新片区"双区协同"不断加强，与陆家嘴金融城形成"双城辉映"。

二是长三角等区域协同创新更加深入。上海张江国家自创区承办了科技部火炬中心首届长三角地区34家国家高新区协调会议，推动了长三角科技创新资源互联互通和开放共享。推动了上海张江、合肥两大综合性国家科学中心"两心共创"。推动了国家药品审评检查长三角分中心、国家医疗器械审评检查长三角分中心落户上海张江，筹建了长三角国家技术创新中心。推动了长三角区域共同打造"G60科创走廊"、"嘉昆太"协同创新核心圈、嘉温深度融合发展示范区，推动成立了"长三角双创示范基地联盟"，实现优势互补、融合发展。

2. 苏南国家自创区

（1）对区域经济发展的贡献

苏南国家自创区积极打造具有国际影响力的创新型经济发展高地，推动区域经济快速发展。2021年，苏南国家自创区技术合同成交额超过2000亿元，同比增长近30%，贡献了江苏省技术合同成交额的70%。2020年，苏南国家自创区拥有高新技术企业总数约1.1万家，占江苏省高新技术企业的比重约34.0%，占长三角地区高新技术企业的比重为13.6%。2020年，苏南国家自创区生产总值为17 450.8亿元（表4-4），占江苏省生产总值的比重为17.0%，占长三角地区生产总值的比重约为7.1%。2020年，苏南国家自创区高新技术产业产值占规模以上工业总产值的比重达50.7%，高于江苏省平均水平3.2个百分点。

表4-4 2020年长三角地区和苏南国家自创区生产总值、高新技术企业数量和有效发明专利拥有量

地区	生产总值/亿元	高新技术企业数量/家	有效发明专利拥有量/件
上海	38 700.6	17 012	145 600
浙江	64 613.0	22 158	199 000
江苏	102 719.0	32 000	349 009
安徽	38 680.6	8559	98 186
长三角地区	244 713.2	79 729	791 795
苏南国家自创区	17 450.8	10 874	84 362

数据来源：上海、浙江、江苏和安徽数据来源于各省（区、市）2020年国民经济和社会发展统计公报，苏南国家自创区数据来源于火炬统计和2020年苏南国家自创区发展总结和自评估报告。

此外，苏南国家自创区培育了多个创新型产业集群，助力了区域经济的发展。联合南京高新区、苏州工业园区围绕集成电路、生物医药共同开展创新型产业集群培育试点，深化江阴特钢新材料等11个国家创新型产业集群、常州智能制造等2个国家级战略性新兴产业集群试点，将南京LG锂电池等苏南地区105个项目纳入2021年省重大项目。苏州工业园区成为全球微纳制造八大代表性区域之一，并获批建设国家新一代人工智能创新发展试验区核心先导区，无锡高新区成为目前全国唯一的国家传感网创新示范区。

（2）对区域科技创新引领作用

苏南国家自创区加快建设创新驱动发展引领区，不断引领区域科技创新发展。在人才集聚方面，截至2020年底，苏南国家自创区已集聚110名"两院"院士，累计获得251项国家科学技术奖；获得有效来华工作许可的外国人超过2万人，占江苏省的85.0%以上；累计入选国家重大人才工程867人，其中创业类占全国的27%。在专利产出方面，2020年，苏南国家自创区拥有有效发明专利8.4万件，占江苏省有效发明专利拥有量的比重为24.2%，占长三角地区有效发明专利拥有量的比重为10.7%。

在创新型试点企业集聚方面，截至2020年底，苏南国家自创区当前已集聚国家级创新型试点企业21家、科创板上市企业64家、创新型领军企业超过100家，拥有高新技术企业总数约1.1万家、占江苏省的34.4%。江苏省19家独角兽企业均在苏南地区，平均估值21.8亿美元；76家潜在独角

兽企业中有70家位于苏南地区,占江苏省的92.1%、全国的17.9%以上。

在关键核心技术攻关方面,苏南国家自创区围绕高端芯片、信息通信、生物医药等前沿领域,每年部署实施120项关键技术研发和重大科技成果转化项目,支持行业骨干企业牵头组建创新联合体,跨区域、跨领域联合高校院所共同承担项目,攻克了大尺寸高阻厚外延硅材料制备等一批关键技术,共同培育了打破国外技术垄断的高端数字信号处理DSP芯片等一批战略产品,着力强化产业链供应链自主可控。

(3)对长三角科技协同创新推动作用

苏南国家自创区突出"一体化"导向,积极构建高效合作、集成联动、协同开放的创新发展格局。一是推动地方园区创新合作。苏南国家自创区通过政策引导和奖励激励,支持苏南地区设区市、园区强强联手、共谋发展,联合举办"2021首届苏南国家自创区高峰论坛",成立苏南国家自创区高新区一体化发展联盟。南京携手镇江共建G312产业创新走廊,无锡、苏州和常州共同签订《苏锡常共建太湖湾科创带倡议书》,苏州、无锡、常州3家高新区率先探索建立政务服务一体化机制,地方和园区协同发展、联动创新的主动性明显增强。

二是加强与自贸试验区创新联动。苏南国家自创区会同商务部门联合起草苏南国家自创区与自贸试验区联动发展实施方案,推动江苏自贸试验区"科技企业白名单""高层次人才举荐直通车"等创新政策向国家自创区复制推广,支持苏南国家高新园区全部获批自贸试验区的联动创新发展区,加强政策互动、平台互联、优势互补,更好实现资源共享、联动发展。

3. 杭州国家自创区

(1)对区域经济发展的贡献

杭州国家自创区创新经济实力显著提升,有效推动区域经济增长。2020年,杭州国家自创区生产总值为2841.5亿元,对浙江省经济增长的贡献度为4.4%,对长三角地区经济增长的贡献度为1.2%。2021年,杭州国家自创区数字经济核心产业增加值4905亿元,同比增长11.5%,数字经济核心产业增加值占GDP的比重为27.1%;规上工业增加值4100亿元,同比增长10.6%;高新技术企业从2015年的2000家增加到2020年的10 000余家(表4-5),占长三角地区的12.5%,稳居全国副省级城市第3位。

表4-5 2020年长三角地区和杭州国家自创区生产总值、高新技术企业数量和有效发明专利拥有量

地区	生产总值/亿元	高新技术企业数量/家	有效发明专利拥有量/件
上海	38 700.6	17012	145 600
浙江	64 613.0	22 158	199 000
江苏	102 719.0	32 000	349 009
安徽	38 680.6	8559	98 186
长三角地区	244 713.2	79 729	791 795
杭州国家自创区	2841.5	10 000余	24 618

数据来源:上海、浙江、江苏和安徽数据来源于各省(区、市)2020年国民经济和社会发展统计公报,杭州国家自创区数据来源于火炬统计和2020年杭州国家自创区发展总结和自评估报告。

杭州国家自创区构建了现代化产业体系,战略性新兴产业蓬勃发展。一是数字经济产业增加值

保持高速增长，杭州市入选"云计算服务创新发展试点示范城市"，软件和信息技术服务业综合竞争力居全国大中城市前列。二是新制造业步伐加快，规上企业数字化改造覆盖率超 95%。杭州纳米级 PTFE 膜材料实现了国外进口替代，国内市场占有率第一，EVA 太阳能电池胶膜的全球市场占有率超 50%。三是生物医药稳步增长，杭州国家自创区的生物医药产业集群成功入选国家发展改革委公布的第一批 66 个国家战略性新兴产业集群名单，生物医药产业集群初步形成。

（2）对区域科技创新引领作用

杭州国家自创区对区域科技创新引领示范作用进一步凸显。2020 年，杭州国家自创区 R&D 经费支出 578.8 亿元，"十三五"期间年均增长 15.1%，研发投入强度 3.6%，均居全国重点城市第 6 位。有效发明专利拥有量高达 2.5 万件，增长 28.2%，占长三角地区有效发明专利拥有量的 3.1%，居全国省会城市第一；万人发明专利拥有量 70.8 件，PCT 国际专利申请 2030 件。杭州国家自创区全力建设了杭州城西科创大走廊，高层次人才集聚取得了突破性进展。依托浙江大学、阿里巴巴等世界一流研究型大学、创新型企业，杭州国家自创区启动实施了国家重大科技基础设施浙江大学超重力离心模拟与实验装置、之江实验室、阿里达摩院、西湖大学、良渚实验室等重大创新平台建设。目前，杭州城西科创大走廊已集聚 12 家国家重点实验室，占浙江省 85.7%，累计集聚人才突破 45 万、全职院士 59 名、海外高层次人才 8531 人、"国千、省千"人才突破 500 人。杭州市已成为浙江省密度最高、增长最快、最具活力的人才高地和海内外高层次人才创新创业首选之地。

（3）对长三角科技协同创新推动作用

积极融入长三角高质量一体化发展，推动长三角地区科技协同创新。杭州国家自创区紧抓长三角一体化机遇，切实推动加强国际国内科技合作，进一步唱好杭甬"双城记"，合力建设 G60 科创走廊和杭州都市圈，全方位融入长三角高质量一体化发展、长江经济带和浙江省"四大"建设。同时，杭州国家自创区不断完善协作创新机制，高标准完成 G60 科创走廊建设的各项重要指标，浙江正泰新能源开发有限公司、杭州纤纳光电科技有限公司等 12 家杭州企业加入光伏协同创新产业联盟，杭州市高新科技投资有限公司斥资 1 亿元加入 G60 科创走廊科技成果转化基金。

4. 宁波温州国家自创区

（1）对区域经济发展的贡献

宁波温州国家自创区发挥国家自创区先行先试优势，有效推动区域经济增长。2020 年，宁波温州国家自创区高新技术企业数量达到 6300 余家，占浙江省高新技术企业的比重为 28.5%，占长三角地区高新技术企业比重为 7.9%，省级以上科技型中小企业 2.9 万多家，实现三年倍增。2020 年，宁波温州自创区生产总值为 2049.5 亿元，对浙江省经济增长的贡献度为 3.2%，对长三角地区经济增长的贡献度为 0.8%（表 4-6）。其中，宁波高新区高新技术产业增加值为 2861.5 亿元，提升 153%，占宁波市规上工业增加值的比重达 58.8%，提升 18 个百分点。宁波高新区战略性新兴产业实现规上工业总产值 6231.8 亿元，占宁波市规上工业增加值的比重达 29.6%，较 2017 年提高 2.9 个百分点，占宁波市 GDP 的比重达 9.7%。

表 4-6　2020 年长三角地区和宁波温州国家自创区生产总值、高新技术企业数量和有效发明专利拥有量

地区	生产总值/亿元	高新技术企业数量/家	有效发明专利拥有量/件
上海	38 700.6	17 012	145 600
浙江	64 613.0	22 158	199 000
江苏	102 719.0	32 000	349 009
安徽	38 680.6	8559	98 186
长三角地区	244 713.2	79 729	791 795
宁波温州国家自创区	2049.5	6300 余	38 289

数据来源：上海、浙江、江苏和安徽数据来源于各省（区、市）2020 年国民经济和社会发展统计公报，宁波温州国家自创区数据来源于火炬统计和 2020 年宁波温州国家自创区发展总结和自评估报告。

部分重点领域带头作用明显，宁波高新区装备制造业增加值占宁波市规上工业增加值的比重达 53.9%，较 2017 年提高 5.4 个百分点；新材料产业"量质齐升"，2021 年上半年完成产值 1575.4 亿元，同比增长 56%；实现利润 152 亿元，同比增长 119.9%，规模占浙江省新材料产业产值近三成、全国领先。此外，数字经济核心产业总量位居浙江省第二，同比增长近 30%，集成电路、软件信息服务业等重点领域实现约 60% 和 30% 的高速增长。

（2）对区域科技创新引领作用

引领创新能级不断提升，推动区域创新发展不断迈进。2021 年，宁波市和温州市全社会研发投入占浙江省生产总值的比重达到 0.8%。其中，宁波市有效发明专利拥有量 38 289 件，增长 160%；技术交易额达到 297 亿元，增长 177%。温州企业研发强度达到 2.4%、企业 R&D 人员占就业人员比重达到 9.1%、企业研发活动覆盖率超 50%，推动温州国家高新区排名进入全国前 50%。宁波市集聚产业技术研究院、检验检测机构、知识产权服务、科技金融及各类创新服务平台近 1465 家，创新综合体所覆盖的产业集群实现增加值 2500 亿元。

（3）对长三角科技协同创新推动作用

一是深度融入长三角一体化，合力构建产业链创新链利益共同体。宁波市作为发起单位之一签署长三角国家科技成果转移转化示范区联盟组建框架协议，牵头成立长三角技术转移联盟，依托上海、杭州等城市人才、教育、科技、产业和智力资源，通过高端链接、同级联动、低端辐射，推进跨区域科技合作、协同创新、全产业链配套，共同构建创新发展共同体，推动形成北接上海、西接杭州、南接浙东南的创新发展格局。

二是全面对接上海全球科创中心建设，以沪甬科技创新战略合作为突破点，高起点建设前湾沪浙合作发展区、温州（嘉定）科技创新园、长三角 G60 温州（松江）科创基地等重大合作平台和"科技飞地"，通过共建创新平台、设立科创飞地、打造跨区域创新公共服务体系等，加快融入长三角创新生态。与杭州签署杭甬一体化合作框架协议，强化与 G60 科创走廊、杭州城西科创大走廊等的联合，推动跨区域共建"飞地园区"和跨区域实施科技创新，推进跨区域科创飞地政策突破，在政策、产业、平台方面形成联动，营造"研发创新在外地、成果转化在宁波和温州"的良好创新创业生态。

三是完善宁波温州协同联动机制，推动甬温两地创新要素、生产要素的自由流动和优化配置。

大力推进甬舟合作区建设，聚焦海洋、石化、新材料等领域，开展关键领域、重点项目技术联合攻关，共建区域性海洋创新体系，通过拓宽创新券使用范围共享科研仪器设备、技术服务资源，发布人才一体化行动方案，有效促进两地高端创新人才研发合作。

5. 合芜蚌国家自创区

（1）对区域经济发展的贡献

合芜蚌国家自创区经济总量跃上新台阶。截至2020年底，合芜蚌国家自创区以占安徽省16.8%的土地面积和26%的人口创造了安徽省41.1%的经济总量，贡献了长三角地区经济的6.5%。2008—2020年，合芜蚌国家自创区GDP从2900.9亿元增加到15 881.4亿元（表4-7），年均增速为16.4%，占安徽省的比重由2008年的32.7%上升到2020年的41.1%，占长三角地区的比重由2008年的3.9%增长到2020年的6.5%。

表4-7 2020年长三角地区和合芜蚌国家自创区生产总值、高新技术企业数量与有效发明专利拥有量

地区	生产总值/亿元	高新技术企业数量/家	有效发明专利拥有量/件
上海	38 700.6	17 012	145 600
浙江	64 613.0	22 158	199 000
江苏	102 719.0	32 000	349 009
安徽	38 680.6	8559	98 186
长三角地区	244 713.2	79 729	791 795
合芜蚌国家自创区	15 881.4	4763	55 720

数据来源：上海、浙江、江苏和安徽数据来源于各省（区、市）2020年国民经济和社会发展统计公报，合芜蚌国家自创区数据来源于火炬统计和2020年合芜蚌国家自创区发展总结和自评估报告。

合芜蚌国家自创区围绕建设综合性国家科学中心和产业创新中心，加快建设新能源汽车、新型显示、机器人等一批重大新兴产业基地，扎实推进太赫兹芯片、精准医疗等一批重大新兴产业工程，组织实施量子通信与量子计算、智能汽车、石墨烯等一批重大新兴产业专项，加快构建创新型现代产业体系。2020年，合芜蚌国家自创区高新技术企业达4763家，占安徽省的比重达55.6%，实现高新技术产业产值、增加值分别同比增长15.2%和13.8%，分别占安徽省的48.0%和48.4%。

（2）对区域科技创新引领作用

合芜蚌国家自创区创新动能强劲、创业活力涌动，有效推动了安徽和长三角区域的科技创新发展。2008—2019年，合芜蚌国家自创区全社会研发经费投入从54亿元增加到451.9亿元，占安徽省比重由55.2%上升到59.9%；研发强度保持逐年攀升态势，从2008年的1.9%提高到2019年的3.0%，高于安徽省的2.0%和全国的2.2%。

2008年以来，合芜蚌国家自创区获国家级科技奖励109个，占安徽省总数的84.5%。省级以上高新区5个，其中国家级3个；拥有各类国家级研发平台152家，占安徽省的72.4%。截至2020年底，合芜蚌国家自创区共有院士工作站29家，柔性引进院士人数近200人次。2020年，合芜蚌国家自创

区共拥有有效发明专利达 55 720 件，集聚了安徽省 55.6% 的高新技术企业，产生了安徽省 64.4% 的专利授权量，输出技术合同成交额达 450.6 亿元，吸纳技术合同成交额达 562.3 亿元，分别占安徽省总量的 60.7% 和 49.7%，成为全国创新资源最为集中、创新动能最为强劲、创业活力最为踊跃的地区之一。

（3）对长三角科技协同创新推动作用

扎实推进长三角科技创新共同体建设，共建 G60 科创走廊，有效推动区域创新一体化发展。2021 年 9 月，合芜蚌国家自创区获批建设国家科技成果转移转化示范区。依托安徽创新馆，打造省市县三级联动、线上线下互动的科技大市场。在首届中国（安徽）科技创新成果转化交易会上交出亮丽成绩单，共发布科技成果 1043 项，集中展示科技创新成果 487 项，线上交易节直播销售额达 1.4 亿元，云签约项目金额为 282 亿元。

依托长三角自贸试验区联盟，加大与沪苏浙自贸试验区片区结对共建力度。对接服务浦东高水平改革开放，加快建设长三角资本市场服务基地安徽分中心，共建长三角科创金融改革试验区。落实虹桥国际开放枢纽建设重点任务，加快建设合肥国际金融后台服务基地和长三角绿色农产品展示交易中心，在虹桥国际中央商务区建设安徽城市展示中心和海外高端人才招引基地。打造联接长三角和中部地区的国际商协会联盟、资本市场平台、贸易中心、高能级展会等市场化要素对接平台。

6. 国家自创区对长三角区域一体化发展战略的支撑现状总结

总体来看，上海张江国家自创区、苏南国家自创区、杭州国家自创区、宁波温州国家自创区、合芜蚌国家自创区在培育高新技术企业，推动区域经济增长，打造创新型高地，引领区域科技创新等方面都取得了积极成效。

首先，在对区域经济发展的贡献方面，2020 年，上海张江国家自创区创造生产总值 8612.5 亿元，集聚了超 10 万家科技型企业，其中高新技术企业 9232 家；苏南国家自创区积极打造具有国际影响力的创新型经济发展高地，创造了 17 450.8 亿元的国内生产总值，集聚了 1.1 万家高新技术企业；杭州国家自创区创新经济实力显著提升，高新技术企业数量从 2015 年的 2000 家增加到 2020 年的 1 万余家，2020 年生产总值高达 2841.5 亿元；宁波温州国家自创区大力发展装备制造业、新材料和数字经济等产业，2020 年创造生产总值 2049.5 亿元，集聚高新技术企业 6300 余家；合芜蚌国家自创区经济总量跃上新台阶，2020 年 GDP 总量为 15 881.4 亿元，贡献了长三角地区经济的 6.5%，2020 年共拥有高新技术企业 4763 家。

五大国家自创区的生产总值共计 4.7 万亿元，占长三角地区生产总值的比重超过 19.1%。高新企业数量约 4.1 万家，占长三角地区高新技术企业的 51.6%（表 4-8），推动长三角地区区域经济发展量质齐升。

表 4-8　2020 年五大国家自创区生产总值和占比，以及高新技术企业数量和占比

国家自创区	生产总值/亿元	生产总值占长三角地区比重	高新技术企业数量/家	高新技术企业数量占长三角地区比重
上海张江国家自创区	8612.5	3.5%	9232	11.6%
苏南国家自创区	17 450.8	7.1%	10 874	13.6%

续表

国家自创区	生产总值/亿元	生产总值占长三角地区比重	高新技术企业数量/家	高新技术企业数量占长三角地区比重
杭州国家自创区	2841.5	1.2%	>10 000	12.5%
宁波温州国家自创区	2049.5	0.8%	6300	7.9%
合芜蚌国家自创区	15 881.4	6.5%	4763	6.0%

数据来源：5个国家自创区数据来源于火炬统计和2020年各国自创区发展总结和自评估报告。

其次，在对区域科技创新引领作用方面，上海张江国家自创区加快建设高水平人才高地、不断完善知识产权保护体系，高质量成果持续涌现。2020年万人有效发明专利数量384件，为长三角地区的11倍；苏南国家自创区加快建设创新驱动发展引领区，加快集聚创新人才和创新型试点企业，目前已拥有创新型试点企业21家，创新型领军企业超过100家；杭州国家自创区、宁波温州国家自创区和合芜蚌国家自创区不断集聚创新动能，加强研发投入强度，3个国家自创区的有效发明专利量为9.5万件。2020年五大国家自创区的有效发明专利量共计27.0万件，占长三角地区有效发明专利量的37.2%。

最后，在推动长三角科技协同创新发展方面，一是"双自联动"发展效应持续叠加。五大国家自创区依托长三角自贸试验区联盟，不断加大与沪苏浙皖自贸试验区片区结对共建力度。二是长三角地区的区域协同创新更加深入。上海张江国家自创区承办了首届长三角地区国家高新区协调会议，筹建了长三角国家技术创新中心，深入推进了长三角地区的区域协同创新。苏南国家自创区、杭州国家自创区、宁波温州国家自创区和合芜蚌国家自创区突出"一体化"导向，与上海张江国家自创区合力建设G60科创走廊，全方位融入长三角高质量一体化发展。

（三）国家自创区对长江经济带发展战略的支撑现状

长江经济带发展战略共覆盖上海、江苏、浙江、安徽、江西、湖北、湖南、重庆、四川、云南、贵州等11个省市，面积约205.2万平方公里，是国家重点实施的三大战略之一。2016年9月，《长江经济带发展规划纲要》印发，确立"一轴、两翼、三极、多点"的发展新格局，其中三极是指长三角城市群、长江中游城市群和成渝城市群。长江经济带发展战略布局中的国家自创区主要为成都国家自创区、重庆国家自创区、武汉东湖国家自创区、长株潭国家自创区、鄱阳湖国家自创区等（长三角城市群涉及的国家自创区已在长三角一体化发展战略板块中分析）。本部分从五大国家自创区对区域经济发展的贡献、对区域科技创新引领作用、对长江经济带科技协同创新推动作用等方面展开研究。

1. 成都国家自创区

（1）对区域经济发展的贡献

成都国家自创区经济总量再攀新高。2020年，成都国家自创区实现生产总值2401.9亿元，占成都市比重为13.6%，占成渝城市群比重为3.5%，占长江经济带比重为0.5%（表4-9）。2021年前三季度，成都国家自创区实现生产总值2034.2亿元，增长11.1%，两年平均增长9.5%，分别高于四川省和成都市 3.7、3.3 个百分点。2020 年，成都国家自创区加工贸易进出口总额占四川省的 80%。外贸出口稳步增长，完成进出口总额 5618.6 亿元，占四川省的 69.5%，占成渝城市群的 38.6%，占长江经济带的 3.9%。成都高新自贸试验区以四川省自贸试验区 1/4 的土地，贡献 3/5 的新设企业和 3/4 的外商投资企业。成都高新综合保税区进出口总额预计连续 4 年居全国首位，连续两年获得全国综保区发展绩效评估第 1 名（表 4-10）。

表 4-9　2020 年成渝城市群、长江经济带和成都国家自创区生产总值与外贸进出口额

地区	生产总值 / 亿元	外贸进出口额 / 亿元
成渝城市群（16 个城市）	68 230.3	14 551.2
长江经济带（11 个省）	471 579.7	142 627.4
成都国家自创区	2401.9	5618.6

表 4-10　2020 年成都国家自创区生产总值和外贸进出口额占比

指标	生产总值占比	外贸进出口额占比
成都国家自创区占成渝城市群比重	3.5%	38.6%
成都国家自创区占长江经济带比重	0.5%	3.9%

数据来源：长江经济带 11 个省市数据来源于 11 个省市的国民经济和社会发展统计公报。成都国家自创区数据来源于火炬统计与 2020 年成都国家自创区发展总结和自评估报告。

新兴产业多元发展，跨越提升产业能级。成都国家自创区全力推进电子信息产业、医药健康产业、新经济成型成势，在集成电路、新型显示、智能终端、无线通信、新兴产业等细分产业领域初步形成具有全国影响力和区域带动力的产业体系。同时突出产业地理重塑，构建创新型产业集群。以成渝共建世界级电子信息产业集群为契机，加快推动电子信息产业功能区提档升级。重点发展现代生物技术药、化学创新药、高性能医疗器械、健康服务等领域，打造全国领先新型疫苗产业集群。聚焦 5G 与人工智能、大数据与网络安全、网络视听与数字文创三大主攻方向，建设具有全球竞争力的移动游戏产业集群，以及专业化、规模化和国际化的科技服务业集群。

（2）对区域科技创新引领作用

成都国家自创区积极融入区域开放创新网络，深度参与区域创新合作。2020 年，成都国家自创区 R&D 投入强度超过 5.9%，有效发明专利达 20 245 件，占成都市的 40.3%，保持年均 20% 的增幅。2021 年，世界 500 强企业净增 2 家，总数达 132 家。全年净增高新技术企业 610 家，高新技术企业总数占成都市的 43.8%。成都国家自创区聚集各类人才 70 万人，柔性引进诺贝尔奖获得者 6 名，中外院士 19 名，培育和引进国家级人才 420 人，占四川省的 40%。

成都国家自创区建设和集聚了高能级创新平台，推动区域科技创新发展。成都国家自创区聚焦信息功能材料与部件等研究方向，建设了天府绛溪实验室，塑造了面向未来信息技术的原始创新能力。截至 2021 年，成都国家自创区累计集聚国家级研发机构 145 家，占四川省的 1/4，领先西部地区。集聚科技型企业超 5.6 万家，其中独角兽（潜在）企业 17 家、平台龙头生态型企业 3 家；2021 年高

新技术企业达到 3315 家。锚定"芯屏端网"四大细分领域，电子信息规上工业产业产值达到 4702 亿元，生物产业规模近 1000 亿元，连续 5 年保持 20% 以上的增速，生物医药产业园区综合竞争力全国排名第 4 位。

（3）对成渝城市群和长江经济带的科技协同创新推动作用

成都国家自创区深度融入双城经济圈战略，打造中国经济发展"第四级"。2020 年 4 月 29 日，成都高新区与重庆高新区签署《"双区联动"共建具有全国影响力的科技创新中心战略合作协议》，明确"六个一"合作任务，携手推动构建"两极一廊多点"创新格局。目前，成都高新区已与重庆方面在科技创新、产业发展、市场监管、公共服务、生态环保等领域签署 21 份合作协议并持续推动落实，取得了一定合作成效。组织召开 3 次"双区联动"党政联席会议，共同研究部署重大合作事项；发起成立成渝地区双城经济圈国家高新区党建联盟，举办联盟党建创新项目发布会，实现党建与产业同频共振。推动成立成渝地区高新技术产业开发区协同创新战略联盟，共同建设西部科学城，联合争取重大科技创新平台布局。扎实开展成渝地区双城经济圈建设重大项目储备，4 个产业化项目被纳入重庆四川共建的具有全国影响力的科技创新中心 2021 年重大项目集中开工仪式，总投资 323.8 亿元，占开工项目总投资的 30%。

2. 重庆国家自创区

（1）对区域经济发展的贡献

重庆国家自创区聚焦"科创+产业"，推动区域经济发展。实施创新主体梯度培育行动，持续壮大"科创企业森林"，科技型企业 5126 家，高新技术企业 1285 家，培育国家"小巨人"企业 23 家、"专精特新"企业 169 家、上市企业 13 家，新增高成长型科技企业 7 家。2020 年，重庆国家自创区创造生产总值 1955.4 亿元，对成渝城市群生产总值的贡献度为 2.9%，对长江经济带生产总值的贡献度为 0.4%（表 4-11）。

表 4-11　2020 年成渝城市群、长江经济带和重庆国家自创区生产总值与有效发明专利拥有量

地区	生产总值/亿元	有效发明专利拥有量/件
成渝城市群（16 个城市）	68 230.3	约 111 319
长江经济带（11 个省）	471 579.7	1 072 033
重庆国家自创区	1955.4	6471

数据来源：长江经济带 11 个省市数据来源于 11 个省市的国民经济和社会发展统计公报。重庆国家自创区数据来源于火炬统计与 2020 年重庆国家自创区发展总结和自评估报告。

培育和集聚优势产业"扩总量"，构建一批产业集群。预计引进大唐高鸿等招商项目 150 个、合同引资 1300 亿元，其中全国 500 强企业 12 家、上市企业 14 家，实现到位资金 300 亿元。航空航天、生命科技、智能装备等一批百亿级战略性新兴产业集群加快培育壮大。构建"研究院+产业园+基金"康佳模式，打造千亿级高端显示产业集群；以"总部基地+研究院+产业集群"模式，布局比亚迪新能源汽车电池生产基地。生物医药产业围绕生物和化学制药、医疗器械构建大健康产业生态链。

（2）对区域科技创新引领作用

重庆国家自创区打造重要创新策源地，引领区域科技创新。超瞬态实验装置纳入国家"十四五"重大科技基础设施备选项目，中国自然人群生物资源库招募样本采集人群超5万人，种质创制大科学中心已遴选示范物种团队3个，金凤实验室获批全市首个国家制造业创新中心。开工建设我国首个国际领先国内一流的空间太阳能电站实验基地。集聚市级以上研发平台378家，其中国家级研发平台18家，切实增强创新源头供给和自主创新能力。2020年，重庆国家自创区共集聚院士团队16个、高端创新人才2000余人，人才总量增至11.6万人，276名人才和47个团队入选重庆英才计划、分别占重庆市比重的22.9%和18.4%。签约校地院地合作项目34个，引进中国机械总院西部（重庆）研究院等央企项目，集中签约科技创新项目11个、总投资106亿元。着力打造科技创新和产业创新重要策源地，累计引进高端科研院所40家，获批市级新型高端研发机构19家，新认定市级高端研发机构5个，市级以上研发机构增至304个。2020年，重庆国家自创区拥有有效发明专利授权量6471件（表4-11），占成渝地区有效发明专利拥有量的5.8%，占长江经济带有效发明专利拥有量的0.6%。

（3）对成渝城市群和长江经济带的科技协同创新推动作用

重庆国家自创区为区域协同"添助力"，共建沪渝协同创新中心。与西部（成都）科学城签订《共同助推西部科学城建设战略合作协议》，落地实施"川渝通办"业务210项。牵头组建两江新区、天府新区协同创新产业旗舰联盟，共吸引两地69家成员单位，与国家技术转移东部中心共建沪渝协同创新中心，举办2021明月湖·沪渝协同技术转移大会，推出成果200余项，培训专业技术经纪人100余名。

3. 武汉东湖国家自创区

（1）对区域经济发展的贡献

武汉东湖国家自创区发展新动能更加强劲，有效推动区域经济增长。2020年，武汉东湖国家自创区生产总值突破2000亿元，同比增长5.1%，占长江中游城市群生产总值的比重为3.1%，占长江经济带生产总值的比重为0.6%（表4-12）。2021年，武汉东湖国家自创区生产总值总量达到2401.0亿元，同比增长14.4%，占长江中游城市群生产总值的比重为2.3%，占长江经济带生产总值的比重为0.5%，规上工业增加值同比增长26.0%。

表4-12 长江中游城市群、长江经济带和武汉东湖国家自创区生产总值

地区	2020年生产总值/亿元	2021年生产总值/亿元
长江中游城市群（31个城市）	93 930.2	106 170.7
长江经济带（11个省）	471 579.7	530 228.0
武汉东湖国家自创区	2932.7	3355.0

数据来源：长江经济带11个省市数据来源于11个省市的国民经济和社会发展统计公报。武汉东湖国家自创区数据来源于火炬统计与2020年武汉东湖国家自创区发展总结和自评估报告。

加速数字经济等新兴产业发展，打造万亿世界级产业集群。武汉东湖国家自创区重点围绕"光-芯-屏-端-网"光电子信息产业集群和生物医药及医疗器械产业集群，大力度开展产业培育，光纤光缆产量占全球比重超过20%，国家存储器产业基地128层3DNAND存储芯片实现量产，建设了6条从TFT-LCD到柔性AMOLED完整的新型显示生产线，启动了全国首条5G智能制造生产线。在全国率先设立"互联网+"办公室，强化"互联网+企业"的"贴身"服务，目前已集聚近3000家互联网企业，培育了斗鱼网络、安翰光电、药帮忙等6家独角兽企业，小米科技、今日头条等80多家知名互联网企业"第二总部"落户光谷，形成独特的"第二总部"现象。2021年全年净增高企1100家，高企总量突破4200家（占湖北省的29%、武汉市的50%）；瞪羚企业502家，上市企业总数53家。

（2）对区域科技创新引领作用

武汉东湖国家自创区以先进存储、光通信、5G等领域为重点，着力突破"卡脖子"关键核心技术。支持长江存储和武汉新芯两家企业，成功研发出我国首颗自主架构的128层三维闪存芯片；支持中国信科和国家信息光电子创新中心，研制出我国首款商用"400G硅光收发芯片"；长飞公司成为全球唯一一家掌握4种光纤预制棒制造核心技术的企业；锐科激光公司研发出10万瓦光纤激光器，打破国外技术垄断；人福医药公司成功研发了10个治疗恶性肿瘤、肢体缺血疾病及麻醉用的一类新药并将其推入临床阶段。

创新主引擎作用更加突出，有效引领省市创新驱动发展。着力推动五大湖北实验室、九大科学装置、九大创新中心和若干个前沿交叉研究平台建设，打造"599N"科技创新平台体系，推动建设2个重大科技基础设施，3个设施项目列入国家发展改革委专项规划；先后获批国家双创示范基地、国家科技资源支撑型特色载体，园区孵化器达到71家（国家级25家）、众创空间123家（国家级27家）、国家专业化众创空间7家，孵化面积超过600万平方米，在孵企业超过6000家。专利授权量突破3.1万件，成为省市创新驱动发展的重要引擎。

（3）对长江中游城市群和长江经济带的科技协同创新推动作用

武汉东湖国家自创区建立区域协同发展机制，强化区域创新联动。按照全域推进自主创新示范区要求，制定了光谷引领、全域创新工作方案，建立了与周边的江夏区、洪山区、武昌区协同发展机制。按照建设一个离岸科创平台、打造一个飞地园区、组建一支产业基金、举办一系列对接活动、搭建一个工作机制的"五个一"合作模式，加强与光谷科创大走廊鄂州、黄冈、黄石、咸宁功能区合作，分别与鄂州、黄冈、黄石就共建光谷科创大走廊签约，黄石离岸科创园正式运营，光谷黄冈科技产业园实现开园，光谷鄂州30亿元科创大走廊产业基金完成组建，并实现对三安光电等重大产业项目的投资。但是目前武汉东湖国家自创区还未与长江中游城市群和长江经济带内的国家自创区建立协同创新平台，共同推进区域协同创新发展。

4. 长株潭国家自创区

（1）对区域经济发展的贡献

2021年，长株潭国家自创区实现技工贸总收入2.4万亿元，较2014年增长近3倍；研发投入强度达3%，高出湖南省平均水平近1个百分点。高新技术企业总数达到2530家，占长江中游城市群高新技术企业数的比重为7.4%，占长江经济带高新技术企业数的比重为1.7%。科技型中小企业评价入库 2414 家，占湖南省总数的 21.2%。2020 年，长株潭国家自创区创造生产总值 3776.4 亿元（表 4-13），对长江中游城市群经济增长的贡献度为 4.0%，对长江经济带经济增长的贡献度为 0.8%。

表 4-13 2020 年长江中游城市群、长江经济带和长株潭国家自创区生产总值和高新技术企业数量

地区	生产总值/亿元	高新技术企业数量/家
长江中游城市群（31 个城市）	93 930.2	22 746
长江经济带（11 个省）	471 579.7	121 309
长株潭国家自创区	3776.4	5025

数据来源：长江经济带 11 个省市数据来源于 11 个省市的国民经济和社会发展统计公报。长株潭国家自创区数据来源于火炬统计与 2020 年长株潭国家自创区发展总结和自评估报告。

培育多个世界级产业集群。按照"三谷多园"的布局，打造长沙"科创谷"、株洲"动力谷"、湘潭"智造谷"，培育建设工程机械、轨道交通装备、航空动力三大世界级产业集群，以及新材料、信创、节能环保、新能源等国家级创新型产业集群。工程机械产业集群产业规模连续 10 年居全国第一。三一重工、中联重科、山河智能、铁建重工等 4 家企业进入全球工程机械行业前 50 强。轨道交通产业集群营业收入占全国近 30%，电力机车产品占全球的市场份额为 27%，居全球第一。航空动力产业集群主导产品国内市场占有率达 75% 以上，中小航空发动机国内市场占有率达 90% 以上。碳纤维、硬质合金、先进储能材料等细分领域诞生多项全国"单项冠军"。移动互联网、3D 打印设备、民用无人机、工业机器人等高技术制造业近 5 年年均增长 70% 以上，马栏山视频文创产业园获批国家文化与科技融合示范基地。

（2）对区域科技创新引领作用

自主创新收获新成果，有效支撑区域科技创新发展。"十三五"以来，长株潭国家自创区获得国家科技奖励 106 项，攻克关键核心技术 200 余项，120 余项重大原创成果和前沿技术取得突破，形成了以"三超"为代表的重大科技成果。超级杂交稻产量连续刷新世界纪录，第三代杂交水稻双季亩产达到 1603.9 公斤；"天河"系列超级计算机达到国际领先水平，超高速轨道交通牵引技术支撑高铁跑出"中国速度"；成功研制"海牛"、鲲龙 500、鲲龙 2000 及全球首台 6000 米级深海作业机器人、全球最大深海挖沟犁、大功率超低频水下主动探测系统等深海装备，让世界见证了"中国深度"。

长株潭国家自创区国家级创新平台达 120 余家，国家级重点实验室有 19 家。"十三五"期间，湖南省技术合同登记数、成交额分别增长 3.2 倍、7 倍，湖南省 80% 以上的技术成果持有方和技术服务方来自长株潭国家自创区，湖南省技术合同成交额排前 100 名的技术交易大户有 75 家在长株潭。

（3）对长江中游城市群和长江经济带的科技协同创新推动作用

统筹区域协调发展，加快推进长株潭"创新一体化"。长株潭国家自创区把科技创新放在长株潭一体化大局中统筹推进，成立长株潭一体化发展领导小组，加快推动长株潭规划同图、产业同兴、创新同为、平台同体等"十同"，长株潭三市在资源共享、联合攻关、技术转移等领域协同合作取得重要突破。湖南省政府文件明确将 31 个园区（区块）纳入政策覆盖范围，增强国家自创区辐射带动能力。推动"双自联动"，在自贸区开展高端外国人才"一卡通"服务试点，在全国首创外国专

家来华工作许可办理"三窗合一"。

5. 鄱阳湖国家自创区

（1）对区域经济发展的贡献

鄱阳湖国家自创区自主创新和高新技术产业发展成效突出。南昌高新区电子信息产业营业收入在2020年已突破千亿元大关。新余高新区锂盐产能达13.1万吨，锂化合物产能跃居全国第一。景德镇高新区签约落地了乌克兰直升飞机项目，为其航空主导产业基地建设添砖加瓦。鹰潭高新区引进弘信电子、晶创科技等优质项目，形成孵化研发、产业导入、示范应用、安全检测的物联网产业链生态闭环。抚州高新区坚持外引内培、高端发展，形成了以博雅生物、珍视明等企业为重点的大健康产业基地。吉安高新区聚焦电子信息产业，企业科技创新能力不断提升，产业首位度不断提升，主营业务收入占园区总收入的比重在80%以上。赣州高新区瞄准稀土后端应用产业发展，形成全产业链发展态势，其磁性材料、稀土资源综合利用、钴金属、钨铁产能在全国占重要地位。2020年，鄱阳湖国家自创区7个国家高新区创造生产总值2121.7亿元（表4-14），占长江中游城市群生产总值的比重为2.3%，占长江经济带生产总值的比重为0.5%，有效期内高新技术企业总数为942家，入库国家科技型中小企业总数1097家。高新技术企业占长江中游城市群高新技术企业的比重约为4.1%，占长江经济带高新技术企业的比重为0.8%。

表4-14　2020年长江中游城市群、长江经济带和鄱阳湖国家自创区生产总值和高新技术企业数量

地区	生产总值/亿元	高新技术企业数量/家
长江中游城市群（31个城市）	93 930.2	22 746
长江经济带（11个省）	471 579.7	121 309
鄱阳湖国家自创区	2121.7	942

数据来源：长江经济带11个省市数据来源于11个省市的国民经济和社会发展统计公报。鄱阳湖国家自创区数据来源于火炬统计与2020年鄱阳湖国家自创区发展总结和自评估报告。

（2）对区域科技创新引领作用

鄱阳湖国家自创区提升科技支撑区域经济高质量发展能力，激发区域科技创新活力。7个国家高新区共支持建设省级以上创新平台18家、引进共建高端研发机构5家、具有新型研发机构性质的单位3家，项目经费5400万元。南昌高新区建设了江西省首个省级高层次人才产业园，组建了40亿元的省高层次人才产业基金，推动区域科技创新能力显著提升。

鄱阳湖国家自创区加快产城融合发展，引领示范绿色发展。南昌高新区建设科技、产业、生态、城市四位一体融合发展的瑶湖生态科技新城。新余高新区建立了以节约、清洁、循环、低碳为主要特征的新能源产业体系。景德镇高新区和抚州高新区持续推进节地增效，实现节地水平、产出效益提升和产业转型升级。鹰潭高新区推进园区产业集聚升级和绿色发展。吉安高新区构建了食品产业全产业链，赣州高新区稀土钨新型功能材料产业集群入选国家级战略性新兴产业集群。

（3）对长江中游城市群和长江经济带的科技协同创新推动作用

鄱阳湖国家自创区深度融入国家开放发展战略和区域协同发展战略，开展区域联动开放合作。景德镇高新区与常州高新区签署结对共建协议，涉及新能源、高分子材料、智能装备、医疗、机械设备、纺织、机械锻造、精密装备制造等领域10个项目。鹰潭高新区积极探索"人才飞地+经济飞地"建设。与浙江海创科技交流研究院签订人才飞地（杭州）项目合作协议，与深圳金砖国家未来网络研究院共建人才、产业协同创新中心。

6. 国家自创区对长江经济带发展战略的支撑现状总结

总体来看，成都国家自创区、重庆国家自创区、武汉东湖国家自创区、长株潭国家自创区、鄱阳湖国家自创区在推动区域经济增长，培育新兴产业，建设创新载体，引领区域科技创新等方面都取得了积极成效。

首先，在对区域经济发展的贡献方面，2020年，成都国家自创区创造生产总值2401.9亿元，2021年前三季度，实现生产总值2034.2亿元，两年平均增长9.5%，分别高于四川省和成都市3.7、3.3个百分点。外贸出口稳步增长，完成进出口总额5618.6亿元；重庆国家自创区持续壮大"科创企业森林"，科技型企业达5126家，高新技术企业978家，创造生产总值1955.4亿元；武汉东湖国家自创区发展新动能较为强劲，2020年生产总值突破2000亿元，同比增长5.1%，2021年生产总值总量达到2401亿元，同比增长16.8%；长株潭国家自创区培育建设工程机械、轨道交通装备、航空动力三大世界级产业集群，2020年创造生产总值3776.4亿元，集聚高新技术企业5025家；鄱阳湖国家自创区自主创新和高新技术产业发展成效突出，2020年生产总值为2121.7亿元，有效期内高新技术企业总数达942家，入库国家科技型中小企业总数为1097家。

五大国家自创区的生产总值共计1.3万亿元，占长江经济带生产总值的比重为2.8%。高新技术企业数量约1.3万家，占长江经济带高新技术企业数量的比重为10.7%（表4-15、表4-16），有效推动长江经济带区域经济发展。

表4-15　2020年两大国家自创区生产总值和占比，以及高新技术企业数量和占比

国家自创区	生产总值/亿元	生产总值占成渝城市群比重	生产总值占长江经济带比重	高新技术企业数量/家	高新技术企业占成渝城市群比重	高新技术企业数量占长江经济带比重
成都国家自创区	2401.9	3.5%	0.5%	2678	22.2%	2.2%
重庆国家自创区	1955.4	2.9%	0.4%	978	8.1%	0.8%

数据来源：2个国家自创区数据来源于火炬统计与2020年各国自创区发展总结和自评估报告。

表 4-16　2020 年三大国家自创区生产总值和占比，以及高新技术企业数量和占比

国家自创区	生产总值/亿元	生产总值占长江中游城市群比重	生产总值占长江经济带比重	高新技术企业数量/家	高新技术企业占长江中游城市群比重	高新技术企业数量占长江经济带比重
武汉东湖国家自创区	2932.7	3.1%	0.6%	3309	14.6%	2.7%
长株潭国家自创区	3776.4	4.0%	0.8%	5025	22.1%	4.1%
鄱阳湖国家自创区	2121.7	2.3%	0.5%	942	4.1%	0.8%

数据来源：3 个国家自创区数据来源于火炬统计与 2020 年各国家自创区发展总结和自评估报告。

其次，在对区域科技创新引领作用方面，成都国家自创区积极融入区域开放创新网络，建设了天府绛溪实验室，累计集聚国家级研发机构 145 家，2021 年 R&D 投入强度超 5.9%，有效发明专利达 25 027 件；重庆国家自创区着力打造科技创新和产业创新重要策源地，累计引进高端科研院所 40 家，获批市级新型高端研发机构 19 家，2020 年重庆国家自创区拥有发明专利授权量 6471 件；武汉东湖国家自创区以先进存储、光通信、5G 等领域为重点，着力突破"卡脖子"关键核心技术，已成功研发出 128 层三维闪存芯片和"400G 硅光收发芯片"。2020 年专利授权量突破 3.1 万件，成为省市创新驱动发展的重要引擎；长株潭国家自创区获得国家科技奖励 106 项，攻克关键核心技术 200 余项，120 余项重大原创成果和前沿技术取得突破，形成了以"三超"（超级杂交稻、超级计算机、超低频水下主动探测系统）为代表的重大科技成果；鄱阳湖国家自创区共支持建设省级以上创新平台 18 家、引进共建高端研发机构 5 家、具有新型研发机构性质的单位 3 家，组建了 40 亿元的省高层次人才产业基金，区域科技创新能力显著提升。2020 年五大国家自创区共拥有有效发明专利 87 868 件，占长江经济带有效发明专利量的比重为 8.2%。

最后，在推动长江经济带的科技协同创新发展方面，成都国家自创区和重庆国家自创区深度融入双城经济圈战略，打造中国经济发展"第四级"。目前，两地区在科技创新、产业发展、市场监管、公共服务、生态环保等领域签署 21 份合作协议并持续推动落实；武汉东湖国家自创区建立区域协同发展机制，制定了光谷引领、全域创新工作方案，建立了与湖北省内城市的协同发展机制；长株潭国家自创区把科技创新放在长株潭一体化大局中统筹推进，重在通过长株潭城市群一体化推进创新一体化；鄱阳湖国家自创区深度融入区域协同发展战略，景德镇高新区与常州高新区在新能源、高分子材料等领域签署结对共建协议，鹰潭高新区与浙江海创科技交流研究院签订人才飞地（杭州）项目合作协议。

（四）国家自创区对粤港澳大湾区发展战略的支撑现状

粤港澳大湾区发展战略是以习近平同志为核心的党中央作出的重大决策，是习近平总书记亲自谋划、亲自部署、亲自推动的国家战略。2019 年 2 月 18 日，《粤港澳大湾区发展规划纲要》印发实施。粤港澳大湾区包含香港特别行政区、澳门特别行政区和广东省广州市、深圳市、珠海市、佛山市、惠州市、东莞市、中山市、江门市、肇庆市（以下简称"珠三角九市"），涉及的国家自创区有深圳国家自创区和珠三角国家自创区。本部分从两大国家自创区对区域经济发展的贡献、对区域科技

创新引领作用、对粤港澳大湾区科技协同创新推动作用等方面展开研究。

1. 深圳国家自创区

（1）对区域经济发展的贡献

深圳国家自创区不断发展壮大新兴产业能级，推动区域经济高质量发展。2020年，深圳市生产总值为27 670.2亿元，占粤港澳大湾区生产总值的比重为24.0%。深圳市高新技术企业数量为1.9万家，占粤港澳大湾区高新技术企业数量（不含港澳企业）的36.8%。2020年，深圳国家高新区实现营业收入20 683.9亿元，园区生产总值为7852.6亿元。2021年，深圳市生产总值为30 664.9亿元，同比增长6.7%，占粤港澳大湾区生产总值的比重为24.3%；拥有国家高新技术企业21 335家（表4-17），占粤港澳大湾区高新技术企业数量（不含港澳企业）的37.4%。2021年深圳高新技术产业增加值突破1万亿元，高新技术产业产值突破3万亿元，深圳高新技术产业发展的旗帜作用更加突出。2021年深圳国家自创区生产总值为8847.1亿元，占粤港澳大湾区生产总值的比重为7.0%；高新技术企业数量为5338家，占粤港澳大湾区高新技术企业数量（不含港澳企业）的9.4%。

表4-17 2021年粤港澳大湾区生产总值和高新技术企业数量

地区	生产总值/亿元	高新技术企业数量/家
深圳	30 664.9	21 335
广州	28 232.0	11 435
珠海	3881.8	2075
佛山	12 156.5	7100
惠州	4977.4	2094
东莞	10 855.4	7387
中山	3566.2	2294
江门	3601.3	2194
肇庆	2650.0	1092
香港	23 740.0	—
澳门	1929.3	—
粤港澳大湾区	126 254.5	57 006
深圳国家自创区	8847.1	5338

数据来源：粤港澳大湾区11个地区的数据来源于各地区国民经济和社会发展统计公报，以及国家统计局官方数据。

（2）对区域科技创新引领作用

全力增强自主创新能力，引领区域科技创新发展。一是聚焦产业发展"卡脖子"领域，精准实施技术攻关重点项目，在量子通信、核心芯片、5G、人工智能、新材料等领域，布局一批"先手棋"项目，2021年累计立项技术攻关重点项目147个，资助总额超12亿元；二是设立科技抗疫专项，组建科技常态化抗疫专班,推进科技紧密衔接疫情防控关键环节,紧急收集80项科技抗疫技术或产品需求,下达16个专项资助(金额共计1.2亿元);三是积极探索央地协同可行路径,引进国家科技支撑计划、国家科技重大专项和国家自然科学基金重点项目等18个优质项目,并进行在深接续研究和产业化。2021年,深圳国家自创区全社会研发经费支出1380.8亿元,占粤港澳大湾区(不含港澳)研发经费支出比重为36.1%。2021年深圳国家自创区获得国家发明专利24 937件(表4-18),占粤港澳大湾区(不含港澳)有效发明专利拥有量的47.2%。2021年,深圳企业研究开发资助项目共资助企业1.3万家,资助金额27.5亿元;培育资助项目共资助企业513家,资助金额1.0亿元,认定奖励性资助企业6879家,资助金额3.4亿元。

表4-18　2021年粤港澳大湾区全社会研发经费支出和发明专利授权量

地区	全社会研发经费支出/亿元	获得国家发明专利/件
深圳	1682.2	45 188
广州	881.7	24 126
珠海	113.7	5405
佛山	342.4	8300
惠州	169.0	2158
东莞	434.5	11 691
中山	81.1	1549
江门	92.7	965
肇庆	29.5	603
香港	—	—
澳门	—	—
粤港澳大湾区	3826.8	99 985
深圳国家自创区	1380.8	24 937

数据来源:粤港澳大湾区9个地区的数据来源于各地区国民经济和社会发展统计公报,以及广东省人民政府新闻办公室发布的数据。

(3)对粤港澳大湾区的科技协同创新推动作用

一是制定加快推进前海科技发展体制机制改革创新若干措施,打造全面深化改革创新试验平台。规划建设好河套深港科技创新合作区,部市联合印发先行示范区科技创新行动方案,支持推行选题征集制、团队"揭榜制",与香港制定"联合政策包"。4家香港高校深圳研究院获科技部批准成为内地人类遗传资源过境香港试点单位。

二是充分发挥深圳市10家海外创新中心合作枢纽作用,围绕新能源汽车、智能制造、新材料、医疗器械等战略新兴产业领域共孵化项目216项,其中项目引进87项。深入实施深港澳科技计划项目，累计立项 75 个，资助 1.1 亿元。

三是深化粤港澳资源协同创新，继续支持香港中文大学（深圳）高水平发展，推动引进香港大学来深合作办学，印发实施《深圳市推进高度便利化的境外专业人才执业制度的实施方案》《深圳市境外职业资格便利执业认可清单》《深圳市商务局与香港投资推广署合作开展海外招商引资工作方案》等文件，并推动行业主管部门开展本专业领域境外人才执业便利工作，联合举办面向美国、欧洲、日本等投资推广活动，着力吸引优质创新资源来深布局。

四是实行"换证直批"审批模式，加大对粤港澳大湾区内重大科研项目及重点支持高校、科研机构申请出入境的低风险特殊物品的支持力度，促进科研要素便捷通关。

2. 珠三角国家自创区

（1）对区域经济发展的贡献

珠三角国家自创区已成为广东省区域经济发展的核心引擎。2021 年，珠三角国家自创区共实现生产总值 10 326.1 亿元，占粤港澳大湾区生产总值的比重为 8.2%。建有国家高新区 8 家，共有高新技术企业 9171 家，占粤港澳大湾区高新技术企业（不含港澳企业）的比重为 16.1%（表 4-19），成为推动区域产业和经济高质量发展的关键载体与核心引擎。

表 4-19　2021 年粤港澳大湾区生产总值和高新技术企业数量

地区	生产总值/亿元	高新技术企业数量/家
深圳	30 664.9	21 335
广州	28 232.0	11 435
珠海	3881.8	2075
佛山	12 156.5	7100
惠州	4977.4	2094
东莞	10 855.4	7387
中山	3566.2	2294
江门	3601.3	2194
肇庆	2650.0	1092
香港	23 740.0	—
澳门	1929.3	—
粤港澳大湾区	126 254.5	57 006
珠三角国家自创区	10 326.1	9171

数据来源：粤港澳大湾区 11 个/地区的数据来源于各地区国民经济和社会发展统计公报，以及国家统计局官方数据。

战略性产业集群蓬勃发展。 珠三角国家自创区重点围绕生物医药与健康、激光与增材制造、精密仪器设备、区块链与量子信息及前沿新材料等产业，培育和发展十大战略性新兴产业集群与十大战略性主导产业集群，协调配置产业集群资源要素，推动重点项目和重大平台落地建设，优化提升产业集群发展环境，全力推进产业集群建设。截至2022年1月，珠三角国家自创区国家级创新型产业集群［包括试点、试点（培育）］累计达到12个，拥有省级创新型产业集群8个，占广东省的比重均达到80%以上。

（2）对区域科技创新引领作用

珠三角国家自创区成为区域创新驱动发展的关键支撑。积极对接国家战略力量布局，布局建设了一批重大创新平台和载体。建设了粤港澳大湾区国家技术创新中心、国家新型显示技术创新中心、国家第三代半导体技术创新中心3家国家技术创新中心。广州实验室挂牌建设，并进入国家梯队。依托广深港澳科技创新走廊，重点建设和打造了26家创新平台，成为粤港澳创新资源共建共享的主要平台。借助珠三角国家科技成果转移转化示范区建设机遇，加速科技成果转移转化，科技创新服务经济发展成效更加突出，2021年珠三角国家自创区全年共完成合同成交额861.7亿元。

"双自联动"政策叠加效应不断显现。梳理总结广东自贸试验区的先进经验，推动相关政策在珠三角国家自创区落地实施。2016年11月，广东省自创办和省自贸办联合印发了《关于推动珠三角国家自主创新示范区与中国（广东）自由贸易试验区联动发展的实施方案（2016—2020年）》，该方案提出了19条重点举措，并从企业研发设备和进口研发耗材税收优惠、投贷联动、境外高层次创新人才财政补贴等多个方面，制定了14条创新试点任务，积极开展"双自联动"创新政策探索。

（3）对粤港澳大湾区的科技协同创新推动作用

推动国家自创区各地区之间开展创新合作。深圳市与广州市签署了科技创新合作协议，在创新资源要素开放共享、创新平台合作共建、风投创投领域融合发展等方面开展务实合作，如推动广深大型科学仪器开放共享和科技评审专家库互通，联合共建人工智能与数字经济广东省实验室，建设南方海洋科学与工程广东省实验室深圳分部，积极推进鹏城实验室广州基地建设等。广佛同城化加快建设，两地围绕共建广佛科技合作专区等6个方面开展了合作。广州与东莞签订战略合作框架协议，充分发挥在走廊建设中广州创新大脑、东莞创新基地的作用，优化两地走廊周边资源布局，协同引进重大科技创新平台、重点产业项目，辐射带动广东省创新发展。

推动粤港澳三地创新资源开放协同。推动广深港澳科技创新走廊建设，协同港澳发挥"两点两廊"辐射带动作用，重点建设和打造26家创新平台，推动创新要素自由流动。东莞散裂中子源等国家重大科技基础设施已建成，并实现向港澳开放。推动广东省实验室等创新主体的大型科研仪器设备开放共享。建设了19家粤港澳联合实验室，拥有前海深港青年梦工场、横琴·澳门青年创业谷等面向港澳青年的科技企业孵化载体超70家，在孵港澳创业团队和企业近1100个，为超2000名港澳青年提供孵化服务。推进香港科技大学（广州）、香港理工大学（佛山）、香港城市大学（东莞）和香港公开大学（肇庆）等建设。推进粤港、粤澳知识产权交流合作，开展实施粤港知识产权合作计划。

3. 国家自创区对粤港澳大湾区发展战略的支撑现状总结

总体来看，深圳国家自创区和珠三角国家自创区在推动区域经济增长，建设创新平台和载体，增强自主创新能力，引领区域科技创新，深化粤港澳创新资源协同等方面都取得了积极成效。

首先，在对区域经济发展的贡献方面，2021年，深圳国家自创区生产总值为8847.1亿元，占粤港澳大湾区生产总值的比重为7.0%；拥有国家高新技术企业超过5338家，占粤港澳大湾区高新技术企业数量（不含港澳企业）的 9.4%。珠三角国家自创区共实现生产总值 10 326.1 亿元，占粤港澳大湾区生产总值的比重为 8.2%；共有高新技术企业 9171 家，占粤港澳大湾区高新技术企业（不含港澳企业）的比重为 16.1%。

2021 年深圳国家自创区和珠三角国家自创区共实现生产总值 19 173.2 亿元，占粤港澳大湾区生产总值的比重高达 15.2%；两大国家自创区共拥有高新技术企业 14 509 家，占粤港澳大湾区高新技术企业（不含港澳企业）的比重超过 25.5%（表 4-20）。

表 4-20　2021 年两大国家自创区生产总值和占比，以及高新技术企业数量和占比

国家自创区	生产总值/亿元	占粤港澳大湾区生产总值比重	高新技术企业数量/家	（不含港澳企业）占粤港澳大湾区高新技术企业数量比重
深圳国家自创区	8847.1	7.0%	5338	9.4%
珠三角国家自创区	10 326.1	8.2%	9171	16.1%

数据来源：两大国家自创区数据来源于火炬统计和 2021 年各国自创区发展总结和自评估报告。

最后，在区域创新引领方面，近年来深圳市全力增强自主创新能力，引领区域科技创新发展。2021 年，深圳国家自创区全社会研发经费支出 1380.8 亿元，占粤港澳大湾区（不含港澳）研发经费支出比重为 36.1%。2021 年深圳国家自创区获得国家发明专利 24 937 件（表 4-18），占粤港澳大湾区（不含港澳）的 24.9%。珠三角国家自创区积极对接国家战略力量布局，建设了一批重大创新平台和载体，包括粤港澳大湾区国家技术创新中心、国家新型显示技术创新中心、国家第三代半导体技术创新中心 3 家国家技术创新中心。2021 年深圳国家自创区和珠三角国家自创区全年共完成合同成交额 1613.7 亿元。

此外，在对粤港澳大湾区的科技协同创新推动作用方面，深圳国家自创区深入实施深港澳科技计划项目，累计立项 75 个，资助 1.1 亿元。继续支持香港中文大学（深圳）高水平发展，推动引进香港大学来深合作办学。与香港制定"联合政策包"。4 家香港高校深圳研究院获科技部批准成为内地人类遗传资源过境香港试点单位。珠三角国家自创区不断推动粤港澳三地创新资源开放协同，推动广深港澳科技创新走廊建设，协同港澳发挥"两点两廊"辐射带动作用，重点建设和打造了 26 家创新平台，推动了创新要素自由流动。

（五）国家自创区对黄河流域生态保护和高质量发展战略的支撑现状

2019 年 9 月 18 日，习近平总书记在郑州主持黄河流域生态保护和高质量发展座谈会，提出了将黄河流域生态保护和高质量发展作为国家重大战略。2021 年 10 月 8 日印发《黄河流域生态保护和高质量发展规划纲要》，规划范围包括青海、四川、甘肃、宁夏、内蒙古、山西、陕西、河南、山东 9 省区，共涉及 4 个国家自创区，即郑洛新国家自创区、山东半岛国家自创区、西安国家自创区、兰白国家自创区。本部分从四大国家自创区对区域经济发展的贡献、对区域科技创新引领作用、对黄河流域科技协同创新推动作用等方面展开研究。

1. 郑洛新国家自创区

（1）对区域经济发展的贡献

郑洛新国家自创区不断培育壮大创新型产业集群，为区域经济发展提供新增长动力。截至2020年，郑洛新国家自创区高新技术企业总数达到5558家，科技型中小企业总数达到9544家，分别占河南省的比例达到66.5%、63.0%，分别占黄河流域9省区的比例为12.8%和14.5%。2020年，郑洛新国家自创区完成生产总值1376.8亿元（表4-21），占河南省的2.5%，占黄河流域9省区的0.5%。

表4-21 2020年黄河流域9省区及郑洛新国家自创区的生产总值、高新技术企业数量、科技型中小型数量和万人有效发明专利数量

地区	生产总值/亿元	高新技术企业数量/家	科技型中小企业数量/家	万人有效发明专利数量/件
青海	3005.9	234	212	3.0
四川	48 598.8	8160	12 293	8.4
甘肃	9016.7	1229	726	3.0
宁夏	3920.6	288	402	5.3
内蒙古	17 359.8	1064	716	2.7
陕西	26 181.9	6198	8069	14.1
山西	17 651.9	3188	10 094	4.6
河南	54 997.1	8358	15 149	4.5
山东	73 129.0	14 600	18 203	12.4
黄河流域9省	253 861.7	43 319	65 864	7.8
郑洛新国家自创区	1376.8	5558	9544	120.8

数据来源：黄河流域9省区的数据来源于各地区国民经济和社会发展统计公报，以及国家统计局官方数据。郑洛新国家自创区数据来源于火炬统计和2020年郑洛新国家自创区发展总结和自评估报告。

截至2021年，郑洛新国家自创区已组织实施两批次15个产业集群专项，首批集群专项累计完成投入31.2亿元，申请专利609项，突破143项产业共性关键技术，初步培育形成了轨道交通装备、新能源汽车、智能传感、生物医药、智能制造等一批优势特色创新型产业集群。

（2）对区域科技创新引领作用

在郑洛新国家自创区的引领带动下，河南省综合科技创新水平整体提升3个位次，有力促进河南省加快驶入依靠创新驱动实现经济社会发展的快车道。2020年，郑洛新国家自创区核心区研发投入强度达到6.9%，是河南省的4.2倍；每万人有效专利拥有量达到120.8件，是河南省的26.7倍，是黄河流域9省区的15.5倍；郑州高新区通过实施新物种培育计划，培育准独角兽企业1家、种子独角兽企业6家、瞪羚企业28家、潜在瞪羚企业74家。

高能级创新平台建设不断取得新突破。国家超级计算郑州中心、国家生物育种产业创新中心、

国家农机装备创新中心等一批重大创新平台先后落户郑洛新国家自创区。对标国家实验室，相继揭牌启动建设运行嵩山、神农种业、黄河3个省实验室，启动建设智能传感、智能制造、生物医药国家自创区产业共性关键技术创新与转化平台，并引进培育郑州信大先进技术研究院、洛阳中科信息产业研究院、河南电池研究院等一批高端新型研发机构。郑洛新国家自创区不断集聚创新引领型人才，共拥有"两院"院士23人、长江学者6人、中原学者58人，分别占河南省的92.0%、75.0%、85.3%。

（3）对区域绿色发展示范引领作用

郑洛新国家自创区倡导大力发展绿色技术、培育绿色产业、建设绿色园区。郑州高新区与中国计量院协同转化全球领先的碳反演技术，搭建全国首个与世界碳监测标准互认的智慧环保时空精准监测管控平台，推动区域产业向新一代信息技术、新材料和现代服务业等资源节约型与环境友好型产业全面升级。洛阳高新区以发展低碳经济为主线，积极推动技术改造，推行清洁生产和资源综合利用。洛阳高新区已获批"国家级绿色园区"，双瑞特装、中航锂电被评为国家级绿色工厂。新乡高新区不断创新完善环境管理制度体系，以外引内培绿色产业为突破口，逐步形成以豫氢动力、平原滤清器、天丰绿色装配等企业为龙头，以动力电池与新能源汽车产业为支柱的绿色产业体系。华兰生物被评为国家级绿色工厂。

（4）对黄河流域的科技协同创新推动作用

在国内协同创新方面，郑洛新国家自创区持续强化向上海张江、武汉东湖、北京中关村等先进国家自创区学习借鉴，同时发挥黄河流域协同创新优势，积极探索建立与山东半岛、西安、兰白等黄河流域国家自创区的联动机制。2017年郑洛新国家自创区与中关村发展集团股份有限公司签订合作协议，设立"郑洛新·中关村双创基地"，并连续多年举办"成果中关村、转化郑洛新"系列专场活动，充分借助中关村技术、人才、资本等方面的优势，持续提升国家自创区开放创新水平；2021年与上海张江国家自创区开展合作对接，并就共建高能级平台、开展异地创新孵化及科技成果转移转化等方面达成合作意向，同时与兰白国家自创区经过多轮次沟通对接，达成初步共识并议定合作框架协议。

在对外科技开放合作方面，郑洛新国家自创区先后举办了郑洛新国家自创区产业项目推介会、郑州诺贝尔专家讲座、中以创新合作论坛暨国际技术转移对接会、中国创新创业大赛先进制造行业总决赛、世界传感器大会、高校院所河南科技成果博览会等创新对接活动。

在鼓励支持双创载体建设方面，充分发挥国家自创区创新创业生态优势，以注重孵化绩效、突出专业化方向、体现定量与定性结合为导向，持续加大双创载体培育力度，国家自创区国家级孵化载体数量达到43家，河南省国家大学科技园、洛阳国家大学科技园在科技部首次考核中分别获得优秀、良好名次。2021年全国双创活动周主会场系列活动成功在郑州举行，第十届中国创新创业大赛高端装备制造全国赛圆满收官，洛阳也成为全国唯一一个5次承办该项赛事的城市。

2. 山东半岛国家自创区

（1）对区域经济发展的贡献

山东半岛国家自创区积极构建现代产业体系，推动区域创新发展。2020年，山东半岛国家自创区共创造生产总值6327.6亿元，占山东省生产总值的8.7%，占黄河流域9省区生产总值的2.5%；

山东半岛国家自创区共有高新技术企业 3351 家（表 4-22），占山东省高新技术企业数量的 23.0%，占黄河流域 9 省区高新技术企业数量的 7.7%。

表 4-22　2020 年黄河流域 9 省区及山东半岛国家自创区生产总值和高新技术企业数量

地区	经济总量/亿元	高新技术企业数量/家
青海	3005.9	234
四川	48 598.8	8160
甘肃	9016.7	1229
宁夏	3920.6	288
内蒙古	17 359.8	1064
陕西	26 181.9	6198
山西	17 651.9	3188
河南	54 997.1	8358
山东	73 129.0	14 600
黄河流域 9 省区	253 861.6	43 319
山东半岛国家自创区	6327.6	3351

数据来源：黄河流域 9 省区的数据来源于各地区国民经济和社会发展统计公报，以及国家统计局官方数据。山东半岛国家自创区数据来源于火炬统计和 2020 年山东半岛国家自创区发展总结和自评估报告。

山东半岛国家自创区各高新区围绕各自优势产业，加大扶持力度，加快形成千亿级产业集群。2021 年，威海、枣庄等 4 家高新区创新型产业集群获得认定，山东省创新型产业集群数量达到 15 家。济南高新区在量子产业、无人驾驶、工业机器人、干细胞、植物基因编辑等未来产业营业收入实现连续 4 年增长，由 2016 年的 34.5 亿元增长至 2020 年的 70.7 亿元。烟台高新区医药健康产业发展迅猛，绿叶制药新冠疫苗已完成全部临床前研究，在国外进入临床试验阶段，10 亿剂疫苗商业化生产车间投入试生产。潍坊高新区动力装备产业集聚效应明显。潍坊高新区拥有潍柴国际配套产业园、盛瑞自动变速器产业园等多个产业园区，集聚潍柴、福田、华丰动力、盛瑞传动及上下游企业 136 家，其中规上企业 50 余家。

（2）对区域科技创新引领作用

原始创新和自主创新能力显著增强，支撑区域高水平科技自立自强。济南高新区已落地 10 多家中科系创新平台，省级以上研发机构突破 270 家，科技型中小企业 2144 家，高新技术企业突破 1600 家，数量稳居山东省开发区首位。国家、省市级瞪羚企业 392 家、专精特新企业 791 家，数量均居济南市第一。青岛高新区集聚国家级和省级研发机构 121 家，获评省级新型研发机构 27 家，高校科研院所近 30 家，国家级科技创新平台 100 余家。2016 年青岛高新区获批建设全国第一个高速列车技术创新中心，2020 年吸气式发动机关键部件热物理实验大科学装置，列入"十四五"国家重大科技基础设施项目。2021 年潍坊高新区潍柴动力集团获批建设燃料电池国家技术创新中心，潍柴动力公司柴油机本体热效率达到 51.1%，再次刷新全球纪录。

（3）对区域绿色发展示范引领作用

山东半岛国家自创区按照火炬中心绿色行动方案要求，各自执行绿色行动方案，为"双碳"战略做出应有贡献。济南高新区聚焦产业绿色化，先后引进吉利新能源汽车、比亚迪动力电池、格林堡绿色建设等一批低碳制造企业，并在甘肃临夏建设文冠果试验示范基地，利用植物基因编辑技术改良碳汇植物文冠果，规模化推广种植 5 万亩生态碳汇林，预计 20 年产生 48 万吨碳汇，为黄河流域碳排放交易提供有益探索。

潍坊高新区积极布局氢能产业，重点围绕氢能产、储、运、加、用等全产业链，发挥潍柴集团龙头带动作用。加快布局前沿磁技术产业，鼓励企业研究开发磁悬浮、磁共振、智能传感分选机等重大技术产品装备。威海高新区加快推进绿色制造体系建设，着重在构建绿色制造体系的长效机制和提高制造业节能降碳的基础能力上持续发力，大力推进节能技术改造，全面提升绿色制造水平。威海高新区获批国家绿色园区。

（4）对黄河流域的科技协同创新推动作用

山东半岛国家自创区积极融入区域创新网络，推动区域协调发展。2021 年 12 月，济南高新区举办黄河流域协同科技创新大会，黄河流域 47 家国家高新区参加，山东省科技厅厅长唐波代表黄河流域十省区科技管理部门发布协同创新倡议书。此外，山东半岛国家自创区各高新区积极做实做强"一区多园"，推动辐射带动和开放共享。青岛市为强化市科技创新委员会（市科创委主任由市长兼任）对高新区"一区多园"的统筹领导，创新性成立了"青岛市国家高新区管理专题委员会"，编制了《青岛高新区"一区多园""十四五"发展规划》，出台了《青岛国家高新技术产业开发区"一区多园"管理办法（试行）》。潍坊高新区积极参与"一带一路"国际合作，引导企业开展并购重组、合资参股、境外投资、承揽工程、设立研发中心等。

3. 西安国家自创区

（1）对区域经济发展的贡献

西安国家自创区全力推进科技体制创新，经济发展取得了显著成效。2020 年，西安国家自创区的科技型中小企业入库 2467 家，高新技术企业数量为 2935 家（表 4-23），占陕西省高新技术企业的比重为 47.4%，占黄河流域 9 省区高新技术企业的比重为 6.8%。2020 年，西安国家自创区实现生产总值 3423.0 亿元，占陕西省生产总值的比重为 13.1%，占黄河流域 9 省区生产总值的比重为 1.4%。2021 年，西安国家自创区高新技术企业突破 3500 家，被认定高成长硬科技企业达到 195 家，其中小巨人企业 148 家，瞪羚企业 69 家，独角兽系列企业 38 家。科技型中小企业入库 3207 家，同比增长超过 30%，技术合同认定额达 650 亿元，位于一流园区前列。

表 4-23　2020 年黄河流域 9 省区及西安国家自创区生产总值、高新技术企业和科技型中小企业数量

地区	生产总值/亿元	高新技术企业数量/家	科技型中小企业/家
青海	3005.9	234	212
四川	48 598.8	8160	12 293
甘肃	9016.7	1229	726

续表

地区	生产总值/亿元	高新技术企业数量/家	科技型中小企业/家
宁夏	3920.6	288	402
内蒙古	17 359.8	1064	716
陕西	26 181.9	6198	8069
山西	17 651.9	3188	10 094
河南	54 997.1	8358	15 149
山东	73 129.0	14 600	18 203
黄河流域9省区	253 861.6	43 319	65 864
西安国家自创区	3423.0	2935	2467

数据来源：黄河流域9省区的数据来源于各地区国民经济和社会发展统计公报，以及国家统计局官方数据。西安国家自创区数据来源于火炬统计和2020年西安国家自创区发展总结和自评估报告。

西安国家自创区强化现代产业体系打造，以光电子、汽车、智能制造、生物医药、新能源新材料五大先进制造业为主导的"55 611"产业集群加快构建，其中电子信息产业已成为全球半导体产业重要一极。西安国家自创区还不断做强新兴产业链条优势，落实产业招商"链长制"，在光电子产业方面，通过设立光子产业补链强链基金等，推进先进光子芯片柔性制造平台建设，推进光子产业全产业链集聚发展。2021年，西安国家自创区累计储备拟上市后备企业265家，境内外上市企业60家，其中境内35家，境外25家，境内上市企业数量在陕西省和西安市的占比分别为50%和64%。

（2）对区域科技创新引领作用

西安国家自创区加大科技研发投入，支撑区域高水平科技自立自强。2021年，西安国家自创区研发投入占西安GDP比重近11%，规上工业企业R&D投入强度达3.0%，有研发投入的规上工业企业占比提升至81%，较年初提高了48个百分点；2021年，西安国家自创区认定"硬科技创新人才"2000余名。累计完成创新案例40个，探索形成了西安光机所模式、科技大市场1+3服务体系模式、技术经理人全程参与的科技成果转化服务模式等一批全国性创新成果。

西安国家自创区不断完善创新平台体系，筑牢科技创新基底。西安国家自创区持续推进高精度地基授时系统、阿秒光源等一批大科学装置建设，提升西电宽禁带半导体等国家工程中心创新能级，加速国家先进稀有金属材料技术创新中心、中国科学院光子制造技术工程实验室等建设运行。聚焦类脑智能、未来网络、水下作业、航空仿真制造、光子、智慧园区、智能制造等10个硬科技领域，落地建设应用示范场景，累计创建工程技术研究中心、重点实验室和企业技术中心等创新平台181家，其中国家级17家。

（3）对区域绿色发展示范引领作用

西安国家自创区聚焦"双碳"目标，推进绿色可持续发展。在全国最先开展生态系统价值核算，2019年、2020年连续两年发布西安高新区GEP（生态系统生产总值）和GEEP（经济生态系统生产总值）报告。围绕生态系统价值核算，构建GDP和GEP双核算、双运行、双提升的工作机制，这是"两山论"在开发区的首创实践,是黄河流域生态保护、西部绿色高质量发展和落实国家"双碳"战略的引领性探索。编制《西安高新区绿色发展五年行动方案》,明确绿色发展目标及抓手。积极响应科技部"国家高新区绿色发展专项行动",组织召开"国家高新区绿色高质量发展大会暨全球硬科技创新大会",进一步探索和形成科技创新引领绿色崛起的高质量发展路径。

(4)对黄河流域的科技协同创新推动作用

西安国家自创区强化周边区域辐射带动作用,实施"一区多园"联动发展,持续推进陕西省高新区联盟建设,与延安、安康等国家级高新区签署合作创新机制。西安国家自创区积极打造"一带一路"硬科技创新网络,建设一批国际化创新平台,探索与南非共建科技园和跨境孵化器,推进中吉产业园落地建设,中瑞创新创业合作积极对接,建成离岸创新中心、海外研发中心、科技服务站等国际化平台17家,并加快第二批国际化平台海外布局。西安国家自创区不断构建政府引导基金、天使基金、种子基金、并购基金等多层次基金体系,完成国家中小企业发展基金的设立,推进陕西川发科创光子产业补链投资基金、西交新港科技成果转化种子基金、西安唐兴种子投资基金等基金群落建设,基金规模达48亿元。加快西安科创基金园发展。累计各类金融机构1500余家,企业贷款总额达4000亿元。

4. 兰白国家自创区

(1)对区域经济发展的贡献

兰白国家自创区围绕"产业链"聚集"创新链",加快推动区域产业不断转型升级。兰州高新区首位产业优势不断显现,集聚中牧股份、奇正藏药等生物医药领域企业200多家,实现总产值200多亿元。白银高新区加快推进循环化工、生物医药、特色新材料"三基地"建设,东方钛业"硫-磷-铁-钛-锂"绿色循环产业项目发展无机盐化工产业项目进展良好,华实生物医药中间体项目已投料试生产。甘肃德福新材料公司2万吨/年高档电解铜箔建设项目、正威(甘肃)铜业科技有限公司高导新材料项目建成投产。

2020年,兰白国家自创区生产总值约419.9亿元,占甘肃省生产总值的比重为4.7%,占黄河流域9省区生产总值的比重为0.2%。高新技术企业数量约436家,占甘肃省高新技术企业数量的比重为35.5%,占黄河流域9省区高新技术企业数量的比重为1.0%(表4-24)。2021年,根据科技部火炬中心公布的国家高新区评价结果,兰州、白银两个高新区在全国169家高新区中综合排名分别位列第65名、第128名,较上年分别上升5位和1位。

表4-24　2020年黄河流域9省区及兰白国家自创区生产总值和高新技术企业数量

地区	生产总值/亿元	高新技术企业数量/家
青海	3005.9	234
四川	48 598.8	8160
甘肃	9016.7	1229
宁夏	3920.6	288
内蒙古	17 359.8	1064

续表

地区	生产总值/亿元	高新技术企业数量/家
陕西	26 181.9	6198
山西	17 651.9	3188
河南	54 997.1	8358
山东	73 129.0	14 600
黄河流域9省区	253 861.6	43 319
兰白国家自创区	419.9	436

数据来源：黄河流域9省区的数据来源于各地区国民经济和社会发展统计公报，以及国家统计局官方数据。兰白国家自创区数据来源于火炬统计和2020年兰白国家自创区发展总结和自评估报告。

（2）对区域科技创新引领作用

兰白国家自创区把人才和创新平台建设作为推进国家自创区建设的有力保障，为区域创新发展提供强力支撑。在人才集聚方面，兰州高新区通过建立梯级人才分类评价制度、创新人才服务保障等，积极引进留学人员创办企业135家，累计获得发明专利61项，获得自主知识产权130项，政府资助项目133项，资助资金6230万元。白银高新区成功对接于金明、段雪、欧阳平凯等11位院士建立院士专家工作站，因才施策，强化产业技术攻关，完成11条生产线的优化改造。依托十大科研平台吸聚120余名硕士研究生以上高学历人才在区内耕耘创业，建成108套人才专家公寓并投入运营。

在创新平台建设方面，兰白国家自创区积极推动离子加速器及质量检验检测工程实验室建成试运行，超高温钍基熔盐泵阀试验平台达到验收条件，同位素实验室一期项目开工建设。中国（甘肃）知识产权保护中心建成运营，丝绸之路国际知识产权港加快建设，聚力打造形成快速确权、维权和专利导航、运营等一站式服务。兰州高新区创业服务中心、白银科技企业孵化器均获得国家级科技企业孵化器考评优秀（A类）佳绩。

（3）对区域绿色发展示范引领作用

兰白国家自创区实施循环经济示范工程，积极开展循环经济示范企业认定工作，白银高新区通过国家发展改革委环境污染第三方治理园区评审，被评为国家级绿色园区，循环化改造试点园区顺利通过国家终期验收，完成28个循环化改造项目，5家企业通过强制性清洁生产，7家企业入选国家级绿色工厂。

（4）对黄河流域的科技协同创新推动作用

兰白国家自创区取长补短、合作共赢，区域特色魅力不断彰显。兰白国家自创区主动加强与江苏（苏南）、河南（郑洛新）等国家自创区（园区）交流对接，目前正在编制甘豫两地国家自创区战略合作协议，待签约。兰白国家自创区还先后与厦门海沧台商投资区、拉萨经开区等签订战略合作协议。组织兰州高新区与白银高新区关联产业企业参加北京、上海、西安等兄弟省市相关论坛、展会等活动，不断加大两个高新区的宣传推介力度，促进区域间多层次多渠道交流合作，积极促成国科控股、北京颖泰嘉和、中关村生命科学园等16家企业机构来两区投资。

5. 国家自创区对黄河流域生态保护和高质量发展战略的支撑现状总结

总体来看，郑洛新国家自创区、山东半岛国家自创区、西安国家自创区和兰白国家自创区在推动区域经济增长，打造现代产业体系，引领区域科技创新，推动区域绿色发展，深化黄河流域的科技协同创新等方面都取得了积极成效。

首先，在对区域经济发展的贡献方面，2020年，郑洛新国家自创区完成生产总值1376.8亿元，占河南省的2.5%，占黄河流域9省区的0.5%。高新技术企业总数达到5558家，科技型中小企业总数达到9544家，分别占黄河流域9省区的比例为12.8%和14.5%；山东半岛国家自创区共创造生产总值6327.6亿元，占黄河流域9省区生产总值的2.5%，共有高新技术企业3351家，占黄河流域9省区高新技术企业数量的7.7%；西安国家自创区实现生产总值3423.0亿元，占黄河流域9省区生产总值的比重为1.4%，科技型中小企业入库2467家，高新技术企业数量为2935家，占黄河流域9省区高新技术企业的比重为6.8%；兰白国家自创区共创造生产总值约419.9亿元，占黄河流域9省区生产总值的比重为0.2%，高新技术企业数量约436家，占黄河流域9省区高新技术企业数量的比重为1.0%。

2020年，四大国家自创区的生产总值共计11547.3亿元，占黄河流域9省区生产总值的比重为4.6%。高新技术企业数量约12 280家，占黄河流域9省区高新技术企业比重为28.3%（表4-25），有效推动黄河流域区域经济发展。

表4-25 2020年四大国家自创区生产总值和占比，以及高新技术企业数量和占比

国家自创区	生产总值/亿元	生产总值占黄河流域9省区比重	高新技术企业数量/家	高新技术企业数量占黄河流域9省区比重
郑洛新国家自创区	1376.8	0.5%	5558	12.8%
山东半岛国家自创区	6327.6	2.5%	3351	7.7%
西安国家自创区	3423.0	1.4%	2935	6.8%
兰白国家自创区	419.9	0.2%	436	1.0%

数据来源：四大国家自创区数据来源于火炬统计和2020年各地区自创区发展总结和自评估报告。

其次，在对区域科技创新引领作用方面，2020年，郑洛新国家自创区核心区研发投入强度达到6.9%，是河南省的4.2倍；每万人有效专利拥有量达到120.8件，是河南省的26.7倍，是黄河流域9省区的15.5倍。2021年西安国家自创区研发投入占西安GDP比重近11%，规上工业企业R&D投入强度达3.0%，有研发投入的规上工业企业占比提升至81%。兰白国家自创区累计获得发明专利61项，获得自主知识产权130项，政府资助项目133项，资助资金6230万元。

最后，在对区域绿色发展示范引领作用方面，郑洛新国家自创区倡导大力发展绿色技术、培育绿色产业、建设绿色园区；山东半岛国家自创区各个高新区积极执行绿色行动方案，聚焦产业绿色化，布局新能源汽车、氢能产业等；西安国家自创区率先开展生态系统价值核算，构建GDP和GEP双核算、双运行、双提升的工作机制，积极践行"两山论"。兰白国家自创区实施循环经济示范工程，积极开展循环经济示范企业认定工作。目前，洛阳高新区、威海高新区和白银高新区均被评为国家

级绿色园区。

在对黄河流域的科技协同创新推动作用方面,郑洛新国家自创区充分发挥黄河流域协同创新优势,积极探索建立与山东半岛、西安、兰白等黄河流域国家自创区的联动机制,并持续强化向上海张江、武汉东湖、北京中关村等先进国家自创区学习借鉴。山东半岛国家自创区举办黄河流域协同科技创新大会,发布区域协同创新倡议书,倡导黄河流域区域协同创新。西安国家自创区持续推进陕西省高新区联盟建设,强化对周边区域辐射带动作用;兰白国家自创区取长补短、主动加强与苏南国家自创区、郑洛新国家自创区交流对接,并先后与厦门海沧台商投资区、拉萨经开区等签订战略合作协议。

(六)国家自创区对其他区域发展战略的支撑现状

1. 福厦泉国家自创区

(1)对区域经济发展的贡献

福厦泉国家自创区围绕培育主导产业和战略性新兴产业,强化分类施策和精准服务,创造了福建省省国家高新区64%的工业总产值。国家高新技术企业数量从2016年的2122家增长到2021年的5375家,占福建省的82.9%,年均增长率为20.4%;技术合同成交额从2016年的104.1亿元增长到2021年的204.6亿元,占福建省的95.4%,年均增长率为14.5%,带动福厦泉三市科技创新主要指标取得快速增长。

福厦泉国家自创区持续加大创新主体培育力度,福州片区高新区"智慧谷"、中国东南大数据产业园五大产业基地建设加快,马尾物联网产业园建成投用,成立全国首个物联网促进中心。数字福建云计算中心一期和超算二期已投入使用。福州软件园的晋安、永泰等6个分园加快建设。2020年,福州市高新技术企业达2057家,净增650家。

2020年,厦门片区实施科技成果应用场景示范工程,支持智能医疗、智慧防疫等各类场景应用项目27项,全国首个"5G全场景应用智慧港口"在厦门远海码头投入使用。联芯集成电路项目具备月产1.9万片12英寸晶圆的生产能力,入库培育"三高"企业2512家。泉州片区三安高端化合物半导体项目已完成投资120亿元,完成产值8.6亿元。泉州半导体高新技术产业园区已落地半导体项目60项,总投资1279亿元。泉州片区拥有省级科技小巨人企业达739家,培育瞪羚企业283家。

(2)对区域科技创新引领作用

福厦泉国家自创区围绕产业链部署创新链,积极引进和搭建创新平台,有效提升福厦泉国家自创区创新能力。福厦泉三市R&D经费投入从2016年的312.1亿元增长到2020年的564.4亿元,占福建省的67.0%,其中厦门R&D经费投入比重(3.1%)超过全国平均水平(2.4%)。国家级科技企业孵化器数量从2016年的10家增长到2021年的17家,占福建省的94.4%,年均增长率为11.2%;国家级众创空间数量从2019年的45家增长到2021年的64家,占福建省的88.9%,年均增长率7.3%。省级新型研发机构数量从2016年的21家增长到2021年的152家,占福建省的74.5%,年均增长率为48.6%。

福州片区数字中国研究院(福建)国家专利审查协作福建分中心建设加快,光电信息省创新实验室独创研制出稀土新冠快检试剂盒,引进了电磁屏蔽材料等4个研发团队,通过"榕博汇"等活动引进高层次人才2432人。

厦门片区能源材料省创新实验室建成世界第四座、亚洲第一座无噪音实验室，攻克了锂离子电池塑膜等关键技术，脆性材料加工工程技术研究中心获得授权发明专利9件，已有7532名科技人才通过市场化行业评审机制获得中高级职称。

泉州片区采取"一院一策"的方式已引进中国科学院国家授时中心等18家创新平台，化学工程省创新实验室多项科研成果在合成氨工业、电子化学品等领域成功实现工业化应用。时空产业孵化基地已引入上海、广州、深圳、无锡等地多领域的6家高科技企业入驻。泉州片区新认定高层次人才2907人、团队7个，引进产业急需高校毕业生超万人，新认定技能人才3.8万人。

（3）对东部粤闽浙沿海城市群的科技协同创新推动作用

充分发挥国家自创区的辐射带动作用。福厦泉国家自创区示范带动闽东北、闽西南两大协同发展区共同发展，首创设立5000万元的国家自创区协同创新资金，支持国家自创区与福建省内其他高新区共建34家协同创新平台，资助面覆盖全省所有高新区。福州、厦门、泉州列入全国创新型城市，晋江、福清列入全国首批创新型县（市）建设。福州、厦门、泉州推动"双创"发展、促进工业稳增长和转型升级、培育发展战略性新兴产业等工作获得国务院办公厅通报奖励。福州软件园、厦门国家火炬高新区、厦门生物医药港入选国家级双创示范基地，福州高新区入选国家绿色产业示范基地，厦门软件园入选首批国家数字服务出口基地。

深化"双自联动"发展。加大力度发挥福厦泉国家自创区和福建自贸区等多区叠加优势，建立国家自创区和自贸区联动发展联席会议制度，将"双自联动"内容列入国家自创区年度建设工作要点进行重点推动，有效释放"双自联动"叠加效应。福州在国家自创区片区和自贸试验区片区内的创业创新园区试点设立税收服务站，提供自助办税等服务。厦门设立自贸区全国首家保险产品创新实验室，建成省内首个在自贸区内的海外人才离岸创新创业基地，集聚与集成电路产业链相关的公共技术服务平台，已服务企业2770家次。福厦泉国家自创区与香港科技园签订创新合作框架协议，组织多家企业赴香港参加香港应用科技研究院创科峰会对接技术需求，与香港商汤智能科技等5家组织机构达成合作协议，进一步加强闽港科技交流合作。

2. 乌昌石国家自创区

（1）对区域经济发展的贡献

国家自创区呈现创新引领和快速发展的良好态势。截至2020年，乌昌石国家自创区GDP达1802.1亿元，占新疆自治区GDP的13.1%。高新技术企业数量占新疆高新技术企业数量的28.1%。主导产业加速培育并发展壮大。乌鲁木齐高新区依托乌鲁木齐计算中心二期等项目的建设，加快了新一代信息技术、现代服务业、新材料、生物医药与大健康等产业集群的发展；昌吉高新区开工建设了特变电工智慧电缆产业园等一批重大产业项目，先进装备制造、生物技术、新材料和现代服务业等产业集群加速发展；石河子高新区围绕新疆兵团千亿产业集群布局，引进实施东华科技50万吨PBAT等重大项目，碳基、铝基和硅基新材料等五大产业集群不断发展壮大。

（2）对区域科技创新引领作用

科技创新引领高质量发展成效突出。2020年，乌昌石国家自创区的R&D研发经费较2017年增长56.0%。在新能源开发、石油石化、棉花生产、番茄加工、奶业等优势产业和重点行业，以及畜禽新品种选育、矿产资源开发、煤层气开发等领域，解决了一批关键技术问题，超低风速风机技术国际领先，太阳能、风能、特高压输变电等技术领跑全国，兆瓦级光伏并网逆变器技术、±1100 kV 特高压输变电工程全国领先，引领示范并带动了新疆新能源、特高压输变电产业的快速发展。

创新创业平台建设取得积极进展。2021年，乌昌石国家自创区累计拥有国家备案的众创空间（星创天地）11个，国家级孵化器6个。乌鲁木齐高新区成功入选第二批国家双创示范基地，特变电工、天业节水、大全能源等一批创新型企业和上市公司得到培育和发展。

（3）对西部天山北坡城市群的科技协同创新推动作用

乌鲁木齐高新区紧抓对口援疆、四方合作等契机，围绕技术转移转化、创新载体建设和科技项目合作等方面与先进地区开展深度合作。建设了铝电子材料国家地方联合工程实验室、国家技术转移东部中心新疆分中心等重大平台；依托中国科学院资源，引进和开展乌鲁木齐云计算中心、量子保密通信技术产业基地、新疆民族药关键技术及工艺国家地方联合工程研究中心等重大项目。此外，乌昌石国家自创区还以企业为主体在深圳、大连、北京和上海设立了5家离岸孵化器（跨区域创新合作基地），成立了先进制造、安防、绿色农业3家产业联盟集群。同时，乌昌石国家自创区积极融入"一带一路"战略，加强国际科技创新合作，编制实施了"一带一路"科技创新行动计划，举办中巴农业科技合作交流会，助力新疆企业"走出去"、优质项目及团队"引进来"，成功引入了首家外资银行——巴基斯坦哈比银行。

3. 沈大国家自创区

（1）对区域经济发展的贡献

沈大国家自创区构建现代产业体系，装备制造、软件服务外包等优势主导产业加快转型升级，智能制造、新能源汽车、生物医药、洁净能源、新一代信息技术等新兴产业快速发展。在沈阳片区，战略性新兴产业快速发展，东软健康医疗产业基地二期主体封顶，东软医疗512层全景多模态CT打破国外垄断，产值突破26亿元。在大连片区，打造特色高端化产业体系，推动软件服务外包产业向高端转型，现有软件和信息技术企业3737家，聚集了大连80%的软件企业。强化企业创新主体地位，拥有高新技术企业2494家，雏鹰、瞪羚、独角兽企业1006家，分别占辽宁省的31.2%、46.5%；上市企业24家。培育出芯源微电子、新松机器人、美行科技、东软医疗、心医国际、优迅科技、华录智达等一批科技型领军企业。

（2）对区域科技创新引领作用

沈大国家自创区集聚了中国科学院金属所、中国科学院沈阳自动化所、中国科学院沈阳计算所、东北大学、大连理工大学等一批高水平高校院所，全力推进沈阳材料科学国家研究中心、中国科学院洁净能源创新研究院、中国科学院机器人与智能制造创新研究院、国科大机器人学院、国科大能源学院等重大科技平台建设，已布局省级及以上重点实验室和技术创新中心386家，省级及以上新型产业技术研发机构20家，拥有有效发明专利19 606件。R&D经费投入达104.9亿元，占地区生产总值的5.1%，高于辽宁省平均水平2.7个百分点。

沈大国家自创区建设国家级众创空间、孵化器51家，形成"众创空间–孵化器–加速器–产业园"的完整创业孵化链条。2021年企业获得创业投资总规模达7.4亿元。举办中国海创周、中国沈阳海智创新创业大赛、全国海洋智能装备创新大赛暨全国水下机器人大赛等系列双创活动，创新创业氛围日益浓厚。2021年底，沈大国家自创区累计注册企业达79 445家。

（3）对东北辽中南城市群的科技协同创新推动作用

沈大国家自创区以辽苏、京沈、沪连区域合作为契机，推动平台搭建、离岸孵化、成果转化等合作。目前，已启动建设了京沈合作科技创新中心、沈阳中关村智能制造创新中心、工业互联网平台应用创新推广中心、国家技术转移东部中心大连分中心、沪连大数据产业基地等一批区域合作平台建设。此外，沈大国家自创区还积极融入"一带一路"等国家战略，建设了中日产业园、中韩产业园等中外合作园6家，在美国、德国、南非等多个国家和地区建立了11家离岸（域外）创新中心。

4. 长春国家自创区

（1）对区域经济发展的贡献

2020年，长春国家自主创新示范区（简称"长春自创区"）实现生产总值1884.7亿元，占长春市生产总值的比重为28.4%，占哈长城市群生产总值的比重为8.9%。长春自创区高新技术企业数量共1121家，占长春市高新技术企业数量的63.5%。

长春国家自创区聚焦汽车、高端装备、生物医药等新兴产业，培育具有国际竞争力的现代产业集群。长春高新区将医药、光电子、先进制造、信息技术和新材料确立为五大主导产业，走上了产业集群式发展道路。长春净月高新区逐步形成了以高端制造（一汽启明软件园）、生物医药、精密制造等为主导的高科技产业集群。

（2）对区域科技创新引领作用

长春国家自创区内有吉林大学、长春光机学院、中国科学院长春分院、长春光机所、长春应化所等39所国家、省（部）属科研机构、12所设计院、8个计算测试中心和国家设在长春市的11个重点开放实验室，拥有各类人才20万人，其中两院院士21人，专业技术人才近5万人，仅参与创业的高级人才就达6000人。区内科技人员占16.6%，科研力量密集，科学仪器设备密集，技术信息情报密集，高新技术科研成果密集，是全国著名的智力密集区和发展高新技术产业的理想之地。

（3）对东北哈长城市群的科技协同创新推动作用

在与其他国家自创区合作方面，2019年，长春高新区与西安高新区签署了《战略合作框架协议》，涉及生物医药、汽车制造、电子信息、创业孵化、房地产开发、科技成果转化等多个领域。

在国际合作方面，长春城市群拥有两个国家级合作基地，与俄罗斯等国家开展贸易合作。其中，国家级产品出口基地是外经贸部和科技部正式批准成立的，是第二批4个国家级高新技术产品出口基地之一。中俄科技合作基地在2004年9月被批准为国内第一个国家级合作基地，是高新区为与俄罗斯、乌克兰等国家的专家进行多渠道、多方面的协商及沟通，与乌克兰南方科学院和化学协会等国外团体签署协议而成立的科研基地。

5. 哈大齐国家自创区

（1）对区域经济发展的贡献

2020年，哈大齐国家自主创新示范区（简称"哈大齐自创区"）实现生产总值1295.4亿元，占哈尔滨市生产总值的比重为25.0%，占哈长城市群生产总值的比重为6.1%。哈大齐自创区的高新技术企业数量共660家，占哈尔滨市高新技术企业数量的55.8%。

哈大齐国家自创区加快构建现代化产业体系，培育生物经济、数字经济、冰雪产业等战略性新兴产业，并加快建设汽车、新材料等千亿级产业集群。目前，哈尔滨高新区已拥有亿阳信通、九州电力、四海数控、光宇电源、新中新电子等一批科技含量高、市场前景好、高成长型的高新技术企业，初步形成了高新技术支柱产业群体，产值或技工贸总收入超千万元的企业达到78家。大庆高新区也建成了长垣管业公司、汉维长垣公司、恒致电缆料公司、三维集团、华创公司、金桥公司、麦迪森制药、北兴制药、康麦斯药业等骨干企业，形成了一个以石油和天然气化工、新材料、电子信息、机械制造、农牧产品精深加工和现代医药为发展重点的高新技术产业集中的新城区。

（2）对区域科技创新引领作用

哈尔滨高新区坚持以高新技术成果商品化、产业化、国际化为核心，以创建优良发展环境、实现跨越发展为主题，以思想创新、体制创新、技术创新、工作创新为动力，走人才立区、项目兴区、科技强区之路，积极推进工作重心向依靠环境、依靠发展集中区和培养新的经济增长点转移，努力打造服务开发区、数字开发区、信用开发区、景观开发区、人文开发区，高新技术发展取得了可喜成绩。大庆高新区重点发展了石油和天然气化工、新材料、电子信息、机械制造、农牧产品精深加工、医药六大主导产业，建设了一批科技含量较高，有一定规模和发展潜力的工业项目，规模以上骨干企业达到131家，年产值5亿元以上的企业12家。2020年大庆高新区被工业和信息化部评定为国家新型工业化产业示范基地，入选"第三批双创示范基地"名单。

（3）对东北哈长城市群的科技协同创新推动作用

目前，哈大齐国家自创区中俄合作金属磨损自修复、中乌（克兰）合作液体环保供暖等项目合作成功。中俄对接项目已达30多个，有7个项目进入批量生产阶段。

二、国家自创区对国家区域重大发展战略支撑存在的问题

近年来，国家自创区在推动区域经济发展、引领区域科技创新发展等方面已取得一定成效，但对照国家区域重大发展战略部署中的目标和要求，还存在一定的差距，主要表现在国家自创区对国家区域重大发展战略支撑不足，推动区域科技协同创新发展的水平依然有限，这主要是因为大多数国家自创区自主创新的水平和能力不足，在区域科技创新发展中的首位度不高，同时在现阶段各个国家自创区在创新发展过程中虹吸作用较强，集聚力远大于辐射力，对区域整体发展的贡献较为有限。

（一）国家自创区对京津冀协同发展战略支撑存在的问题

2015年5月发布《京津冀协同发展规划纲要》，将京津冀区域整体定位为以首都为核心的世界级城市群、区域整体协同发展改革引领区、全国创新驱动经济增长新引擎和生态修复环境改善示范区。其中在区域创新协同发展方面，提出要打造京津冀区域创新共同体，不断强化协同创新支撑，完善区域创新体系，整合区域创新资源，致力于将北京打造为国际科技创新中心、国际交往中心等，将天津打造为全国先进制造研发基地、金融创新运营示范区等。

对照京津冀协同发展战略对区域科技创新发展的定位和要求，目前北京中关村国家自创区和天津国家自创区在支撑京津冀协同发展战略方面还存在诸多问题，本部分针对两大国家自创区存在的问题分别进行阐述。

1. 中关村国家自创区发展存在的问题

中关村作为我国创新资源较丰富的区域和我国重要的科技创新中心，是有实力支撑京津冀区域科技创新发展的，但中关村国家自创区在支撑北京国际科技创新中心和国际交往中心建设，推动京津冀区域创新共同体建设等方面还存在以下不足。

一是科技成果产业化效益不高，自身创新能力发展还有待提升。高校院所缺乏科技成果转化激励机制，成果转化源头活力不足，科技成果转化通道不够顺畅。支持科技成果转化的投融资体系尚未建立，社会资本参与成果转化的积极性有待提升。此外，龙头企业创新投入强度不高，关键核心技术仍然受制于人，重点产业还没有做到自主可控。新技术新产品应用推广的市场体系还不完善。

二是国际化水平不够高，国际市场开拓能能力和全球创新资源配置能力需要进一步增强。在京津冀协同发展战略中，北京要建设世界领先科技园区和打造国际交往中心，然而与硅谷、伦敦科技城等世界领先科技园区相比，中关村的国际顶尖科学家、领军企业家和知名投资人数量偏少，国际影响力有待提升。外籍人才在出入境、创新创业、子女教育、医疗保障等方面仍不够便利。中关村企业的国际视野、海外业务占比还不高。

三是一区多园统筹协同发展水平不高，区域科技协同创新促进作用还有待提升。园区管理机构统筹协调和管理服务能力不足，部分分园管理机制存在挂靠模式，缺少专业化运营服务机构。评价激励、央地协同和资源整合等机制需要加快建立，创新型企业融资难、市场准入难等问题有待破解，投融资体制等需要加快探索突破。此外，龙头企业带动作用不足，缺少具有全球核心竞争力和国际影响力的领军企业，缺乏平台型大企业的带动，龙头企业对产业链上下游企业的整合协同能力不足。

2. 天津国家自创区发展存在的问题

天津国家自创区始终坚持"创新驱动、高端引领、开放合作、特色示范"，引进培育一批高新技术企业和新业态、新模式高成长企业，但在创新引领天津金融运营，支撑天津先进制造研发基地建设，推动京津冀区域创新共同体建设等方面尚存在差距。

一是发展底盘薄弱，主导产业竞争力有待加强，虽然已培育出引领全国的信创产业，但与先进地区相比，首位度产业占比仍有待提升，龙头企业数量与实力有待增加。

二是创新创业集聚度有待提高，传统产业与企业转型升级步伐有待进一步加快，城市创新创业要素集聚程度与氛围有待持续提升。

三是创新引领和示范带动能力有待进一步提升。天津国家自创区缺乏在区域、国家层面具有显示度和原创性的创新政策与创新体制机制，通过政策引导和带动区域创新，推动京津冀科技协同创新的能力还需要持续增强。

3. 国家自创区对京津冀协同发展战略支撑存在问题总结

总体来看，当前北京中关村国家自创区和天津国家自创区的发展对京津冀协同发展战略的有效支撑力不足，主要体现在3点。

一是自身创新能力还有待提升。中关村国家自创区的科技成果产业化效益不高，且重点产业还没有做到自主可控；天津国家自创区的主导产业竞争力有待加强，且创新创业集聚度有待提高。

二是创新资源配置能力和引领示范能力需要进一步增强。与硅谷、伦敦科技城等世界领先科技园区相比，中关村的国际顶尖科学家、领军企业家和知名投资人数量偏少，国际影响力有待提升。天津国家自创区则缺乏在区域、国家层面具有显示度和原创性的创新政策与创新体制机制，创新引领和示范带动能力有待进一步提升。

三是促进京津冀科技协同创新的能力还有待增强。中关村国家自创区的龙头企业带动作用不强，且一区多园统筹协同发展水平不高；天津国家自创区的创新体制机制有待突破，区域创新引领和示范带动能力需要进一步增强。《美国创新与竞争法案》对中国企业技术封锁，这对苏南国家自创区人工智能、集成电路、生物医药等重点领域技术攻关和产业发展造成更大阻碍。

（二）国家自创区对长三角区域一体化发展战略支撑存在的问题

2019年5月，中共中央政治局会议审议通过的《长江三角洲区域一体化发展规划纲要》，提出要将长三角区域打造为全国发展强劲活跃增长极、全国高质量发展样板区、率先基本实现现代化引领区、区域一体化发展示范区和新时代改革开放新高地。其中在全国发展强劲活跃增长极定位中，提出要加强创新策源能力建设，持续提高对全国经济增长的贡献力；在区域一体化发展示范区定位中，提出要深化跨区域合作，率先实现基础设施互联互通、科创产业深度融合等，推动区域一体化发展从项目协同走向区域一体化制度创新。在加强协同创新产业体系建设方面，提出要构建区域创新共同体。一是加强上海张江、安徽合肥综合性国家科学中心建设，健全开放共享合作机制，联合提升原始创新能力；二是协同推进科技成果转移转化，重点开展新一代信息技术、高端装备制造、生命健康等领域科技创新联合攻关；三是共建产业创新大平台，发挥长三角双创示范基地联盟作用，加强跨区域"双创"合作，联合共建国家级科技成果孵化基地和双创示范基地；四是强化协同创新政策支撑，研究制定覆盖长三角全域的全面创新改革试验方案，形成推动协同创新的强大合力。

对照长三角区域一体化发展战略对区域协同创新发展的定位和要求，目前上海张江国家自创区，苏南国家自创区，杭州国家自创区，宁波、温州国家自创区和合芜蚌国家自创区在支撑长三角区域一体化发展战略方面还存在诸多问题，本部分对上述五大国家自创区发展存在的问题分别进行阐述。

1. 上海张江国家自创区发展存在的问题

近年来，上海张江国家自创区着力提升科技创新策源能力，全力打造经济高质量发展新标杆，积极营造活力四射创新氛围，努力构建开放协同创新网络，开启了创新发展的新局面。但在支撑长三角区域一体化发展战略方面，仍面临以下问题和挑战。

一是科技创新策源功能还有待进一步提升。长三角区域要打造全国发展强劲活跃增长极，加强上海张江国家自创区综合性国家科学中心建设，全面增强科技创新策源功能。

二是高端产业引领功能还需进一步发挥。当前上海张江国家自创区在集成电路、生物医药、人工智能等高端产业方面的核心竞争力还需提高，面向未来的先导产业和战略性新兴产业还需进一步培育和加快发展。

三是创新资源的配置功能还需进一步增强。上海张江国家自创区要建设综合性国家科学中心，需要加快国内外人才等创新资源的集聚，而当前上海张江国家自创区的国际顶尖科学家和知名投资人数量偏少，创新资源的集聚和配置功能还有待进一步提升。

四是引导区域协同创新的体制机制还要进一步完善。长三角区域要打造区域一体化发展示范区和新时代改革开放新高地，上海张江国家自创区作为长三角创新发展高地，其推进重点领域创新改革、引导区域高效协同发展的创新体制机制还需进一步完善。

2. 苏南国家自创区发展存在的问题

苏南国家自创区建设已取得明显进展，在支撑区域经济增长、推进长三角区域科技协同创新发展方面取得了积极成效。但在支撑长三角区域一体化发展战略方面，还存在如下问题和不足。

一是重点领域技术攻关和产业链供应链安全稳定需进一步提升。《美国创新与竞争法案》对中国企业技术封锁，这对苏南国家自创区人工智能、集成电路、生物医药等重点领域技术攻关和产业发展造成更大阻碍。为支撑长三角地区建设全国发展强劲活跃增长极，苏南国家自创区要进一步提升其原始创新策源能力。

二是创新要素集聚能力需进一步增强。为支撑长三角地区建设全国发展强劲活跃增长极，苏南国家自创区要加快高端人才、技术、资本等创新要素的集聚。但当前苏南国家自创区创新集聚力还需进一步增强，高层次创新人才还较为缺乏。尤其是战略科学家和创新型科技人才不足，重大科研项目、重大科技工程、重点学科、战略性新兴产业等领域高端领军人才缺乏。

三是区域协同发展水平力还需大幅提高。为支撑长三角打造区域一体化发展示范区和新时代改革开放新高地，苏南国家自创区在推进区域一体化发展方面的体制机制还需要进一步完善，引领区域创新发展的创新体系还需加快形成。

3. 杭州国家自创区发展存在的问题

杭州市认真落实国务院关于"建设具有全球影响力的'互联网＋'创新创业中心"的要求，深入实施创新驱动发展战略，深化科技体制机制改革，杭州国家自创区走出创新发展的新路径。但在支撑长三角区域一体化发展战略方面，还存在如下问题和不足。

一是自身创新发展能力还有待提升，杭州国家自创区包含2个国家高新区，发展能级有待提升，区区融合发展有待深化。国家自创区本身科技创新基础薄弱、创新主体竞争优势不强，高水平科学家和领军人才不多，高能级研发平台布局不够充足，区域持续发展内生动力仍需提升，这些都在一定程度上影响杭州国家自创区的快速发展。

二是影响力和辐射带动能力较弱。杭州国家自创区高端资源要素集聚度不高，区域协同创新力度不够，在全国城市体系中的创新地位不够凸显。近年来，杭州国家自创区推动召开区际和部际协调会议，但因多方原因，进展缓慢。

三是突破性改革推行难度较大。杭州作为长三角区域重要城市，近年来承接了较多的创新改革任务，但政策突破难度大。国务院批复同意杭州国家自创区在跨境电子商务、科技金融结合、知识产权运用和保护、人才集聚、信息化与工业化融合、互联网创新创业等方面开展先行先试，但是在项目推进过程中涉及的体制机制问题较难突破。

4. 宁波、温州国家自创区发展存在的问题

近年来，宁波、温州国家自创区在全面提升区域创新体系整体效能，打造民营经济创新创业新高地，努力建设成为科技体制改革试验区、创新创业生态优化示范区、产业创新升级引领区等方面取得阶段性成效。但在支撑长三角区域一体化发展战略、推进区域创新共同体建设方面还存在如下问题和不足。

一是本地改革创新力度有待进一步加强。为支撑长三角区域打造为全国发展强劲活跃增长极、新时代改革开放新高地等，宁波、温州国家自创区要进一步提升科技资源配置效率、赋予科研机构和人员更大自主权，充分释放创新活力等，但是当前宁波民营企业创新发展的单体成效不够突出、影响力不高，本地高校院所及科研人员科技成果转移转化动力不足，宁波、温州国家自创区在为科研人才赋权、松绑，完善人才发现、培养、激励等机制方面还有待进一步完善。

二是支撑自主创新的高水平科创资源有待进一步集聚。受制于宁波、温州高校和科研院所等高水平科教资源布局不足的影响，两地国家级重大创新平台及顶尖人才、领军人才等高水平科创资源仍然相对匮乏，对前沿技术研究、关键核心技术攻关、前沿科技产业化等支撑不够，进一步影响高科技产业孵化培育。

三是科技创新合作协调机制有待完善。为支撑长三角区域一体化发展战略，宁波、温州国家自创区还需要完善与长三角其他地区的科技创新合作协调机制。目前，宁波、温州国家自创区缺乏与其他地区共建科技合作创新基地的协调发展机制，政策供给的协同性、精准性不够，与其他区域合作还不够顺畅。

5. 合芜蚌国家自创区发展存在的问题

合芜蚌国家自创区坚持科技创新与体制机制创新"双轮驱动"，大胆探索、先行先试，在科技体制改革和创新政策先行区、科技成果转化示范区、产业创新升级引领区等方面取得了突破性成就。但是支撑长江三角洲区域一体化发展战略、推进区域科技协同创新发展等方面还存在如下问题和不足。

一是整体效能尚待提升，合肥"一核"强、芜湖蚌埠"两翼"弱的问题较为突出，制约了合芜蚌国家自创区整体效能的提升。此外，合芜蚌国家自创区与合肥综合性国家科学中心、滨湖科学城、中国（安徽）自由贸易试验区等重大创新平台衔接不紧、融合不够，这在一定程度上制约了合芜蚌国家自创区的发展。

二是区域合作协调机制亟待建立。一方面合芜蚌三市尚未建立定期会商协调机制，人才招引、产业布局、科技金融等各自为战、内部过度竞争现象较为突出；另一方面合芜蚌国家自创区与长三角、中部地区等国家自创区联系不紧、合作不多，联动发展的机制尚未形成。

6. 国家自创区对长三角一体化发展战略支撑存在问题总结

《长江三角洲区域一体化发展规划纲要》提出，长三角地区要打造为全国发展强劲活跃增长极、全国高质量发展样板区、率先基本实现现代化引领区、区域一体化发展示范区和新时代改革开放新高地。目前上海张江国家自创区，苏南国家自创区，杭州国家自创区，宁波、温州国家自创区和合芜蚌国家自创区对长三角区域一体化发展战略的有效支撑力不足，主要体现在以下几点。

一是自身创新发展能力有待提升。上海张江国家自创区科技创新策源功能还需全面增强;苏南国家自创区的重点领域技术攻关和产业发展创新链供应链安全稳定性还需进一步提升;杭州国家自创区本身科技创新基础薄弱、创新主体竞争优势不强,自身创新发展能力也有待进一步提升;宁波民营企业创新发展的单体成效不够突出、影响力不高,本地高校院所及科研人员科技成果转移转化动力不足;合芜蚌国家自创区内部发展不平衡,与重大创新平台衔接不紧、融合不够,整体效能尚待提升。

二是创新资源集聚能力还有待进一步增强。当前上海张江国家自创区的国际顶尖科学家和知名投资人数量偏少,苏南国家自创区战略科学家和创新型科技人才不足,缺乏重大科研项目、重大科技工程、重点学科、战略性新兴产业等领域高端领军人才。而杭州国家自创区和苏南国家自创区则缺少国家级和省级层面主导建设的重大创新平台、重大科学装置等创新资源。

三是影响力和辐射带动能力还需进一步提升。上海张江国家自创区在集成电路、生物医药、人工智能等高端产业方面的核心竞争力还有待提升,以高端产业引领区域发展的功能还需进一步发挥;杭州国家自创区高端资源要素集聚度不高,影响力和辐射带动方面较弱,在全国城市体系中的创新地位不够凸显。

四是区域协同创新的体制机制还要进一步完善。长三角区域要打造区域一体化发展示范区和新时代改革开放新高地,上海张江国家自创区,苏南国家自创区,杭州国家自创区,宁波、温州国家自创区和合芜蚌国家自创区作为长三角创新发展高地,其引导区域高效协同发展的创新体制机制还要进一步完善。此外,五大国家自创区内部联系不紧、合作不多,联动发展的机制尚未形成。

(三)国家自创区对长江经济带发展战略支撑存在的问题

2016年5月,《长江经济带发展规划纲要》正式印发,提出要将长江经济带打造成为生态文明建设的先行示范带、引领全国转型发展的创新驱动带、具有全球影响力的内河经济带和东中西互动合作的协调发展带,要以沿江国家级、省级开发区为载体,以大型企业为骨干,打造电子信息、高端装备、汽车、家电、纺织服装等世界级制造业集群。要着力构建长江经济带东西双向、海陆统筹的对外开放新格局,加快内陆开放型经济高地建设。推动区域互动合作和产业集聚发展,打造重庆西部开发开放重要支撑和成都、武汉、长沙、南昌等内陆开放型经济高地。

《长江经济带发展规划纲要》提出了"一轴、两翼、三极、多点"的空间格局,其中"三极"指的是长江三角洲、长江中游城市群和成渝城市群,这些地区要充分发挥中心城市的辐射带动作用,打造长江经济带的三大增长极。"多点"是指要发挥三大城市群以外地级城市的支撑作用,加强与中心城市的经济联系与互动,带动地区经济发展。

对照长江经济带发展战略的定位目标和重点任务,目前成都国家自创区、重庆国家自创区、武汉东湖国家自创区、长株潭国家自创区和鄱阳湖国家自创区在支撑长江经济带发展战略方面还存在诸多问题,本部分对上述五大国家自创区存在的问题分别进行阐述。

1. 成都国家自创区发展存在的问题

近年来,成都国家自创区产业发展呈现新格局,在人工智能、大数据与网络安全、网络视听与数字文创等方面不断培育和集聚新经济企业,经济总量再攀新高。同时深度融入双城经济圈战略部署,积极打造中国经济发展"第四极"。但在支撑长江经济带发展战略方面，包括打造经济高地、形成增长极、引领区域创新发展等，仍面临以下问题和挑战。

一是改革创新的难度较大。截至当前《成都国家自主创新示范区发展规划纲要》尚未批复，成都国家自创区相关改革推进主体不明确，导致在推动体制机制创新、开展先行先试工作中，成都国家自创区自下而上推动创新改革的难度较大。

二是作为新动能的高能级创新载体不足。国家自创区的设立赋予了成都国家自创区着力研发和转化国际领先的科技成果的功能定位，但成都国家自创区的创新型人才队伍建设、创新平台打造、创新主体培育等还需进一步加强，尤其是原创性颠覆式技术创新与国内和国际一流高科技园区仍存在一定差距，急需强化创新型人才队伍建设，并集聚和建设一批重大科技基础设施、科研院所、实验平台等，全面提升创新策源能力和产业创新能力。

三是"双自联动"和"三区叠加"优势尚未充分发挥。成都国家自创区既是四川全面创新改革试验区，也是自由贸易试验区。目前成都国家自创区作为"三区"之一发展缺乏系统性、前瞻性的战略协同研究，导致"双自联动"和"三区叠加"优势尚未充分发挥，高层统筹、高效协调机制有待进一步优化，以便推动"双自联动"和"三区叠加"统筹发展，进一步释放成都国家自创区的发展红利。

四是区域发展的融合性和协调性有待进一步提升。成都国家自创区在国家和四川省区域协调发展战略布局中的能级位势还有待进一步提升。从成渝城市群层面来看，成都国家自创区在引领四川省全域发展，推动双城经济圈一体化发展中的作用还需进一步增强；从长江经济带层面来看，成都国家自创区与长江中游城市群、长三角城市群内国家自创区之间的区域合作较少，还需要通过产业协作等来推动长江经济带东中西跨区域合作。

2. 重庆国家自创区发展存在的问题

近年来，重庆国家自创区充分发挥产业优势、体制优势和开放优势，致力于打造具有重要影响力的西部创新中心，努力建设成为创新驱动引领区、军民融合示范区、科技体制改革试验区、内陆开放先导区，目前在支撑高水平科技自立自强、构建现代产业体系、推动创新创业高质量发展等方面均已取得一定成效，但在支撑长江经济带发展战略方面，还存在主导产业对区域经济支撑力不足、产业链创新链融合不深，创新资源集聚力度不够、研发创新平台赋能不足，区域协同创新发展水平不高等问题。

一是产业发展对经济增长支撑有待加强。当前重庆国家自创区战略性新兴产业发展严重不平衡，新一代信息技术产业"一家独大"，生命健康产业、绿色低碳产业、高技术服务业规模较小。新兴产业链条较短，创新载体不足，产业发展能级整体不高，市场主体竞争力不强。此外，工业经济基数逐年走高，持续高增长难以维持，其他服务业规模偏小，营收贡献不足，房地产业市场下滑，这对GDP影响较大。同时产业链创新链融合不深。"源头创新—技术开发—成果转化—新兴产业"创新层级链未完全打通，创新成果孵化转化和产业化程度不高。

二是创新资源引进和集聚力度不够。高水平创新资源聚集不足，高新企业、高成长性企业、"专精特新"企业、上市企业偏少，企业研发经费投入强度偏低，行业头部企业缺乏。研发创新平台赋能不足，高水平研发平台数量少，且未充分发挥科技引领作用，对产业上下游的集聚效应不明显。落地项目成效不显著，孵化的优质科技企业、产业项目少，在人才集聚、培育等方面还有待加强。此外，创新创业生态环境不优，科技金融早期手段不足、体系不够完善、科技服务机构少，推动高校科研成果在重庆国家自创区落地转化效率不高；高校院所心理围墙依然存在，科研人员创新创业积极性不够。高校、科研院所在异地设置分支机构政策收紧，引进大院大所难度加大。

三是区域协同创新发展水平不高。在成渝城市群层面，重庆国家自创区与成都国家自创区的双核创新作用还未充分发挥，两大国家自创区在科技创新、产业集群等领域的合作水平还需进一步提升；在长江经济带层面，重庆国家自创区与长江中游城市群内国家自创区的产业配套和创新协作水平整体较低。此外，重庆国家自创区的辐射带动作用也要进一步增强，对黔中、黔北等城市群的创新引领作用需进一步提升。

3. 武汉东湖国家自创区存在的问题

近年来，武汉东湖国家自创区紧紧围绕服务国家战略、服务湖北武汉中心工作，建设具有全球影响力的"世界光谷"发展目标，深入实施创新驱动发展战略，着力打造创建武汉科技创新服务中心和武汉东湖综合性国家科学中心，推动实现高水平科技自立自强的硬核支撑。但武汉东湖国家自创区在推动区域协同创新发展、支撑长江经济带发展战略等方面还存在如下问题。

一是自主创新能力有待进一步提升。具有颠覆性意义的重大引领性原创成果和国际标准还不够多，占据全球技术主导权和话语权的世界级头部企业和新兴产业偏少，海外顶尖人才、领军人才集聚得不够多，未来产业孕育不足。此外，能够全链条支持创新的重大服务平台较少，科技、产业、金融良性循环尚未形成，创新创业生态与创新型产业的发展要求还存在一定差距。

二是吸引创新资源集聚的体制机制有待突破。国家自创区战略位势弱化，国家自创区管理体制回归现象突出，存在求稳怕变、向传统回归的压力，体制机制弊端渐显突出。国家自创区绩效考核评价体系参照行政区模式，难以凸显"自创特色"，不利于引导资源向创新聚焦。

三是区域辐射带动作用尚未充分发挥。服务国家战略区域创新协同作用有待进一步优化，跨区域共建合作以及人才、技术、资本等创新资源要素流动机制有待进一步完善。

4. 长株潭国家自创区存在的问题

近年来，长株潭国家自创区坚持"创新驱动引领区、科技体制改革先行区、军民融合创新示范区、中西部地区发展新的增长极"的战略定位，按照"创新驱动、体制突破、以人为本、区域协同"的发展思路，在推动区域创新发展、引领区域科技创新等方面取得一定成效，但在支撑长江经济带发展战略方面还存在以下问题和挑战。

一是缺乏重大创新载体，自主创新能力还有待进一步提升。长株潭国家自创区缺乏国家实验室、国家综合性科学中心等重大平台支撑，难以形成战略科技力量。国家重大创新项目、高层次人才的创新资源在长株潭国家自创区集聚力度不够。

二是系统性深层次的改革力度有待进一步加强。科技人才激励、科研经费使用、产教融合试点等工作在长株潭国家自创区试点示范不够，还有较大改革创新空间。

三是区域协同发展机制还有待进一步完善。跨区域和跨部门协调，政策边界不清晰甚至不兼容，部分科技政策落地难，未来有必要建立起组织、纪检、审计、人事、财政等相关部门参与的跨部门联动机制，加强科技创新统筹协调。

5. 鄱阳湖国家自创区存在的问题

近年来，鄱阳湖国家自创区在加快实施创新驱动发展战略、推进自主创新和发展高新技术产业方面成效明显，但在促进区域经济发展、推动区域协同创新、支撑长江经济带发展战略等方面还存在如下问题。

一是产业链价值链水平较低，产业发展对区域经济支撑力度不足。近几年鄱阳湖国家自创区各国家高新区的综合排位虽有进步但依然靠后，经济总量不大、发展速度不快的现状仍然没有得到根本改变，区内仍以制造、代加工等生产型企业为主，产业高端、产品终端、科技前端的龙头企业较少，产业链价值链整体还处于中低端水平，产品附加值较低，且近两年受疫情和中美贸易摩擦影响，区内企业投资动能减速，投产周期拉长，企业自身实力有限，重大项目后续支撑不足、增长乏力，经济发展压力进一步加大。

二是科技创新资源匮乏，国家自创区自主创新研究能力薄弱。受地理因素、公共资源、发展空间、待遇保障等因素影响，人才和其他资源的引进和留用难，特别是重点产业、重点领域的高端人才和资源严重不足，创新要素集聚能力弱、创新资源匮乏，与创新引领区域高质量发展不相匹配，成为制约鄱阳湖国家自创区创新驱动发展的瓶颈。此外，鄱阳湖国家自创区缺乏完善的科技成果转化平台，吸引大院大所落地优势缺乏，企业、高校、科研院所之间的信息流通不畅，科技成果资源信息无法实现有效共享，科技成果转化率较低，能与产业对接并快速产业化的科技成果较少。同时，研发投入明显不足，高新产品研发步伐不快、高新产品生产总量偏低、专利技术相对较少，而部分高校或科研院所研发成果过于前沿，生产型企业在当下很难匹配，科技成果与市场需求脱节。

三是区域协同创新水平偏低。鄱阳湖国家自创区与长三角城市群、长江中游城市群内部国家自创区的区域创新合作较少，产业链协同创新体系尚未形成，人才、技术、资金等创新要素跨区域流动机制有待进一步完善。鄱阳湖国家自创区辐射带动能力还未充分发挥，对长江中游城市群内部的萍乡、新余、吉安等城市的创新引领和辐射带动作用还有待提升。

6. 国家自创区对长江经济带发展战略支撑存在问题总结

《长江经济带发展规划纲要》提出要将长江经济带打造成为生态文明建设的先行示范带、引领全国转型发展的创新驱动带、具有全球影响力的内河经济带和东中西互动合作的协调发展带。目前成都国家自创区、重庆国家自创区、武汉东湖国家自创区、长株潭国家自创区和鄱阳湖国家自创区对长江经济带发展战略的有效支撑力不足，主要体现以下几点。

一是改革创新的难度较大。成都国家自创区相关改革推进主体不明确，导致在推动体制机制创新、开展先行先试工作中，推动创新改革的难度较大；长株潭国家自创区则在科技人才激励、科研经费使用、产教融合试点等方面的试点示范不够，改革创新力度还需要进一步加强。

二是创新资源集聚力度不够。成都国家自创区内的创新型人才队伍建设、创新平台打造、创新主体培育等还需要进一步加强；重庆国家自创区高水平创新资源聚集不足，高新企业、高成长性企业、"专精特新"企业、上市企业偏少，研发创新平台赋能不足，高水平研发平台数量少；鄱阳湖国家自创区重点产业、重点领域的高端人才和资源严重不足，创新要素集聚能力弱，创新资源匮乏，与创新引领区域高质量发展不相匹配。

三是创新策源能力有待提升。武汉东湖国家自创区具有颠覆性意义的重大引领性原创成果和国际标准还不够多，占据全球技术主导权和话语权的世界级头部企业和新兴产业偏少，能够全链条支撑创新的重大服务平台较少，科技、产业、金融良性循环尚未形成；长株潭国家自创区缺乏国家实验室、国家综合性科学中心等重大平台支撑，难以形成战略科技力量；鄱阳湖国家自创区缺乏完善的科技成果转化平台，无法实现科技成果资源信息的有效共享，科技成果转化率较低。

四是产业发展对经济增长支撑力度有待加强。重庆国家自创区战略性新兴产业发展不平衡，新一代信息技术产业"一家独大"，新兴产业链条较短，创新载体不足。产业链创新链融合不深。"源头创新—技术开发—成果转化—新兴产业"的创新链未完全打通；鄱阳湖国家自创区的产业仍以制造、代加工等生产型企业为主，产业高端、产品终端、科技前端的龙头企业较少，产业链价值链整体还处于中低端水平，产品附加值较低。

五是区域协同创新发展水平不高。成都国家自创区推动双城经济圈一体化发展中的作用还需进一步增强，与长江中游城市群、长三角城市群内国家自创区之间的区域合作也需要进一步加强；重庆国家自创区与成都国家自创区的双核创新作用还未充分发挥，与长江中游城市群内国家自创区的产业配套和创新协作水平整体较低；武汉东湖国家自创区支撑国家区域战略的辐射带动作用尚未充分发挥，服务国家战略区域创新协同作用有待进一步优化；鄱阳湖国家自创区与长三角城市群、长江中游城市群内部国家自创区的区域创新合作较少，产业链协同创新体系尚未形成，人才、技术、资金等创新要素跨区域流动机制有待进一步完善。

（四）国家自创区对粤港澳大湾区发展战略支撑存在的问题

2019年2月18日，中共中央、国务院印发《粤港澳大湾区发展规划纲要》，提出要将粤港澳大湾区建成充满活力的世界级城市群、国际科技创新中心、"一带一路"建设的重要支撑、内地与港澳深度合作示范区，以及宜居宜业宜游的优质生活圈，成为高质量发展的典范，并将香港、澳门、广州、深圳四大中心城市打造为区域发展的核心引擎。其中，在建设国际科技创新中心的定位中，提出要深化粤港澳创新合作，构建开放型融合发展的区域协同创新共同体，集聚国际创新资源，优化创新制度和政策环境，着力提升科技成果转化能力，建设全球科技创新高地和新兴产业重要策源地。

对照粤港澳大湾区发展战略的定位目标和重点任务，目前深圳国家自创区和珠三角国家自创区在支撑粤港澳大湾区发展战略方面还存在诸多问题，本部分对上述两大国家自创区存在的问题分别进行阐述。

1. 深圳国家自创区存在的问题

近年来，深圳国家自创区从科技创新、产业发展、关键核心技术、开放合作等方面多向发力，先试先行，举全市之力加快建设具有全球影响力的科技和产业创新高地，成效显著。但在支撑粤港澳大湾区发展战略方面还存在以下问题和不足。

一是基础研究与国际先进水平仍有差距。对标美国旧金山大湾区的硅谷，日本东京湾区的东京工业园等世界领先产业园，深圳国家自创区的原创性技术成果比较欠缺，部分关键技术、核心零部件受限于人，科技和产业的自立自强任重道远。

二是支撑科技和产业创新高地建设的创新资源短缺。顶尖人才和高端研发团队不足，相关产业如人工智能领域领军人才，特别是跟研发产业链相关的复合型人才严重缺乏。

三是科技管理体制机制创新不足。深圳国家自创区在知识产权保护工作机制、创新资源配置方式和管理机制、科研机构技术转移机制，以及科技人才引进和管理机制等方面还有待进一步改革突破。

四是区域协同创新发展水平有待进一步提升。粤港澳大湾区要建设国际一流湾区和世界级城市群，目前深圳国家自创区在与港澳的深度合作，包括科研实验设施集群建设、国际顶尖研发型企业引进、联合研发中心设立、金融开放示范窗口建设等方面还有待进一步加强。

2. 珠三角国家自创区存在的问题

近年来，珠三角国家自创区积极实施创新驱动发展战略，建设粤港澳大湾区国际科技创新中心的重大平台和引领性工程，充分发挥其产业优势和创新资源优势，积极开展创新政策先行先试，不断激发各类创新主体活力，着力培育良好的创新创业环境，全面提升创新体系整体效能，支撑广东省区域创新综合能力连续5年位居全国第一。但是在支撑粤港澳大湾区发展战略方面，还存在如下问题和不足。

一是重大科技基础设施、国家实验室等基础研究重大平台不足。新一轮科技革命加速演进，全球科技竞争愈演愈烈，但珠三角国家自创区的基础研究仍较为薄弱，缺少重大科技基础设施、国家实验室、国家技术创新中心等战略科技力量。

二是产业链供应链安全稳定有待加强。当前受疫情和美国对华科技遏制，珠三角国家自创区多个产业关键技术发展受到制约，迫切需要国家重大专项支撑，并布局更多产业技术创新平台，以加快攻克一批"卡脖子"关键技术，推动产业链自主可控。

三是政策先行先试的突破力度还需提升。科技创新需要与制度创新协同联动，才能取得实效。当前珠三角国家自创区在人才引进与培育、科研项目组织管理、科研经费管理、科技成果转化等方面政策先行先试的突破力度还需提升。尤其是在深化与港澳合作的过程中，人才、技术、资金、信息等创新资源跨境流动与共享方面，跨境政策大部分属于中央事权，需要在中央层面推动解决。例如科研资金过境、信息跨境流动、科研人员通关等，都涉及中央事权，且需要协调港澳特区政府，因此需要开创性地建立国家部委、广东省、港澳特区政府之间的区域合作机制，统筹推进和安排。

3. 国家自创区对粤港澳大湾区发展战略支撑存在问题总结

《粤港澳大湾区发展规划纲要》提出要将粤港澳大湾区建成充满活力的世界级城市群、国际科技创新中心、"一带一路"建设的重要支撑、内地与港澳深度合作示范区，以及宜居宜业宜游的优质生活圈，成为高质量发展的典范。目前深圳国家自创区和珠三角国家自创区对粤港澳大湾区发展战略的有效支撑力不足，主要体现在以下几点。

一是基础研究与国际先进水平仍有差距。与世界领先产业园相比，深圳国家自创区的原创性技术成果比较欠缺，部分关键技术、核心零部件仍受限于人。珠三角国家自创区的基础研究也较为薄弱，缺少重大科技基础设施、国家实验室、国家技术创新中心等战略科技力量。

二是产业链供应链安全稳定有待加强。当前受疫情和美国对华科技遏制，珠三角国家自创区关键技术受到制约，迫切加快攻克一批"卡脖子"关键技术，推动产业链自主可控。

三是政策先行先试的突破力度还需增强。深圳国家自创区在知识产权保护工作机制、科研机构技术转移机制等方面还需要进一步改革创新。深圳国家自创区和珠三角国家自创区在深化与港澳合作过程中，人才、技术、资金、信息等创新资源跨境流动与共享方面也需要创新区域合作机制。

四是区域协同发展水平有待进一步提升。深圳国家自创区在与港澳的深度合作，包括科研实验设施集群建设、国际顶尖研发型企业引进等方面还有待进一步加强。

（五）国家自创区对黄河流域生态保护和高质量发展战略支撑存在的问题

2019年中共中央、国务院印发了《黄河流域生态保护和高质量发展规划纲要》，提出要将黄河流域打造成国家生态安全的重要屏障、高质量发展的重要实验区，要以生态保护为前提优化调整区域经济和生产力布局，促进上中下游各地区合理分工。通过加强生态建设和环境保护，夯实流域高质量发展基础；通过培育经济重要增长极，增强流域高质量发展动力；通过内陆沿海双向开放，提升流域高质量发展活力，为促进全国经济高质量发展提供支撑。

其中，在打造高质量发展的重要实验区方面，要建设特色优势现代产业体系，通过提升科技创新支撑能力，开展黄河生态环境保护。着眼传统产业转型升级和战略性新兴产业发展需要，加强协同创新，推动关键共性技术研究。在黄河流域加快布局若干重大科技基础设施，统筹布局建设一批国家重点实验室、产业创新中心、工程研究中心等科技创新平台，加大科技、工程类专业人才培养和引进力度。

对照黄河流域生态保护和高质量发展规划纲要的战略定位和重点任务，目前郑洛新国家自创区、山东半岛国家自创区、西安国家自创区和兰白国家自创区在支撑黄河流域生态保护和高质量发展方面还存在诸多问题，本部分对上述四大国家自创区存在的问题分别进行阐述。

1. 郑洛新国家自创区存在的问题

近年来，郑洛新国家自创区创新发展实力持续提升，各项创新指标领跑河南省，各类创新资源加速集聚，引领带动作用凸显。然而，郑洛新国家自创区在支撑黄河流域生态保护和高质量发展方面还存在诸多问题，如国家自创区战略地位还不够突出、产业发展规模不大、内部发展合力不足、区域创新动力不足等。

一是郑洛新国家自创区核心区战略地位还不够突出。首先，在城市中的首位度不突出。2021年，郑州高新区、洛阳高新区和新乡高新区GDP分别仅占三市GDP比重的4.3%、4.9%和6.1%，与全国高新区GDP占国家GDP总值的12.3%相比差距较大。郑洛新国家自创区GDP占河南省GDP的比重仅为2.5%，与上海国家自创区GDP占上海市GDP的22.3%相比差距较大。其次，发展空间亟待拓展。2021年，全国高新区平均管辖面积30 017.8平方公里，郑洛新三高新区管辖面积分别为125平方公里、131.5平方公里和53平方公里。第三，在全国竞争力不强。郑洛新三大高新区没有1家进入国家前十，其中实力最强的郑州高新区作为国家中心城市高新区，在全国排名仅处于17位，在中部六省中仅排名第4位。

二是产业发展规模不大，特色不突出。从全国发展较好、排名靠前的高新区来看，都有一个共性的优势，那就是主导产业发展特色突出，打造出了具有影响力的万亿级产业名片，如武汉东湖的光电信息、长沙的装备制造、杭州的数字经济等。而河南省高新区没有打造出有特色的产业名片，这是造成郑洛新国家自创区难以跻身全国前列、缺乏竞争力的一个重要原因。

三是支撑郑洛新国家自创区发展的合力较弱。郑洛新国家自创区在设立之初，没有像自贸区一样，在省、市层面设立独立的管理机构（管理委员会），只是在省、市设立了领导小组；在机构改革中，又将领导小组办公室撤销合并入科技管理部门；虽然科技管理部门出台了30条科技新政、20条措施，但在支持国家自创区创新发展方面缺乏首创性的先行先试政策，支持的专项资金也有退坡趋势。

四是区域协同创新发展水平有待进一步提升。黄河流域要建设高质量发展的重要实验区，要加强协同创新，通过提升科技创新支撑能力，开展黄河生态环境保护科技创新。目前郑洛新国家自创区在与黄河流域其他国家自创区的创新合作方面，包括创新平台建设、联合研发中心设立等有待进一步加强。

2. 山东半岛自主创新示范区存在的问题

近年来，山东半岛国家自创区着力增强自主创新能力，突出区域特色和产业特色，推进区域协同发展，构建符合创新规律的新机制和创新创业生态环境，国家自创区对山东省高质量发展的示范带动作用日益凸显。但是山东半岛国家自创区在支撑黄河流域生态保护和高质量发展方面还存在诸多问题，如产业核心竞争力不强、区域协同创新合力不足、政策措施落实不力等。

一是产业核心竞争力不强。山东半岛国家自创区产业特色不够鲜明，尚未培育一批具有核心竞争力、市场影响力和行业话语权的创新型领军企业。

二是一体化推进合力不足，区域协同创新水平有待提升。山东半岛国家自创区包含区块多、覆盖区域散、地域跨度大、共建单位多，在管理体制、运行机制、发展模式等方面都存在较大差异，难以形成统一布局、协同发展的一体化发展策略，在国家自创区建设中没有形成合力。此外，山东半岛国家自创区与郑洛新国家自创区、西安国家自创区和兰白国家自创区协同创新水平还有待进一步提升。山东半岛国家自创区目前只举办黄河流域协同科技创新大会，倡导黄河流域区域协同创新，但是目前还未有实质性的行动计划。

三是政策措施落实不力。山东半岛国家自创区在发展过程中，先行先试政策不足。同时，也没有建立起有效的工作推进机制，缺少相应的发展规划引领。

3. 西安国家自创区存在的问题

近年来，西安国家自创区稳步落实国家自创区部署任务，全力推进科技体制创新，经济发展取得了显著成效，目前已成为区域经济增长的核心引擎、创新驱动高质量发展的引领区、大众创新创业集聚地、创新体制机制改革的试验田。但是西安国家自创区在支撑黄河流域生态保护和高质量发展方面还存在诸多问题，如科技成果转化力度有待提升、创新资源配置有待优化、产业创新发展有待加强、区域协同创新水平不足等。

一是科技成果转化力度有待提升。目前西安已经建立高效的"城校（所）企"协同创新机制，但是围绕现代产业体系建设进行的科技成果本地转化还有待进一步提升，产学研深度融合的技术研发和成果转化机制还有待完善。

二是创新资源配置有待优化。西安拥有西安交通大学等64所高校,以及西安机电信息技术研究所、西安电子工程研究所等多家研究所,区内科技企业从业人员超过60万人,但是主要科技资源大多集中在高校、科研院所,各类创新要素向企业集聚还不够。

三是产业创新发展有待加强。西安国家自创区着力加强科技型企业引育和中小企业"专精特新"发展,2021年西安国家自创区的科技型中小企业入库2467家,高新技术企业数量为2935家,但是同期郑洛新国家自创区科技型中小企业为9544家,高新技术企业为5558家,山东半岛国家自创区高新技术企业也达到3351家,与之相比,西安国家自创区产业创新发展还有待进一步加强。

四是区域协同创新水平不足。近年来,西安国家自创区不断强化对周边区域的辐射带动,实施"一区多园"联动发展,内部高新区之间的协同创新水平不断提升。然而,西安国家自创区与郑洛新国家自创区、山东国家自创区及兰白国家自创区之间的区域协同创新还相对较弱。

4. 兰白国家自创区存在的问题

一是产业转型升级有待提速。近年来,兰白国家自创区在发挥科技创新支撑引领作用、促进绿色产业发展上取得积极进展,但由于缺乏统一的产业规划,两个高新区在产业发展上还存在主题不够鲜明及同质化竞争等问题。同时,产业升级和结构优化能力不强,产业创新不足、产业效能不够等问题也比较突出。与其他国家自创区产业相比,兰白国家自创区在打造新经济形态、培育新经济应用场景上还需持续发力。

二是创新主体培育有待加强。从规模体量看,兰白国家自创区规上企业特别是高新技术企业数量偏少,引领创新的龙头企业和领军人才不足,企业作为技术创新的主体地位还不够显现。截至2021年底,兰州、白银两个高新区高新技术企业数为487家,而成都国家自创区拥有高新技术企业数为3301家。大多数企业还缺乏通过自主创新实现持续发展的内生动力。

三是区域创新协作水平有待提升。兰白国家自创区内高精尖企业少,产业转移承接能力不强,特别是能承接高层次科技合作的企业十分匮乏,这也是在与郑洛新国家自创区等推动落实相关合作协议中面临的主要问题。在寻求开放合作上,与东部一些发达地区注重市场为导向的互惠合作模式还有较大差距。

四是示范带动效应有待强化。兰州、白银两个高新区地区生产总值约为420亿元,对甘肃省经济发展指数的拉动作用还很有限。从发展路径示范效应看,尽管兰白国家自创区在"先行先试"上进行了一些有益的探索,但还没有系统形成可复制、可推广、可持续的成熟经验。同时,在甘肃《省委 省政府关于支持兰州白银国家自主创新示范区建设的若干意见》中,尽管从"政策核心区、政策辐射区、政策延伸区"3个维度拓展了自主创新政策的辐射空间,但各地在意见执行中,一些先行先试经验尚未转化运用。

5. 国家自创区对黄河流域生态保护和高质量发展战略支撑存在的问题总结

《黄河流域生态保护和高质量发展规划纲要》,提出要建设特色优势现代产业体系,通过提升科技创新支撑能力,开展黄河生态环境保护科技创新。着眼传统产业转型升级和战略性新兴产业发展需要,加强协同创新,推动关键共性技术研究。目前郑洛新国家自创区、山东半岛国家自创区、西安国家自创区和兰白国家自创区对黄河流域生态保护和高质量发展战略的有效支撑力不足,主要体现在以下几点。

一是综合发展实力有待提高。郑洛新国家自创区、山东半岛国家自创区、西安国家自创区及兰白国家自创区的地区生产总值（GDP）分别占各省GDP比重为2.5%、8.7%、13.1%和4.7%，均不足20%，与上海国家自创区GDP占上海GDP的22.3%相比差距较大。此外，四大国家自创区中的高新区没有一家进入国家前五，其中实力最强的郑州高新区、西安高新区，作为国家中心城市高新区，其创新力在全国排名仅处于第7和第8位。

二是产业核心竞争力不强。郑洛新国家自创区、山东半岛国家自创区、西安国家自创区及兰白国家自创区普遍存在产业发展规模不大，特色不突出，尚未形成一批具有核心竞争力、市场影响力和行业话语权的创新型领军企业。此外，各国家自创区内战略性新兴产业增加值占地区生产总值比重与中关村、上海张江国家自创区还存在较大差距，产业创新发展方面还有待进一步提升。

三是一体化推进合力不足，区域协同创新水平有待提升。除西安国家自创区外，郑洛新国家自创区、山东半岛国家自创区及兰白国家自创区普遍存在覆盖区域散，地域跨度大，共建单位多，在管理体制、运行机制、发展模式等方面都存在较大差异，难以形成统一布局、协同发展的一体化发展策略，在国家自创区建设中没有形成合力。此外，上述四大国家自创区之间的协同创新合作，包括创新平台建设、联合研发中心设立、产业创新合作等方面还有待进一步加强。

（六）国家自创区对其他区域发展战略支撑存在的问题

1. 福厦泉国家自创区对东部粤闽浙沿海城市群发展支撑存在的问题

《中华人民共和国国民经济和社会发展第十四个五年规划和2035年远景目标纲要》提出，要发展壮大粤闽浙沿海等城市群，建立健全城市群一体化协调发展机制、利益共享机制，统筹推进基础设施协调布局、产业分工协作等。2021年7月9日，福建省人民政府发布的《福州都市圈发展规划》明确提出要以科技创新为引领，打造全国重要的先进制造业和新兴产业基地，打造粤闽浙沿海城市群核心增长极，推动粤闽浙沿海城市群高质量发展。

福厦泉国家自创区建设开局良好，不仅带动了闽东北、闽西南两大协同发展区共同发展，也发挥了福厦泉国家自创区和福建自贸区等多区叠加优势，但在支撑东部粤闽浙沿海城市群发展方面仍存在一些突出短板和问题。

一是科技创新资源仍较短缺。福建省985高校仅厦门大学1所，211高校仅厦门大学、福州大学2所；国家级独立科研院所仅4家，省级公益类科研院所36家、开发类科研院所15家。福厦泉国家自创区在发展中，虽与上述高校院所联系紧密，但与其他国家自创区相比，福建省国家自创区内实力雄厚的高校及科研机构偏少，高水平研发创新平台不多，高端创新资源集聚能力相对不足、列入国家战略布局的创新资源缺乏，带动学科发展、具备领先水平的科研团队和领军人才也较为短缺。

二是企业创新主体地位仍不突出。从福州、厦门、泉州三市规模以上工业企业来看，有R&D活动的企业分别为841家、921家、1284家，分别占三市规模以上工业企业数的33.1%、39.9%、25.3%；分别有研发机构的企业242家、461家、262家，分别占三市规模以上工业企业数的9.5%、20.0%、5.2%。独角兽企业、科技型龙头企业不多，企业高水平的研发机构数量偏少。

三是管理体制机制不健全。福厦泉国家自创区管理体制仍不够完善，福厦泉三片区均是"一区多园"，仅厦门建立独立管理机构；福州虽成立独立管委会，但仅对高新区新园区实行管理，对老园区没有纳入统一管理范畴；泉州尚未有独立园区管理机构。福厦泉三片区协同发展和统筹协调机制有待进一步理顺。3个片区发展不平衡，统筹协调机制有待理顺，相互交流不够，没有形成优势互补、错位发展的局面。

2. 乌昌石国家自创区对西部天山北坡城市群发展支撑存在的问题

2021年2月5日，新疆维吾尔自治区第十三届人民代表大会第四次会议审议通过的《新疆维吾尔自治区国民经济和社会发展第十四个五年规划和2035年远景目标纲要》提出，以乌昌石国家自主创新示范区为主要承载区，加快推进丝绸之路经济带创新驱动发展试验区建设，落实"四方合作机制"，发挥创新示范引领作用。以率先基本实现现代化为目标，加快推动天山北坡经济带区域改革创新、新旧动能转换和一体化发展，打造实体经济、科技创新、现代金融、人力资源协同发展的现代产业体系，着力把天山北坡经济带区域建设成我国重要的能源基地、特色制造业基地、战略性新兴产业基地、现代服务业基地和现代高效特色农业产业基地。

乌昌石国家自创区在支撑高水平科技自立自强、构建现代产业体系、推动创新创业高质量发展、落实"四方合作机制"、发挥创新示范引领作用等方面取得了显著成效，但是在支撑西部天山北坡城市群发展等方面还存在以下问题。

一是缺乏专项资金支持。自2018年乌昌石国家自创区建设工作启动实施以来，新疆一直未设立国家自创区建设发展专项资金，不仅难以有效调动各区主动发展的积极性和创造性，也导致国家自创区发展规划中涉及的重大项目、重大平台建设等难以有效推进。

二是创新基础薄弱，创新能力不足。受新疆高新技术企业和科技型企业数量少、高层次人才缺乏、科技创新基础条件薄弱、创新平台发展滞后等因素的影响，导致新能源、新材料、生物医药、化工、制造业等领域的科技创新基地建设相对滞后，生物种业、智慧旅游、区块链等现代服务业和现代高效特色农业产业发展相对较慢。

三是协同创新能力不强。国家自创区建设不仅涵盖平台建设、项目推进、科技金融、成果转化等多个领域，也涉及自治区、3个地市州、3个园区及兵地融合等方方面面的关系，统筹配合力度不够、协同创新能力不强，在一定程度上影响了国家自创区建设工作的高效推进。

3. 沈大国家自创区对东北辽中南城市群发展支撑存在的问题

立足国家发展大局，东北肩负维护国家国防安全、粮食安全、生态安全、能源安全、产业安全的战略使命，地位重要、作用突出。以习近平同志为核心的党中央对东北振兴发展给予亲切关怀和大力支持，习近平总书记作出"新时代东北全面振兴'十四五'时期要有突破"等重要指示，为辽宁振兴发展确立了新目标、寄予了新期望、注入了新动力。辽宁要实现新型工业化、信息化、城镇化、农业现代化，更好满足辽中南城市群现代化产业体系建设。沈大国家自创区作为推动辽中南城市群发展的中枢力量，目前还面临着自主创新实力还有待提高、区域协同创新力度不够等问题。

一是自主创新实力还有待提高。沈大国家自创区缺乏国家重点研究中心、国家重点实验室等创新平台，创新资源集聚力较弱，创新链整体效能偏低。此外，科技支撑资金投入力度偏低，目前沈阳和大连片区虽设立了创新创业投资引导基金、天使投资基金等，但与其他地区的基金规模相比仍显不足，支持力度上远低于广东、山东、上海等地。财政资金投入力度需进一步加强。

二是区域协同创新力度不够。在沈大国家自创区层面，沈阳高新区和大连高新区在资源共享、协同创新方面未形成联动机制。在辽中南城市群层面，产业专业化分工协作水平不足，区域创新资源集聚和辐射带动作用还有待进一步提升。

4. 长春国家自创区对东北哈长城市群发展支撑存在的问题

"十四五"时期，吉林振兴发展处于发挥独特优势、提升在全局中战略地位的关键阶段，处于加快转型升级、实现高质量发展、激发创造活力、破解深层次矛盾问题的关键阶段，处于促进共同富裕、提升人民生活品质的关键阶段。东北振兴的政策机遇、新发展格局的融入机遇、国家重大战略的对接机遇、产业升级的趋势机遇，与老工业基地振兴优势、国家重要商品粮基地优势、生态资源优势、沿边近海优势、人文人才和科教优势叠加联动，利好因素持续汇聚。长春国家自创区作为吉林省区域创新中心，目前还面临着原始创新能力有待提升、创新体制机制有待完善、人才队伍建设需要进一步强化、区域协同创新还需进一步加强。

一是原始创新能力有待提升。长春国家自创区缺乏与国家科技创新重大项目的对接，在光电子、精密仪器、生命科学等前瞻领域缺乏原创性的创新研究。围绕智能制造、核心光电子器件等重点产业，以及黑土地保护等重大生态环境领域，缺乏重大科技专项和高水平的科技平台来开展核心技术攻关。

二是创新体制机制有待完善。当前长春国家自创区在体制机制改革、政策先行先试等方面还需进一步加强，"双创"生态的构建、新旧动能转换等方面也需进一步加强。

三是人才队伍建设需要进一步强化。当前东北地区人才流失严重，东北地区20所高校2019届毕业生就业质量报告分析发现，按毕业生总数和东北生源口径统计，毕业生流失率分别高达63.46%和26.45%[①]。为巩固提升长春区域创新中心的地位，长春国家自创区还需要进一步壮大专业技术人才和技能人才队伍。

四是区域协同创新还需进一步加强。在长春国家自创区层面，长春高新区和长春净月高新区在资源共享、协同创新方面尚未形成联动机制。在哈长城市群层面，长春国家自创区与哈大齐国家自创区在产业专业化分工协作水平不足，区域创新资源集聚和辐射带动作用还有待进一步提升。

5. 哈大齐国家自创区对东北哈长城市群发展支撑存在的问题

习近平总书记多次对东北地区和黑龙江省作出重要讲话重要指示批示，党中央、国务院出台系列支持东北振兴政策措施，为黑龙江加快振兴发展注入强大政治动力，带来前所未有的政策机遇。我国已转向高质量发展阶段，经济长期向好，继续发展具有多方面的优势和条件，为黑龙江提供了稳定的发展预期和良好的发展环境。哈大齐国家自创区作为黑龙江区域创新中心及推动哈长城市群发展的中枢力量，目前还面临着创新资源集聚不足、自主创新能力还需要进一步提升，科技成果就地转化还需加强，人才队伍建设需要进一步强化，区域协同创新力度不够等问题。

一是创新资源集聚不足、自主创新能力还需要进一步提升。哈大齐国家自创区目前还缺乏国家重点实验室、省重点实验室等，各类创新要素多集中在重点高校和科研院所，创新资源向企业的集

---

① 钱诚，孙飞. 从东北高校毕业生就业去向看东北人才流失问题[EB/OL].(2022-01-13)[2023-12-10]. https://www.thepaper.cn/newsDetail_forward_16217483.

聚力不强。前瞻性基础研究较为薄弱，自主创新能力还需进一步提升。

二是科技成果就地转化还需加强。哈大齐国家自创区技术转移体系和孵化体系建设还需进一步推进，科技成果转移转化链条还未完全建立，科技产出效率还较低。

三是人才队伍建设还需要进一步强化。哈大齐国家自创区还缺乏国内外高端人才，尤其是自然科学、工程技术、企业经营管理、哲学社会科学等领域的高层次人才。在战略科技人才、科技领军人才和创新团队等的培育和建设方面还有待进一步强化，基础学科人才还需进一步培养。

四是区域协同创新力度不够。在哈大齐国家自创区层面，哈尔滨高新区和大庆高新区在资源共享、协同创新方面尚未形成联动机制。在哈长城市群层面，哈大齐国家自创区与长春国家自创区产业专业化分工协作水平不足，区域创新资源集聚和辐射带动作用还有待进一步提升。

三、立足国家区域重大发展战略的国家自创区发展对策建议

基于国家自创区存在的自身创新能力不足、推进区域科技协同创新发展的能力有待提升等问题，本章将立足国家区域重大发展战略，对照国家区域重大发展战略部署中的目标和要求，有针对性地提出国家自创区发展对策建议。

（一）支撑和服务京津冀协同发展战略的国家自创区发展对策建议

当前中关村国家自创区和天津国家自创区的发展存在着自身创新能力不足、京津冀科技协同创新能力还有待提升等问题，对京津冀协同发展战略的有效支撑力明显不足。京津冀地区作为我国经济最具活力、开放程度最高、创新能力最强、人才集聚最多的地区之一，在京津冀协同发展战略的推动下，未来将发展成为全国区域整体协同发展改革引领区、全国创新驱动经济增长新引擎。

为支撑和服务京津冀协同发展战略，中关村国家自创区要对标世界领先科技园区和创新高地，进一步加强人才引进与服务，强化前沿技术创新，加快科技成果转化，提升国际科技创新合作水平，增强其国际市场开拓能力和全球创新资源配置能力，充分发挥龙头企业的整合协同能力，搭建协同创新平台、引导多元主体协同创新、协同推进一区多园建设。天津国家自创区要聚焦自主创新、原始创新，加速形成具有前沿视野和天津特色的现代化产业体系，全力提升创新生态能级，强化高成长高技术高价值企业培育和集聚，充分发挥先行先试优势，制定创新政策，开展技术创新联合攻关，推动京津冀协同创新合作。

1. 中关村国家自创区发展对策建议

中关村作为我国第一个国家高新区和第一个国家自创区，是我国创新发展的一面旗帜，也是推动京津冀协同创新发展的重要创新载体，要对标世界领先科技园区和创新高地，紧扣京津冀协同发展战略定位目标，加快科技成果转化，增强全球创新资源配置能力，推动区域科技协同创新发展，打造京津冀协同创新新高地。具体对策建议如下。

一是加快科技成果转化，推动高水平科技自立自强。结合中关村国家自创区重点产业布局，加

强关键核心技术、前沿引领技术、颠覆性技术攻关，重点推动新一代人工智能、区块链、多机器人智能协作等前沿技术融合创新。不断完善中关村国家自创区科技成果转移转化体系，发展技术转移服务机构，支持社会资本参与成果转化，壮大专业转移转化人才队伍，构建良好的科技成果转化环境，吸引国内外前沿科技成果和服务要素在中关村国家自创区持续聚集和转化。

二是进一步激发人才创新活力，加快打造世界人才高地。发挥国家实验室、新型研发机构、知名大学等科研载体优势，抓住全球大变局机遇，在全球范围内引进顶尖科研团队。建立与国际接轨的人才使用和评价机制。支持开展出入境便利、税收优惠、社会保险接续等制度试点。开展国际顶尖人才扩大研究自主权试点，建立自由探索的持续稳定投入机制。建立基于专家实名推荐的非共识项目筛选机制，支持非共识选题方式。

三是提升国际科技创新合作水平，增强其国际市场开拓能力和全球创新资源配置能力。以全球视野谋划和推动创新，结合"两区三平台"建设，打造一批国际科技合作战略支点，发挥"三城一区"优势引领，支持分园构建国际创新合作网络，推动中德等国际合作园区建设。支持发起国际联合研究计划及国际大科学计划，推动大科学装置和科技基础设施面向全球开放共享。深化"一带一路"科技创新合作，加快链接人才、技术、项目等国际创新资源。支持企业在海外建设共建园区、设立研发中心，开展国际研发合作，支持一批"中关村海外孵化器"建设。充分发挥海外联络处国际科技前沿纽带作用，以市场化方式导入国际人才、科技项目等创新资源。深度参与国际科技治理，塑造科技向善理念。

四是强化区域产业链和创新链对接，推动京津冀协同向纵深化迈进。全力支持雄安新区规划建设，引导更多北京科技创新资源在雄安新区布局发展。围绕工业4.0智能化打造京津冀协同产业链，引导产业有序转移和承接，形成空间布局合理、产业链有机衔接、供应链稳定安全、各类生产要素优化配置的发展格局，优化形成京津冀创新链、产业链"内循环"。协同推进京津冀一区多园建设，提升分园管理机构统筹协调能力，加快建立评价激励、央地协同和资源整合等机制，推动区域科技协同创新发展。

五是充分发挥龙头企业的整合协同能力，推动跨区域科技协同创新发展，打造协同创新新高地。充分发挥领军企业的牵引作用，优化瞪羚企业、独角兽企业等市场主体的成长环境，培育隐形冠军企业，持续支持和培育中关村国家自创区前沿技术企业和初创企业，打造区域高质量发展生力军。充分发挥龙头企业对产业链上下游企业的整合协同能力，搭建区域协同创新发展新平台、引导多元主体协同创新、加快创新人才集聚。设立区域间联合研发计划，支持开展跨行政区科学技术攻关、共建科技创新平台、科技成果转化、知识产权保护等工作。探索面向全国的科技成果异地转化利益共享机制。

2. 天津国家自创区发展对策建议

基于天津国家自创区发展底盘薄弱、主导产业竞争力有待加强、创新创业集聚度活跃度有待提高、城市创新创业要素集聚程度不足、创新引领和示范带动能力有待提升等问题，立足京津冀协同发展战略，天津国家自创区发展的对策建议如下。

一是构筑现代化产业体系，着力建设产业发展先导区。深耕已有产业基础，聚焦自主创新、原始创新，增强产业链供应链自主可控能力，推进产研融合发展，同步实现产业链优化升级与研发转化能力全面提升,全力建设"中国信创谷""细胞谷",打造生物医药、高端装备制造、新能源新材料、人工智能、新经济服务业五大特色标签产业,探索布局超级计算、量子计算、脑机互联等前沿科技新赛道,加速形成具有前沿视野和天津特色、自主创新能力突出的现代化产业体系。

二是全力提升创新生态能级,打造创新主体集聚区。依托海河实验室等高能级创新要素承载平台,采用柔性引才、"项目+团队"等多元方式加快引聚高端产业创新人才,构建覆盖企业全生命周期的科创金融服务体系和成果转化服务体系。围绕产业链布局创新链,加快培育高成长高技术高价值企业,打造"雏鹰—瞪羚—领军"和独角兽等高成长企业接续发展梯队,构建大企业与中小企业融通创新的高精尖企业集群,打造创新主体集聚区,有力支撑产业升级迭代与企业创新发展。

三是提升创新引领和示范带动能力,推动京津冀科技协同创新。充分发挥先行先试优势,强化产业创新、科技创新导向,探索构建成果转化和新经济企业等领域的创新制度,打造双自联动、产城融合、国际一流的营商环境,以服务京津冀协同发展战略为核心,通过开展技术创新联合攻关、打造协同创新共同体等路径加强京津冀协同创新合作,通过项目合作、技术扩散、产业传导等方式,加强与京津冀其他地区的产业创新交流合作,深化科技创新交流合作,加快构筑京津冀区域创新合作示范区。

(二)支撑和服务长三角一体化发展战略的国家自创区发展对策建议

目前上海张江国家自创区,苏南国家自创区,杭州国家自创区,宁波温州国家自创区和合芜蚌国家自创区存在着自身创新发展能力有待提升、创新资源集聚能力有待进一步增强、影响力和辐射带动能力需要进一步提升、区域协同创新的体制机制还需进一步完善等问题,对长三角区域一体化发展战略的有效支撑力明显不足。长三角地区作为我国开放程度最高、创新能力最强的地区之一,在长三角区域一体化发展战略的推动下,未来将发展成为全国发展强劲活跃增长极、全国高质量发展样板区、率先基本实现现代化引领区、区域一体化发展示范区和新时代改革开放新高地。

为支撑和服务长三角区域一体化发展战略,上海张江国家自创区要对标国家战略要求和国际最高标准,立足科创中心建设主战场地位,提升科技创新策源功能,加快培育创新产业集群,积极建设更具活力的创新创业生态体系,推动区域高效协同发展;苏南国家自创区要进一步发挥其先行先试和跨区域协同发展的优势,增强创新资源集聚能力,加强原创性、引领性科技攻关,大幅提升区域发展协同力;杭州国家自创区要围绕打造具有全球影响力的"互联网+"创新创业中心,加快培育创新载体,强化集聚创新资源,提升区域创新协调能力;宁波温州国家自创区要以打造新材料、工业互联网、关键核心基础件三大科创高地为主攻方向,要加快高端创新资源要素集聚,全面提升自主创新能力,进一步完善科技创新合作协调机制,推动区域开放协同创新;合芜蚌国家自创区要在原始创新、技术创新、产业创新、制度创新等方面进一步加大突破示范力度,加快培育创新主体,提升整体效能,奋力争创区域科技创新中心,助力长三角区域科技创新协同发展。

1. 上海张江国家自创区发展对策建议

上海张江国家自创区作为国家培育战略性新兴产业的核心载体和实现创新驱动发展的示范区域,作为长三角科技创新一体化发展的主动力,要对标国家战略要求和国际最高标准,立足科创中心建设主战场地位,提升科技创新策源功能,推动区域高效协同发展,具体建议如下。

一是全面提升科技创新策源能力,成为自主创新新引擎。推动超强超短激光、软 X 射线试验装置、转化医学设施等 8 个已建成设施高质量开放运行。推进硬 X 射线、光源二期、海底科学观测网、高效低碳燃气轮机试验装置等大科学项目建设。推进储存环全相干光源关键技术试验装置项目纳入"十四五"国家重大科技基础设施计划，推进已纳入计划的 3 个正式项目和 3 个储备项目尽快落地（五代光源预研项目）。推进李政道研究所等已启用项目产生科研成果，推动上海张江实验室、中科院"十三五"科教基础设施、朱光亚战略科技研究院等在建项目建设。完善清华国际创新中心、浙江大学上海高等研究院等新型研发机构运行体制机制，积极承接国家重大科技任务。

二是强化高端产业引领功能，加快培育创新产业集群。着力增强产业链供应链自主可控能力，做好强链、补链，抢占价值链创新链高端核心地位，着力打造创新型经济、服务型经济、总部型经济、开放型经济、流量型经济新优势，培育具有全球影响力的创新产业集群。重点发展以集成电路、生物医药、人工智能为核心的"3+6+X"创新型经济体系，打造"一城、一极、一心、两带"产业发展空间布局，推进一区 22 园主导产业集聚发展，优化区区联动发展机制，引导上海张江创新成果在上海落地转化，开启"上海张江研发+上海制造"新格局。大力推进产业数字化转型，加快建设"张江在线""长阳秀带"等在线新经济生态园，推动新型应用场景先行先试。

三是积极建设更具活力的创新创业生态体系，稳步增强创新资源配置功能。探索科技金融服务模式创新，引导各类科技金融资源向上海张江国家自创区集聚；深化与投资机构、券商、银行、高校的合作，提供覆盖企业全生命周期的综合服务。深化海外人才引进和服务机制，推进国家移民政策实践基地建设；深化海外人才出入境便利化政策创新试点，探索建立海外人才引进服务联盟。推动高价值发明专利的应用与运营支持高校、科研院所成果转化，以龙头企业为牵引搭建知识产权联盟。继续推进长江流域园区合作联盟，举办长江流域、长三角重点产业发展与合作研讨会，组织开展长江经济带、长三角园区发展经验交流与研讨等活动。

四是完善协同发展新机制，促进区域创新协同发展。发挥上海张江国家自创区区域创新引领优势，强化区域协同联动，形成区域创新发展合力。支持建设一批创新型特色基地，促进基地围绕龙头企业延伸产业链，营造创新生态。发挥上海张江创新策源功能，探索重点产业领域"上海张江研发+上海制造"新路径、新模式，推进跨区产业链分工协作和优势互补。建立重大产业化项目联动协调机制，促进区域创新联动、产业联动、资本联动和利益共享。发挥政策叠加优势，加快高新区与自贸试验区及临港新片区联动发展。

2. 苏南国家自创区发展对策建议

苏南国家自创区是我国首个以城市群为基本单元的自主创新示范区，要进一步发挥其先行先试和跨区域协同发展的优势，进一步提升其原始创新策源能力和区域发展协同能力，具体建议如下。

一是加强原创性、引领性科技攻关，提升原始创新策源能力。研究制定加强基础研究的实施方案，弄通"卡脖子"技术的基础理论和技术原理，努力实现更多"从 0 到 1"的突破。瞄准量子信息、先进制造、生命健康、智能计算、智能感知、脑机融合、深地深海等领域，加快前瞻性、先导性、探索性重大科学和技术突破。建设一批高水平研究型大学和基础学科研究中心，加快基础研究科教融合发展，推动建设高水平科研设施平台，进一步提升苏南国家自创区原始创新策源能力。

二是优化创新创业生态，增强创新资源集聚能力。实行更富吸引力的人才集聚政策，拓宽科技成果转移转化渠道，完善科技投融资体系，加快集聚科技、人才、高水平创新载体等优势资源。积极吸引海外知名大学、科研机构、跨国公司在苏南地区设立研发机构或技术转移机构，促进国际先进科技成果在苏南地区转化落地。搭建国家知识产权服务合作平台，加快发展研发设计、检验检测等服务贸易，简化研发试验样品出入境手续。加大人才招引政策支持力度，开展人才互认、信息互通、平台共建、服务共享等试点，打造高层次人才蓄水池。

三是大幅提升区域发展协同力，全力推进长三角科技创新一体化发展。深入落实长江经济带发展、长三角一体化发展国家战略，增强南京、苏州等区域科技创新中心城市创新能力，支持苏南国家自创区打造先行先试改革试点，支持长三角地区跨区域国家自创区打破行政壁垒、加强创新协同合作，在职务科技成果赋权改革、创新要素跨区域流动、高层次人才引进激励、创新型产业集群培育方面率先探索，建立完善国家自创区一体化发展的新模式，有力支撑引领长三角科技创新共同体建设。

3. 杭州国家自创区发展对策建议

杭州国家自创区要围绕打造具有全球影响力的"互联网+"创新创业中心，推动区域创新协调发展，支撑长三角区域一体化发展战略的任务要求，深入实施人才引领、创新驱动发展战略，进一步推动科技创新策源地建设，进一步壮大科技创新主体，促进形成以科技创新为主要引领和支撑的经济体系和社会发展模式，完善创新体制机制，推动区域创新改革，具体建议如下。

一是加快培育创新载体，提升原始创新策源能力。瞄准世界科技前沿，加快国科大杭州高等研究院、中法航空大学、浙江大学杭州国际科创中心、北京航空航天大学杭州创新研究院、浙江省北大信息技术高等研究院、中国空间技术研究院杭州中心、中国科学院基础医学与肿瘤研究所等建设，打造西湖基因编辑中心等一批链接全球高端创新资源的新型科创平台。聚焦人工智能、大数据、云计算、量子科技、柔性电子、区块链等重点领域，加强前沿基础理论研究布局，努力取得一批重大原始创新成果，使杭州成为国家科技创新的重要基地。

二是强化集聚创新资源，提升区域影响力和辐射力。创新高层次人才引进和使用机制，柔性集聚国内外高端智力。进一步优化有利于自主创新和科技成果转化的人才激励制度，打造长三角人才特区。大力培育高新技术企业和科技型中小微企业，加大对科技型中小企业的财政扶持力度，加快培育一批具有产业链控制能力和国际竞争力的"头部企业"。在集聚创新资源的同时，全面提升科技与产业融合发展水平，加快形成人工智能、视觉智能、集成电路、量子通信、类脑计算、柔性电子等具有国际竞争力的产业集群和产业基地，不断提升杭州国家自创区的区域影响力和辐射力。

三是深度融入长三角一体化发展战略，提升区域创新协调能力。加强与上海张江、合肥综合性国家科学中心联动，共建长三角科创共同体。构建长三角高水平科技协作体系，建立科技创新协同机制，聚焦人工智能、集成电路、生物医药、新材料等重点领域，组织关键共性技术联合研究与攻关，促进科技成果转化。深入推进长三角地区和杭州都市圈科技资源开放共享，实现长三角范围内创新券通用通兑，促进区域科技资源省域开放共享与科技成果梯度转移。

四是加快体制机制创新，推进科技引领突破性改革。优化营商环境和科研放权赋能改革，推行首席专家负责制，试行项目"代表性成果"关键节点管理和经费使用"包干制"，发挥企业家、科学家在科技计划设立、项目遴选中的核心作用，优化重大科技项目任务组织机制，实施关键核心技术攻坚"揭榜挂帅"制度，提高科研自主权，落实社会主义市场经济条件下关键核心技术攻关新型体制。

4. 宁波、温州国家自创区发展对策建议

宁波、温州国家自创区作为全国民营经济创新创业高地,要科学把握新发展阶段,深入贯彻新发展理念,加快构建新发展格局,以打造新材料、工业互联网、关键核心基础件三大科创高地为主攻方向,要加快高端创新资源要素集聚,全面提升自主创新能力,进一步完善科技创新合作协调机制,推动区域开放协同创新,具体建议如下。

一是深化科技创新体制机制改革。为探索充分激发创新释放创新活力的体制机制,宁波、温州国家自创区要探索建立以创新为导向的考核机制,按照国务院批复"五区一高地"要求,单列国家自创区的考核评价体系,统筹财力、物力、人力推进科技创新功能建设。探索科技创新包容审慎监管机制,基于前沿科技创新规律和趋势变化,建立健全尽职容错免责机制,完善人才科技领域容错纠错实施细则,调动科研人员积极性。深化科技资源配置改革,持续强化"以投代拨""以赛代评"等资源配置新模式,构建绩效导向的科技资源配置机制;健全重大专项组织实施机制,进一步改革项目管理方式,强化政府引导、产业链协同、龙头企业牵引和市场化运行,推动创新资源一体化配置。探索科技成果转化赋权改革,探索赋予科研人员职务科技成果所有权或长期使用权,健全人才分类评价、多维评价、跟踪评价、反馈评价四大体系。

二是集聚高能级创新资源,打造自主创新硬核力量。加快宁波大学、浙江大学宁波校区、宁波诺丁汉大学等基础较好的高校院所建设,力争在特色学科、特色校区、国际性大学、新型高校等方面打造全国影响力,面向全国汇聚人才补强高校实力。以宁波新材料科技城为核心,依托中国科学院宁波材料所、新材料联合研究院、浙江省新材料产业创新服务综合体等新材料领域创新资源和产业平台,引进培育新材料高端创新创业团队,打造新材料产业创新中心。以宁波软件园为依托,大力发展工业软件,推进智能技术和装备创新、智能制造模式培育、智能制造试点示范等,建设国际一流的智能制造产业创新中心。

三是构建双循环创新大网络,推进更高水平区域开放创新。全面对接上海全球科创中心建设,推进长三角优势力量和资源协同,落地大科学装置,引入一批青年科学家实验室等基础性创新资源,开展基础科学领域的联合研究。加快温州(嘉定)科技创新园、长三角G60温州(松江)科创基地等"科创飞地"建设,发挥对外科创窗口作用。推动长三角区域内科创要素资源深度对接,全面参与长三角科技协同创新。强化与G60科创走廊、杭州城西科创大走廊等的联合,推动跨区域共建"飞地园区"和跨区域实施科技创新,推进跨区域科创飞地政策突破,在政策、产业、平台方面形成联动,创造"研发创新在外地、成果转化在宁波和温州"的良好创新创业生态。

5. 合芜蚌国家自创区发展对策建议

合芜蚌国家自创区作为推进安徽省全面创新改革示范的核心依托载体,要在原始创新、技术创新、产业创新、制度创新等方面进一步加大突破示范力度,加快提升整体效能,奋力争创区域科技创新中心,助力长三角区域科技创新协同发展,具体建议如下。

一是培育创新主体,提升自主创新能力。加快推进"中国声谷"产业园、航空产业园等建设。支持新型显示、人工智能、新能源汽车、机器人、硅基新材料等战略性新兴产业基地建设,推动上下游配套企业加速集聚,进一步拉长产业链条,加快培育具有国际竞争力的先进制造业集群。将支持有条件的园区优先布局重点实验室、技术创新中心等各类科研基地,吸引集聚创新资源,提升自

主创新能力。

二是强化内部融合发展，提升国家自创区整体效能。紧扣合芜蚌发展定位，加强科技人才、战新产业、科技金融等规划衔接，推动三市"产业链、创新链、人才链、资金链"融合发展，提升合芜蚌国家自创区整体效能。建立合芜蚌国家自创区建设联席会议制度，加强三市各个层面的沟通对接，促进三市、三园、部门之间的协调发展。推进全面创新改革、安徽自贸区与合芜蚌国家自创区多区融合，加大三大平台建设的统筹力度，共同推出一批科技体制改革举措，共同建设一批科技创新重大项目，做到资源共享、机制联建、政策融通，努力实现"1+1+1>3"的效应。

三是加强区域融合，形成区域科技创新联动格局。抢抓长三角一体化和中部高质量发展国家战略机遇，积极参与长三角科技创新共同体建设，探索推动合芜蚌国家自创区与长三角、中部地区国家自创区融合创新、联动发展，在重大科技基础设施集群化发展、技术研发和转化平台建设、科技创新资源共享共用等方面，加强协同配合，形成中心突出、优势互补的产业与科技创新联动格局。

（三）支撑和服务长江经济带发展战略的国家自创区发展对策建议

目前成都国家自创区、重庆国家自创区、武汉东湖国家自创区、长株潭国家自创区和鄱阳湖国家自创区存在着改革创新的难度较大、创新资源引进和集聚力度不够、自身创新发展能力有待提升、产业发展对经济增长支撑有待加强、区域协同创新发展水平不高等问题，对长江经济带发展战略的有效支撑力明显不足。长江经济带横跨中国东中西三大区域，是我国综合实力最强、战略支撑作用最大的区域之一，在长江经济带发展战略的推动下，未来将发展成为具有全球影响力的内河经济带、东中西互动合作的协调发展带、沿海沿江沿边全面推进的对内对外开放带，以及生态文明建设的先行示范带。

为支撑和服务长江经济带发展战略，成都国家自创区要持续推进改革创新与先行先试，全面增强创新策源能力和产业创新能力，充分发挥"双自联动"和"三区叠加"优势，深化辐射带动，推动区域协调发展；重庆国家自创区要加快构建高质量产业体系，着力培育优质创新主体，加速推进区域协同创新发展；武汉东湖国家自创区要着力提升其在国家创新体系中的战略位势，打造新平台，探索建立与之相适应的新的管理体制和用人机制，提升区域创新合作水平；长株潭国家自创区要加强创新资源培育和集聚，提升自主创新能力，加大国家自创区政策先行先试和财政投入力度，强化区域协调发展；鄱阳湖国家自创区要进一步强化创新链和产业链培育，加快创新资源集聚，提升国家自创区自主创新研究能力，不断推动长江中上游创新合作，增强区域协同创新水平，具体建议如下。

1. 成都国家自创区发展对策建议

成都国家自创区作为西部首个国家自创区、成渝双城经济圈的创新主动力及长江经济带重要的创新节点，要持续推进改革创新与先行先试，加快集聚高能级创新载体，全面增强创新策源能力和产业创新能力，充分发挥"双自联动"和"三区叠加"优势，释放成都国家自创区的发展红利，推动长江经济带内部的创新融合与协调发展。

一是持续推进改革创新与先行先试。围绕成都国家自创区加快建设国家高质量发展示范区和世界一流高科技园区，以及长江经济带创新增长极的定位目标，积极探索改革与政策创新模式。

例如，在科技成果转移转化方面，探索赋予科研人员职务科技成果所有权或长期使用权改革；在科技金融结合方面，探索开展投贷联动、外债宏观审慎管理外汇改革等试点，尝试建立适合成都国家自创区的企业全生命周期发展的综合金融服务体系，并积极探索设立技术创新基金等；在人才引进和培育方面，探索健全人才分类评价、多维评价等人才评价体系；在新兴产业包容审慎监管方面，健全尽职容错免责机制，调动科研人员和新兴产业发展的积极性，持续推进体制机制创新和先行先试。

二是加快培育和集聚高能级创新平台，全面增强创新策源能力和产业创新能力。围绕新一代信息技术、生命科学、空天技术、先进能源等前沿领域，打造创新基础设施集群。建设世界一流前沿科学交叉研究平台，重点建设国家川藏铁路技术创新中心、国际深地科学研究中心等。对标国家实验室建设要求，聚焦空天科技、生命科学、先进核能、电子信息等优势领域加快组建天府实验室，着力加强基础研究和应用基础研究。强化企业创新主体地位，加大创新型企业培育力度，加快聚集国际一流的战略科技人才、科技领军人才等，并加强与科研院校联合培养高层次应用型、技能型科技人才。

三是充分发挥"双自联动"和"三区叠加"优势。紧抓成都国家自创区既是四川全面创新改革试验区，也是自由贸易试验区的优势，开展系统性和前瞻性的战略协同研究，建立高层统筹、高效协调机制，推动"双自联动"和"三区叠加"统筹发展，不断释放成都国家自创区的发展红利。

四是深化辐射带动，推动区域协调发展。围绕主动融入双循环新发展格局和国家区域重大战略，推动区域协调发展。大力提升成都国家自创区的发展能级和综合竞争力，唱好"双城记"、建好"经济圈"，与重庆国家自创区联手打造西部金融中心、高水平汽车研发制造基地、数字产业新高地等，协同建立成渝地区国际科技合作基地联盟，共同提高区域创新策源能力，合力打造科技创新高地。同时增强成都国家自创区辐射带动水平，以成都国家自创区为牵引，协同德阳、眉山、乐山，构建"科技创新—产业革新—经济转型"科技与经济深度融合链条，协同打造高端装备制造、电子信息产业集群。协同推进以成都为核心的供应链体系，增强以泸州、宜宾、内江、自贡为重要节点的供应链体系集成能力。此外，增强成都国家自创区与长江中游城市群、长三角城市群内国家自创区之间的创新合作，不断推动长江经济带东中西跨区域合作。

2. 重庆国家自创区发展对策建议

基于重庆国家自创区当前存在的主导产业对区域经济支撑力不足、产业链创新链融合不深、创新资源集聚力度不够、研发创新平台赋能不足、区域协同创新发展水平不高等问题。立足长江经济带发展战略，重庆国家自创区要加快构建高质量产业体系，培育和集聚优质创新主体，提升自主创新能力，充分发挥引领和辐射带动能力，推动区域科技创新协调发展，具体建议如下。

一是加快构建高质量产业体系。培育壮大战略性新兴产业，围绕建链强链补链延链，培育一批科技领军企业、高新技术产业项目、平台型生态型企业。坚持高端化、智能化、绿色化发展方向，推动手机、笔电企业积极布局 5G 终端设备、智能传感器等高附加值智能终端产品。实施高新技术企业培育工程，不断壮大高新技术企业规模，支持科技型企业加大研发投入，完善建立研发组织体系，推动升级成长为高新技术企业。围绕国家自创区特色优势产业和战略性新兴产业，加快集聚高科技产业，大力吸引国内外创新型企业来渝设立科学实验室和研发中心，加速科技成果转化，培育壮大新一代信息技术、先进制造、大健康和高技术服务等新兴产业集群。

二是着力培育优质创新主体。提升现有重点实验室创新能力，谋划建设大数据智能计算、山地城镇建设安全与智能化、长江上游生态保育与农业绿色发展、非常规油气开发等领域国家重点实验室。围绕产业发展技术需求，在智能汽车、集成电路、轻金属材料、先进感知、工业大数据、生物医药、中医药等领域创建国家级创新平台。构建国家自创区良好创新生态。支持重庆国家自创区完善科研、教育、医疗、文化等公共服务设施，加快建设支撑数字经济和智慧城市发展的新型基础设施，建设安全、智慧园区。探索推进科研用地政策，保障土地资源供给，强化科技金融支撑，建立多层次创投服务体系，支持符合条件的企业上市融资，打造创投资本的活跃地。强化知识产权创造保护与运用，推动知识产权高质量创造、高标准保护、高价值运用和高水平服务。

三是加速推进区域协同创新发展。充分发挥重庆国家自创区创新引领功能，建立创新政策跨区域协同、创新要素跨区域流动、产业链跨区域联动机制，构建高效协同的区域创新体系。首先，要夯实成渝创新发展主轴，强化重庆国家自创区与成都国家自创区的双核创新联动，提高两大国家自创区在科技创新、产业集群、改革开放等领域合作水平，推动川渝电网一体化，共建高水平汽车产业研发生产基地，培育世界级装备制造产业集群，建设成渝工业互联网一体化发展示范区等。其次，要充分发挥重庆国家自创区的辐射带动作用，加强与滇中、黔中等长江上游城市群的合作，加快建设渝黔合作先行示范区、资源型城市转型升级示范区等，逐步形成与长江上游地区的协同联动发展格局。再次，强化重庆国家自创区与长江中游城市群合作，推动重庆国家自创区与武汉东湖国家自创区、长株潭国家自创区和鄱阳湖国家自创区之间的产业配套和分工协作，推动长沙中游地区区域协同创新发展。

3. 武汉东湖国家自创区发展对策建议

基于武汉东湖国家自创区存在的引领科技自立自强的自主创新能力有待进一步提升、吸引创新资源集聚的体制机制有待突破、支撑国家区域战略的辐射带动作用尚未充分发挥等问题，武汉东湖国家自创区要立足长江经济带重大发展战略，以创新能力建设为主线，以改革开放创新为根本动力，以科技创新人才为中心，提升国家自创区在国家创新体系中的战略位势，创新管理体制和用人机制，推动区域协同创新发展，具体建议如下。

一是提升武汉东湖国家自创区在国家创新体系中的战略位势，聚焦光电科学、生物安全、空天科技、生物育种等领域，加快推进光谷实验室、武汉东湖实验室等建设成为国家实验室。与武汉大学、华中科技大学等高校合作共建前沿科学中心。加强创新型、应用型、技能型人才引育，营造"热带雨林式"最优创新生态，建设新时代人才活力之城。促进创新要素向企业集聚，引导鼓励企业提升自主创新能力，加快构建以企业为主体、市场为主导的产业创新体系，深化实施高新技术企业倍增计划，推动企业成为技术创新决策、研发投入、科研组织和成果转化的主体，不断提升武汉东湖国家自创区的自我创新能力。

二是支持武汉东湖国家自创区围绕领先发展战略，打造新平台，探索建立与之相适应的新的管理体制和用人机制。深入探索更符合当前发展形势的先行先试政策，建立武汉东湖国家自创区重大事项部委沟通协调机制，设立武汉东湖国家自创区建设专项基金，支持重大创新平台和产业发展，强化武汉东湖国家自创区引领创新驱动发展的战略定位。发挥绩效考核"指挥棒"作用，指导和推动地方政府在武汉东湖国家自创区建立区别于传统行政区绩效评价考核体系。此外，在武汉东湖国家自创区率先开展关键核心技术应用生态、新经济培育场景建设、天使投资财税支持、科技型企业培育、外籍人才引进、人才跨界自由流动等改革试点，营造新兴产业发展的良好生态。

三是提升区域创新合作水平，支持企业单独或者联合高校院所在长江中游城市群或长江经济带其他区域设立研发中心，区域创新配置资源，参与区域供应链和产业链体系。促进武汉东湖国家自创区与长江中游城市群或长江经济带内的国家自创区双向互动、融通发展，着力推进区域、市域协调创新发展。此外，以武汉东湖国家自创区为辐射带动创新极核，串联"武鄂黄黄咸"等湖北省内重点园区和重要创新平台，完善梯次联动的区域创新与产业布局，将光谷科技创新大走廊打造成为创新转化轴、产业协作轴、设施连通轴。

4. 长株潭国家自创区发展对策建议

基于长株潭国家自创区存在的缺乏重大创新载体，自主创新能力还有待提升，国家层面系统性深层次的改革力度有待加强，区域协同发展机制还有待完善等问题，立足长江经济带发展战略，长株潭国家自创区要进一步集聚创新资源，加大国家自创区政策先行先试和财政投入力度，强化区域协调发展，推进长江上中下游协同创新发展，具体建议如下。

一是优化创新环境和生态，加强创新资源培育和集聚。实施更加开放的科技创新人才引进政策，搭建海外高层次人才引进的综合平台。完善以企业为主体的行业人才评价和引进机制，推动产业发展与人才招引同步谋划、同步推进。实施高技能人才振兴计划，大力培育支撑湖南制造的技术技能人才队伍，夯实企业智能化升级的技术人才支撑。加大科研资源的财政投入和统筹，创新科研资源配置模式，推动重点领域项目、基地、人才、资金一体化配置。完善知识产权保护制度体系，发展壮大天使投资、创业投资，加大科技企业上市培育力度，支持科技企业直接融资，通过不断优化创新生态环境，加快创新资源集聚和培育。

二是打造国家区域科技创新中心，提升自主创新能力。围绕新一代信息技术、高端装备制造、新材料、生物、节能环保、数字创意和科技服务等七大产业领域，布局建设多个国家级标志性创新平台。打造湘江西岸科技创新走廊，建设国家级车联网先导区，争取布局国家大科学装置。推进岳麓山国家大学科技城建设，争取若干高校和一批学科进入"双一流"行列，促进产教研深度融合。推进岳麓山种业创新中心和（工业）创新中心建设，不断提升优势领域科技创新能力。推进马栏山5G+超高清视频文创产业园建设，打造具有国际竞争力的"中国V谷"。

三是加大国家自创区政策先行先试和财政投入力度。构建推进长株潭国家自创区科技成果转化、科研院所转制、军民融合、科技金融结合、人才发展、绿色发展、创新创业等方面的政策体系，支持长株潭国家自创区在体制机制改革和激励创新政策等方面建设试点，率先突破。加大财政投入力度，在优化整合各类技术创新专项资金和新增资金的基础上设立专项资金，统筹用于长株潭国家自创区创新能力建设、创新创业扶持、人才队伍建设、科技服务购买、政策补贴等。

四是强化区域协调发展，推进长江上中下游协同创新发展。加强长株潭科研设施开放共享，逐步推动公共财政投资形成的大型科研仪器向社会开放。强化长江流域跨省创新资源协作，支持建立若干重大区域科技创新合作共同体，助力国家创新链整体效能提升。依托长江"黄金水道"和长江南岸高铁，积极对接成渝城市群的成都国家自创区和重庆国家自创区，推进科技信息、商贸物流等方面深入合作,加强联接上游区域创新中心。深入连接长株潭国家自创区与武汉东湖国家自创区和鄱阳湖国家自创区,强化交通互联互通、科技协同互助、能源协同互济、产业协作互补、环境协调共治,共同打造"创新中三角"。加快融入长三角区域一体化,大力承接上海张江国家自创区、苏南国家自创区、杭州国家自创区等资金、技术和劳动密集型产业,建设跨区产业联盟和合作园区,密切与长三角地区的经济联系,促进协同创新联动发展。

5. 鄱阳湖国家自创区发展对策建议

基于鄱阳湖国家自创区存在的产业链价值链水平较低、产业发展对区域经济支撑力度不足、科技创新资源匮乏、国家自创区自主创新研究能力薄弱、区域协同创新水平偏低等问题,立足长江经济带发展战略,鄱阳湖国家自创区要进一步强化创新链和产业链培育,支撑区域经济发展,加快创新资源培育和集聚,提升国家自创区自主创新研究能力,不断推动长江中上游创新合作,增强区域协同创新水平,具体建议如下。

一是强化创新链和产业链培育,支撑区域经济发展。实施产业链创新工程,围绕提升"2+6+N"(2+6+N:有色金属、电子信息2个产业主营业务收入迈上万亿级,装备制造、石化、建材、纺织、食品、汽车6个产业迈上5000亿级,航空、中医药、移动物联网、半导体照明、VR、节能环保等N个产业迈上千亿级)产业高质量发展,提升重点产业自主创新能力和国际竞争力,优化配置创新资源,形成多条具有较强竞争力的产业创新链,支撑区域经济发展。

二是加快创新资源培育和集聚,提升国家自创区自主创新研究能力。实施国家级创新平台攻坚行动,依托中国科学院赣江创新研究院积极创建稀土新材料国家实验室,充分发挥高校科研平台作用,努力创建轨道交通基础设施性能监测与保障、稀土科技与材料、持久性污染控制与资源循环利用、航空应急救援等国家重点实验室。通过引进、合作等方式,与"大院大所""名校名企"共建高端研发机构。以引进培养顶尖科技人才为目标,持续开展"才聚江西·智荟赣鄱"等引才活动。鼓励高新技术企业持续增加研发投入,突破一批核心关键技术,提升自主创新能力,持续壮大高新技术产业。大力培育科技型中小企业,培育一批独角兽、瞪羚企业。设立鄱阳湖国家自创区建设专项或建设引导资金,加速科技成果转移转化,提升自主创新能力。

三是推动长江上中下游创新合作,增强区域协同创新水平。深度参与长江经济带建设,推动鄱阳湖国家自创区与成都国家自创区、重庆国家自创区、武汉东湖国家自创区、长株潭国家自创区的交通联网、市场统一、创新协同、生态联保,加快建设赣湘边区域合作示范区,提升长江中游城市群战略能级,推动长江经济带中上游协同创新发展。进一步强化与长三角地区标准对接、信息交换、监管互认,加快清理妨碍要素资源和商品服务自由流通的政策、体制机制和隐性规则,推动人才、技术、资金等创新要素在长江经济带上中下游的自由流动。

(四)支撑和服务粤港澳大湾区发展战略的国家自创区发展对策建议

目前深圳国家自创区、珠三角国家自创区存在着基础研究与国际先进水平仍有差距、产业链创新链安全稳定性有待提升、政策先行先试的突破力度还需提升、区域协同创新发展水平有待进一步提升等问题,对粤港澳大湾区发展战略的有效支撑力明显不足。粤港澳大湾区是中国开放程度最高、经济活力最强的区域之一,在粤港澳大湾区发展战略的推动下,未来将发展成为充满活力的世界级城市群、国际科技创新中心、"一带一路"建设的重要支撑、内地与港澳深度合作示范区，以及宜居宜业宜游的优质生活圈，成为高质量发展的典范。

为支撑和服务粤港澳大湾区发展战略，深圳国家自创区要加快建设国家重大战略平台，提升自主创新能力，建设高水平人才高地，集聚顶尖人才和高端研发团队，探索新型举国体制深圳路径，支撑全球科技和产业创新高地建设，深化区域合作，共建区域创新共同体。珠三角国家自创区要加快布局一批国家战略科技力量，率先建成产业生态体系，积极开展政策先行先试，尤其是跨境创新合作政策探索方面，要促进人才、技术、资金、信息等要素自由流动和共享，营造大湾区最优政策环境，加快建设区域开放协同创新共同体。

1. 深圳国家自创区发展对策建议

深圳国家自创区是党的十八大后国务院批准建设的首个国家自创区，也是我国首个以城市为基本单元的国家自创区。作为粤港澳大湾区区域发展的核心引擎，深圳国家自创区要加快建设国家重大战略平台，打造高水平人才高地，积极探索新型举国体制深圳路径，深化区域合作，共建区域创新共同体，有力支撑粤港澳大湾区发展战略。

一是加快建设国家重大战略平台，提升自主创新能力。以支持光明科学城建设大湾区综合性国家科学中心先行启动区作为主阵地，集中布局一批重大科技基础设施和高端创新平台，打造源头创新机构集聚高地。创新河套深港科技创新合作区体制机制，聚焦区块链、量子信息等未来产业，布局若干枢纽型、链接型、全球化的前沿交叉科研平台。高标准建设前海深港现代服务业合作区，健全与港澳及国际规则衔接的科技成果评价机制，推动科技成果向技术标准转化，建设人工智能技术创新平台，创建工业软件攻关基地，打造深港创新创业示范区。部省市共建西丽湖国际科教城，发挥片区教育资源、人才资源、科研资源、产业资源高度富集的优势，建立市场需求导向的育人体系、产业牵引的学科体系和教育支撑的科研体系，建设产教融合型城区。谋划高规划举办 2022 年西丽湖论坛，打造国际化创新论坛品牌。

二是建设高水平人才高地，集聚顶尖人才和高端研发团队。面向基础材料、基础软件、工业母机、高端芯片、医疗器械等重点领域，靶向引进科技领军人才和创新团队，以"尖兵突围"模式攻坚，为关键核心技术攻坚提供人才支撑。聚焦建设粤港澳大湾区高水平人才高地目标，编制实施《关于打造全球一流科技创新人才向往集聚地行动计划》。完善优秀青年科技人才培养计划，深化拓展博士启动项目、优青项目、杰青项目支持方式，支持青年人才在科研攻关中挑大梁、当主角。遵循科研人才成长规律，建立健全责任制和军令状制度，加快建立以创新价值、能力、贡献为导向的人才评价体系。

三是探索新型举国体制深圳路径，支撑全球科技和产业创新高地建设。探索关键核心技术攻关新型举国体制深圳路径，集中优势创新资源，深度参与广东"强芯铸魂"工程，支持领军企业牵头组织实施芯片制造、工业软件等领域重大项目。围绕集成电路核心关键材料、5G 通信核心关键材料、高端数控机床等重点领域，从重大科学问题、重大关键共性技术到应用示范进行全链条创新设计、一体化组织实施深圳市重大科技专项。深入实施合成生物部市联动专项，探索与科技部共同出资、共同组织实施国家重点研发计划，支持深圳更多创新主体承担或参与科技创新 2030—重大项目、国家重点研发计划等。围绕七大战略性新兴产业（20 个产业集群）和八大未来产业发展需求，找准重点领域和关键环节，布局一批关键核心技术、前沿引领技术攻关项目。

四是深化区域合作，共建区域创新共同体。加强深圳园区与香港园区的规划衔接和发展联动，探索协同开发模式，高标准推进深圳园区建设运营。建立健全深港科技创新协同机制，共建国际一流的科研实验设施集群，共同引进国际顶尖研发型企业，设立联合研发中心。建立科研资金跨境使用管理模式，实施"一线"放开、"二线"管住科研物资管理机制，创新科研、法律、税收等管理制度。营造更加宽松便捷的市场准入环境，建设新兴产业标准规则示范区。建设海外人才离岸创新创业基地，支持海外人才开展离岸研发、离岸创业。深化深港澳全方位合作，充分激发整体效应、集聚效应、协同效应、战略效应、辐射引领效应，助力粤港澳大湾区加快建设国际一流湾区。

2. 珠三角国家自创区发展对策建议

基于珠三角国家自创区存在的基础研究重大平台不足、产业链创新链安全稳定性有待提升、政策先行先试的突破力度还需提升等问题，立足粤港澳大湾区发展战略，珠三角国家自创区要加快布局一批国家战略科技力量，率先建成产业生态体系，进一步加大力度开展政策先行先试，加快建设区域开放协同创新共同体。

一是加快在珠三角国家自创区布局一批国家战略科技力量。国家战略科技力量是国家创新体系的中坚力量，其影响力和支撑力直接关系到我国综合国力和国际竞争力的提升。基础研究薄弱容易失去科技创新主动权，加快在珠三角国家自创区建设重大科技基础设施、国家实验室、国家重点实验室、高水平大学和研发机构等平台，支持珠三角国家自创区创新主体承担或参与国家重大科技专项、国际大科学计划等，不断提升国家自创区基础研究能力，打造原始创新策源地。

二是积极推动珠三角国家自创区率先建成产业生态体系。良好的产业生态是培育和发展新产业的肥沃土壤，也是国家自创区引领和带动地方推进产业基础高级化、产业链现代化的重要建设内容。珠三角国家自创区要加快培育和发展战略性新兴产业、未来产业，支持组建一批国家级制造业创新中心、企业技术中心、企业重点实验室等，提高企业的自主创新能力，推动产业链自主可控。加快建设专业化、国际化、链条化的国家级创业孵化载体，加快高水平科技成果转移转化。推动珠三角国家自创区高新区加快高质量发展，布局建设更多国家高新区，支持有条件的高新区加快建设世界一流高科技园区，抢占产业制高点。

三是进一步加大力度推动珠三角国家自创区开展政策先行先试。国家自创区是在推进自主创新和高技术产业发展方面先行先试、探索经验、做出示范的区域，改革创新是其本质属性。珠三角国家自创区要围绕创新发展关键领域开展政策创新和探索。例如在科研组织方式、创新平台建设、人才引进和管理、科技成果转化等方面先行探索，开展跨境创新合作政策探索，促进人才、技术、资金、信息等要素自由流动和共享，营造大湾区最优政策环境。

四是加快建设区域开放协同创新共同体。珠三角国家自创区包含八个高新区，同时毗邻港澳地区，是粤港澳大湾区的核心承载地。推动珠三角国家自创区建设，应积极构建区域协同创新体系，进一步探索区域创新、跨境创新合作的有效模式，推动资源共享、创新协同；探索更加柔性化的引才育才模式，建设国际人才高地；促进各类创新主体深化与"一带一路"沿线国家、创新型国家的创新合作，积极融入全球创新网络。

（五）支撑和服务黄河流域生态保护和高质量发展战略的国家自创区发展对策建议

黄河是中华民族的母亲河，孕育了璀璨的华夏文明。在《黄河流域生态保护和高质量发展规划纲要》的指导下，黄河流域未来要打造成国家生态安全的重要屏障、高质量发展的重要实验区。然而，黄河流域最大的短板是高质量发展不充分。沿黄各省区产业倚能倚重、低质低效问题突出，缺乏具有较强竞争力的新兴产业集群。支撑高质量发展的人才资金外流严重，要素资源比较缺乏。目前，郑洛新国家自创区、山东半岛国家自创区、西安国家自创区和兰白国家自创区也普遍存在着综合发展实力有待提高、产业核心竞争力不强、一体化推进合力不足、区域协同创新水平有待提升等问题。

为支撑和服务黄河流域生态保护和高质量发展战略，郑洛新国家自创区要引进培育重大科技创新平台，推动国家自创区提质发展。实施产业高端攀升工程和科技园区赋能工程，提升高新区的发展合力，强化区域协同创新发展，不断深化与山东半岛国家自创区、西安国家自创区、兰白国家自创区等黄河流域国家自创区的战略合作；山东半岛国家自创区要进一步强化创新核心区建设、推动高新技术产业不断壮大，优化提升传统产业、强化统筹协同发展，加强山东半岛国家自创区与郑洛新国家自创区、西安国家自创区等国家自创区对接合作，共建科技园区、新型研发机构和成果转化平台；西安国家自创区要进一步提升科技成果本地转移转化力度、吸引一批高质量创新资源、培育和壮大一批新型产业集群，并强化区域协同创新发展；兰白国家自创区要构建提升国家自创区核心竞争力和关键控制力的新平台，构筑产业体系新支柱，强化企业创新主体地位，加大企业创新支持力度，务实拓展开放合作，提升区域创新协作水平。

1. 郑洛新国家自创区发展对策建议

郑洛新国家自创区是国家赋予河南的重大发展战略，也是河南省实施创新驱动发展战略的重要核心载体。为支撑黄河流域生态保护与高质量发展，郑洛新国家自创区要引进培育重大科技创新平台、实施产业高端攀升工程和科技园区赋能工程，提升高新区的发展合力，强化区域协同创新发展。

一是引进培育重大科技创新平台，推动国家自创区提质发展。抢抓国家优化区域创新布局机遇，积极争取国家重大创新平台和重大科技基础设施布局，参与国家实验室和国家重点实验室体系建设，加快建设黄河实验室、嵩山实验室、农业供给安全实验室，推动具备条件的创新平台和实验室晋升为国家级。加快建设郑开科创走廊，加速集聚一批重大科创平台、知名高校院所、新型研发机构、创新型高成长企业。强化科教融合，打造环高校知识经济圈，加强原创性、引领性科技攻关，打赢关键核心技术攻坚战，从而持续提升郑洛新国家自创区自主创新发展的能力和水平。

二是实施产业高端攀升工程。突出项目为王，聚焦主导产业、优势产业，瞄准未来产业、新兴产业，研究制定郑洛新国家自创区产业发展规划，着力培育产业发展新优势，引导郑洛新国家自创区产业迈向中高端。按照"突出重点、精准聚焦"的思路，明晰重点发展的主导产业，引导支持每个片区着力培育打造 1~2 个有基础、有市场、有潜力的战略性新兴产业，加快形成"错位发展、特色鲜明"的发展格局；支持郑洛新国家自创区在未来产业发展上谋篇布局，探索完善适应未来产业发展的精准化政策举措，培育激发未来产业策源的创新生态，引导支持每个片区着力谋划打造 1~2 个新的经济增长点。

三是实施企业创新跨越工程。增强企业创新主体地位，把培育高新技术企业作为重点，明确目标任务，落实政策措施，发挥科技金融助力作用，持续壮大高新技术企业群体，做大做强一批创新龙头企业，挖潜培育一批具有高成长性的瞪羚企业和独角兽企业，培育一批领军企业、隐形冠军、小巨人企业，构建完善创新企业梯次培育发展优良生态。

四是实施科技园区赋能工程，提升高新区的发展合力。牢牢把握"高"和"新"发展定位，发挥高新区区域创新重要节点作用，创新发展体制机制，强化示范带动效应，探索各具特色的高质量发展模式，加快构建开放创新、高端产业集聚、宜创宜业宜居的增长极。支持符合条件的郑州、洛阳和新乡高新区瞄准世界一流高科技园区目标，以培育发展具有国际竞争力的创新型企业和创新型产业集群为重点，深化区域经济和科技一体化发展，加快引进集聚高端创新资源，推动更高水平开放与更大力度改革协调并进，提升园区建设发展现代化水平，在更高层次探索创新驱动发展新路径。

五是强化区域协同创新发展。在《黄河流域生态保护和高质量发展规划纲要》的指导下，不断深化与山东半岛、西安、兰白等黄河流域国家自创区的战略合作，通过构建区域产业链和创新链，打造区域价值链、市场链、人才链、资金链、产业链融合发展的协同创新共同体，培育全国高质量发展新的增长极。持续加大与中国科学院、清华大学、西安交通大学等国内外知名高校科研机构及企业交流合作，进一步巩固与中关村国家自创区的合作，并拓展与上海张江、武汉东湖等国家自创区的合作。联动推进郑州、西安中欧班列集结中心建设，培育具有国际竞争力的科创资源和先进制造业集聚带。

2. 山东半岛国家自创区发展对策建议

山东半岛国家自创区是以蓝色经济引领转型升级为战略定位的国家自创区。为支撑黄河流域生态保护与高质量发展，山东半岛国家自创区要进一步强化创新核心区建设、推动高新技术产业不断壮大，优化提升传统产业、强化统筹协同发展等。

一是强化创新核心区建设。加快构建"1313"实验室体系，建设国家实验室（海洋），规划建设海洋生态系统智能模拟研究设施、水动力平台等一批大科学装置，提升"科学号"海洋科考船、国家深海基地等设施效能。做强做大中国科学院济南科创城、海洋科学与技术实验室及产业技术研究院等各类创新平台，依托济青烟国家科技成果转移转化示范区，大力推进高质量科技成果在山东半岛国家自创区转移转化。支持济南、青岛等高新区抢占未来产业先机，强化企业自主创新、突破"卡脖子"关键技术，建设一批大科学装置、实施一批大科学计划，打造原始创新聚集地。

二是推动高新技术产业不断壮大，优化提升传统产业。支持各高新区围绕优势主导产业培育创新型产业集群，加强空间资源统筹，落实城市功能布局，加强创新资源链接。持续加大对科技型企业的普惠性支持力度，建设一批高质量孵化器和众创空间，争取到2035年，山东半岛国家自创区内高企及科技型中小企业数量双双占全省1/3以上。鼓励各高新区推动传统产业向高端化、智能化、绿色化整体跃升。制定实施重点行业加快淘汰低效落后产能行动方案，严格执行生态环保、质量、技术、能耗、安全等标准，依法依规出清落后产能，为新产能发展腾出空间。

三是强化统筹协同发展。支持沿黄地区高校、科研院所深化合作，推动建立黄河流域高校创新发展联盟、应用技术大学（学院）联盟和产教联盟，联合共建优势学科、实验室和研究中心，建设黄河流域人才合作培养基地。支持建设黄河流域生态保护和高质量发展研究院。加强山东半岛国家自创区与郑洛新、西安等国家自创区对接合作，共建科技园区、新型研发机构和成果转化平台。推动沿黄省区建立利益分享机制，探索"双向飞地""共管园区"等跨区域产业合作新模式，加强与郑洛新、西安、兰白国家自创区协同发展，携手打造沿黄现代产业合作带。支持各高新区主动对接京津冀、长三角、粤港澳大湾区及日韩、欧美等地区，建设更高水平的开放型经济新体制，积极构建合作共赢的对内对外开放格局。

四是加大国家自创区政策先行先试支持力度。构建推进山东半岛国家自创区科技成果转化、科研院所转制、科技金融结合、人才发展、绿色发展、创新创业等方面的政策体系，探索包容审慎的监管机制，建立完善容错免责的机制，支持山东半岛国家自创区在体制机制改革和激励创新政策等方面建设试点，率先突破。

3. 西安国家自创区发展对策建议

近年来，西安国家自创区相继获批"国家第三批双创特色载体园区""国家第三批双创示范基地""首批国家高新区'企业创新积分制'试点园区"等多项国家级称号和试点，为支撑黄河流域生态保护与高质量发展，西安国家自创区还需要进一步提升科技成果本地转移转化力度、吸引一批高质量创新资源、培育和壮大一批新型产业集群，并强化区域协同创新发展。

一是提升科技成果本地转移转化力度。建立高效的"城校（所）企"协同创新机制，围绕现代产业体系需求，靶向遴选高校院所优质创新成果，赋能产业升级。以电子谷、智慧谷、西部科技创新港、翱翔小镇、碑林环大学创新产业带、泾河新城院士谷等为核心，打造环大学科技创新经济带、大学科技园，鼓励多主体参与科学设施建设。鼓励各类主体协同共建新型研发机构，完善新型研发机构支持机制，鼓励高校院所剥离实验室成立独立法人新型研发机构，对符合要求的给予综合资助；探索给予新型研发机构人员事业单位编制。加大自主创新产品与技术应用的政策支持力度，重点鼓励龙头制造业企业试用自主创新产品，支持高校学者离岗创业。加强需求导向研发成果激励，支持研发人员跨领域交叉合作创新，鼓励一线技术人员工程创新，建立对满足关键需求、解决重大问题的研发团队和个人的成果评价与表彰奖励制度。

二是吸引一批高质量创新资源。加快发展硬科技股权投资市场。引导社会资本向硬科技领域集聚，出台支持硬科技创业金融企业税收优惠政策，研究扩大促进创业投资和天使投资企业发展的税收优惠政策，鼓励更多成功企业家从事天使投资；建立早期创投风险补偿机制。完善政府引导、市场主贷、协同联动的科技金融融合机制。实施"百万人才计划"，成立专项专业招募团队，面向全球主动对接"诺奖级"或具有世界顶级科学院院士荣誉身份的科学家。建立领军外国人才担任新型研发机构负责人制度，支持科研院所、新型研发机构等开展人事制度改革。设立面向青年科研人才的专项资助计划，加强对青年科技人才项目、经费等科研条件支持力度。实施硬科技转移转化服务人才培养计划，加大培养硬科技技术评估、交易等转移转化专业服务人才。

三是培育和壮大一批新型产业集群。坚持"发展高科技、实现产业化"，落实做好省市"链长制"相关工作。围绕"55611"产业体系，推动项目清单化建设，打造以半导体为核心的世界级光电子产业集群、以新能源汽车为核心的汽车产业集群、以智能电力和航空航天为特色的智能制造产业集群、以高端医疗器械为特色的生物医药产业集群、以氢能源和光电材料为特色的新能源新材料产业集群，加快人工智能、大数据、5G等新技术与各个产业深度融合，推动生产性服务业向专业化和价值链高端延伸。

四是强化区域协同创新发展。加强西安国家自创区与郑洛新、山东半岛等国家自创区对接合作，共建科技园区、新型研发机构和成果转化平台。探索西安国家自创区与西部重点城市共建西部硬科技创新体。打造关中平原城市群硬科技产业辐射圈，推进与关中平原城市群及周边地区建立"西安孵化、异地生产"模式，通过创新链、人才链、资金链、政策链等融合贯通实现分工协作和优势互补。打造"一带一路"硬科技创新网络，在"一带一路"沿线国家建设离岸创新中心、科技服务站、海外众创空间、孵化器等。建设"一带一路"科技产业园区，建设面向"一带一路"的孵化基地。

4. 兰白国家自创区发展对策建议

兰白国家自创区是全国首个以"科技创新改革"为主题的自创区，为支撑黄河流域生态保护与高质量发展，兰白国家自创区要构建提升国家自创区核心竞争力和关键控制力的新平台，构筑产业体系新支柱，强化企业创新主体地位，加大企业创新支持力度，提升区域创新协作水平。

一是构建提升兰白国家自创区核心竞争力和关键控制力的新平台，实施核心关键技术攻坚行动。用好国家中医药产业发展试验区、兰州国家级生物产业基地等创新平台，持续夯实原始创新基础设施建设、同位素实验室、国家镍钴新材料创新示范中心等在兰白国家自创区布局，优化整合一批省级创新平台，布局建设省级实验室和技术创新中心，加快推进国家级科创孵化器建设。在地学、寒旱农业、石化装备、新能源、新材料等优势领域，大力开展关键核心技术攻关及应用场景建设。瞄准重点领域、重点产业发展中的关键科学问题和未来产业发展变革型技术，强化基础研究的系统部署，鼓励开展跨学科交叉研究，对企业投入基础研究实行税收优惠。

二是构筑产业体系新支柱，培育千亿产业集群。大力发展半导体材料、氢能、电池、储能和分布式能源、电子、信息等新兴产业。壮大碳纤维产业，发展航空航天配套及飞行拆解产业。鼓励兰白国家自创区设立新兴产业专项资金，引导带动社会资本设立产业投资资金。支持中小微企业信贷风险补偿机制，加大对新兴产业的支持力度。集中土地、人才、资本等要素资源，综合运用财政、金融、税收、产业等政策，在巩固提升石油化工、有色冶金产业集群基础上，着力培育特色农产品、数字智能、生物医药、新能源新材料等千亿级产业集群。

三是强化企业创新主体地位，加大企业创新支持力度。促进各类创新要素向企业集聚，发挥规模以上企业引领支撑作用，培育壮大科技型中小微企业群体。实施科技型企业梯度培育计划，加快培育一批瞪羚企业、独角兽企业和科技型中小企业，做强行业领军创新型企业，推动产业链上中下游、大中小企业融通创新。完善"政企云"和丝绸之路知识产权交易中心等服务平台，推动创建兰州白银国家科技成果转移转化示范区，推动科研人员职务科技成果所有权或长期使用权改革，为企业提供科技成果转移转化、技术交易、产品展示和创客空间等综合服务。完善国家自创区内技术转移体系示范机构建设，争取推动一批短中期见效、有力带动产业结构优化升级的重大科技成果转化应用。

四是务实拓展开放合作，提升区域创新协作水平。推进落地甘豫科技合作，启动"陇粤医药科技产业示范区"合作建设的同时，不断拓展开放合作维度，加强兰白国家自创区与山东半岛国家自创区和西安国家自创区的对接合作，支持开展园区内创新主体的对接交流，加强区际资源统筹协调，协同破解发展难题，推进产业创新协同发展。争取将与上海张江的相关合作纳入科技部东西部合作清单。推进召开试验区三方（科技部、上海市、甘肃省）会谈暨两区建设推进会，推进签署相关合作协议。

五是增强辐射示范带动。以兰白国家自创区建设为"龙头",按照"一区多园 N 点"的发展思路,通过建强兰白国家自创区,辐射试验区创新发展,引领兰州新区、兰州经开区等园区高质量发展,带动各类创新要素快速发展,助推甘肃省经济社会转型跨越发展。

(六)支撑和服务其他区域发展战略的国家自创区发展对策建议

1. 福厦泉国家自创区发展对策建议

为了进一步推动国家自创区建设工作,结合福厦泉国家自创区建设和发展实际,福厦泉国家自创区要加快建设福州、厦门、泉州科技城、不断完善创新功能,集聚各类创新要素,大幅提升产业基础能力和产业链现代化水平,增强国家自创区治理体系和治理能力,致力于打造为连接海峡两岸、具有较强产业竞争力和国际影响力的科技创新中心,有力支撑东部粤闽浙沿海城市群发展。具体建议如下。

一是不断完善创新功能,集聚各类创新要素,支持福州建设中国东南(福建)科学城、厦门建设科学城、泉州建设时空产业基地。充分发挥国家自创区先行先试优势,在重大项目安排、创新平台建设、政策先行先试、体制机制创新等方面勇于突破和创新,确保完成国家赋予的全方位推进高质量发展的任务。

二是设立国家自创区建设专项资金,专门用于保障完成国务院赋予国家自创区的发展定位和改革任务。加大独角兽企业、科技型龙头企业培育,不断强化企业与全国高校、科研院所等高效高水平的研发机构合作,增强企业创新主体地位,提升国家自创区自主创新能力。

三是强化国家自创区管理机制创新,加强区域内部的统筹协调和互动发展,通过设立独立的管委会实现对国家自创区多园区的统一管理。加强国家自创区之间的合作交流,探索差异化发展路径,借鉴多园多基地建设、产学研合作、中小企业发展、科技金融体系建设、人才团队引进、国际化发展等方面的经验和做法,提升国家自创区建设发展水平,推动区域内国家自创区协同创新和互动融合发展。

2. 乌昌石国家自创区发展对策建议

为全面贯彻习近平总书记新时代中国特色社会主义思想和党的二十大精神,认真落实习近平总书记考察新疆系列重要讲话指示和自治区第十次党代会精神,立足新发展阶段,贯彻新发展理念,构建新发展格局,坚持"四个面向",围绕"建设丝绸之路经济带区域创新高地"的发展定位,以及推动天山北坡城市群建设成为我国重要的能源基地、特色制造业基地、战略性新兴产业基地、现代服务业基地和现代高效特色农业产业基地的重要目标,乌昌石国家自创区要持续提升自主创新能力、有效集聚创新资源要素,并发展壮大优势特色产业,推动区域协同创新发展。

一是持续提升自主创新能力。推进碳基能源资源化学与利用国家重点实验室建设,在化学化工、特色资源保护利用、清洁能源、生物医药等方面培育建设国家重点实验室、省部共建重点实验室,在生物与生命科学、生态与环境保护、材料科学、自然资源等领域新建一批自治区级重点实验室,在新能源、新材料、生物医药、化工、制造业等领域建立一批科技创新基地,积极创建新材料、化工国家级制造业创新中心。推进科技成果转移转化示范区建设,围绕清洁能源、新材料、先进装备制造、节能环保、生命健康、气象环境、生态环保、公共安全、生物种业、智慧旅游、区块链、大数据、人工智能、物联网等领域，实施一批重大科技专项和重点研发专项，突破关键核心技术瓶颈，形成一批创新成果。

二是加快创新资源要素集聚。充分发挥企业主体作用，全面加快博士后流动站、博士后科研工作站等人才引进平台，以及技术转移中心、成果交易中心、孵化器（含众创空间）在内的科技成果转化平台建设，立足新疆资源优势和产业特色，积极组建现代农业等产业技术创新战略联盟。

三是发展壮大特色优势产业。充分利用国际国内两种资源和两个市场，重点围绕先进装备制造、生物技术、新能源、新材料等战略性新兴产业，以及现代服务业和现代高效特色农业等特色主导产业打造形成若干百亿级和十亿级企业集群和产业基地，加快推动高新技术产业和战略性新兴产业发展。

四是积极推进区域协同创新发展。在项目推进、科技金融、成果转化等领域，加强天山北坡城市群之间的合作，强化乌昌石3个地（市、州）、3个高新区的创新引领作用，以及新疆兵地融合等方面的统筹合作，有效推动天山北坡城市群内部的协同创新发展。同时，依托科技援疆体制优势，拓展与东中部省市区的科技创新与协同发展合作，持续加大离岸孵化器及跨区域科技创新基地的建设力度，积极加强与"一带一路"沿线国家合作，推动乌昌石国家自创区形成全方位、多领域和宽层次的区域协同创新发展新格局。

3. 沈大国家自创区发展对策建议

深入贯彻习近平总书记关于东北、辽宁振兴发展的重要讲话和指示精神，全面落实党中央振兴东北地区等老工业基地系列决策部署，沈大国家自创区要以引领辽中南区域科技创新，支撑辽中南城市群发展为目标，重点加快建设重大科技创新平台，加大高端创新要素集聚、推进产学研用创新体系建设、推动区域科技协同创新发展，建设成为东北亚区域领先、具有较强影响力的创新枢纽和新兴产业增长极。

一是建设科技创新重大平台体系。围绕重点产业，加强新型研发机构、大企业研发中心等创新资源培育及招引力度。沈阳片区，高标准建设浑南科技城和辽宁材料实验室，围绕先进材料、智能制造、信息技术、生命健康、数字文创五大创新方向，搭建高端创新平台，布局重大科技基础设施，培育科技型领军企业和高端创新人才，依托沈阳材料科学国家研究中心等优势资源，对标国家实验室筹建辽宁材料实验室，积极培育国家战略科技力量。大连片区，着力将英歌石科学城打造成具有全国影响力的科技创新新地标，成为全国重要的国家战略科技力量、全球领先的洁净能源创新中心、高端创新要素汇聚枢纽和前沿新兴产业培育策源中心。

二是引领高新技术产业高端发展。着眼于引领国家战略性新兴产业发展目标，立足于现有产业基础和资源优势，重点培育智能装备制造、新一代信息技术、新能源汽车和生命健康四大竞争优势产业，构筑参与国际竞争、引领我国高新技术产业发展的高端产业体系。在智能装备制造产业中，重点发展工业机器人、IC装备制造、工业互联网、数控机床、民用航空、先进材料、船舶与海洋工程等细分产业领域。在新一代信息技术产业中，重点发展集成电路、云计算、大数据、物联网、人工智能、区块链、5G等细分产业领域。在新能源汽车产业中，重点发展新能源汽车整车、电池、电机、电驱动系统等关键零部件、车联网、无人驾驶、智慧停车、汽车金融等汽车后服务细分产业领域。在生命健康产业中，重点发展化药、生物制药（新型疫苗、细胞产业）、智能医疗、眼健康、高端医疗器械（数字医疗设备、介入和植入器材）、生命科学大数据等细分产业领域。

三是强化区域协同创新发展。以沈阳为中心，以鞍山、抚顺、本溪、辽阳、铁岭、沈抚示范区等为支撑，提升沈阳的集聚、辐射和带动能力，以推动辽中南城市群统一市场建设、基础设施一体高效、公共服务共建共享、产业专业化分工协作、生态环境共保共治、城乡融合发展为重点，更好发挥辽中南城市群的集聚辐射、产业协同和同城化效应，打造东边区域协同创新发展的示范区、东北振兴创新发展的增长极。以全产业链深度协作为纽带，构建辽中南城市群协同发展现代产业体系。共同推动重点领域智慧应用，建设智慧城市群。发挥沈抚示范区作用，聚焦改革创新先行先试，推出更多首创经验，促进辽中南区域协同创新发展。

4. 长春国家自创区发展对策建议

长春国家自创区要坚持创新在现代化建设全局中的核心地位，深入实施创新驱动发展和人才强省战略，巩固提升长春区域创新中心，围绕产业链部署创新链，围绕创新链布局产业链，打造科技、教育、产业、人才、金融、政策、环境紧密融合的创新体系。

一是开展前沿领域重大科技专项攻关，提升原始创新能力。对接国家"科技创新2030—重大项目"，重点在光电子、精密仪器、生命科学、生物医药、新材料等领域开展前瞻性、原创性、多学科交叉融合的创新研究，积极承接国家"核高基"重大研发项目，争取国家更多支持。围绕智能制造、核心光电子器件和高端芯片、战略性先进材料、新能源、中医药、人参、主粮作物良种、农产品绿色生产等重点产业，以及黑土地保护与高效利用、辽河流域污染防控与生态修复、西部生态脆弱区功能提升等重大生态环境领域，组织实施重大科技专项，开展应用领域关键核心技术攻关。

二是深化体制机制改革，开展政策先行先试。依托国家汽车电子产业基地、生物医药产业园等平台载体，打造促进科技成果快速转移转化的"双创"生态，加快农业、汽车、高端装备、生物医药、航天航空等领域科技创新，开展新旧动能转换和现代服务业创新创业示范。

三是强化人才支撑，加强人才队伍建设。创新人才引进和使用机制，建立人才工作站，打造东北亚区域科技人才汇聚高地。支持高校加强学科和专业建设，培养更多的创新型人才。加强产教融合、产学研合作，加快培养复合型、应用型和技能型人才。

四是强化区域协同创新发展。推进长春高新区和长春净月高新区一体化发展，构建长吉"新双极"格局，辐射带动松原、辽源等周边城市协同发展，增强就业吸纳能力，带动人口和经济集聚。以全产业链创新链深度协作为纽带，构建哈长城市群协同发展现代产业体系，推动哈长城市群区域协同创新发展。

5. 哈大齐国家自创区发展对策建议

落实习近平总书记在深入推进东北振兴座谈会上的重要讲话和对黑龙江省重要讲话重要指示批示精神，坚定不移贯彻新发展理念，坚持稳中求进工作总基调，以推动高质量发展为主题，以深化供给侧结构性改革为主线，以改革创新为根本动力，以满足人民日益增长的美好生活需要为根本目的，着力建设现代化经济体系，着力推动形成优势互补、高质量发展的区域经济布局，走出一条质量更高、效益更好、结构更优的振兴发展新路。哈大齐国家自创区要加快构建科技创新平台，提升自主创新能力，加速科技成果高质量就地转化，培育壮大创新人才队伍，推进区域创新协调发展。

一是加快构建科技创新平台，提升自主创新能力。哈大齐国家自创区要争取创建陆相页岩油和空天领域国家实验室，谋划建设省实验室，加快建设一批国家重点实验室、省重点实验室。强化企业创新主体地位，促进各类创新要素向企业集聚，落实研发费用加计扣除、高新技术企业税收优惠等普惠性政策，实施重大技术装备保险补偿机制，激励企业加大研发投入，增加企业创新动力。

二是加速科技成果高质量就地转化。实施科技成果转化行动，促进产学研用深度融合，提高创新链整体效能。强化企业创新主体地位，推进国家自创区技术转移体系和孵化体系建设，畅通研究开发、中间试验、成果转化渠道。支持哈工大等创建国家技术转移中心，发挥省科技成果转化联盟作用，推动国家重点研发计划和重大专项成果落地转化。开展科技成果转化激励政策试点，完善科研人员职务发明成果权益分享机制，激活科技成果转化内生动力，提高科技产出效率。落实技术交易补助奖励政策，增强技术交易动力。

三是培育壮大创新人才队伍。发挥高校、科研院所、高新技术企业等各类用人主体作用，培养引进更多战略科技人才、科技领军人才和创新团队。注重依托重大科技成果重大创新基地培育发掘人才，加强创新型、应用型、技能型人才培养。创新引才方式，实行"以才引才"等制度，重点引进一批自然科学、工程技术、企业经营管理、哲学社会科学等领域海外高层次人才。

四是推进区域创新协调发展。依托骨干高速铁路等大通道，推动哈尔滨、大庆、齐齐哈尔、牡丹江创新协同发展，构建优越交通圈、优势经济圈、优美商旅圈，推动绿色发展，培育新经济新业态。以全产业链创新链深度协作为纽带，推动哈长城市群区域协同创新发展。

第五章 国家自创区面向 2035 的重点任务研究

一、国家自创区重点任务梳理与经验总结

国家自创区自批复建设以来，以增强我国科技创新国际竞争力为目标，在高水平开放合作、科技创新设施建设及平台整合、新型研发机构建设、科技成果转移转化、全球创新资源集聚辐射、未来产业培育、体制机制改革、科技领军企业和领军人才培育以及创新环境营造等方面打下了坚实的工作基础，成绩斐然。在国家自创区面临新形势、新目标和新使命的背景下，需要对过去十几年间的重点任务和工作经验进行梳理，总结经验，分析问题，紧抓国家自创区的新发展定位和任务要求，为研究国家自创区面向2035年的重点任务提供支撑。

（一）国家自创区实践历程与历史任务梳理

1. 促进科技创新和培育领军企业

开展前沿技术研究和取得重大原创成果。一方面，国家自创区在孕育重大原始创新、推动学科领域发展和解决国家重大需求方面，贡献了重要的战略科技力量。例如，长株潭国家自创区自批复以来，取得包括超级杂交稻、超级计算机等在内的重大科技成果100余项，为国家贡献了可观的科技力量。另一方面，国家自创区持续开展了前沿颠覆性技术和关键共性技术攻关、成果共享、市场应用推广等产学研用深度融合的联合创新。例如，中关村国家自创区面向全球挖掘和培育重大前沿颠覆性创新项目，先后涌现出清华类脑计算、国际原创抗癌治疗药物等一批重大的联合创新成果。北京、上海正在建设成为具有全球影响力的科技创新中心。

支持培育科技型领军企业。国家自创区历来重视创新型科技企业的培育，通过引导创新要素聚集流动等多种措施支持培育科技型领军企业。例如，沈大国家自创区出台了关于科技创新、机器人产业发展、扶持企业上市融资等系列专项政策。山东半岛国家自创区重点在各园区领军企业培育方面设立专项项目资金，进行政策支持。

2. 重视基础研究和发展新兴产业

重视产业应用基础研究。国家自创区围绕各自主导产业发展，推进科研项目经费改革，积极开展应用基础研究。例如，长株潭国家自创区推进科研项目经费改革，探索基础研究、技术攻关项目"揭榜挂帅"，推进经费"包干制"，科研经费管理"二十条"为全国改革提供先行先试范本；深圳国家自创区围绕产业发展和民生需求，提升基础平台支撑保障能力，持续在缺失环节或特色领域加快布局各类创新载体，加大基础研究投入。

支持战略性新兴产业发展。国家自创区瞄准技术前沿，把握产业变革方向，围绕重点领域，优化政策组合，拓展新兴产业增长空间，抢占未来竞争制高点。例如，合芜蚌国家自创区一抓产业升级，二抓新兴产业，三抓未来产业，重点关注以量子技术为代表的产业。合肥目前已有3个国家级、7个省级、10个市级的战略性新兴产业集群。

完善新兴产业发展环境。2013年国家发展改革委和科技部牵头编制的《"十二五"国家自主创新能力建设规划》是我国历史上第一部系统部署加强自主创新能力建设的规划和指导性文件，针对

科技、经济、社会发展等对创新能力建设的重大需求进行系统布局，有针对性地做出具体部署，对贯彻落实国家创新驱动发展战略具有重要意义。国家自创区发挥产业政策导向和促进竞争功能，构建了有利于新技术、新产品、新业态、新模式发展的准入条件、监管规则和标准体系。部分国家自创区或所在城市还设立了科技产业发展基金，充分发挥新兴产业创业投资引导基金作用，重点支持新兴产业领域初创期创新型企业。

3. 聚焦科技人才和建设重大平台

集聚战略性科技人才。国家自创区大力推动各类引才引智计划实施，加快战略科技人才集聚，促进园区引进、培养重点产业和领域高层次人才和团队。例如，由中国科学院、中组部、科技部、教育部联合发起了"西部之光"访问学者计划，科技部深入开展"陇原之光"人才培养计划，50%的省级人才项目落地兰白国家自创区。长株潭国家自创区构建了梯次推进的科技人才支撑体系，落实芙蓉人才行动计划，建立了从大学生创新创业到优秀博士后创新人才，从湖湘青年科技创新人才到科技领军人才，再到院士大师级人才的梯次推进、体系完备且定位明确的高层次科技人才支撑体系。

推动新型研发机构建设。国家自创区推动重大载体建设，充分发挥国家自创区在人才、技术、产业和政策、体制、机制等方面的创新优势，谋划建设一批重大公共创新服务载体，支撑产业发展和区域创新能力提升。例如，武汉东湖国家自创区推动组建武汉产业创新发展研究院、武汉量子技术研究院等新型研发机构，并与高校院所、龙头企业合作，联合组建武汉光电工研究院、武汉新能源研究院等11家产业技术研究院。

完善公共服务平台建设。一方面，国家自创区深入实施国家知识产权战略，完善知识产权公共服务平台建设。例如，杭州国家自创区完善知识产权资助制度，向高水平、可转化的知识产权倾斜，构建重点产业知识产权专题数据库及预警服务平台。另一方面，整合利用现有资源，针对区域科技协同创新、对口支援等需求，搭建科技协同发展服务平台。例如，中关村国家自创区搭建科技协同发展服务平台，满足各地培训、参观、论坛等科技交流对接活动需求，并逐步在重点区域搭建若干分平台，形成"1+N"平台建设体系，成为北京科技协同发展重点路径和模式。

4. 构建高水平双向开放合作格局

实现开放创新联动布局。一方面，国家自创区以内陆中心城市和城市群为依托，着力于建设内陆开放战略支撑带，结合长三角等国家级跨区域战略，实现创新要素在省内、省间的流动畅通。例如，宁波温州国家自创区支持企业开展国际科技合作，参与全球创新资源配置，加快融入粤闽浙沿海城市群，积极参与长三角"科创共同体"建设，强化与省内科创走廊创新合作，实现"资源集聚在国家自创区、科技孵化在大走廊、成果溢出在全市域"创新联动格局。另一方面，国家自创区率先对接国际高标准投资和贸易规则体系，全面推进双向开放，促进国内国际要素有序流动，加快培育国际竞争优势。例如，上海张江国家自创区积极融入全球创新网络，建设中以、中德、中新、中芬、中俄等国际创新平台，组建"张江国际孵化创新联盟"，支持外资研发中心加速融入科创中心建设，累计集聚了外资研发中心300多家。

加快推进"一带一路"倡议。国家自创区立足本地、站位全国、面向世界，通过健全"一带一路"倡议合作机制，畅通"一带一路"沿线经济走廊，已成为"一带一路"沿线合作重要的创新创业节点。

例如，乌昌石国家自创区紧抓丝绸之路区位优势，以科技创新、产业发展和体制机制为突破口，积极建设面向中亚区域的"一站式"国际科技交流合作中心。武汉东湖国家自创区积极推动园区企业与"一带一路"沿线国家与地区合作，通过设立海外市场机构、跨国生产基地、国际研发基地等形式加快全球布局。西安国家自创区以"一带一路"沿线创新之都为定位，深入实施国际化提升战略，辐射带动关中区域创新示范带发展。

5. 完善产学研和科技成果转化机制

建立产学研结合长效机制。一方面，国家自创区探索创造产学研用互促互动、科技成果有效转移转化的新机制、新模式。例如，长株潭国家自创区建立了湖南省产业技术协同创新研究院，推进与在湘高校、科研院所的合作和科技成果转移转化。另一方面，国家自创区重点支持国家科技重大专项和科技基础设施、重大科技成果产业化项目。例如，沈大国家自创区制定重大科技专项、重点研发计划、科技创新基金、新型研发机构等管理办法，组织开展"揭榜挂帅"科技攻关、组建实质性产学研联盟、引育"带土移植"人才团队，推进国家自创区创新主体培育和关键核心技术攻关。

建立激励创新的制度和风气。为推动成果转化，科技部自2016年起，支持火炬中心举办中国创新挑战赛，探索以需求引导创新、促进成果转化的新机制，为大众创业、万众创新提供了新动力，成为推进国家自创区建设的有效举措和有力抓手。2018年，第三届中国创新挑战赛（兰州）现场赛的成功举办，探索出了以需求为导向的发展新思路，对促进科技创新、成果转化，推动科技与经济深度融合意义重大，有效解决企业技术创新需求、促进创新创造与市场需求对接、加速产学研深度合作。国家自创区以科技成果转移转化机制改革为关键抓手，破除束缚创新和成果转化的制度障碍，优化创新政策供给，形成创新活力竞相迸发、创新成果高效转化、创新价值充分体现的体制机制，成果转移转化生态逐步形成。例如，珠三角国家自创区推动广东工业大学等6家单位揭榜承担职务科技成果单列管理试点改革任务，解决科研人员和管理人员"不敢转"的问题，释放科技人员活力。

完善科技成果转化和收益分配机制。国家自创区大力实施科技成果转化行动，推动创新成果处置权、使用权和收益权下放，提高科研人员成果转化收益分享比例。例如，武汉东湖国家自创区将科技成果的处置权、收益权下放到科技人员和创新团队，将收益比例提高到70%以上，并开展科技成果转化"四个有奖"。福厦泉国家自创区推动科技成果使用处置和收益管理改革，加大转移转化效率，创新收益分配机制，建立健全科研人员双向流动机制，全方位促进科技成果转移转化。

6. 深化管理体制和人才机制改革

加速深化改革创新步伐。一方面，国家自创区在推进改革创新、立法保障、市场化生态环境营造、先行先试政策探索等方面取得突破，为国家自创区发展创造宽松环境。例如，珠三角国家自创区结合广东省拟先行先试的政策，在国家自创区率先寻求突破，在知识产权保护、科技金融等方面积极争取省级经济管理权限下放，开展多项政策先行先试。另一方面，国家自创区深化科研项目和经费管理改革，落实让经费为人的创造性活动服务的理念，有力激发了科研人员创新活力，促进了科技事业发展。例如，中关村国家自创区率先实施自然科学基金全面包干制，修订实施《北京市科技计划项目（课题）经费管理办法》（京财科文〔2021〕1822号），其中扩大科研人员自主权和科研经费管理改革经验得到中央改革办和国务院肯定，《国务院办公厅关于改革完善中央财政科研经费管理的若干意见》（国办发〔2021〕32号）25条政策中有14条直接引用了北京的政策。

推进管理体制机制改革。国家自创区深入研究分析管理体制情况，完善国家自创区治理体系，不断优化机构设置，使事权体系更加科学，工作运行更加顺畅。例如，山东半岛国家自创区出台《中共山东省委关于推动开发区体制机制改革创新促进高质量发展的意见》（鲁发〔2019〕14号），采取"党工委（管委会）+"模式，大幅精简内设机构，核减财政供养人员数量，成立园区公司、平台公司，经济职能与社会职能分离，管委会人员可以集中精力抓经济建设。

建立人才体制机制保障。国家自创区聚焦人才发现、激励、使用、服务等环节，推行系列先行先试政策，推动建立正向激励科研人员创新动能机制。例如，福厦泉国家自创区在培育创新人才方面，出台深化人才体制机制改革、推行科技特派员制度、改革科技人员职称评价等政策。中关村国家自创区印发实施《关于北京市面向战略科技人才及其团队放权改革的若干措施》《"十四五"北京国际科技创新中心建设人才支撑保障行动计划》等政策，支持外籍人员使用外国人永久居留身份证在科技服务、数字经济等服务业重点领域创办企业。

7. 创新一体化发展和营造创新环境

建立创新一体化发展体制机制。国家自创区抓住一体化发展战略机遇，创新一体化发展体制机制基本建立，自主创新能力明显增强，创新效率大幅提高，辐射带动能力显著提升。例如，杭州国家自创区紧抓长三角一体化机遇，切实推动加强国际国内科技合作，进一步唱好杭甬"双城记"，合力建设G60科创走廊和杭州都市圈，全方位融入长三角高质量一体化发展、长江经济带和全省"四大"建设。

构建鼓励创新的政策环境。2010年，财政部和科技部联合印发了《中关村国家自主创新示范区企业股权和分红激励实施办法》，成为开展股权激励试点、聚集优秀创新人才特别是产业领军人才、做强做大一批具有全球影响力的创新型企业的首项重要政策措施。近年来，国家自创区一方面充分发挥政府主导作用，完善知识产权法律法规政策体系，构建鼓励创新的政策环境。例如，沈大国家自创区大连片区出台《大连高新区知识产权质押融资风险补偿基金管理办法》，与广发银行就知识产权质押融资"知银贷"模式签订合作协议，实现全市首笔"知银贷"业务突破。另一方面，国家自创区积极推动"双自联动"，开展创新政策探索。例如，苏南国家自创区通过苏州工业园区和南京江北新区两个自贸区片区，在自贸区辐射推广、营商环境、金融改革等方面进行重大政策及改革的率先探索。

营造良好的创新创业环境。一方面，国家自创区创新创业环境显著优化，已形成创新要素聚合、创新文化融合的发展环境。例如，重庆国家自创区搭建高水平创业载体与平台，构建"众创空间+孵化器+加速器"全链条孵化体系，打造国家海外人才离岸创新创业基地、两江国际合作中心、中瑞产业园等国际创新合作载体。另一方面，国家自创区完善人才评价激励机制和服务保障体系，营造出人人皆可成才和有利于青年人才脱颖而出的社会环境。例如，深圳国家自创区聚焦产业链、创新链关键环节和"卡脖子"技术领域，实施"靶向"引才；组织实施首批深圳市优秀科技创新人才培养项目；印发《深圳市外籍"高精尖缺"人才认定标准（试行）》，推进外籍人才签证便利化。

（二）对国家自创区建设任务的总结分析

搭建了世界级和重大创新平台。国家自创区在建设重大科技基础设施、国家实验室、高层次创新平台等方面加速布局，创新主体和创新投入持续增长。通过建设重大创新平台，加速高端创新资源持续聚集，推动新技术落地。国家自创区创新成果产出显著提升，产业共性关键技术取得进展，带动引培一批世界级科研团队在相关领域科技创新取得新突破。

原始创新策源力快速提高。国家自创区已成为孕育重大原始创新、推动学科领域发展和解决国家重大需求的重要战略科技力量，多措并举推进技术转移体系建设，推动科技成果高效转移转化。在开展前沿颠覆性技术和关键共性技术攻关、成果共享、市场应用推广等产学研用深度融合的联合创新方面，涌现出一批重大创新成果。国家自创区基础科学研究水平显著提升，重大科技基础设施建设取得重要突破，若干成果成为引领国际科技前沿的重要标志。

产业发展支撑力稳步提升。国家自创区产业创新体系不断健全，重点领域的关键核心技术攻坚取得突破性进展，科技创新催生新技术、新产品、新产业、新业态、新模式作用明显，形成若干具有国际竞争力的创新型产业集群。国家自创区加快构建高精尖的产业经济结构，在战略性新兴产业方面加快引领，重点布局前沿产业发展，形成若干千亿级以上产业集群，不断探索经济增长的新动能，数字经济、共享经济、平台经济等得以快速发展。

区域一体化创新体系更加健全。国家自创区各类创新要素流动高效便捷，科技资源实现高水平开放共享，涌现出一批科技领军人才和创新型企业家，培育集聚一批高水平研究型大学、科研机构和创新型企业。国家自创区区域协同开放创新合作呈现新格局，科技协同发展迈上新台阶，已初步形成开放协同的区域创新网络。

创新创业生态持续完善。国家自创区市场化双创服务体系不断完善，创业大街、智造大街等创业生态圈持续优化升级。依托多层次的人才支持体系，国家自创区实施各类人才培养计划，自创区内人才进一步集聚。国家自创区不断提升产业服务能力，促进产业特色化、高端化、差异化发展，鼓励分园区引入或设立专业化、市场化、国际化的产业促进服务机构，推动提升园区专业化服务水平，通过资金支持、活动带动等方式打造国际化创新创业服务环境。

体制机制改革仍需进一步深化。国家自创区已形成各自特色的战略科技力量，但仍需提高一区多园统筹协同发展水平，加强园区管理机构统筹协调和管理服务能力。部分分园管理机制存在挂靠模式，缺少专业化运营服务机构。评价激励、央地协同和资源整合等机制需要加快建立，科技企业融资难、市场准入难等问题有待破解，投融资体制等需要加快探索突破。国家自创区在与自贸区联动发展方面，存在体制机制创新不足、服务体系不够完善的问题，仍需以深化体制机制改革为抓手，破除体制机制障碍，统筹产业链、创新链、资金链和政策链。

基础科学研究能力有待加强。科技成果产业化效益初见成效，但国家自创区仍需打通科技成果转化通道，高校院所需要进一步完善科技成果转化激励机制，促进成果转化源头活力，畅通科技成果转化通道。支持科技成果转化的投融资体系已初步建立，但仍需完善。社会资本参与成果转化的积极性有待提升。新技术新产品应用推广的市场体系有待完善。

国际影响力和开放创新有待提升。全球视野谋划开放创新仍需加强。国际顶尖科学家、领军企业家和知名投资人数量偏少，国际影响力有待提升。外籍人才在出入境、创新创业、子女教育、医疗保障等方面便利化仍需提升，国际市场开拓能力和全球创新资源配置能力需要进一步增强。国家自创区的国际视野、海外业务占比还不高，要实现新发展格局，企业的国际市场开拓能力和全球创新资源配置能力需要进一步增强。

企业作为创新主体的带动能力要进一步提高。目前，国家自创区内龙头企业带动作用明显，但仍需进一步加强，具有全球核心竞争力和国际影响力的领军企业数量仍然较少，龙头企业对产业链上下游企业的整合协同能力仍需加强，企业创新投入仍需加大，关键核心技术仍然受制于人，重点产业还没有做到完全自主可控。面向 2035 年，国家自创区要奋力培养具有全球核心竞争力和国际影响力的领军企业，育成一批千亿或万亿企业，发挥平台型大企业的带动作用，进一步加强龙头企业的整合协同能力。

二、国家自创区面向 2035 开展的重点任务研究

结合"四个面向"的要求，国家自创区应发挥新型举国体制优势，实现高水平科技自立自强，解决"卡脖子"关键技术问题，营造适合有国际竞争力的一流科技企业的发展环境，创建世界领先的科技园区，做好体制机制改革和政策创新的先创、先行、先试，以全球化视野营造国际化的发展环境，落实更高水平的开放理念和人才政策，融入全面开放新格局，积极对接粤港澳、长三角等区域重大战略，辐射带动区域协调发展。

（一）发挥新型举国体制优势，强化国家战略科技力量

2014 年，习近平总书记在中国科学院第十七次院士大会、中国工程院第十二次院士大会上指出："在推进科技体制改革的过程中，我们要注意一个问题，就是我国社会主义制度能够集中力量办大事是我们成就事业的重要法宝。"2018 年之后，由美国发起的贸易争端、科技"脱钩"和对我国高科技企业的打压制裁，为我国加快自主创新和产业升级制造了巨大的外部压力。加快自主创新和确保产业自主可控上升为国家意志和全民共识。既然是国与国之间的竞争，而且是关系未来兴亡的竞争，那么在某些技术领域和特别重大的问题上，就应该把重视程度和主导力量提升到举国的层次。党的二十大进一步明确提出，要"完善党中央对科技工作统一领导的体制，健全新型举国体制，强化国家战略科技力量"。

所谓举国体制是指以国家利益为最高目标，动员和调配全国有关力量，包括精神意志和物质资源，攻克某一项世界尖端领域或国家级特别重大项目的工作体系和运行机制。而新型举国体制就是把举国体制的一般特征，与新时代中国特色社会主义思想进一步结合，与当前国内外一系列重大变化和"四个面向"要求进一步相结合，突破当前和未来影响中国发展的关键实践问题、重大工程问题和世界前沿问题。国家自创区作为面向未来科技创新竞争的主阵地，应当充分利用我国制度优势，采用不同方式投入到以攻克关键核心技术为主的国家战略科技力量的壮大上。

1. 坚持国家战略需求导向，增强国家战略科技支撑

完善推动创新发展的国家战略科技力量布局，以国家重大战略需求为导向，建设突破型、引领型、平台型一体化的国家实验室体系。国家自创区要以国家战略性需求为导向推进创新体系优化组合，加快构建以国家实验室为引领的战略科技力量。以提升原始创新能力和支撑重大科技突破为目标，依托重点高校和科研院所，以国家高新区为主要承载区，在国家自创区持续布局建设一批国家重大科技基础设施，以国家实验室为引领，形成功能完备、相互衔接的高水平科技创新基地。聚焦量子信息、光子与微纳电子、网络通信、人工智能、生物医药、现代能源系统等重大创新领域，形成结构合理、运行高效的实验室体系。

优化整合科技资源配置，增强国家战略科技力量。国家实验室、国家科研机构、高水平研究型大学、科技领军企业都是国家战略科技力量的重要组成部分，承担着高水平科技自立自强的使命。合理整合优化科技资源配置，推进技术创新、产业升级，建立国家实验室与大学、研究机构、企业等外部机构之间的功能补充、成果共享、人才流动等有效连接机制，明确国家实验室行为主体、研发分工、绩效评价等要素的组织模式，提升国家创新体系的整体效能。到2035年，实现各类重大创新基地在国家自创区的广泛布局，为突破世界前沿重大科学问题、取得重大原创突破提供有力支撑。

发挥科技创新中心重要作用，实现高水平科技自立自强。科技创新中心具有科学研究、技术创新、产业驱动和文化引领功能，是新知识、新技术、新产品、新产业的策源地，也是先进文化和先进制度的先行者。国家自创区要充分发挥科技创新中心科技创新资源密集、科技创新活动集中、科技创新实力雄厚、科技成果辐射范围广大的优势，着力以科技创新推动区域协调发展、高质量发展。部分占据领导和支配地位的城市或地区，要实现对创新资源流动的显著引导、组织和控制能力。到2035年，北京、上海、粤港澳大湾区等国际科技创新中心全面发挥作用，实现创新力、竞争力、辐射力全球领先，建成全球人才高地，实现高水平科技自立自强。在其余国家自创区推进建设区域科技创新中心，形成区域创新的增长极。健全区域创新协调发展机制，落实好区域协调发展战略，以更加体系化、制度化的政策举措，推动东西部科技合作，推动经济社会高质量发展，作出更多的科技贡献。

结合全球粮食安全问题的重要性不断提升的背景，大力推进科技创新与农业发展有机结合。要培育高技术含量的农业，提升农业产业的核心竞争力，发挥科技创新在农业供给侧结构改革中的关键引领性作用，以创新驱动促进农业现代化发展和产业升级。在国家自创区内主动集聚农业科技要素主体，包括科技创新服务平台、农业推广平台等，构建多主体协同、多要素互动的良好农业科技创新生态系统。重视农业高新技术研发、转化和输出，面向地方农业科技发展基础和产业需求，依托科技创新资源单位开展农业科技研发和应用工作，形成科技示范和产业化带动效应。在有条件的国家自创区设立国家农业科技中心，打造全国农业创新高地和产业样板，持续探索一批可复制可推广的农业模式，集聚创新资源，协调各类主体，推动政产学研深度融合，打造农业科技创新、科技成果转化、科技人员创业高地。

2. 聚焦国家战新产业部署，用好国家重大科技项目

聚焦国家战略性需求和推动未来产业发展的前沿技术，以国家重大科技项目和体现国家战略意图的现代化重大创新工程为牵引，在重要领域以国家实验室为引领，集中力量抢占制高点。

鼓励国家自创区立足优势学科和研究力量，聚焦国家和省内重大需求，在基础研究、应用基础研究、关键核心技术等领域，牵头或联合承担科技创新重大项目、重点研发计划等国家重大科技项目，支持有条件的地方给予配套，构筑先发优势。落实国家推动战略性新兴产业加快发展的重大部署，鼓励和支持企业承担国家新能源、新材料、高端装备和智能制造、新一代信息技术、节能环保、生物医药等领域的重大项目或工程，争取更多国家项目在区内布局。聚焦先进制造业集群，深入实施工业互联网培育、产业链能级提升、企业创新赋能、标准领航等专项行动。

创新重大项目管理机制。支持主导产业重点项目建设，省级财政及高新区对获得国家、省级支持的项目按照上级资金给予一定比例配套支持。加强重大项目审批中的协调服务，涉及省（区、市）内多部门协调的，要做好协同沟通，提高审批效率。

3. 发挥新型举国体制优势，构建集中攻关有效机制

在社会主义市场经济条件下，新型举国体制体现了按科学规律办事、按经济规律办事的内涵。构建社会主义市场经济条件下新型举国体制，应将集中力量办大事的制度优势同发挥市场在资源配置中的决定性作用有效结合形成合力。国家自创区应以实现国家发展和国家安全为最高目标，以创新发展的制度安排为核心，完善资源优化配置长效机制，用好政府与市场"两只手"，实现生产要素和创新要素的充分流动与统筹配置，将集中力量办大事的制度优势转变为发展优势和治理效能。

加快转变政府职能，充分发挥国家作为重大科技创新组织者的作用，不缺位、不错位、不越位，强化跨部门、跨学科、跨区域力量整合，探索技术攻关新型举国体制。国家自创区要积极构建政产学研协同集中攻关模式，推动央企、国企、民营科技企业和高校院所等协同创新，充分发挥市场在资源配置中的决定性作用，探索面向全国的"揭榜挂帅""赛马"等机制，支持企业出题、能者破题、揭榜比拼，集中攻克一批关键核心技术。在关键核心技术出现市场机制不能有效配置资源的领域，政府要"补好位"，建立颠覆性技术创新项目非共识评审、项目专员持续跟踪、政府和风投联动、逐步加码投入的支持机制。聚焦气候变化、能源安全、生命健康等重大全球性问题，探索设立面向全球的创新基金，吸引国际顶尖研发力量联合开展研究。

构建科技、产业、金融、人才、知识产权等统筹衔接的举国科技创新政策体系。建立新型举国体制顶层设计和底层实施之间的联动机制，以资源配置、利益分配、效益评价等制度创新和机制改革作为突破口，充分释放位于创新链不同环节的各类创新主体活力。统筹创新链和区域分布等，一体化配置项目、基地、人才、资金等，避免重复布局、封闭低效、碎片分散等不利局面。加快形成多元化投入格局，建立中央、地方与企业在共性关键技术研发上的有效融资机制，引导和鼓励社会资本参与重大技术攻关。

（二）加强基础科学研究，全面提升产业技术研发能力

当前，以新一代信息技术、新能源、新材料、生命科学为代表的新一轮科技革命和产业变革在全球范围内正加速演进。以智能化为引领的第四次工业革命的"窗口期"已经开启，科技前沿不断向宏观拓展、向微观深入，大数据、人工智能、量子信息、基因编辑等技术创新日新月异，物理、生物和数字领域创新的界限日趋模糊，基础研究、应用研究和技术开发更加紧密贯通，多学科专业交叉、多领域技术融合、跨区域跨国界协作等创新特征和趋势凸显。新一代信息技术、新能源等通用目的技术的广泛应用及其与其他产业的深度融合，将推动工业向数字化、智能化、网络化、服务化趋势发展。数字技术已经从以数字产业化的上半场，进入以产业数字化为主、数字技术深度应用改造传统产业和社会的下半场。随着"数据+算力+算法"生态的不断完善，"万物互联+人工智能"的数字化经济社会形态正在加速到来。

目前，我国的研发能力仍与世界先进水平有较大的差距，基础研究投入不足，原始创新能力薄弱，发展"卡脖子"技术刻不容缓。2020年，《科技日报》提出35项需要攻克的"卡脖子"关键技术（表5-1），这些技术大部分都来自于细分行业。2021年5月，习近平总书记在中国科学院第二十次院士大会、中国工程院第十五次院士大会和中国科协第十次全国代表大会上强调，加强基础研究是科技自立自强的必然要求，基础研究要勇于探索、突出原创，更要应用牵引、突破瓶颈，从经济社会发展和国家安全面临的实际问题中凝练科学问题，弄通"卡脖子"技术的基础理论和技术原理。

表5-1 《科技日报》报道过的总共35项"卡脖子"技术[①]

序号	技术	序号	技术	序号	技术	序号	技术	序号	技术
1	光刻机	8	iCLIP技术	15	核心算法	22	高压共轨系统	29	锂电池隔膜
2	芯片	9	重型燃气轮机	16	航空钢材	23	透射式电镜	30	医学影像设备元器件
3	操作系统	10	激光雷达	17	铣刀	24	掘进机主轴承	31	超精密抛光工艺
4	触觉传感器	11	适航标准	18	高端轴承钢	25	微球	32	环氧树脂
5	真空蒸镀机	12	高端电容电阻	19	高压柱塞泵	26	水下连接器	33	高强度不锈钢
6	手机射频器件	13	核心工业软件	20	航空设计软件	27	燃料电池关键材料	34	数据库管理系统
7	航空发动机短舱	14	ITO靶材	21	光刻胶	28	高端焊接电源	35	扫描电镜

国家自创区要解决"卡脖子"技术问题，与西方国家形成技术的制衡局面，就必须瞄准世界科技前沿，抓住大趋势，下好"先手棋"，打好基础、储备长远，把前瞻性基础研究、引领性原创成果重大突破作为规划目标，夯实世界科技强国建设的根基。

1. 聚焦关键核心技术攻关，支持颠覆性技术创新

加强关键核心技术攻关。围绕国家自创区重点产业关键环节，支持领军企业联合产业链上下游企业、高校院所开展技术攻关，聚焦高端芯片、基础工业软件、高端装备、基础原材料等领域，力争突破高端通用型芯片、高性能模拟芯片、操作系统、EDA软件、工业通用流程模拟系统、智能传感器、集成电路装备与制造工艺、科学试验用仪器设备、医用设备、高端医疗器械、生物医用材料、高性能先进材料等"卡脖子"技术难题，加快实现产业自主可控。

支持前沿引领技术创新。瞄准世界科技前沿，重点推动新一代人工智能、区块链、多机器人智能协作等前沿信息技术融合创新。加强新型疫苗、靶向给药、免疫治疗、智能医疗器械等生物医药

---

① 《科技日报》于2018年进行"亟待攻克的核心技术"系列报道，对各个行业的35项"卡脖子"关键技术做了报道。

技术研发。推动氢能、纳米能源、自动驾驶等新能源与智能网联汽车技术创新。突破第三代半导体、石墨烯、陶瓷基复合材料、高熵合金材料等前沿新材料技术研发应用。

支持颠覆性技术创新。支持开展量子信息、碳基集成电路、脑机接口、6G技术、万物智能互联等下一代信息技术研发。支持开展脑科学与类脑研究、基因编辑、干细胞与再生医学、单细胞多组学、合成生物科技、生物育种等生命科技研究。加强液态金属、纳米纤维素、电子皮肤材料等颠覆性新材料技术研发。推动电磁超材料、兆瓦级电力电子集成发电、分布式能源、耐超高温和超低温弹性材料等未来能源技术创新。

2. 鼓励学研院企加强合作，协同推进基础前沿研究

研究制定加强基础研究的实施方案，建立稳定支持机制，推动基础研究投入大幅度增长。国家自创区要坚持应用牵引，从地区经济社会发展的实际问题中凝练科学问题，弄通"卡脖子"技术的基础理论和技术原理，共同开展有望引领产业变革的重大原创性研究，努力实现更多"从0到1"的突破。坚持战略和前沿导向，瞄准量子信息、先进制造、生命健康、智能计算、智能感知、脑机融合、深地深海等领域，前瞻部署一批战略性、储备性技术研发项目，加快前瞻性、先导性、探索性重大科学和技术突破。

加快基础研究科教融合发展，在国家自创区内建设一批高水平研究型大学和基础学科研究中心，集中力量打造一批国际先进、国内领先的优势学科，鼓励开展跨学科研究，开辟适应产业需求的新学科方向，完善共性基础技术供给体系。发挥国家自创区优势，聚焦"卡脖子"环节，支持自创区内高校院所、研发机构、产业链上下游企业等强强联合，围绕重点领域，综合运用定向择优等新型项目组织方式，联合突破一批关键核心技术，培育一批战略产品，形成一批关键标准，解决产业核心难题。鼓励和引导国家自创区间主动加强沟通磋商和创新合作，共同支持一批重大创新项目，推进引领性关键核心技术开发。实施科技强基行动，加快突破核心基础零部件（元器件）、关键基础材料、先进基础工艺、产业技术基础和基础软件等薄弱环节，强化关键环节、关键领域、关键产品的保障能力。

3. 加快布局培育未来产业，积极引领新经济发展

未来产业是由探索期的前沿技术所推动，以满足经济社会不断升级的需求为目标、代表科技和产业长期发展方向，会在未来发展成熟和实现产业转化并形成对国民经济具有重要支撑和巨大带动，但当前尚处于孕育孵化阶段的新兴产业。国家自创区需要敏锐把握创新发展时代潮流，挖掘未来产业方向，以全球视野前瞻布局前沿技术研发，不断催生新产业新业态；高度关注模式创新，积极发展数字经济、平台经济、共享经济和创意经济等新经济，加强制度供给、引领新经济场景创新，建立良好的制度供给机制与创新环境。

开展未来产业的战略研究，要从战略上高度重视未来产业的研究，抢占未来产业发展先机。借鉴国外经验模式，组建省（区、市）级层面未来产业研究机构，加强创新链不同部门之间的协同，优化组织机制和运行模式。建立试错包容的发展环境，构建从实验室科学发现到转化为产业领域实际应用的完整路径。提前开展未来产业技术预测，制定数字经济未来产业发展技术路线图，按照技术发展的生命周期理论，重点监测处于前沿理论研究的热点技术、处于关键研发阶段的热点技术及有重大应用前景的前沿技术。高度关注国内外权威咨询机构发布的前沿热点技术，与现有资源基础进行匹配，重点挖掘发现处于产业化边缘的关键技术。

要强化需求牵引，通过应用场景培育打造未来产业。一是加大应用场景的培育，瞄准智慧城市、智慧交通、智慧医疗等民生需求领域，以需求导向培育未来场景，构建多领域交叉融合、多维度的场景应用体系，培育跨界应用。为企业开展技术创新创造条件，搭建从研发到中试到场景应用的产业中试平台，推进技术在应用场景中的验证，加速市场化进程。二是探索建立基于场景应用的科技攻关机制。围绕数字经济未来产业的重点领域组织设立场景应用专项项目，搭建应用场景试验场。三是加大应用场景的示范试点。依托国家自创区内有基础的产业集聚区，在数字经济赋能制造业转型升级、智慧园区建设等方面开展先行先试。

4. 强化数字经济发展动能，全面推进数字化转型

增强数字新基建。围绕数字新基建重点领域，加强数据、技术、企业、空间载体等关键要素协同联动，加快进行国家自创区内数字经济发展布局，包括软件与算法、云原生与智能计算、新一代网络、区块链、元宇宙等。适度超前推进网络、平台、安全三大体系建设，提升工业互联网大数据中心、标识解析体系、安全态势感知系统等重点设施效能，扩大区域、行业、领域覆盖面，提升服务企业数量，促进工业互联网数据流通、有效利用和安全保障，夯实数字经济发展的基础。加快研究部署未来虚拟世界与现实社会相交互的平台，加强从底层到应用全链条布局。发展人机交互技术，加快智能人机交互、虚拟数字人等核心技术攻关。建设智能化综合性数字信息基础设施。布局第六代移动通信（6G）网络技术储备，加大6G技术研发支持力度，参与推动6G国际标准化工作。布局卫星通信网络等，推动卫星互联网建设。保障物联网在工业制造、农业生产、公共服务、应急管理等领域的覆盖水平，增强固移融合、宽窄结合的物联接入能力。

持续优化数字化发展微生态。大力发展数字内容产业新业态新模式，推动数字内容与社交平台的耦合联动。释放海量数据价值，统筹推进数据产业各环节布局，激发数据要素乘数效应，健全数据要素产业生态。拓展数字新产业，加快制造业数字化转型，实现制造业重新定义与流程蝶变，培育智造新动能。加快城市新型基础设施建设，支撑城市迈向全场景智慧时代。合理推动人工智能、大数据、区块链等新技术深度融合，全面赋能金融科技应用。培育中小企业和社会开发者开放协作的数字产业创新生态，带动数字经济企业快速发展壮大。

国家自创区内要率先实现数字技术与实体经济深度融合。以数据为关键要素，以科学家判断技术前景、企业家发现市场需求、市场验证赛道价值、政府营造发展环境为工作方法，协同推动数字产业化和产业数字化，加快培育新技术、新业态、新模式，全面提升数字消费能级，打造世界级数字产业集群，为全面推进城市数字化转型和经济社会发展提供重要支撑，打造具有世界影响力的数字大国。

培养一批泛数字化平台企业。加快培育标杆性领军企业和高成长型企业，推动新生代数字经济企业规模和综合竞争力快速提升。培育一批具有核心数据技术产品与专业化服务能力的"数商"龙头企业。完善大中小企业融通发展格局。发挥数字经济领军企业的引领带动作用，加强数据资源共享和开放，推动线上线下相结合的创新协同、产能共享、供应链互通。探索建设产业大数据新型基础设施，建立面向企业的数据双向开放赋能平台。

（三）坚持绿色低碳发展，推进区域产业结构转型升级

绿色经济被认为是低碳、资源高效和更具社会包容性的经济发展方式。在过去十年中，绿色发展已成为发达国家和发展中国家可持续发展的重要政策框架，它描绘了一个以提供更高效的资源、更低的碳、更少的环境破坏和更具社会包容性的环境打造的社会。随着我国经济持续稳健地增长，绿色发展意识也逐渐成为影响当代社会经济发展进程的一种重要理念，这种理念不断深入到产业发展中，已经成为国内外不可动摇的发展趋势。

根据中国碳排放现状研究成果，2021年中国二氧化碳排放量为119亿吨，在全球占比33%。我国二氧化碳总排放量较高，一方面是因为以煤炭为主要能源，2021年煤炭消费总量占能源消费总量56%。另一方面我国能源强度约为全球能源强度平均值的1.5倍，是欧盟国家平均水平的2.7倍。因此，我国实现"双碳"目标面临着严峻的挑战：工业化和城镇化进程尚未完成，碳中和到碳达峰的时间较短；产业结构调整和落后产能淘汰任重道远；区域发展不平衡，资源型城市转型困难。同时，地缘冲突可能导致能源结构的变化，全球疫情引发经济衰退的风险尚存。绿色技术和绿色产业的突破，将是克服困难、战胜挑战的重要条件和破局关键，也是高质量发展的题中之义。

1. 加强绿色技术研发和应用示范

立足"实现绿色低碳转型的先导区"的战略定位，发挥国家自创区生态工业示范引领作用，进一步促进国家自创区的产业结构优化，加强绿色技术研发攻关，大力发展绿色产业。严格控制高污染、高耗能、高排放企业入驻，鼓励各类社会主体在国家自创区投资建设信息化等基础设施，加强与市政建设接轨，完善科研、教育、医疗、文化等公共服务设施，推进安全、绿色、智慧国家自创区建设。加强绿色技术研发攻关，构建绿色技术标准及服务体系，推进节能技术改造和应用。

优化绿色产业支持政策，支持符合条件的绿色企业上市融资、挂牌融资和再融资，拓展绿色债券市场的深度和广度。引导和激励绿色技术银行及更多社会资本投入绿色产业领域，支持符合条件的创新型绿色技术企业发行绿色债券，鼓励保险机构结合绿色技术应用场景，有针对性地创新绿色技术首台（套）险种。

加强绿色生态发展。围绕与国家自创区相关的高新区建设可持续发展的低碳生态园区，加强污染源头控制和末端治理，保证国家自创区水质、绿化、大气标准优于规定标准。贯彻节约集约、生态环保理念，坚持开发建设、绿化、生态环境保护同步规划、同步实施、同步验收。推广应用绿色节能技术，提倡高效低耗的生产消费方式。推动国家自创区建成产业集约发展、资源高效利用、生态环境良好的低碳生态园区。

2. 聚焦新能源开发和数字化降碳

按照国家自创区是"实现绿色低碳转型的先导区"的战略定位，要提升全社会用能效率，能源安全战略要做好化石能源兜底应急。对中国来说，化石能源将长期存在，要妥善应对新能源供应不稳定，防范油气及关键矿物对外依存风险。非化石能源替代战略要在新能源安全可靠逐步替代传统能源的基础上，稳步提高非化石能源比重。再电气化战略要以电能替代和发展电制原料燃料为重点，大力提升重点部门电气化水平。要加快推进化石能源与新能源融合发展，推动碳排放强度持续下降。

推动数字技术与绿色技术融合发展，打造低碳能源产业新生态。要加快传统产业升级改造和业务流程再造，实现资源多级循环利用。在保证经济发展质量和效益的前提下，以产业结构优化升级为重要手段实现经济发展与碳排放脱钩，壮大战略性新兴产业。加快构建以新能源为主体的新型电力系统，安全稳妥实现电力行业净零排放；以电气化和深度脱碳技术为支撑，推动工业部门有序达峰和渐进中和；通过高比例电气化实现交通工具低碳转型，推动交通部门实现碳达峰碳中和；以突破绿色建筑关键技术为重点，实现建筑用电用热零碳排放。

要全面推动数字化降碳，助力生产生活绿色变革。数字化转型已成为能源企业未来创新发展的重要抓手，通过数字化赋能，不仅有助于提高全社会的发展效率，还可以有效降低碳排放，促进碳达峰、碳中和目标实现。国家自创区应率先通过多源数字融合支撑低碳发展体系建设，包括供能模式、碳排放核算、能耗预测等模型的建立；逐步建立碳中和数字化服务平台，使企业可以进行碳监测、碳核查、碳管理，利用数字化技术挖掘社会减碳潜力。

（四）建立先行先试支撑体系，完善科技创新体制机制

1982年，党中央提出"经济建设必须依靠科学技术，科学技术工作必须面向经济建设"的科技发展方针，从此我国的科技体制改革走进了一个新的历史时期。1985年，党中央出台《关于科学技术体制改革的决定》。1988年，国务院下发《关于深化科技体制改革若干问题的决定》。同年，第一家高新区——中关村批准设立。2009年，国务院批复同意中关村建设全国第一个国家自创区，揭开了国家自创区建设发展的序幕。一路走来，国家自创区及国家高新区一直坚持在体制机制改革方面走先行先试之路。

国家自创区改革的新方向是"以科技创新为核心的全面创新"，以及"为激发科技作为第一生产力而开展的体制机制改革"，简称"科创改"[①]。"科创改"不同于国家发展改革委推动的全面创新改革（简称"全创改"），"全创改"主要是在区域层面，或者省市行政区内开展的一系列改革。"科创改"与"全创改"从内容上讲，可能有相同的任务，如围绕科技企业创新发展的财税支持政策，围绕创业高质量发展的人才政策等。二者最大的不同是，前者有核心要求和核心支撑，就是以科技创新为核心的思想，向产业、经济、创业等外部衍生，构成"科创改"的路径框架。

在新时代背景下，国家自创区处于从集聚资源求增长到高质量发展的转型时期，在体制机制改革力度突破等方面仍存在一些短板，尤其是在一区多园统筹协同发展方面仍有若干瓶颈制约。面向2035年，国家自创区要继续坚持政策先行先试，在分园管理体制改革、科技成果和知识产权管理、人才发展、科技金融发展等多个方面进行体制机制改革和政策试点。充分发挥部际协调会议机制的作用，加强对国家自创区建设重大问题的沟通和协调，率先在国家自创区探索重大改革事项、试点有关政策。

1. 建立健全部际和跨区域协调机制

国家自创区应加强和健全部际协调机制，全面指导创新改革工作。要改变过去推动科技创新工作，

---

① 刘会武. 新时代国家自创区建设的新方向：从《湖南省长株潭国家自主创新示范区条例》谈起[J]. 中国高新区，2020（8）：3.

基本上是科技部为主的工作模式,新时期科技创新工作应是科技部、国家发展改革委、财政部、工业和信息化部、教育部等协同为主,尤其应借鉴国家发展改革委牵头成立部际协调机制全面指导创新改革工作,在更高层面、组织更大资源、更全面地推动相关部门开展工作。真正把科技创新摆在国家发展全局的核心位置,统筹推进科技体制改革和经济社会领域改革,统筹推进科技、管理、品牌、组织、商业模式创新,统筹推进引进来与走出去合作创新,实现科技创新、制度创新、开放创新的有机统一和协同发展。实现科技发展战略部署从"小局"到"大局"的转变,实现科技创新的依托力量从"小众"到"大众"的转变,实现科技资源配置从"小投入"到"大投入"的转变[1]。

国家自创区要充分发挥自上而下的优势,做好跨区域的政策协同。通过自上而下的有效组织和引导,在关键核心技术的研发上,保障多种资源的协调、多条路线的协同和多个团队的创新形成合力。明确国家自创区相关改革推进主体,提高园区管理机构统筹协调和管理服务能力,打破政策协调机制、部门协同机制的制约,落地政策"最后一公里"的问题。完善国家自创区的部分试点政策相关配套,完善政策供给的协同性、精准性,畅通部门之间统筹衔接性,建立起有效的工作推进机制,助推相应的发展规划引领和绩效考核。

建立健全容错试错机制,把先行先试、探索性试验中出现的失误错误,以及创新工作中的无意过失纳入容错免责和尽责免责范围,积极营造宽容失败、允许试错的良好氛围。发挥国家自创区部际协调小组成员部委的支持作用,增强自创区建设工作的系统性、协同性,多部门协同、省市联动推进国家自创区的高层统筹、高效协调机制、体制机制建设。

2. 完善政策支持体系,激发全社会创新活力

加大政策创新力度。国家自创区要积极探索科技管理体制自主改革,主动承担先行先试体制机制创新试点。进一步加快科技成果使用、处置和收益管理改革,推动赋予市属科研单位自主决定成果处置方式权等举措。加大科技金融政策创新,实施中小微企业贷款风险补偿机制,对企业首笔贷款和信用贷款的坏账损失给予一定补偿。

完善国家自创区政策支持体系。出台支持产业联动、企业成长、人才流动的相关政策。完善科技成果转化激励政策,构建有利于自主创新和科技成果转化的政策体系。整合优化创新创业人才引进、培养、任用及评价政策。完善科技金融创新激励政策、知识产权保护政策。加强相关政策、规划的统筹协调和有效衔接,形成协调有力、长效管理的创新政策体系。

深化人才体制机制改革,着力夯实创新发展、高质量发展的人才基础,不断推动人才特区建设,构建完备的人才结构,激发人才创造活力、改善人才发展环境,实施更加积极、更加开放、更加有效的国际人才政策,聚天下英才而用之。优化组织管理模式,健全快速响应管理机制,完善创新工作保障。

改造科技创新工作机制,激发全社会创新活力。在创新管理机制方面,构建技术成熟度评价指标体系,为国家自创区创新项目的技术成熟度量化评价和各项目横向"赛马"机制提供保障。在"揭榜挂帅"方面,重视发榜环节,以重大需求为引导,入榜的项目精准聚焦制约我国国家安全、经济社会发展的重大科技问题、产业核心关键技术和社会关注的技术热点难点,进行重点攻关。支持相

---

[1] 全国政协副主席、科技部原部长万钢在 2015 年全国科技工作会议上,做题为《主动适应新常态加快实施创新驱动推动科技改革再上新台阶》工作报告,在报告中指出"实现科技工作的三个转变"。

关国有资本组建专门运营数据产业的实体企业。加大力度认定一批数字经济民营企业为民营企业总部。鼓励外资企业在国内设立数字经济功能型总部、研发中心和开放式创新平台。

3. 健全科学评估反馈机制，形成政策更新良性闭环

建立科学合理的国家自创区评估机制。目前，国家自创区缺少定期的考核、评价和反馈机制，致使国家自创区的工作长期处于松散状态。应以政策评估的角度进行定期的评价，建立科学合理的国家自创区评估和反馈机制，为国家自创区建设发展不断提供动力，形成闭环。充分发挥国家自创区在科技体制改革方面的先行先试作用，配合做好国家自创区评估工作，为国家完善相关政策、建立政策有效落实的工作机制及推进科技体制改革提供支撑。

加强政策实施和评价，建立反馈调整机制。对已经出台的政策文件，国家自创区要加快拿出具体的配套实施方案，避免政策只停留在纸面上，加强实施力度。而且要建立政策成效的量化的、动态的评估机制，根据政策实施的效果，对政策进行修正和调整，形成政策更新的循环。

（五）激发跨区域协同创新，构建更高水平开放创新格局

党的十九大指明了我国已转向高质量发展阶段、创新是引领发展的第一动力和建设现代化经济体系的战略支撑，并对推进科技体制改革和科技创新、加快建设创新型国家和科技强国做出全面部署。2020年7月，国务院印发了《关于促进国家高新技术产业开发区高质量发展的若干意见》，鼓励有条件的地方整合国家高新区资源，打造国家自主创新示范区，在国家高新区复制推广自由贸易试验区、国家自主创新示范区等相关改革试点政策，加强创新政策先行先试。2020年10月，中国共产党第十九届中央委员会第五次会议审议通过了《中共中央关于制定国民经济和社会发展第十四个五年规划和二〇三五年远景目标的建议》，提出了要坚持创新在我国现代化建设全局中的核心地位，把科技自立自强作为国家发展的战略支撑，并提出要深入实施区域重大战略，"强化国家自创区、高新技术产业开发区、经济技术开发区等创新功能。"国家自创区要解决更高水平的开放创新、产业链和价值链的安全与重构、全产业链技术整合和技术利用能力提升问题，在构建双循环发展格局中承担重要任务。

1. 发挥跨区域的战略平台作用，构建跨区域产业生态

发挥跨区域的战略平台作用，培育区域协同创新极。加快推进重大创新平台、大科学装置建设，发挥跨区域平台的效率效果，加快创新资源流动，推动和支持各园区布局建设省级实验室、技术创新中心、产业创新中心、制造业创新中心、临床医学研究中心等。积极推动国家自创区内、国家自创区之间的科技合作，建设跨城市科技创新走廊，推动共建新兴产业合作示范区等。形成科技园区联动发展机制，促进园区深度协同和有机融合，在创新创业、科技型中小企业培育及战略性新兴产业发展等方面形成集聚创新示范，打造具有国际竞争力的创新型产业集群。

以国家自创区的创新极来辐射带动区域协同发展。探索国家自创区创新发展模式和辐射带动周边区域新机制，鼓励和支持创新要素分阶段逐步向功能区、拓展区辐射，推动创新要素的合理流动和高效组合，着力构建协同有序、优势互补、科学高效的区域创新一体化发展格局。加强国家自创区与功能区、拓展区乃至全市其他区域的产业链布局和协同发展，推进产业链各环节区域协同的互动交流。

以国家自创区为纽带构建跨区域产业生态。统筹建设一批科技创新平台、公共服务平台，通过成立跨区域产业战略联盟、飞地经济、异地孵化等方式，构建跨区域产业生态。探索建设区域协同创新平台，联合开展重大科技攻关，共同实施科技创新工程，推动科技成果产业化，完善区域协同科技创新体系。积极探索各高新区或分园区的资源共享与利益平衡机制，共享国家自创区政策红利。

2. 强化整合公共服务平台，建立创新发展合作机制

共建科技公共服务平台。在国家自创区加快建设若干功能强大、配套完备的科技创新服务平台，强化创新平台的引领、链接作用，切实解决类创新平台整体层级不高、创新实力不强、服务无法有效解决企业痛点等问题。全面落成国家自创区科技资源统筹服务中心，构建"一站式、全链条"的科技资源统筹服务体系。推进国家知识产权、国家技术转移中心、中国知识产权保护中心等跨地区综合性科技服务平台建设，支持国际知识产权运营交易中心等载体市场化运作。支持各国家自创区建设智能测控产品、高端储能产品、新能源汽车充电设施等国家质检中心。在统筹考虑现有科研资源的基础上，建成一批高水平科技研发基地。

支持在国家自创区布局建设物联网、机器人及智能装备、集成电路、高性能合金材料、智能电网等一批行业分中心，鼓励国家自创区引导行业龙头企业牵头建设一批跨区域的产业技术创新战略联盟，加快贯通产业上下游的科技服务链条。加快建立完善标准化服务体系，加大对重大、关键核心技术标准的支持和服务力度，以标准促进关键核心技术产业化、市场化。

建立与周边国家自创区的创新发展合作机制，吸纳转化高水平科研成果，建成一批国际开放合作发展平台，形成与国际接轨的发展环境和经营理念，成为全球创新网络的重要节点。到2035年，实现国家自创区产业竞争力显著提升、创新创业主体高度集聚、创新创业环境显著优化、开放式创新新局面，建成具有国际竞争力的产业创新中心和国家重要的区域创新中心。

3. 推进产学研用协同创新，畅通跨区域技术转移转化

要充分利用国家自创区的高等学校和科研机构等创新资源，探索跨区域产学研深度融合。围绕国家自创区重点产业领域，加强与高等学校、科研机构、企业、中介服务机构的合作，围绕产业发展需求，以企业为主体，推动跨区域产业技术联盟创新合作模式，共建跨区域产业技术联盟，开展跨区域关键核心技术联合攻关、联合培养人才、共建实验室等。

以市场为导向，探索建立跨区域合作新机制，开展产学研协同创新。强化科技创新支撑，大力推进产业链、创新链融合发展，强化区域创新协同联动，全面建成"人才引育+技术研发+成果转化+产业应用"协同创新体系，形成协同创新创业生态圈。深耕需求，精准对接，着力打通技术需求和技术供给双向渠道，推动高端产业和创新资源在更大范围内有序流动和优化配置。

探索跨区域技术转移转化合作机制。要推进国家自创区企业与优势科研机构和高等学校合作对接，打造区域高校院所科研项目产业化基地。联合企业、科技金融服务机构、技术转移服务机构等市场化主体，建设投资主体多元化、管理运营市场化的技术转移服务联盟，推动科技成果以许可方式在地区扩散。全面建成功能完善、运行高效、市场化的科技成果转移转化体系，建成若干科技成果转移转化示范区，推动一批带动产业结构优化升级的重大科技成果转化应用，形成若干战略性新兴产业集群。

探索量化评价机制，畅通创新成果转化渠道。客观公平的创新成果评价是创新管理的重要保障。通过在国家自创区内建立量化评价机制，实现精准量化激励，鼓舞团队创新热情，提升创新团队成本意识、质量意识、市场意识，提升创新体系整体效能。逐步探索实现在人才激励、科技金融、知识产权、技术转移和产业化等方面具有全国示范意义和推广价值的体制机制及支持政策。到2035年，国家自创区实现重大科技成果的转化率大幅提高，科技与金融更加紧密结合，科技进步对经济增长的贡献明显增强。

4. 集聚辐射全球创新资源，加强国际创新交流合作

进一步支持国家自创区内的企业国际化发展。支持高新技术企业通过自建、并购、合资、参股、租赁等多种方式建立海外研发中心、实验室，开展关键核心技术研发和产业化应用研究。鼓励企业、产业联盟参与或主导创制国际标准，重点扶持一批具有技术主导权的国际标准推广应用。鼓励龙头企业、科技领军企业开展跨国技术并购。利用重大科技成果产业化项目全市统筹资金，优先支持国家自创区企业将境外并购获取的关键技术在国家自创区实现转化和产业化。

加强国际产业创新交流合作。立足国家自创区产业创新需求，依托国际合作载体，将嵌入式协同创新、集成创新和承接自主创新的成果转化相结合，搭建国际产业创新交流平台。深化与国际知名科技园区和创新高地交流合作，吸引科技人才、国际知名科技企业、有影响力的国际学术组织、产业组织等入驻国家自创区。大力引进聚集外资研发中心，探索突破外资研发机构参与中国科技计划实施的新机制和新途径。推动建设跨区域国际科技合作基地联盟，共同推进产业国际化发展。

5."双自"联动发展，放大政策优势

国家自创区是创新发展的主阵地，自由贸易试验区是开放发展的试验田，二者都是我国新一轮发展的先行示范。要推动"国家自创区—自贸区"联动发展，打造国家自创区"升级版"。

一是充分发挥自贸区国家制度创新"试验田"作用，利用自贸区的政策优势赋能企业提升研发水平，拓展行业发展空间。

二是通过自贸区的优势加持，充分发挥"双自"区在国际要素聚合、科技创新、国际商贸流通、跨国投资金融等多个方向具有其他区域所不具备的独特优势，尤其是政策和机制的改革先行权，强化其在新一轮改革开放及全球化发展中的先发优势，在体制机制改革方面协同攻关、互促共进。

三是使国家自创区更便捷高效地加强与全球创新创业主体之间的交互，尤其是在吸引高端服务业、搭建链接全球的创新平台、促进跨国创业等方面，建立融通全球的创新创业生态。

四是探索建立"双创特区"，整合自贸区和国家自创区政策优势，实现"机制特、政策特、服务特"，推动众创、众筹、众包"三众合一"，打造创新特区。鼓励国家自创区内的企业在自贸区设立分支机构，充分利用自贸区的"窗口"优势，对接和引进国际最新的技术，支持企业创新发展。助力企业对接自贸区内的国际金融机构，通过风险投资、抵押贷款、融资租赁、股权交易等多种跨境金融服务引入境外资本，解决国家自创区内企业融资问题。

（六）重视一流科技企业和人才培育，营造良好创新生态

科技型企业是创新的主体，对我国改革开放以来的产业发展功不可没。一方面科技型企业的发展促进我国形成了当今全球最完整的工业体系；另一方面我新兴产业发展几乎完全由科技型企业的创新创业催生。因此，不论从着力构建现代化产业体系出发，还是从发展新兴产业或未来产业着眼，科技型企业都是我国自主创新的中坚力量，肩负着夯实产业体系和塑造产业体系的国家使命。

当前我国存在的主要问题是对创业早期阶段的直接投资不足，天使投资和风险投资的实际发生少，并且都往往集中在少数发达城市，二三线城市或中西部欠发达地区很少有风险资本"惠顾"。作为自主创新的主阵地，国家自创区必须要强化本土大型（世界一流）科技企业的培育，认真研究大型科技企业发展逻辑和发展路径，并推进科技企业做大做强、具有国际科技竞争力，培育隐形冠军企业。同时，一流的企业家也是创新创业不可或缺的要素。综上，国家自创区必须营造高质量生态环境，打造适合一流企业和企业家发展的成熟的创新创业服务体系，在政策、人才、金融等领域提供多方位的服务，做好资本协同、数据协同和服务协同，为一流科技企业和企业家的成长保驾护航。

1. 拓宽民营企业市场空间，发展世界一流科技企业

要坚持自主创新，就要继续拓宽民营企业的市场空间。大型科技企业的成长离不开市场竞争的磨炼，更离不开市场的价值认可和价值提升。要突出市场在资源配置中的决定性作用，对民营企业的支持从选拔式到普惠式转变，减少干预并逐步开放一批基础领域进入门槛，创造公平的市场竞争环境。甄选具有一定规模、创新能力强的民营企业，将企业具有市场竞争力的自主创新的首台（套）产品纳入政府采购目录，推动地方政府优先选择有潜力的科技企业进行培养，进一步增加对独角兽企业和瞪羚企业的重视，建立科技企业分级培育和激励政策体系。

支持科技领军企业并购重组。面向新一代信息技术、高端装备制造、新能源新材料、生物医药等战略性新兴产业领域，支持领军企业运用并购重组、购买知识产权等方式提高创新整合能力，形成区域产业创新高地。引进培育高端科技中介机构，为企业提供并购咨询、培训和辅导等服务。支持国家自创区企业加强与金融机构合作，拓宽开展并购重组的融资渠道。

2. 培育一批企业家和人才，创造适合人才发展的环境

国家自创区需要一批有世界影响力的科技企业，更需要一批有冲劲、有知识、会掌舵的新型企业家。要实施新型企业家培养工程，开通企业家培训专列，定期组织企业家赴国内外先进园区参观学习，培养创新创业精神。以新型企业家俱乐部为依托，组建亿元级民营企业家俱乐部，加强企业家专业技术、管理决策、战略和资本运作等方面的交流和咨询，营造企业家创新氛围。鼓励企业家开展二次创业，将创业与企业家精神相结合，永葆企业家创新动力。

鼓励高端创新创业人才的引入，依托国家自创区内重点学科、重点实验室和企业研发平台，鼓励园区和企业引进海外高层次人才及创新团队等高层次科技创新人才，大力引进优秀创业人才和创业团队。围绕重点产业领域人才需求，鼓励企业探索建立与国际接轨的专业人才聘用和激励机制，引进一批行业紧缺专业人才。

改革人才服务管理机制。全面梳理整合各级各类人才政策，减少重复性项目，适度增加激励类、有力度的项目。建立满足海外高层次人才生活工作需要的居住证制度。建立起梯度分明的人才住房

供应保障体系。结合区域差异化的人才发展需求，实行普惠性的引才政策。建立创新创业绿色通道和高水平创新型人才服务绿卡制度，通过流程再造实现高层次人才落户高效服务。

培养具有前瞻交叉思维的科技领军人才。做好未来科技创新领军人才的前瞻性和战略性培养，尤其是具有前瞻交叉思维的科技领军人才。以高质量的科研创新创造成果支撑高水平科技自立自强。为国家和区域经济发展提供高质量人才支撑，为经济高质量发展扩展新空间、增添新活力、培育新动能。在专业学科综合、整体实力强的部分高校建设一批未来技术学院，探索专业学科实质性复合交叉合作规律，探索未来科技创新领军人才培养新模式，打造能够引领未来科技发展和有效培养复合型、创新型人才的教学科研高地。

3. 营造良好科技创新生态，发挥中小企业创新创业作用

充分发挥国家自创区跨区域的优势，打造更大范围的创新创业品牌。聚焦引导和推动一批创新创业文化基础设施的建设，完善创新创业文化服务网络，打造一批创新创业文化品牌设施。构筑特色鲜明、面向国际的创新创业品牌，扩大国家自创区创新创业品牌影响力。活跃区域创业文化，培育敢于创新、乐于创业的企业家精神，营造尊重创造、注重开放、敢于冒险、宽容失败的创新创业文化。举办创新创业大赛，营造尊重创新的浓厚氛围。宣传创新创业成功案例，发挥榜样的带动作用，活跃区域创新氛围。

推进科技金融要素资源在各区域聚集，加大先行先试力度，促进科技创新和金融创新的紧密结合，持续完善科技金融服务体系，缓解科创企业融资难、融资贵问题。构建园区专业服务微生态，发挥政府在顶层设计、发展调控、政策激励等方面的引导作用，以提升国家自创区内产业服务能力、构建产业生态、做强主导产业为目标，支持专业化服务机构的选聘。以国际化视野、市场化方式对产业要素资源进行有效链接和整合配置，形成覆盖自创区的产业服务网络。

进一步发挥大学科技园和众创空间的重要作用。充分利用好国家自创区内的科教资源、人才资源，让更多科技成果实现就地转化；发挥连接、整合和促进这些创新主体和创新要素作用的机制，引进培育更多的"新技术、新业态、新产业、新模式"的四新经济市场主体，在科技成果转化、孵育高科技企业、培育创新创业人才和促进区域经济发展方面贡献重要力量。结合未来产业培育和战略性新兴产业发展，引进专业队伍，发挥平台优势，逐步形成信息、资金和人才在众创空间双向互动形成共生关系，形成自增进循环模式。

发挥中小企业在创新创业中的重要作用。中小企业是扩大就业、改善民生、促进创新创业的生力军，也是构建新发展格局、推动经济高质量发展的重要基础。打造中小企业创新能力与专业化水平提升工程，在聚焦细分领域补短板、锻长板的同时，支持新业态模式发展，加速产学研协同、大中小企业融通创新，探索高新技术企业和专精特新企业共同培育新模式。设置中小企业发展专项资金，进一步支持高新技术企业、专精特新"小巨人"企业和科技型中小企业加大创新投入，加快创新成果产业化运用，带动地方政府加强创新支持。